ISBN 978-1-334-66272-0
PIBN 10711797

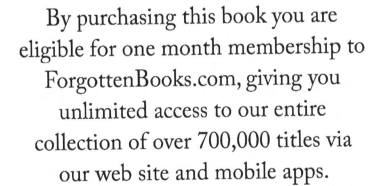

English
Français
Deutsche
Italiano
Español
Português

www.forgottenbooks.com

Mythology Photography **Fiction**
Fishing Christianity **Art** Cooking
Essays Buddhism Freemasonry
Medicine **Biology** Music **Ancient**
Egypt Evolution Carpentry Physics
Dance Geology **Mathematics** Fitness
Shakespeare **Folklore** Yoga Marketing
Confidence Immortality Biographies
Poetry **Psychology** Witchcraft
Electronics Chemistry History **Law**
Accounting **Philosophy** Anthropology
Alchemy Drama Quantum Mechanics
Atheism Sexual Health **Ancient History**
Entrepreneurship Languages Sport
Paleontology Needlework Islam
Metaphysics Investment Archaeology
Parenting Statistics Criminology
Motivational

ALBERTO POLLIO :

maggior generale

CUSTOZA

(1866)

TORINO

Tipografia Roux e Viarengo

1908

ALBERTO POLLIO

maggior generale

CUSTOZA

(1866)

TORINO

TIPOGRAFIA ROUX E VIARENGO

1903

ALBERTO POLLIO

maggior generale

CUSTOZA

(1866)

TORINO

TIPOGRAFIA ROUX E VIARENGO

1903

PROPRIETÀ LETTERARIA

ABBREVIAZIONI

(oltre a quelle che sono nell'uso comune)

Q. G.	Quartier Generale.
Q. G. P.	Quartier Generale Principale.
Com.............	Comandante.
G.	Generale.
C.	Colonnello.
Divis.	Divisione-i.
Brig............	Brigata-e.
regg............	reggimento-i.
batt............	battaglione-i.
sq.	squadrone-i.
s. m.	stato maggiore.
bers.	bersagliere-i.
gran.	granatieri.
km.............	chilometro-i.
N.	Nord.
E.	Est.
S.	Sud.
O.	Ovest.
M.	monte.
FZM.	Feldzeugmeister.
T. M...........	Tenente maresciallo.
Rel. uff........	Relazione ufficiale italiana.
Oestr. Kf.	Relazione ufficiale austriaca (Oesterreich 's Kämpfe im Jahre 1866).

INTRODUZIONE

I.

I preliminari della pace di Villafranca, stipulati l'11 luglio del 1859, confermati col trattato di Zurigo del 10 novembre dello stesso anno, avevano deluse le speranze degli Italiani, i quali, dopo la vittoria di Solferino, si aspettavano di veder compiuto il programma di conquista « Dalle Alpi all'Adriatico » con cui si era iniziata la guerra — programma che i Francesi nostri alleati furono, specialmente dopo le minacce che venivano dal Reno, nell'impossibilità di attuare.

La pace coll'Austria, da parte nostra, non poteva essere e non fu che una tregua, tanto più che l'Imperatore non aveva voluto riconoscere il Regno d'Italia.

Ci preparammo perciò ad una guerra inevitabile, per conquistare il Veneto e compiere davvero l'unità d'Italia. E mentre ci preparavamo militarmente, con maggiore o minore intensità, seguendo le fluttuazioni delle nostre finanze, che non erano molto prospere, il nostro governo lavorò nel campo diplomatico per stringere una proficua alleanza.

Grazie all'opera del G. La Marmora, allora presidente del Consiglio e ministro degli affari esteri, dei nostri inviati a Berlino: il ministro de Barral e il G. Govone, del nostro ministro a Parigi cav. Nigra, grazie soprattutto alla finezza diplomatica del Re Vittorio Emanuele II, l'Italia ottenne nel 1866 lo scopo a cui tendeva, di allearsi, cioè, ad una grande potenza militare contro l'Austria, assicurandosi la neutralità delle altre Potenze ed il benevolo consenso del solo amico, forse, che il nostro Paese abbia avuto negli ultimi tempi all'estero: l'Imperatore Napoleone III.

È noto quanto sia stato difficile concludere tale alleanza col ministro degli esteri prussiano, il conte di Bismarck, nel quale, forse, come nel romano Silla, si presentava la doppia natura del leone e della volpe, e pel quale pareva che fosse stato inventato il proverbio « Dagli amici mi guardi Iddio, che dai nemici mi guardo io ».

Comunque sia, concluso il trattato d'alleanza l'8 aprile 1866 e creato dal conte di Bismarck il *casus foederis*, riluttante fino all'ultimo il Re Guglielmo, il 17 giugno 1866 scoppiavano di fatto le ostilità in Germania.

Il 19 giugno Vittorio Emanuele telegrafava al G. La Marmora, nominato capo di stato maggiore dell'Esercito, di mandare la dichiarazione di guerra all'Arciduca Alberto, comandante supremo dell'Esercito imperiale del Sud. — Le ostilità dovevano incominciare il 23.

La dichiarazione fu consegnata dal colonnello Bariola, del nostro stato maggiore, verso le 8 ant. del 20 agli avamposti degli Imperiali presso Mantova. Giunse verso l'una pom. dello stesso giorno al quartier generale di Verona.

L'Arciduca non dette alcuna risposta.

II.

Molto si è scritto e molto si è discusso sull'importanza che ebbe per noi l'alleanza prussiana. La storia diplomatica di quell'anno ci dimostra anche come arrischiammo, per ben due volte, di esser lasciati soli contro l'Impero austriaco.

In alcune pubblicazioni, anche fra quelle venute ultimamente alla luce, si è voluto da una parte far risultare come l'aiuto prestato da noi Italiani ai Prussiani sia stato pressochè nullo, d'altra parte, invece, si è voluto dimostrare come la Prussia sia stata per noi un'alleata infida, e come, senza il nostro aiuto, essa non avrebbe avuto, come ebbe, quei meravigliosi successi che stupirono il mondo.

Proponendomi io essenzialmente di studiare la battaglia di Custoza, non posso dilungarmi nell'esame dei tanti documenti pubblicati e che dànno luce su tale argomento.

Mi limiterò a far notare ciò che noi dobbiamo alla Prussia. — Ed è questo. — Mentre il generoso Re Carlo Alberto, alla testa del valoroso, ma piccolo Esercito piemontese, osò muovere guerra nel 1848, da solo, all'Impero austriaco, il Regno d'Italia nel 1866, con una popolazione sette volte più grande di quella del Piemonte e con mezzi militari di gran lunga superiori, si trovò, mercè l'alleanza prussiana, a scendere in campo, per la più bella delle cause, contro un Esercito forte la metà del suo. L'Italia venne, cioè, a trovarsi in condizioni così favorevoli per far guerra, che passeranno forse secoli prima che si ripresentino.

III.

Sono oramai trascorsi più di trentasei anni dopo la battaglia di Custoza, e mi pare che si possa prendere spassionatamente in esame la condotta delle operazioni militari, da parte italiana e da parte austriaca, senza troppe circonlocuzioni nell'esporre la critica e senza eccessivo riserbo.

E nella cerchia essenzialmente militare di quelli che si faranno l'onore di leggere il mio scritto, parliamo pure francamente degli errori commessi. Questo, ne ho la ferma persuasione, può giovarci!

Non ci affidi l'idea che noi, per l'immenso progresso militare fatto dopo quella campagna, molti di quegli errori tecnici non li commetteremmo più. Questo è sicuro, ma è anche sicuro che abbiamo affrontato la lotta con l'Austria in ottime condizioni, e che, se abbiamo avuto la peggio, fu essenzialmente perchè incorremmo in errori di direzione che non avremmo dovuto commettere, e perchè non abbiamo dimostrata la massima delle virtù guerriere: la *Fermezza!* Soprattutto quest'ultima verità dovrebbe servirci di sferza per l'avvenire!

Si racconta che quando le truppe del III Corpo francese si trovarono di fronte, quasi improvvisamente, alla maggior parte dell'Esercito prussiano sui campi di Auerstädt, il 14 ottobre del 1806, il maresciallo Davout abbia incoraggiato le sue truppe, le quali come il loro comandante si coprirono di gloria immortale, gridando ad esse che, contrariamente a quanto aveva asserito il gran Federico, la vittoria non fosse già coi battaglioni più forti, ma coi più ostinati.

E le tre Divisioni francesi, *ostinandosi*, riuscirono a battere un Esercito forte del doppio, istruito, disciplinato, valoroso e che si riputava invincibile.

Quante battaglie, fra le tante combattute, sarebbero state sconfitte senza quella *ostinazione!*

La battaglia di Custoza fu definita un insuccesso, e tale era di fatto la sera del 24 giugno. Divenne la più completa delle sconfitte, dopo che noi, rinunziando ad ogni concetto contr'offensivo, ci ritirammo da prima dietro l'Oglio e poi dietro il Po!

Esaminiamo spassionatamente i fatti militari del 1866 e cerchiamo di indagare a quali errori, oltre che alla nostra sfortuna, dobbiamo la sconfitta.

È un esame che possiamo fare senza arrossire perchè è innegabile, evidente, che gli Italiani, il 24 giugno 1866, si sono battuti benissimo quando sono stati ben diretti e ben comandati.

È una giustizia che, come ben osserva l'egregio G. Dal Verme in un suo pregiatissimo scritto, pubblicato nel fascicolo 722 del 16 gennaio 1902 della *Nuova Antologia*, ci venne resa dal nemico. Ed infatti, nel rapporto ufficiale dell'Arciduca Alberto sulla battaglia si leggono queste parole:

« Non si può rifiutare all'avversario la testimonianza che « si è battuto con pertinacia e con valore. I suoi primi « attacchi, specialmente, erano vigorosi, e gli ufficiali slan- « ciandosi innanzi, davano l'esempio ».

. . . .

I nostri soldati, insomma, si batterono bene, come si son sempre battuti e come si batteranno, quando sono stati o saranno ben guidati.

errori, come tutti ne hanno commesso e commetteranno, ma che conoscano bene ed applichino i principii dell'arte militare e che facciano tutto quanto è loro possibile fisicamente, intellettualmente e moralmente per preparare ed assicurare il successo.

La critica militare, che è così facile dopo la brutale evidenza dei fatti, può anche mirare e colpire Annibale e Napoleone, ma, anche dopo la critica, questi ed altri eccelsi guerrieri rimangono più grandi che mai. Vi sono però errori e negligenze che difficilmente si perdonano e difficilmente si spiegano, altrimenti che coll'attribuire a chi vi è incorso, cognizioni e sentimenti al disotto del proprio grado.

In quell'epoca, è giusto il riconoscerlo, pochi generali « sapevano ». I grandissimi insegnamenti delle guerre napoleoniche erano stati lasciati nel più completo oblìo, tranne che da alcuni generali prussiani della scuola di Clausewitz.

Da noi, e anche in Austria, gli studi militari erano in poco onore e, purtroppo, fra gli austriaci, uno dei pochi che poteva dirsi dotto in materia militare, era precisamente il nostro avversario: l'Arciduca Alberto, il figlio primogenito del grande Arciduca Carlo.

Egli, formato dallo studio delle campagne del suo genitore e dall'esperienza, dette prova sia contro di noi, sia più tardi nel comando supremo delle forze militari dell'Impero, di talenti strategici e di fermezza di carattere degni del padre.

Ma nel complesso, i generali austriaci avevano una competenza tecnica ed una esperienza maggiore dei nostri e i Corpi, specie quelli di cavalleria, avevano una più grande coesione dei nostri Corpi, moltissimi dei quali non avevano tradizioni perchè formati solo da pochi anni.

In quanto al numero di battaglioni, squadroni e batterie ed a buona e regolare (fin troppo!) organizzazione, non si poteva da noi far di più tranne, come ho detto, che avere unità più forti.

Se fossimo andati anche poco al di là delle 20 Divisioni

che mobilitammo, avremmo avuto un maggior numero di riparti, ma la quantità sarebbe andata a scapito della qualità.

Comunque sia, in quanto a preparazione politica e a preparazione militare, noi ci accingemmo ad affrontare la lotta in condizioni assai favorevoli.

Le nostre venti Divisioni erano raggruppate in due Armate: una del Mincio di tre Corpi d'Armata a quattro Divisioni, l'altra del Po costituita da sola dal IV Corpo d'Armata (1) forte di ben otto Divisioni. Tanto nella prima quanto nella seconda Armata, vi erano poi Divisioni e Brigate di cavalleria direttamente dipendenti dal comando d'Armata, gruppi di batterie di riserva, equipaggi da ponte e i servizi occorrenti.

Parlerò in appresso della divisione dell'Esercito in due Armate, allorchè accennerò al piano di campagna.

Per ora noto due cose, cioè che il IV Corpo con otto Divisioni, con molteplici comandi in sott'ordine, con immenso traino di materiali di ogni specie, era un organismo troppo grosso e troppo difficile a muoversi, anche per una mente superiore come era quella del G. Cialdini che lo comandava.

La storia, specialmente quella delle campagne napoleoniche, doveva insegnare che un Corpo d'Armata non può avere, senza scapito della sua mobilità, più di quattro Divisioni. La cosa mi sembra tanto più vera, inquantochè il IV Corpo avrebbe dovuto operare in un terreno difficilissimo, rotto da ostacoli di ogni specie, intersecato da corsi d'acqua e canali, in un terreno insomma nel quale sarebbe stato difficilissimo, se non impossibile, l'esercizio di un unico comando superiore.

---

(1) Per maggior chiarezza, indicherò i Corpi d'Armata italiani con cifre romane e quelli imperiali con cifre arabiche.

Mi sembra pure difettosa la ripartizioue dell'artiglieria da campagna. L'Armata del Mincio aveva infatti una riserva di 9 batterie (54 pezzi) a disposizione del comando supremo e che seguiva a distanza i tre Corpi dell'Armata. Nel fatto, come si vedrà in seguito, quella riserva il giorno della battaglia non entrò in azione, anzi si trovava a circa 40 km. indietro del campo di battaglia. Io credo che sarebbe stato molto meglio ripartirla fra i Corpi d'Armata, come appunto aveva fatto il comandante austriaco.

Una delle principali ragioni per le quali l'esito della campagna fu sfavorevole per noi, sta nella cattiva organizzazione del comando supremo.

Seguendo attentamente l'andamento della campagna, non si riesce a comprendere chi comandasse l'Esercito italiano, e ciò tanto nel primo, quanto nel secondo periodo della campagna.

Come siasi svolta realmente la quistione del comando supremo del nostro Esercito prima e durante la campagna, non lo si saprà forse mai, ad onta di tutte le pubblicazioni passate, presenti e future. La pubblicazione di lettere del Re Vittorio Emanuele, dei generali La Marmora, Cialdini. Petitti, ecc., anche di quelle ultimamente rese di pubblica ragione dal senatore Chiala, poco serve per dar luce sulla quistione. Bisognerebbe pubblicare tutte le lettere riferentisi all'argomento, e dar conto completo di tutti i colloqui avuti in merito da quelli e da altri eminenti personaggi: cosa impossibile! Anche prefiggendosi lo scopo di « illuminare », quelli che ora pubblicano documenti non li hanno già tutti sott'occhio. Ed anche, per esempio, una lettera come quella scritta dal G. Cialdini al G. La Marmora il 1° maggio 1866 (vedi *Nuova Antologia*, fasc. 729, del 1° maggio 1902) ci fa sapere soltanto quello che il Generale pensava nel momento in cui scriveva la lettera, e non il suo pensiero completo. In essa infatti egli scrive: « ..... Io non accetto un comando maggiore di due o tre

« Divisioni al più..... Non mi sento forza nè capacità di
« assumere comandi più importanti, nè di concorrere alla
« condotta generale della guerra, la cui responsabilità de-
« clino completamente ».

E ciò non gli ha impedito di assumere prima il comando
di un mostruoso Corpo d'Armata di 144 battaglioni, 30
squadroni, 37 batterie più le truppe tecniche, e poi di
un'Armata di cinque Corpi.

Dai documenti pubblicati ultimamente dal senatore
Chiala sotto il titolo « Ancora un po' più di luce sugli
eventi politici e militari del 1866 » e dai tanti altri pubblicati da gran tempo, risulta in modo evidente — perchè
non dirlo? — che i nostri grandi generali di un tempo non
sempre sapevano sottomettersi a quella disciplina, senza
della quale si incominciano le guerre col germe dell'insuccesso.

Il funesto esempio dei marescialli di Napoleone, i quali
(salvo eccezioni) mal si acconciavano ad obbedire ad altri
che all'Imperatore, avrebbe dovuto, se pur la storia è
maestra della vita, ammaestrare. Tanto più che nessuno
dei nostri generali del 1866 poteva vantare successi,
come quelli di cui potevano glorificarsi parecchi dei marescialli francesi.

I generali La Marmora, Della Rocca, Cialdini, avevano
raccolti trofei ed allori nella loro splendida vita militare,
ma nessuno di essi si era mai trovato al comando di un
grosso Esercito, destinato ad agire contro solide truppe
regolari, come erano le truppe imperiali nel 1866.

Dai documenti pubblicati risulterebbe che il Re Vittorio
Emanuele volesse, ad ogni modo, regger lui il comando
supremo e che avrebbe voluto prender per capo di stato
maggiore, non il G. La Marmora, persona che non aveva
la necessaria malleabilità, uomo superiore per autorità,
virtù e carattere, ma col quale non era nè facile, nè comodo trovarsi in continui rapporti, ma bensì il G. Petitti,
il quale, invece, aveva carattere conciliante ed era ben

visto da tutti. Risulterebbe appunto dai documenti ultimamente pubblicati nell'opera ora citata del senatore
Chiala e sotto il n. XVIII, che l'idea fu abbandonata, specialmente in seguito ad opposizione fatta dal G. Cialdini.

Mi sia concesso di dire che se quella soluzione fosse
stata adottata, le cose sarebbero andate molto meglio.
Certo il Re non aveva la pratica militare del G. La Marmora o di altri generali dei più elevati in grado; però,
ne fanno fede le disposizioni date durante la battaglia e
dopo, egli non avrebbe commesso, tanto più se coadiuvato
dal G. Petitti, i gravi errori nei quali, checchè se ne dica,
è incorso il G. La Marmora.

La quistione del comando supremo in un Esercito mo-
derno è tanto complessa, che non si può considerare so-
lubile, teoricamente, in nessun modo.

Per affidare il comando supremo ad un generale, colla
sicurezza che questo lo eserciti bene, bisognerebbe avere
l'esperienza di ripetute guerre che adesso sono rare, ra-
rissime. E poi non solo quel generale deve essere superiore agli altri, ma deve essere *ritenuto* superiore agli altri,
anche da quelli di pari grado ed anche da quelli di grado
più elevato che, tutti, debbono ubbidire.

La disciplina militare non basta nei gradi elevati per
dare la fede, senza la quale difficilmente si ottengono
grandi successi. Alla guerra, specialmente, « c'est la foi
qui sauve! »

È cosa assai difficile giudicare i comandanti conside-
randoli solo nel tempo di pace, o in guerra in cui abbiano
avuto un comando in sott'ordine.

Ai nostri tempi, un Massena, per esempio, non sarebbe
giunto forse al grado di maggiore, eppure fu per molti
anni il miglior generale francese, dopo Napoleone, ed uno
dei più grandi guerrieri di tutti i tempi!

Nel 1866, molti aspettavano meraviglie dal Feldzeugmeister v. Benedek ed invece gli Austriaci ebbero una grande delusione!

Da noi, come in Prussia, la soluzione adottata fu che il Re avesse il comando supremo e che lo esercitasse per organo del suo capo di stato maggiore. Ed era certo, teoricamente, la migliore soluzione.

In Prussia però il capo di stato maggiore, il G. v. Moltke, copriva quella carica da otto anni, aveva preparato e predisposto ogni cosa per la mobilitazione e radunata dell'Esercito in ogni suo minuto particolare, ed aveva profondamente studiato il modo di condurre la guerra per ogni eventualità. Il nostro capo di stato maggiore, invece, ne assunse effettivamente le funzioni due giorni prima dell'invio della dichiarazione di guerra, cioè il 18 giugno in Cremona

Egli aveva creduto necessario di rimanere, fino quasi al principio delle ostilità, presidente del Consiglio e ministro degli affari esteri, elevatissimi incarichi che copriva — molto degnamente è vero — fin dal settembre 1864. Non si può che lodare il patriottismo del generale per averli accettati in momenti assai difficili, per averli retti con mano così ferma, e per essere riuscito, con tanta abilità e lealtà, a stringere un trattato di alleanza per noi tanto vantaggioso ed onorevole.

Però non è ammissibile che si vada ad assumere la direzione di operazioni di guerra vastissime senza un'adeguata preparazione, senza conoscere profondamente l'istrumento di cui bisogna valersi, senza almeno un periodo di tempo in cui non si faccia altro che il soldato (1).

----

(1) Più che altri il G. Petitti stesso giudicava indispensabile la venuta del G. La Marmora. Era impossibile, per un subordinato, usare una maggiore e una più eloquente insistenza di quello che egli abbia fatto. Per convincersene, si leggano le lettere pubblicate dallo stesso senatore Chiala nella sua opera « Cenni storici

È vero che Napoleone I conservava la direzione degli
affari, di tutti gli affari, fino all'ultimo momento, lasciando
che i Corpi marciassero per concentrarsi come marciavano
i nostri Corpi nel 1866, ma con tutto il rispetto dovuto al
prode G. La Marmora, la persona e la cosa erano ben diverse!

Sarebbe ingiustizia asserire, specialmente dopo aver letto
gli ultimi documenti venuti alla luce, che la posizione del
G. La Marmora non fosse difficile e delicata, specialmente
di fronte al G. Cialdini.

Però, ad onta delle pubblicazioni apologetiche del senatore Chiala, io mi permetto di credere che non fosse assolutamente necessario per l'Italia che il G. La Marmora,
dopo averne diretta per circa due anni la politica, ne dirigesse anche gli Eserciti: forse egli non era da tanto. E pur
rendendo omaggio alla sua cavalleresca lealtà, alla sua abilità politica e diplomatica, è permesso fare alcune riserve
sulla sua abilità come Generalissimo. Certamente egli si
credeva in grado di dirigere una grossa guerra. Fu una
fatalità per noi che anche altri lo credessero.

Una cosa anche impressiona. Ed è che, ad onta dell'esperienza passata, il nostro Corpo di stato maggiore, nel 1866,
non fosse organizzato per la guerra. Lo dimostra il fatto
che il capo dell'ufficio superiore di stato maggiore, quale
risulta dall'Annuario del 1866, ed il sottocapo dello stesso
ufficio, cioè il tenente generale marchese Ricci, ed il colonnello Federici, non prestarono servizio nell'Esercito di

---

sui preliminari della campagna del 1866 e sulla battaglia di Custoza » da pag. 560 a 563.

« Un'armata di 120.000 uomini — scrive il G. Petitti — non può
« esser retta da Firenze con telegrammi e con lettere. Essa ha bi-
« sogno di un capo che la sorvegli, la curi, la diriga ».

Il 13 giugno, il G. La Marmora scrive al G. Petitti che ha « for-
malmente dichiarato di partire al più presto » (pag. 566). Era già
molto tardi!

operazioni, mentre, secondo le idee attuali, avrebbero dovuto essere gli organi più importanti del comando supremo.

Chi dirigeva la preparazione alla guerra? Nessuno! — Ora è il G. Cialdini che chiede direttamente al ministro, ora è il G. Petitti che si dirige al G. La Marmora. — Ora il ministro, G. Pettinengo, quasi si lagna che il G. Cialdini gli porta via il meglio in personale e in materiale. Si erano accordate 6 Divisioni al G. Cialdini: gli si danno altre due Divisioni *per fargli cosa gradita*. (LUIGI CHIALA, op. citata. pag. 585).

È assai interessante leggere quel carteggio, ma per noi, militari del 1902, abituati fortunatamente ad una più severa disciplina, è anche poco edificante. Noi non possiamo ammettere, per es., che argomenti di quella importanza, fatti che dovevano o potevano evidentemente avere immensa influenza sui destini del Paese, si trattassero, come in parte si trattarono, in via privata.

Cito, per es., la lettera al ministro della guerra scritta, evidentemente per ordine del capo di stato maggiore dell'Esercito, dall'aiutante generale, che si rivolge all'amico (il ministro) per pregarlo di tener pronte « un cinque-« centosettanta bocche da fuoco, colle relative munizioni « ed attrezzi » (CHIALA, op. cit., pag. 594).

In sostanza, senza parlare del G. Durando, il quale non ha certo ambito di dirigere la guerra, noi possiamo almeno credere che lo desiderassero, ciascuno a modo proprio, gli altri tre generali d'Armata: La Marmora, Della Rocca e Cialdini. E voleva anche dirigerla il Re, coll'aiuto del G. Petitti.

Qualunque soluzione fra queste quattro sarebbe stata certamente preferibile, o almeno non sarebbe stata peggiore, di quella che fu poi messa in vigore.

Venendo ai fatti, fu stabilito che il G. La Marmora esercitasse le funzioni di capo di stato maggiore dell'Armata del Mincio e che il G. Cialdini dirigesse a suo talento le operazioni dell'Armata del Po.

In un ristretto scacchiere, cioè, e con due Armate poste inizialmente a non più di 100 km. una dall'altra lungo la frontiera (e che erano naturalmente destinate a riunirsi) si rinunziò così all'unità di comando, indispensabile pel bene del Paese e dell'Esercito, mentre la divisione poteva convenire, forse, solo per riguardi personali. E ciò fu gravissimo errore!

Questa mancanza di unità di direzione, madre o figlia della mancanza d'accordo nel piano d'operazioni, fu, forse, la causa principale per la quale la campagna sortì un esito tanto infelice.

Le forze che l'Italia metteva in campo erano ad ogni modo considerevoli, come risulta dall'« ordine di battaglia » annesso al presente volume.

Senza contare i volontari del G. Garibaldi e le truppe di presidio e di complemento, l'Esercito italiano d'operazioni aveva un effettivo di circa

220.000 *uomini*,

37.000 *cavalli*,

e 456 *cannoni*.

Il richiamo delle classi dal congedo fu decretato il 28 aprile. Comprese le classi di 1ª categoria dal 1834 al 1840 e quelle di 2ª categoria 1840 e 1841.

Si ebbe così il tempo di riaddestrare gli uomini alle armi e riabituarli alle fatiche.

Le operazioni di radunata, rese difficilissime dalla configurazione del nostro territorio e dallo scarso sviluppo delle ferrovie di quel tempo, fu benissimo eseguito. Se ne dette gran parte del merito all'allora maggiore di stato maggiore Agostino Ricci, che fu poi venerato e indimenticabile maestro a molti di noi, di arte e scienza militare.

Lo schieramento e tutta la montatura di quella complicatissima macchina dell'Esercito, immenso per quei tempi e per noi Italiani, che non ne avevamo mai veduto l'eguale, furono fatti — è dovere di riconoscerlo — assai bene, grazie all'opera modesta, ma infaticabile ed intelligente dell'aiutante generale, G. Petitti di Roreto.

L'ESERCITO IMPERIALE [1]

L'Esercito imperiale del Sud doveva prima esser comandato dal Feldzeugmeister v. Benedeck che lo comandava già prima della guerra. Ma, sia per aderire al desiderio dell'Esercito e del Paese, sia per compiacere la maggiore alleata dell'Austria: la Baviera, a quel generale — eroico e sfortunato — fu dato il comando dell'Esercito del Nord. Ed il maresciallo Arciduca Alberto, a cui ho già accennato, fu inviato in Italia. Ecco come il Feldzeugmeister v. Scudier descrive il nuovo comandante. «... Il feld ma- « resciallo Arciduca Alberto aveva allora quarantasei anni. « Dalla sua prima gioventù si era dedicato a studi mili- « tari. Soldato fin alla punta dei capelli, non era secondo « a nessuno per l'amore alla sua professione e per devo- « zione all'Imperatore.

(1) Chiamare « austriaco » l'Esercito contro cui combattemmo nel 1866, sarebbe inesatto. Ufficialmente esso si chiamava « Esercito imperiale ». V'erano anche, come vi sono ora, reggimenti e corpi ungheresi, boemi, polacchi, ecc., i quali non erano perciò austriaci, ma truppe imperiali. Tuttavia, siccome è nell'uso comune, così dirò anch'io indifferentemente imperiali o austriaci.

« Egli era severo e non raramente duro, ma per sè
« come per gli altri. Un forte carattere, fermo nei suoi
« propositi, incrollabile nelle avversità.

« In un tempo in cui pochi studiavano, egli, dedito
« indefessamente allo studio delle campagne, specialmente
« di quelle combattute dal glorioso suo genitore (l'Arci-
« duca Carlo) primeggiava fra i generali austriaci. Per
« vedute strategiche e per la condotta delle operazioni, era
« superiore al suo capo di stato maggiore, il G. v. John.
« Per la parte tattica, a causa della sua grande miopìa,
« doveva necessariamente rimettersi a quelli che lo cir-
« condavano ». (*Der Krieg* 1866 *in Italien und Süd-Tirol
v. Anton Freih v. Scudier, Feldzeugmeister, pag. 48) (1).

---

(1) Io ho avuto l'onore di conoscere personalmente- il glorioso
Arciduca, ed ho avuto campo di ammirarne il sapere, la lucidità
di mente e la fortissima memoria.

Fino agli ultimi anni della sua vita (è morto a 78 anni) egli ha
esercitato con vera passione le sue funzioni di maresciallo e di
ispettore generale dell'Esercito, quantunque le condizioni della
sua salute, l'età, e la quasi cecità non gli permettessero una
grande attività fisica. Era ricchissimo e spendeva moltissimo per
l'Esercito.

Noi Italiani eravamo in diritto però di pretendere da lui una
maggiore equanimità ed una maggiore larghezza di vedute nel
giudicarci. Nel suo proclama all'Esercito del 21 giugno egli ci definisce « il rapace (o brigantesco) vicino ». Testualmente: *der
räuberische Nachbar.*

Di più, fino al termine della campagna noi non siamo per lui che
i « piemontesi » ed il nostro Esercito « l'Esercito sardo ».

Come Generalissimo dell'Armata imperiale, egli non poteva certamente ammettere i diritti che noi credevamo di vantare sul Veneto, ma chiamarci egli, generale austriaco, « rapaci » era ingiusto
e non era necessario; e chiamarci « sardi o piemontesi » era un
anacronismo.

E ciò fa maggiore impressione, quando si pensa che suo padre,
il grande Arciduca Carlo, scriveva in data del 28 aprile 1805 (vedi
Ausgewählte Schriften weiland des Erzherzogs Karl, Feldmarschall)
che era una puerilità non voler trattare con Napoleone e, più

Erano poi ufficiali generali meritatamente stimati nell'Armata imperiale del Sud, i tenenti marescialli Hartung e Maroicic. Ottimo il capo di stato maggiore, generale v. John.

I generali Maroicic e John erano stati insigniti, fin dal 1848, della massima decorazione militare austriaca: l'ordine di Maria Teresa.

Per resistere al formidabile avversario che scendeva in campo insieme con noi, l'Impero aveva raccolte verso la sua frontiera settentrionale la più grossa massa delle sue forze e la maggior parte delle sue risorse militari, per far guerra decisiva.

E si proponeva, invece, di fare contro di noi guerra difensiva, che poteva in ogni caso essere formidabile cogli appoggi fortissimi della configurazione del paese e delle fortezze. Erano necessarie però nel teatro di operazioni del Sud numerose guarnigioni, ed era inevitabile un certo disseminamento di forze, per guardare paesi mal fidi e per la protezione delle coste.

Le truppe di presidio furono ridotte al minimo, pur tenendo conto che non si trattava soltanto di difendere le piazze, ma anche di tenere a freno le popolazioni. Ma quelle, e così pure le truppe destinate a presidiare l'Istria ed a guardare le coste, constavano essenzialmente di quarti battaglioni e di reggimenti confinari, che erano una specie di landwehr, a reclutamento e ad impiego (teoricamente) territoriale.

---

tardi, dimostrava come fosse conveniente ed utile riconoscerlo come Imperatore dei Francesi. Egli dava così prova di un acume e di una larghezza di vedute che noi non abbiamo ammirato nel suo per altro degno figliuolo. Eppure Napoleone I era ben altrimenti « rapace » che Vittorio Emanuele II!

Dei dieci Corpi d'Armata dell'Esercito imperiale, il 1°, 2°, 3°, 4°, 6°, 8° e 10° furono destinati all'Armata del Nord, insieme con cinque Divisioni di cavalleria ed una riserva generale d'artiglieria. Il 5°, 7° e 9° Corpo furono destinati all'Armata del Sud, con una Brigata di cavalleria di riserva. Il 5 giugno, l'Arciduca, assottigliando ancora le guarnigioni e le truppe di presidio, formò, con 13 battaglioni, una Divisione di fanteria che chiamò, non so perchè, di riserva.

Siccome il Tirolo costituiva come uno scacchiere a parte, così vi fu destinato un corpo di truppe quasi autonomo, che fu posto sotto il comando del rinomato generale v. Kuhn.

Il corpo fu formato con fanteria regolare, Kaiser Jäger, milizie locali, con volontari e con una discreta quantità di artiglieria da montagna.

Le truppe erano ripartite, secondo gli scacchieri di difesa, in sei mezze Brigate e una Brigata di truppe mobili. V'erano poi le truppe di guarnigione e di presidio.

Complessivamente, l'Armata imperiale del Sud venne ad avere una forza di circa:

143.000 *uomini,*

15.000 *cavalli,*

e 192 *pezzi.*

All'Esercito d'operazioni del Veneto, però, bisogna assegnare soltanto una forza di circa:

94.500 *uomini,*

12.500 *cavalli,*

e 168 *pezzi,*

ossia la metà, all'incirca, del nostro Esercito d'operazioni.

Le truppe nel Tirolo contavano complessivamente:

19.000 *uomini,*

24 *cannoni,*

8 *racchette.*

L'unità tattica dell'Esercito austriaco era la Brigata.

I Corpi dell'Armata del Sud erano su 3 Brigate di fanteria, 4 squadroni di cavalleria e 3 batterie di artiglieria di Corpo.

Ogni Brigata aveva due reggimenti a tre battaglioni e un battaglione cacciatori.

I battaglioni erano su tre divisioni di due compagnie: in tutto sei compagnie.

Le compagnie cacciatori erano più forti di quelle di fanteria. Le batterie erano su 8 pezzi.

I comandanti dei tre Corpi (5°, 7° e 9°) erano, rispettivamente, il generale di cavalleria Principe di Liechtenstein, il tenente maresciallo Maroicic e il tenente maresciallo Hartung.

Comandante della Divisione di riserva dapprima affidata al maggior generale Rodich, fu il maggior generale Rupprecht.

La Divisione ora detta non ebbe cavalleria, nè artiglieria propria, oltre, ben inteso, quella delle due Brigate che la composero.

Pochi giorni prima dell'apertura delle ostilità, a causa di una grave malattia da cui fu colpito il Principe di Liechtenstein, il comando del 5° Corpo fu assunto dal maggior generale Rodich.

PARALLELO FRA I DUE ESERCITI

Indipendentemente dalla grande sproporzione numerica, l'Esercito austriaco era in migliori condizioni del nostro, prima di tutto per la stretta, indiscutibile unità di comando. Per quell'Esercito, avere alla testa un Principe del sangue, figlio del glorioso Arciduca Carlo, buon generale e buon soldato, era una fortuna.

I successi da esso ottenuti, prima che ad ogni altra causa, sono appunto dovuti a quella unità e indipendenza di comando.

Tanta libertà d'azione ebbe l'Arciduca, che, quando dopo Custoza (26 giugno) egli riferiva all'Imperatore sulle future operazioni ed accennava alle conseguenze politiche che ne potevano nascere, S. M. gli telegrafava: «... non « preoccuparsi della politica, ma sfruttare qualunque cir- « costanza favorevole per agire ».

Dippiù non v'era dietro all'Esercito un Paese nervoso, eccitabile, ora infiammato d'ardore bellico, ora scoraggiato, ora fidente, ora sospettoso, come si mostrò il nostro Paese in quell'anno fatale.

L'Esercito austriaco aveva, com'ho già avvertito, maggiore coesione del nostro ed è superfluo di indicarne le ragioni.

La fanteria e l'artiglieria, meglio abituate della nostra fanteria e della nostra artiglieria alla manovra sul terreno, erano meglio adatte a combattere in quei terreni che gli Austriaci conoscevano benissimo, perchè erano il loro campo abituale di manovre.

Noi, vecchi soldati, rammentiamo che i nostri difficilmente uscivano per manovrare dalle piazze d'armi e dai campi d'istruzione, dove si facevano quasi sempre le stesse esercitazioni. Eccellenti però erano i nostri bersaglieri, abituati a manovrare « in cacciatori » e a sfruttare il terreno.

Superiore decisamente alla nostra era la cavalleria imperiale, non pel servizio di esplorazione che era fatto allora in modo alquanto scadente, tanto dall'una quanto dall'altra, ma per lo spirito che l'animava. Nella cavalleria, più che nelle altre armi, « il morale è tutto ».

Si è detto che il funzionamento del comando fosse più facile nell'Esercito austriaco che nel nostro, ma a me non pare che questa osservazione si possa accettare senz'altro.

A parte il nostro IV Corpo, la cui pesantissima composizione ne avrebbe reso poco meno che impossibile il maneggio, se, così com'era, avesse passato il Po, ciò che non potè fare, i nostri Corpi d'Armata I, II e III, non si può dire che fossero grossi in modo eccessivo, ma però erano troppo forti, avuto specialmente riguardo al terreno su cui dovevano operare. Io credo che non si dovesse oltrepassare il numero di tre Divisioni per ogni Corpo, come si fece appunto nel secondo periodo della campagna.

Non mi pare che fosse poi necessaria una formazione così simmetrica dei tre Corpi. Napoleone, che per primo fece le guerre con Corpi d'Armata organizzati, non li ebbe mai di forza eguale, ma diversa secondo il còmpito, il terreno, il comandante, e non si faceva scrupolo, in pieno svolgimento di operazioni, di staccare una o più Divisioni da un Corpo per darle ad un altro (1).

---

(1) Contro l'idea della formazione simmetrica dei Corpi d'Armata, si era espresso lo stesso G. La Marmora alla Camera dei deputati, nella tornata del 23 marzo 1861.

Ed io mi domando se non sarebbe stato un bene per noi di far lo stesso, e cioè il 23 giugno di rinforzare il I Corpo che doveva assumere una dislocazione così strana da essere come sparpagliato, oppure di rinforzare il III Corpo che doveva andare a postarsi proprio di fronte a Verona, e di ridurre, invece, il II Corpo, che sembrò dover essere destinato all'operazione contro Mantova.

Non si può dire però che l'unità Divisione, la quale esisteva da noi e non presso gli Austriaci, abbia fatto cattiva prova: anzi è l'opposto. Meno la 1ª Divisione. le altre hanno fatto buona prova anche come unità tattiche, a parte la scarsità d'artiglieria dipendente da ragioni che si vedranno in seguito.

Le Brigate austriache erano invece pesanti e di maneggio tutt'altro che facile.

I battaglioni erano troppo forti, specialmente quelli dei cacciatori che avevano poco meno di 1000 combattenti.

Quella spartizione del battaglione in divisioni (di due compagnie) era una vera complicazione.

Pesanti erano i reggimenti, con 18 compagnie e 3000 combattenti circa.

La manovra se ne doveva risentire e se ne risentì. Non fu possibile, salvo eccezioni, dirigere bene le Brigate.

È noto che, dopo il 1866, l'Austria ritornò alle Divisioni. Quelle Brigate d'allora erano troppo piccole per combattere con l'autonomia che si richiede dalle Divisioni, e troppo grandi (fino a 7000 combattenti circa) per avere la maneggevolezza che si richiede da Brigate di fanteria.

Bisogna poi anche notare che la batteria assegnata ad ogni Brigata era troppo poca cosa per ottenere, da sola, efficace risultato.

Come è noto, le compagnie di fanteria austriache erano molto più forti delle nostre: 165-170 uomini (combattenti) rispetto a 125, in media.

Le compagnie cacciatori avevano fino a 180 uomini e alcune anche più.

Gli squadroni avevano 150 o 160 sciabole, mentre i nostri ne avevano 110-120.

Il fucile italiano era rigato e tirava discretamente fino a 400 m. Valeva press'a poco quanto il fucile austriaco.

La nostra cavalleria di linea era armata di lancia, sciabola e pistola.

Quella leggiera, di sciabola e carabina.

Così anche, rispettivamente, gli ulani e gli usseri austriaci.

La nostra artiglieria aveva un solo calibro (da 9 c. m.). L'austriaca ne aveva 2: da 8 e da 4 libbre. La portata del cannone austriaco da 8 era maggiore di quella del nostro.

Dippiù l'artiglieria austriaca aveva lo shrapnel.

In complesso, la differenza fra l'armamento, il munizionamento e l'arredamento non era sensibile. Era però da notare che, grazie alla gavetta-marmitta portata dalla fanteria austriaca, questa poteva cucinare il rancio senza aspettare i carri, vantaggio che, come giustamente osserva il F. Z. M. v. Scudier nella sua magistrale già citata opera (pag. 40), non può mai essere abbastanza apprezzato.

Relativamente, i capi da una parte e dall'altro, non erano vecchi.

Da noi:

Il Re aveva 46 anni. — Il G. La Marmora 62. — Il G. Durando 62. — Il G. della Rocca 59. — Il G. Cucchiari 60. — Il G. Cialdini 55.

Parecchi generali di Divisione erano molto giovani.

IL PIANO D'OPERAZIONI DEGL'ITALIANI

La necessità di far guerra all'Austria per ottenere il Veneto era così evidente, che il piano d'operazioni da adottarsi fu naturalmente studiato e meditato nelle nostre alte sfere militari. Ma questa vaga frase « nelle nostre alte sfere militari » da me appositamente impiegata, dice purtroppo che gli studi, in sostanza, non furono eseguiti con unità di concetto, nè coordinati, nè tradotti in disposizioni.

Come ho già avvertito, il corpo di stato maggiore, a cui doveva spettare la massima parte di tali studi, era organizzato in modo antiquato.

Sarebbe ingiusto però non osservare come il còmpito offensivo che spettava all'Esercito Italiano era, ad onta della sua soverchianza numerica, tutt'altro che facile.

Il Veneto, che si doveva conquistare, era difeso da una barriera di ostacoli naturali ed artificiali assai difficili da superare. Ed anche superate tali barriere, il teatro d'operazioni presentava condizioni quanto mai difficili per la manovra.

Gli Imperiali erano difesi ad O. dalle impervie Alpi lombarde, dal lago di Garda, dal Mincio, ed a S. erano difesi dal Po.

Da Mantova fino al confluente col Po, il Mincio cambia direzione formando un angolo acuto col gran fiume, ma l'ostacolo che il Mincio presentava verso O. si poteva considerare come prolungato dalla linea fortificata Curtatone-Montanara e dagli Avalli di sopra e di sotto, che chiudono verso O. la nota posizione del Serraglio, il cui principale vantaggio è forse quello di concedere, a chi l'occupa, facilità di manovra sulle due rive del Po, mediante le fortificazioni di Borgoforte che completano, in certo modo, la piazza forte di Mantova.

Gli Austriaci ci presentavano in tal modo una linea difensiva di due fronti ad angolo quasi retto, col vertice a Borgoforte. Le due fronti avevano una lunghezza quasi eguale di 150 km. in linea retta.

La natura diversa di tali ostacoli, tenuto conto anche delle fortificazioni dei passi delle Alpi lombarde, delle piazze di Peschiera, Mantova, Borgoforte e Rovigo, rendeva ancora più difficile la manovra per invadere il territorio nemico. L'importantissima piazza di Verona, quella di Legnago, quella di Venezia, dovevano renderci anche difficilissima la manovra, qualora fossimo penetrati nel Veneto dal basso Po. E comunque fossimo entrati nel territorio nemico: o dal Mincio o dal basso Po, ci saremmo sempre trovati di fronte ad un altro ostacolo che corre quasi parallelo alla linea di frontiera, cioè l'Adige. Si aggiunga che i terreni bassi, acquitrinosi, ed anche paludosi del basso Mincio, del basso Po, delle valli veronesi, dovevano ancora essere un ostacolo ai movimenti militari, i quali sarebbero stati persino quasi impossibili nel Polesine, qualora, rotte le dighe o chiusi i canali, gli Imperiali lo avessero inondato.

Infine conviene osservare che i movimenti attorno al gomito formato dalla frontiera, combinando i quali si poteva immaginare di operare dimostrazioni da una parte e attacchi risolutivi dall'altra, erano resi ancora più difficili dal corso del Po nel nostro territorio, e finanche dal corso dell'Oglio il quale corre per circa 70 km. parallelo al Po prima di confluire in esso presso a Scorzarolo.

Il còmpito perciò dell'Esercito italiano, ad onta del vantaggio del numero, era tutt'altro che facile. Ma poichè l'Esercito imperiale, appoggiato alle fortezze, veniva a ricevere da queste un sensibilissimo incremento di forza, conveniva soprattutto, secondo me, operare a massa, affinchè non andasse perduto il prezioso vantaggio che noi avevamo, quello appunto del numero.

Operando separatamente in più direzioni, erano tali gli ostacoli naturali od artificiali contro i quali andavamo ad urtare, che doveva sembrare una illusione potersi riunire avendo di fronte un nemico vigilante ed attivo.

Nelle nostre « alte sfere » si erano manifestate due correnti intorno al modo di operare. Non dirò due scuole, come altri ha detto, perchè ciò implicherebbe studi profondi e disposizioni preparate, soprattutto. E di queste disposizioni io non trovo tracce sufficienti: trovo anzi l'incertezza fino alla vigilia della guerra.

Secondo una corrente, il miglior piano era di basarsi su Bologna, di operare dimostrazioni verso il Mincio ed anche verso Borgoforte, e di invadere il Veneto coll'Esercito principale dal basso Po, passando questo fiume a monte di Ferrara. Procedendo poi su Padova e su Vicenza, si doveva puntare sulle più vitali comunicazioni del Veneto col cuore della Monarchia austriaca. Se l'Esercito nemico, che si supponeva nel Quadrilatero, ne fosse uscito, dargli battaglia: se esso si rinchiudeva, lasciare un Corpo d'osservazione per contenerlo e marciare col resto verso Vienna.

Secondo un'altra corrente, conveniva invece fare dimostrazioni sul basso Po, invadere il Quadrilatero dal Mincio, basandosi su Cremona e Piacenza, battere l'Esercito nemico, valendosi della superiorità di forze, investire le fortezze del Quadrilatero e procedere oltre.

Naturalmente, le variazioni a questi due piani erano moltissime e le opinioni in proposito molto disparate. Però tutte le soluzioni si raggruppavano su queste due basi:

invadere col grosso dal basso Po, oppure invadere dal Mincio.

La prima soluzione era caldamente, appassionatamente vagheggiata dal G. Cialdini, il quale nel 1866 era comandante del dipartimento militare di Bologna. Questo distintissimo generale aveva profondamente studiata la cosa, difficile, anzi difficilissima ad attuare, ma che però egli riteneva non superiore alla sua capacità ed alla sua energia (1).

Secondo lui, le condizioni dell'Italia essendo profondamente mutate dopo la sua unificazione, non era più verso il Piemonte, come nel 1848 e nel 1859, ma era verso il cuore d'Italia: Firenze, allora capitale, che doveva basarsi la guerra nazionale. Un'invasione dal Mincio sarebbe stata ostacolata delle fortezze del Quadrilatero, ed un'ulteriore avanzata verso il cuore dell'Impero sarebbe stata, secondo lui, ostacolata e ritardata da quelle fortezze che l'Esercito italiano doveva, procedendo, lasciarsi addietro.

Un'invasione dal basso Po, invece, veniva ad aggirare completamente il Quadrilatero, cioè l'ostacolo principale ed era sulla più diretta via tra Firenze e Vienna, cioè sulla migliore direzione strategica per fare una guerra a fondo ed una guerra decisiva (2).

E qui sorge la necessità di far parola delle trattative corse tra Prussia ed Italia per la scelta del piano di operazioni.

---

(1) Il piano primitivo del G. Cialdini sarebbe stato di radunare l'Esercito fra Parma e Modena, avanzarsi su Borgoforte, simulare il passaggio del Po sui ponti di Viadana e Guastalla e, richiamato il nemico da quella parte, passare effettivamente presso a Sermide e Felònica.

(2) Nel 1866 esisteva solo una linea ferroviaria completa fra Vienna e Verona, e passava per Nabresina, Gorizia, Udine, Treviso e Mestre. Quella del Tirolo mancava ancora del tronco Bozen-Innsbruck (120 km.).

Il G. Govone, allorchè si recò a Berlino in missione straordinaria, per concludere insieme col nostro ministro residente il trattato d'alleanza, domandò al G. La Marmora di stringere collo stato maggiore prussiano una convenzione militare. Il G. La Marmora non la volle, non ritenendola necessaria, vista la grandissima distanza e i grandissimi ostacoli che separavano gli Eserciti alleati.

Non risulta che si siano poi ufficialmente riprese le trattative per stringere tale convenzione.

Verso la fine di maggio o i primissimi giorni di giugno, il conte Usedom, ministro di Prussia a Firenze, presentò al G. La Marmora il signor de Bernhardi, in che qualità è difficile sapere, ad onta delle pubblicazioni venute anche ultimamente alla luce. Era uno scrittore prussiano che fu poi accreditato presso il nostro Q. G. come consigliere di legazione, per inviare rapporti. Più tardi fu anche addetto militare prussiano a Firenze, come maggiore.

Ma nel giorno in cui fu presentato al nostro capo di stato maggiore, questo non aveva nessuna ragione per crederlo quale egli volle in seguito qualificarsi, cioè un « plenipotenziario » militare prussiano.

Il de Bernhardi espose il piano di operazioni dell'Esercito prussiano, secondo il quale si doveva invadere la Boemia. E, o nello stesso giorno, oppure il 6 giugno, come egli scrisse, ciò che non ha molta importanza, egli propose un piano d'operazioni dell'Esercito italiano immaginato dal capo di stato maggiore prussiano, G. v. Moltke. Tale piano si fondava sulle stesse basi di quello del G. Cialdini, aggiungendovi però l'idea di una sollevazione dell'Ungheria per ferire nel cuore l'Impero austriaco.

Risulterebbe che il G. La Marmora non abbia preso il signor de Bernhardi troppo sul serio; ed alla richiesta di questo di esporgli il piano d'operazioni italiano, si tenne naturalmente di fronte a quel personaggio, la cui qualifica era alquanto vaga ed indeterminata, in una accentuata riserva.

E lo si comprende perfettamente. Se il G. Moltke riteneva necessaria una convenzione militare, doveva, sembra, o far capo al G. Govone allorchè questo era a Berlino, o affidare l'incarico ad un ufficiale di grado elevato, regolarmente accreditato. L'istoriografo de Bernhardi, il quale più tardi ebbe a presentarsi al G. Cialdini in Bologna annunziandosi così: « Sono scrittore di grande riputazione « ed appartengo ad una famiglia nella quale, da sette se- « coli, siamo tutti dotti di padre in figlio ». (Lettera Cialdini a La Marmora, 12 giugno 1866) non sembra che fosse la persona più adatta.

Pochi giorni prima della rottura delle ostilità, il G. La Marmora riceveva un primo e poi un secondo esemplare della famosa « nota Usedom », nella quale si dava comunicazione delle idee prussiane sulla condotta della guerra. Questa nota scritta in modo poco conforme agli usi diplomatici, appariva, con candido egoismo, basata non sul comune interesse degli alleati, ma essenzialmente sull'interesse della Prussia. Si comprende perfettamente che la forma e la sostanza di quella nota abbiano profondamente ferito il G. La Marmora, tanto che egli non vi dette alcuna risposta.

In quanto alla sollevazione dell'Ungheria e alla prevista defezione dei reggimenti ungheresi e croati, il G. La Marmora riteneva, e credo giustamente, che si trattasse di una illusione.

In quanto allo sbarco dei Garibaldini in Dalmazia, egualmente consigliato nella nota Usedom, il G. La Marmora senza dubbio deve averla considerata in ultima analisi come un volo della fantasia, anziché come una seria operazione militare. Prima di sbarcare in Dalmazia, infatti, bisognava essere padroni del mare: non lo si era e non lo si fu, disgraziatamente, mai. Dopo lo sbarco, avesse pur trovata favorevole accoglienza lungo la costa, il G. Garibaldi prima di giungere nella valle della Sava o della

Drava si sarebbe trovato innanzi alla formidabile barriera delle Alpi dinariche, davanti a cui, anche il conquistatore delle Due Sicilie sarebbe stato ridotto probabilmente ad un'impotenza completa.

Chi si prefigge lo studio della storia militare, non solo deve ricercare fin dove è possibile la verità, ma deve anche giudicare spassionatamente dei fatti. Ed io devo lealmente dichiarare come le supposizioni fatte nella nota Usedom, rispetto alla nostra diretta influenza sulle operazioni militari austriache, si siano in buona parte verificate, se non nel primo periodo della breve campagna, nel secondo, cioè dopo la battaglia di Königgrätz. Ed infatti dopo di essa (3 luglio) visto che gl'Italiani, respinti a Custoza, si erano ritirati dovunque e si tenevano in una inazione che nulla potrà mai giustificare, l'Arciduca Alberto e una gran parte dell'Esercito imperiale del Sud furono, per nostra mortificazione, il cui ricordo ci sferza ancora a sangue, diretti su Vienna. Davanti a noi rimase soltanto il 7° Corpo, il cui effettivo era di 19.790 baionette, 490 sciabole, 38 pezzi e 16 racchette. E noi avevamo almeno 220.000 combattenti, comandati e diretti però da generali che si palleggiavano la nomina e le dimissioni e da un consiglio di ministri, residente in Firenze, il quale doveva: da una parte secondare la pubblica opinione e, dall'altra parte, non inimicarsi il terzo assai incomodo, cioè l'Imperatore Napoleone, al quale l'Austria con calcolo machiavellico aveva, come si sa, ceduta la Venezia il 4 luglio.

Davvero fu una guerra infelicemente incominciata e condotta!

Che cosa fosse in quella campagna la tanto desiderata unità di comando, la disciplina nei capi, la fermezza nella direzione delle operazioni, lo dicano i seguenti telegrammi diretti dal G. Cialdini al G. La Marmora e dal G. La Marmora al G. Cialdini, e concepiti in modo che non si può credere che si trattassero i destini di un grande Paese.

Il G. Cialdini al G. La Marmora.

Reggiòlo, 6 luglio '66 (mattina).

Se Venezia fu ceduta possiamo noi invadere il suo territorio, e in conclusione posso io gittarmi nella provincia di Rovigo? Oltre a ciò se realmente Austriaci partono, mi pare che passaggio Po avrebbe l'aria di una buffonata.

F° CIALDINI.

Il G. La Marmora al G. Cialdini.

Torre Malimberti, 6 luglio '66·

Credo convenientissimo facciate egualmente vostra operazione. Se siete di avviso contrario ditemelo subito, entreremo noi dal Mincio, giacchè per me il peggio sarebbe ricevere la Venezia senza avervi messo piede.

F° LA MARMORA.

Il G. Cialdini al G. La Marmora.

Reggiòlo, 6 luglio '66.

Domani sera, come accennai a V. S., getterò ponti. La prego caldamente non muovere finchè sappia termine operazione riuscita.

F° CIALDINI.

Davvero che noi, i quali abbiamo attualmente, e fortunatamente, ben altra idea della disciplina militare, non possiamo comprendere che si comandi e si obbedisca a questo modo! Noi possiamo bensì scusare, comprendere qualunque errore militare, tanto nella condotta delle operazioni, quanto sul campo di battaglia, ma non possiamo comprendere quegli attriti che ci furono così fatali e quelle mancanze nei sentimenti di autorità e di abnegazione, che sono la base della vera disciplina e che costituiscono il fattore più importante del successo in tutte le guerre di cui si conservi la Storia.

Tutti gli scritti apologetici pubblicati da 36 anni, sia a pro del G. Cialdini, sia a pro del G. La Marmora, non mi potranno mai persuadere del contrario! Venisse anche fuori una biblioteca, il fatto per me è questo, che il G. La Marmora non aveva una preparazione sufficiente per dirigere un grande Esercito; che il G. Cialdini, pure avendo le qualità e la preparazione di un grande generale, si è dimostrato sia prima, sia durante la campagna, troppo preoccupato del *suo* comando e della *sua* posizione, tanto che si può dire che i suoi talenti e la sua capacità, invece di giovare all'Esercito ed al Paese, gli abbiano forse nociuto.

E lo strano si è che alla testa di tutti si trovava un Sovrano, il quale non aveva certamente le cognizioni militari indispensabili per comandare e guidare da sè un grosso Esercito, ma aveva, ed in grado eminente, alcune precipue doti del comandante, cioè un sano giudizio della situazione anche nei momenti difficili, fermezza di carattere e cuor di soldato. Diversi scrittori, e non solo fra quelli avversi alla Monarchia, hanno voluto gettare su questo Sovrano irresponsabile e da 24 anni defunto, parte della responsabilità del cattivo andamento di quella guerra. Io credo che ciò sia ingiusto e cercherò di dimostrarlo allorchè descriverò gli avvenimenti svoltisi il 24 giugno. Per ora ripeto quello che ho detto poc'anzi, cioè che se l'Esercito avesse manovrato riunito, come il Re Vittorio Emanuele desiderava, sotto i suoi ordini diretti, diviso in tre Armate o Corpi, col G. Petitti come capo di stato maggiore, è certo che le cose sarebbero andate meglio. E ciò è tanto evidente, che non ha bisogno di dimostrazione.

E torniamo al piano d'operazioni. Quale poteva essere il piano d'operazioni per l'Esercito italiano?

Certo la risposta non è facile.

Fu detto, per giustificare la divisione dell'Esercito in due Armate, che ciascuna di esse era più forte da sola dell'Armata imperiale del Sud. E ciò non è vero che per l'Armata del Mincio. Infatti, le relazioni ufficiali ci dànno per l'Armata del basso Po:

63.795 baionette, 3503 sciabole, 354 cannoni; e per l'Armata imperiale:

71.824 baionette, 3536 sciabole, 168 cannoni.

Si vede adunque che la vantata superiorità dell'Armata italiana del basso Po è solo superiorità di artiglierie. Fra queste però vi erano 186 pezzi (dell'artiglieria di riserva) i quali non erano pezzi da campagna e sul cui intervento in una battaglia v'era da fare ben poco assegnamento, soprattutto in quei terreni del basso Po e del basso Adige.

Restano dunque 168 pezzi da campagna, cioè tanti quanti ne aveva l'Esercito nemico.

Il nerbo dei due Eserciti stava, come sempre, nella fanteria, e se l'Arciduca poteva disporre di tutta la sua fanteria, è anche certo che il G. Cialdini avrebbe sempre dovuto assottigliare la sua, almeno per la guardia dei ponti, le dimostrazioni e il servizio di sicurezza a tergo.

La soverchianza nostra numerica, prese insieme le due Armate, non essendo stragrande, a me pare che sarebbe stato conforme ai principii di buona guerra di operare riuniti.

La quistione era dunque la seguente: o invadere passando il Mincio, o invadere passando il Po.

La quistione che a noi si presentava non era molto diversa da quella che si era presentata all'Esercito alleato franco-piemontese nel 1859. Anche allora il grosso austriaco si trovava fra il Po e uno dei suoi affluenti: la Sesia, il cui corso forma col Po un angolo quasi retto, come il Mincio.

Come è noto, Napoleone III riuscì con atti dimostrativi a far credere al comandante austriaco che avrebbe invasa la Lombardia dalla destra del Po, ed invece riuscì ad aggirare la destra austriaca trasportando il grosso delle sue forze dalla destra alla sinistra del Po e concentrando così le sue forze verso la sua ala sinistra. È noto che egli, dopo aver fatto passare le Divisioni piemontesi sulla sinistra della Sesia per coprire il movimento, riuscì con parte delle sue forze a passare il Ticino, a battere gli Austriaci a Magenta, e, dopo la ritirata di questi, ad invadere la Lombardia con quasi tutte le sue forze riunite.

La differenza essenziale fra il 1859 e il 1866, consisteva nelle fortificazioni del Quadrilatero. Avevamo però a nostro vantaggio una superiorità numerica, che non esisteva nel 1859.

Che le fortificazioni del Quadrilatero fossero una cosa tanto terribile, a me non pare, tanto più che i corsi di acqua i cui passaggi esse difendevano, coi mezzi che avevamo a nostra disposizione e nella stagione in cui la guerra incominciava, non si potevano considerare come ostacoli di primissimo ordine.

Il Mincio, infatti, fu da noi passato fra Mantova e Peschiera il 23 giugno colla più grande facilità. E non era neppure davanti all'Adige che l'Esercito italiano, fornito di tanto materiale da ponte, avrebbe dovuto fermarsi.

La piazza di Peschiera aveva, lo si sapeva, un piccolo presidio e con un movimento in avanti, che ebbe effettivamente luogo, era facile mascherarla: di più non aveva locali a prova di bomba.

Mantova aveva un grande valore difensivo, ma l'esempio delle campagne del 1796 e del 1797, ci diceva che non era difficile investirla, tanto più che anche essa aveva un presidio appena sufficiente per la sua difesa.

Mantova completata con Borgoforte, considerata cioè nelle funzioni strategiche della posizione del Serraglio, avrebbe avuto un grande valore solo se vi si fosse raccolta una parte dell'Esercito imperiale d'operazioni. Ma era poco presumibile che tale Esercito, già scarso in numero, si fosse ancora diviso.

Legnago era una fortezza di poca entità, tanto che le sue opere non coprivano nemmeno i ponti sull'Adige.

Fra tutte le fortezze del Quadrilatero, Verona era quella che meritava la più seria considerazione. Verona evidentemente doveva essere il perno di manovra dell'Esercito austriaco, sia per la sua posizione allo sbocco in pianura dell'Adige, sia per la vastità ed il perimetro delle sue opere di fortificazione, sia per le ferrovie e per le strade che in essa si riannodavano, sia per le risorse ivi raccolte, sia per l'appoggio tattico che un Esercito trova intorno ad essa nelle ultime pendici dei monti Lessini, sia per le comunicazioni dirette col Tirolo che da essa partivano.

Se quindi l'operazione principale degli Italiani fosse stata diretta contro Verona, mi sembra certo che, come era avvenuto nel 1848, anche nel 1866 si sarebbe venuti a battaglia vicino a Verona. Ed a me sembra che tutta l'arte del comandante italiano avrebbe dovuto essere quella di presentarsi a questa battaglia colla più grande possibile superiorità numerica, cercando, invece, di assottigliare le forze avversarie con dimostrazioni dal basso Po, dal lago di Garda e verso il Tirolo, di più con *uno stretto accordo fra le operazioni di terra e di mare*, accordo che sarebbe stato pur facile vista la nostra superiorità di forze anche sul mare. Esso ci avrebbe dovuto permettere di eseguire dimostrazioni ed operazioni secondarie, essenzialmente su Venezia e su Trieste.

Certamente in guerra se è difficile che si ripresenti la stessa situazione, è difficilissimo che riesca la stessa manovra. Io non dico perciò che nel 1866 si doveva rifare quello che era riuscito nel 1859. Data però la situazione, le condizioni del teatro d'operazioni e le circostanze, io mi permetto di ritenere che il miglior piano d'operazioni sarebbe stato quello di accennare ad attacchi in diversi punti della frontiera terrestre e del litorale, e poi di penetrare in massa dal Mincio. Dopo aver mascherate la fortezza di Peschiera, quella di Mantova e lo sbocco di Borgoforte sulla destra del Po, si poteva procedere con un grosso Esercito su Verona, e là o dar battaglia o rinchiudervi l'Esercito dell'Arciduca, e regolarsi poi secondo i risultati ottenuti.

A me non sembra, ad onta di tutte le buone ragioni messe innanzi, che potesse convenirci di muovere all'attacco principale passando il basso Po. A me pare che tutti quegli ostacoli, tutti quei corsi d'acqua, tutti quei canali, quei terreni acquitrinosi, tanto più se gli Austriaci li inondavano, dovevano opporre immense difficoltà alla nostra avanzata. Inoltre non si poteva fare astrazione dalle fortificazioni di Rovigo. Queste non erano gran cosa, ma erano sufficienti a difendere i passaggi sull'Adige.

Certamente, come osservava lo stato maggiore prussiano, era notevole il fatto che gli Austriaci non avevano pensato a costruire un campo trincerato attorno a Padova e ciò doveva rendere certamente meno difficile la nostra avanzata.

Tuttavia, anche senza tali fortificazioni, il nostro Esercito, se pure riusciva a passare tutte quelle acque, si sarebbe venuto a trovare, nella sua avanzata verso N., col Quadrilatero sul fianco sinistro e con Venezia sul fianco destro; e procedendo ancora verso N. E., non essendovi una ferrovia a traverso al Polesine, si sarebbe reso sempre più difficile il suo vettovagliamento. Per procedere in tal modo sarebbe stato indispensabile, secondo il mio avviso, il dominio del mare, per ottenere il quale avremmo dovuto prima di tutto distruggere la squadra nemica. Purtroppo le nostre navi non erano comandate nè da un Vittor Pisani, nè da un Doria, nè da un Ruggero di Lauria, dippiù le navi austriache potevano trovare un rifugio pressochè sicuro in Pola; infine per quelle, o simili operazioni marittime, occorreva tempo. Ed a noi, conveniva invece di far presto. Molti militari di quel tempo ritenevano che l'Austria avrebbe facilmente battuta la Prussia. Avvenne il contrario, ma bisognava preoccuparsi di quella eventualità e quindi del pericolo che, battuti i Prussiani, gli Austriaci, con le loro ferrovie, riuscissero dopo il successo, a rinforzare l'Esercito dell'Arciduca in modo tale da rendere assai più difficile il nostro còmpito.

Si potrebbe osservare che nel secondo periodo della campagna, effettivamente noi passammo il Po e gli altri corsi d'acqua secondarii giungendo poi fino quasi all'Isonzo da una parte; e, dall'altra parte, riuscimmo a spingere una Divisione e poi un'altra in val Sugana. È giusto però avvertire che quasi non incontrammo nemico di fronte, che la stessa Rovigo era stata sgombrata e che venimmo poi a trovarci in una posizione militare semplicemente assurda e che divenne pericolosissima allorchè, concluso coi Prussiani l'armistizio di Nikolsburg (26 luglio), gli Austriaci ci rimandarono contro l'Arciduca Alberto con un Esercito superiore al nostro ed in condizioni strategiche molto più favorevoli. Ci venimmo a trovare in una situazione irta di pericoli (1), dalla quale certamente avrebbe potuto trarci la vittoria se le operazioni avessero continuato. Avremmo avuto però di fronte un Esercito doppio di quello che combattè a Custoza. Di fatto, come risulta dalla Rel. uff., a metà di agosto l'Arciduca Alberto disponeva, contando il solo Esercito di operazioni, di 131.086 baionette, 6859 sciabole, 438 cannoni, mentre il G. Cialdini, senza la Divisione Medici, avviata in val Sugana, aveva una forza di 101.307 baionette, 6217 sciabole, e 306 cannoni.

(1) « Non ho mai letto di alcuna guerra condotta in modo così contrario ad ogni principio di scienza militare » (Lettere del Generale Pianell, pag. 350).

Quale fu il piano di operazioni adottato dagli Italiani, o per meglio dire, dai generali La Marmora e Cialdini?

È difficile rispondere!

È certo assolutamente impossibile di stabilire un piano di operazioni che vada con sicurezza al di là del primo incontro col nemico. Può darsi che, anche dopo tale incontro, il piano continui ad essere attuabile, ma è molto più probabile che esso subisca modificazioni, qualche volta radicali.

Lo stesso primo periodo della campagna del 1805, nel quale Napoleone I riuscì ad accerchiare l'Esercito austriaco nella piazza di Ulm ed a farlo quasi tutto prigioniero, operazione che, anche diversi storici dissero progettata prima che l'Esercito francese si mettesse in marcia dalle sponde dell'Oceano, e che si disse immaginata e compiuta secondo un piano prestabilito in tutti i suoi particolari, ha avuto effettivamente uno svolgimento assai diverso da quello che si vuole sia stato preveduto.

Però è indispensabile nelle guerre moderne, con tante forze che sono da muovere, almeno di iniziare le operazioni nel modo che si ritiene più conveniente per giungere all'obbiettivo della campagna.

Se v'era una situazione nella quale dovevamo assicurarci nientemeno che l'*iniziativa delle operazioni*, era quella! Ed invece pare che volessimo rinunziarci, stando a queste parole che si leggono nell'opera del senatore Chiala (*Cenni storici, ecc.*). « Se queste due Armate (quella del « Po e quella del Mincio) avessero poi da iniziare le ope- « razioni ciascuna per conto suo, o contemporaneamente « e d'accordo, era questa una cosa che, nel concetto del « G. La Marmora, non poteva essere definitivamente « stabilita che alla vigilia dell'entrata in campagna, se- « condo le informazioni che sarebbersi ricevute sui movi- « menti delle forze austriache. L'essenziale era che ciascuna « delle due Armate fosse fornita del materiale necessario « per poter agire al momento richiesto con probabilità di

« successo... » (pag. 568). *No!* L'essenziale era di agire contemporaneamente e d'accordo e di non lasciare l'iniziativa all'Esercito nemico!

Il nostro piano d'operazioni sarebbe stato concretato in una conferenza che fu tenuta in Bologna fra i generali La Marmora e Cialdini il 17 giugno.

Osservo che quella conferenza fu tenuta troppo tardi e che non vi ha assistito altro ufficiale. Non si saprà mai con precisione che cosa fu stabilito. È certo, purtroppo, che il G. La Marmora abbia ritenuto che si fosse stabilita una cosa e il G. Cialdini un'altra.

Il G. La Marmora scrisse poco tempo dopo queste parole:

« La nostra azione rispettiva era troppo evidente perchè « fosse d'uopo di prendere accordi speciali. Ciascuno dalla « parte sua avrebbe agito secondo le occorrenze colla « massima energia per modo di battere o paralizzare il « nemico attraendolo ora da un parte, ora dall'altra ».

Mi pare che in queste parole non si trovi un concetto nè chiaro nè esatto di un qualsiasi piano d'operazioni. Mi pare anzi che il concetto manchi.

Aggiungo che, in data 24 maggio, il G. Petitti scriveva al G. La Marmora:

« ..... Cialdini si incarica di buon grado di comandare « e dirigere un'operazione sul basso Po, e spera assai di « riuscirvi. *Non conosco il suo piano* ed ignoro quello che « ci domandi per mandarlo ad eseguimento, quindi non « sono in grado di ragionare in proposito... ».

Ora se si pensa che il G. Petitti era, al campo, l'*alter ego* del G La Marmora, è veramente strano che egli, pochi giorni prima dell'apertura delle ostilità, ignorasse il piano del G. Cialdini.

Come conseguenza della conferenza di Bologna, in data 21 giugno, il G. La Marmora scriveva al G. Cialdini, da Cremona:

« I comandanti generali dei primi tre Corpi d'Armata

« essendo più sotto la mano del comando in capo del-
« l'Esercito, riceveranno direttamente li ordini e le istru-
« zioni. — V. E. all'incontro viene considerata come co-
« mandante di corpo distaccato; ed avendo S. M. approvato
« il progetto dell'E. V. comunicatomi a Bologna, Ella riceve
« ampia facoltà di cominciare e proseguire le operazioni di
« guerra in quel senso che le sembrerà più opportuno a
« seconda delle circostanze.

« Solo la prego di tenermi sempre al corrente d'ogni
« cosa ».

Io non ho inteso di scrivere una storia della campagna
del 1866, tanto meno intendo di discutere le persone: mi
attengo ai fatti. E giudicando da questi, devo tornarmi a
domandare, quale sia stato il piano d'operazioni dell'Esercito
italiano. Passato il Mincio il 23 giugno con alcune Divisioni
e dirigendone poi dieci sulla sinistra di quel fiume pel
giorno 24, era naturale che se non il 24, il 25 o il 26 si
poteva venire a battaglia coll'Esercito austriaco. Ed allora,
mentre si dava battaglia, a che cosa serviva il corpo del
G. Cialdini?

Se il corpo del G. Cialdini doveva operare una dimostrazione, per attirare una parte delle forze austriache,
non era evidente che tale dimostrazione avrebbe dovuto
precedere il passaggio del Mincio per parte dell'Esercito
principale? Ed invece non solo il G. Cialdini fu lasciato
libero di operare a suo talento, ma, come è noto, egli sarebbe stato in grado appena il 26 giugno di incominciare
il gittamento dei ponti.

Ed in terzo luogo, se l'Armata del Mincio doveva fare
una semplice dimostrazione, per facilitare al G. Cialdini il
passaggio del Po, perchè passare il Mincio con dieci Divisioni?

Equivoco ci fu, pur troppo, ed esso perdurò fino
alla vigilia della battaglia. Ed infatti il giorno 21, il

G. Cialdini spedì al comando supremo il seguente telegramma:

« Il mio passaggio del Po dev'essere preceduto da seria
« *dimostrazione* sul Mincio. Avvertitemi al più presto se
« pensate farla il 24, ond'io disponga il passaggio per la
« notte dal 25 al 26 ».

Il G. Petitti rispose il 22:

« G. La Marmora in giro per dare istruzioni ai Corpi
« d'Armata. Frattanto credo poterla assicurare che il
« giorno 24 sarà fatta *dimostrazione* sul Mincio secondo
« informazioni che si avranno sul nemico. Al ritorno del
« La Marmora maggiori schiarimenti ».

E poco dopo, verso le 5 $\frac{1}{2}$ dello stesso 22, quest'altro
telegramma:

« La Marmora ritornato. Domani si passa il Mincio e la
« cavalleria perlustra il paese al di là ».

Dunque *dimostrazione* scrive il G. Cialdini e *dimostrazione* risponde, a nome del G. La Marmora, il G. Petitti.

Si è poi detto che quest'ultimo abbia impiegata la parola *dimostrazione* perchè il G. Cialdini l'aveva impiegata:
in certo modo per rispondere a tono.

Ma, appunto perchè il G. Cialdini si era servito di tale
parola, l'aiutante generale sapendo meglio d'ogni altro che
non si trattava di *dimostrazione* allorchè si preparava il
passaggio sulla sinistra del Mincio di dieci Divisioni, di
undici anzi colla Divisione di Cavalleria, doveva, non dico
servirsi di altro vocabolo, ma esprimersi in modo tutto
diverso. E l'equivoco dev'essere perdurato anche il 23,
quando il G. Cialdini ricevette quest'altro telegramma, che
fu l'ultimo prima di quello annunziante la battaglia.

« Abbiamo passato Mincio senza resistenza. Occupiamo
« diversi *punti* sponda sinistra fra cui Valeggio. Dippiù
« Curtatone e Montanara ». — Queste due ultime località
erano state occupate dalla Divisione Cosenz.

Secondo il concetto del comando supremo, il 23 si dovevano trovare sulla sinistra del Mincio 7 Divisioni (compresa quella di Cavalleria), più altre truppe di una delle Divisioni del I Corpo. Telegrafando soltanto, come fu fatto, che si occupavano *diversi punti*, era certamente difficile pel G. Cialdini di comprendere che, il 23, già più di 50.000 uomini dovevano trovarsi sulla sinistra di quel fiume.

Noto ancora che allorquando nel mattino del 24, il G. Cialdini ricevè dal Re Vittorio Emanuele il telegramma con cui gli si annunziava che si era impegnata una battaglia, egli rispose subito:

« Sono desolato notizia che V. M. mi dà. G. La Marmora « mi aveva promesso di limitarsi a semplice dimostrazione. « Voglio sperare non infausto esito giornata, ecc. ». (Risposta del G. Cialdini all' opuscolo *Schiarimenti e rettifiche* del G. La Marmora, pag. 19).

Due cose fanno impressione, nel leggere quel telegramma. La prima è che l'espressione usata dal generale « son desolato » provava una volta di più che effettivamente egli credeva ad una « dimostrazione » e non ad una battaglia. Ed in secondo luogo che egli si augura « non infausto » l'esito della giornata. E perchè non si augurava una splendida vittoria? Non si deve troppo insistere sulle espressioni di un telegramma, ma quello sopra riportato mi pare che indichi lo stato d'animo del comandante della nostra Armata del Po meglio che un lungo discorso.

Le seguenti osservazioni poi che egli fa nel suo citato opuscolo (pag. 22), sono perfettamente giuste:

« Non s'inizia una grave campagna come quella del 1866, « resa poi più difficile e complicata dalla separazione del- « l'Esercito in due gran Corpi, l'uno sul Mincio, l'altro sul « Po, e quando si deve cominciarla con una operazione così « delicata come era il passaggio del Po, non s'inizia, dico, « una simile campagna senza dare ordini scritti, ed istru- « zioni positive, precise e chiarissime. Non si regge il co- « mando di un'Armata, nè si dirigono le sorti di una « campagna col mezzo di concerti verbali... ecc. ».

E lo stesso Generale cita le istruzioni da lui date al G. Cadorna quando lo distaccò e lo spinse a marce forzate sull'Isonzo (v. Rel. uff., tomo II, pag. 119).

Quelle istruzioni, datate da Treviso 22 luglio, sono un modello di chiarezza, come tutto ciò che il G. Cialdini scriveva o diceva. Però — viene spontanea la domanda — quelle istruzioni ritenute tanto necessarie perchè non le ha richieste egli stesso al G. La Marmora?

In quel colloquio di Bologna, certamente, nessuno dei due generali ha espresso chiaramente il suo pensiero e ciascuno di essi ha creduto o sperato, probabilmente, che la forza degli eventi avrebbe obbligato l'altro ad accostarsi più o meno e a secondare il proprio piano.

In conclusione, comunque si consideri la cosa, mi sembra evidente che non solo mancava unità di direzione nelle operazioni che l'Esercito italiano si accingeva ad eseguire, ma è anche evidente, secondo il mio giudizio, che la soluzione adottata non corrispondeva alla situazione e che essa costituiva un mezzo termine fra due soluzioni, atto forse ad accontentare i due nostri capi, ma certamente tale da non produrre quel buon risultato che era lecito ripromettersi, scendendo in campo con un Esercito doppio di quello del nemico.

Messa da parte — e credo giustamente — l'idea dell'operazione in Dalmazia e giudicando intempestiva anche un'operazione su Trieste, era stato deciso che il Corpo di Volontari comandato dal G. Garibaldi, Corpo che era risultato molto più numeroso di quello che si credeva (tantochè si dovettero formare dieci grossi reggimenti) fosse, almeno da principio, impiegato a far diversione e minacciare le comunicazioni di Verona col Tirolo. Il Corpo doveva perciò essere impiegato sulla nostra estrema sinistra e doveva anche coprire la Lombardia.

Base d'operazione: Brescia. Primo obbiettivo: Riva, alla punta N. del Lago di Garda, da cui dopo aver preso o aggirato il forte di Nago, si va all'Adige con una buona strada, lunga 12 a 13 km. Se vi si giungeva, si potevano intercettare la rotabile e la ferrovia che mettono Verona in comunicazione coll'interno della Monarchia e, dopo pochi altri chilometri di strada, si poteva raggiungere l'importantissimo punto strategico di Rovereto.

La direzione data alle operazioni dei volontari rispondeva perfettamente, secondo il mio giudizio, alle prime necessità strategiche di quella guerra.

Sarebbe stata necessaria, però, una maggiore e più sollecita preparazione.

Destinati da principio ad operare dimostrazioni, bisognava che i volontari fossero stati in grado di iniziare le operazioni prima dell'Esercito del Mincio, appunto per minacciare il Tirolo e per impedire che una parte delle forze imperiali, le quali occupavano quella importantissima regione, potesse essere trasportata, anche per ferrovia, nelle vicinanze di Verona a rinforzo dell'Esercito principale.

Ed invece il 22 giugno, cioè alla vigilia del passaggio del Mincio, 6 reggimenti erano sparsi nella Lombardia e 4 erano ancora nelle Puglie.

« Richiesto dal comando supremo su quante forze po-
« tesse fare assegnamento pel 23 mattina, il G. Garibaldi
« rispose: Credo che potrò contare solamente sopra sei
« mila uomini circa ». (Rel. uff., tomo II, pag. 174).

Era troppo poco, tanto che l'Arciduca avrebbe potuto far concorrere alla battaglia di Custoza, oltre alla Brigata Scudier da lui richiamata dal basso Po, anche alcuni battaglioni del Tirolo che potevano esser trasportati a Verona in ferrovia (1).

---

(1) Mi risulta positivamente che lo stesso Arciduca lo abbia notato, parlandone con uno degli attuali Ispettori dell'Esercito austroangarico, l'illustre Feldzeugmeister barone di Waldstätten.

In sostanza perdemmo anche da quella parte, cioè nelle Alpi lombarde, l'iniziativa delle mosse, cosa essenzialissima in montagna. È da notare che il corpo dei volontari non era nè fatto, nè organizzato per la montagna. Che non era fatto, è evidente. In quanto all'organizzazione, basti il dire che esso non aveva salmerie. Aveva *una sola* compagnia zappatori del Genio dell'Esercito regolare, ed *una sola* batteria da montagna.

Non si sa assolutamente comprendere come il corpo del G. Cialdini, destinato ad operare pel basso Po, avesse una batteria di montagna di 12 pezzi, e il corpo dei volontari, destinato ad operare in montagna, avesse solo 6 pezzi !

Noto anche che si sarebbe dovuto fare molto di più per la flottiglia del lago di Garda, che all'inizio delle operazioni era pressochè nulla. E molto più si sarebbe dovuto fare per allestire mezzi d'offesa su quel lago, su cui avremmo dovuto essere vittoriosi fin dai primi giorni e che avrebbe dovuto essere il *vero teatro* della principale azione garibaldina.

Ma per allestire e preparare occorrono danari e, pur troppo, non solo il Governo, ma il Parlamento e il Paese avevan voluto economie, pur vedendo inevitabile la guerra.

I mezzi di guerra non si improvvisano e non basta aver uomini e anche uomini straordinari come il G. Garibaldi! Bisogna dar loro anche i mezzi per agire. E pochi milioni di economie possono esser poi scontati con lagrime amare !

IL PIANO D'OPERAZIONI DEGLI IMPERIALI

I vantaggi che offriva agli Imperiali la posizione strategica del Quadrilatero e l'accennata divisione in due Armate delle forze italiane, erano tali che, ad onta dell'inferiorità numerica, l'Arciduca Alberto poteva considerare che le sorti della campagna fossero tutt'altro che disperate.

Davanti a due masse separate da tanti ostacoli, era naturale l'impiego della manovra per linee interne. L'Arciduca doveva quindi gettarsi colla massima parte delle sue forze sopra quell'Armata che lo avrebbe minacciato più da vicino e che per prima si avvicinasse al principalissimo obbiettivo strategico del teatro d'operazioni del Veneto: Verona.

Secondo le notizie giunte al Q. G. austriaco, l'Armata del Re doveva per prima passare il Mincio e tendere al medio Adige, per separare Verona dal basso Adige e per potere poi riunirsi coll'Armata del G. Cialdini.

Naturalmente tale notizia, come quasi tutte quelle che in simili casi si ricevono, era incerta. Ma, ad ogni modo, era naturale che l'Arciduca, ancorchè l'Esercito del Re fosse rimasto nei primi giorni della campagna dietro al Mincio, dovesse attaccarlo per impedirgli di avvicinarsi a Verona e di dar la mano al G. Cialdini per la destra o la sinistra dell'Adige.

Dunque, il piano dell'Arciduca è di riunire tutta la forza disponibile, di attaccare l'Esercito principale italiano nel fianco sinistro nel caso in cui esso, passato il Mincio, si diriga all'Adige; e nel caso in cui rimanga sulla destra del Mincio, passare questo fiume a Peschiera ed attaccarlo egualmente nel fianco sinistro.

Naturalmente la soluzione più favorevole agli Imperiali sarebbe stata la prima, perchè avrebbero combattuto più vicini alla loro base: Verona, e perchè sarebbero stati sicuri alle spalle, mentre che un attacco da Peschiera verso S. li avrebbe esposti ad essere attaccati a tergo, o nel fianco destro, dal corpo di Garibaldi.

L'Arciduca riteneva giustamente, nel calcolo del tempo, che è una delle basi della manovra per linee interne, che gli ostacoli del Polesine e le fortificazioni di Rovigo avrebbero di tanto ritardata la marcia del G. Cialdini, che se riusciva a battere l'Armata del Mincio, egli avrebbe avuto tutto il tempo di rivolgere l'Armata vittoriosa contro l'Armata italiana del Po e di colpirla in flagrante passaggio, in migliori condizioni, ancora, di quello che non avesse fatto suo padre contro l'Esercito francese, il 21 e il 22 maggio del 1809, nelle pianure di Aspern e di Essling.

Era relativamente facile ideare il piano. La difficoltà, come sempre, stava nell'esecuzione.

Prima di tutto bisognava far credere agli Italiani, che l'Esercito imperiale del Sud dovesse tenersi assolutamente sulla difensiva. E tale notizia poteva facilmente trovar credito, perchè, come era noto, l'Austria voleva prima di tutto sbarazzarsi del formidabile nemico che gli veniva da Nord e, grazie agli ostacoli naturali ed artificiali dello scacchiere d'operazioni in Italia, temporeggiare al Sud finchè non avesse disponibili tante forze da poter prendere l'offensiva anche in Italia.

L'Arciduca riuscì completamente in tale intento. E lo dimostra persino un telegramma, diretto al G. La Marmora, e nel quale si riferiva quello che si riteneva a Parigi, intorno al modo con cui gli Austriaci avrebbero condotto la guerra tanto contro la Prussia, quanto contro gli Italiani.

Ora, il nostro servizio di informazioni era *benissimo organizzato* — basti il dire che ne era a capo il colonnello di stato maggiore Driquet — ed io ho raccolto alcune notizie (stampate come allegato a questo volume) sul modo con cui tale servizio fu organizzato ed ha funzionato prima del 24 giugno.

Si può aggiungere che, raramente si è impegnata una guerra con una conoscenza tanto esatta delle forze e dei mezzi del nemico, come abbiamo fatto noi nel 1866 (1).

Ma, naturalmente, i nostri agenti non potevano scoprire e precisare quali fossero i disegni del nemico finchè non uscissero dalla mente dell'Arciduca, tanto più che tutte le misure più rigorose erano state prese affinchè di essi non trapelasse nulla, e tutto invece concorresse a far credere agli Italiani, che gli Imperiali si sarebbero tenuti dietro al medio Adige, in posizione difensiva.

Bisognava anche, per assicurare la completa riuscita del progetto, non solo non opporsi al passaggio del Mincio per parte degli Italiani, ma anzi facilitarlo. Fu quindi deciso di lasciare intatti i ponti; e lungo la sponda sinistra di quel fiume non fu lasciata che poca cavalleria.

Occorreva infine concentrare tutte le forze in ristretto spazio vicino a Verona, in modo da poterle portare al più presto sulla destra dell'Adige, in direzione di Peschiera.

_____

(1) Dallo stesso allegato, si possono rilevare le ragioni per le quali non si sono ottenuti dalle informazioni tutti quei frutti che se ne potevano aspettare.

In armonia con tali concetti:

la Divisione di riserva fu messa presso a Pastrengo e a Parona;

il 5° Corpo fu concentrato presso a San Michele e a Montorio;

il 9° Corpo presso a San Martino;

il 7° Corpo presso a San Bonifacio;

la cavalleria di riserva doveva tenere il contatto col nemico e ritirarsi, se attaccata, su Verona.

Tali operazioni ebbero il loro effetto il 22 giugno.

Lungo il basso Po era stata lasciata la Brigata Scudier del 7° Corpo.

Ma l'Arciduca ordinò che al primo avviso essa concentrasse i suoi due reggimenti e la batteria a Rovigo, lasciando la guardia del Po al reggimento usseri Liechtenstein (4 squadroni) insieme col 10° battaglione cacciatori, sotto il comando del colonnello conte Szapàry. Contrariamente al parere del suo capo di stato maggiore, era intenzione dell'Arciduca di far concorrere anche la Brigata Scudier — da trasportare per ferrovia — alla battaglia che si preparava.

Il 22 giugno, adunque, cioè il giorno prima dell'apertura delle ostilità, tutte le truppe mobili dell'Arciduca, meno la Brigata Zastavnikovic, di cui parlerò in appresso, erano concentrate o disposte in modo da poter essere subito impiegate tutte riunite contro l'Esercito del Re.

In quanto al Tirolo, era progettata una difensiva, ma una difensiva attiva.

Vi furono raccolti circa 14.000 uomini di truppe regolari (12.000 fucili circa), e 5000 uomini (4400 fucili circa), di milizie nazionali. In tutto poco più di 16.000 combattenti, con 24 cannoni e 8 pezzi da racchette (V. pag. 22).

Le truppe erano assai buone, esercitate nei terreni di montagna, ben armate ed abili nel tiro.

Il comandante, maggior generale barone v. Kuhn, era un distintissimo ufficiale, a cui la campagna ha dato gran fama, fama però che mi sembra sia stata un po' esagerata, perchè se in sostanza il G. Garibaldi ha potuto far poco, anche il v. Kuhn non ha fatto molto.

Le disposizioni date dal G. Kuhn ·all'inizio della campagna escono dal quadro che io mi son tracciato: esse però possono essere considerate come un modello.

DISPOSIZIONI FINO AL 23 GIUGNO

A — *IMPERIALI.*

Il 22 giugno, la cavalleria Pulz riferì all'Arciduca che importanti forze italiane si radunavano fra Goito e Volta e che il nemico si disponeva a passare il Mincio in diversi luoghi, fra Molini della Volta e Ferri.

In previsione che pel 23 giugno l'Esercito del Re passasse il Mincio, l'Arciduca Alberto decise di attuare il disegno già formato di passare il suo Esercito tutto sulla destra dell'Adige, di occupare il terreno collinoso ad E. di Peschiera e di attaccare gli Italiani nel fianco sinistro.

Le disposizioni date per l'attuazione di tale concetto furono in riassunto le seguenti:

la Divisione di riserva si raduna attorno a Pastrengo;

il 5° Corpo, passando per Verona, si dispone attorno a Chievo;

il 7° Corpo, il quale viene raggiunto in giornata dalla Brigata Scudier, trasportata per ferrovia, passa l'Adige a Verona e si raduna attorno a S. Massimo.

il 9° Corpo, passando l'Adige a un ponte militare gittato presso Cà Buri, si raduna attorno a Santa Lucia.

I bagagli sono lasciati sulla sinistra dell'Adige.

I movimenti dovevano incominciare il mattino del 23.

I riparti di osservazione lasciati sul Po devono, se attaccati da forze superiori, ritirarsi dietro l'Adige distruggendo tutti i ponti sui corsi d'acqua e sui canali, distruggendo o affondando tutte le imbarcazioni, tenendo in ogni caso strettamente il contatto col nemico, ed informando di tutto il comando supremo.

La Brigata Scudier fu trasportata con 6 treni, l'ultimo dei quali giunse in Verona alle 10 ant. del 23.

Salvo il battaglione e i 4 squadroni lasciati, come si è detto, sul Po, tutte le forze disponibili dell'Arciduca si trovarono pel 23 in pochi chilometri quadrati di terreno ad O. di Verona, pronte ad agire compatte nella direzione che il comando avrebbe ritenuta più conveniente.

Una sola parte delle forze mobili dell'Arciduca era tenuta lontana da Verona, e quindi nell'impossibilità di prender parte all'azione che si annunziava imminente: era la Brigata comandata dal colonnello Zastavnikovic. Questa Brigata però aveva una missione speciale: doveva servire come colonna mobile per tenere a freno le popolazioni del Veneto, naturalmente ostili al dominio imperiale.

B — ITALIANI.

Il 20 giugno l'Armata del Re si trovava già vicina al Mincio e così disposta:

Q. G. P. — Cremona.

I Corpo — fra Rivoltella, Pozzolengo, Volta, Cavriana.

III Corpo — fra Cerlungo, Goito, La Motta, Cadenazzo.

Il Corpo — fra Castellucchio, Gabbiana, Cesole, Gazzoldo.

La Divisione di cavalleriá di linea fra Medole, Castiglione delle Stiviere, Rebecco, Guidizzolo.

La riserva d'artiglieria attorno a Cremona.

In detto giorno 20 il Com. del I Corpo d'Armata, valendosi della facoltà concessagli, costituì una riserva speciale: si disse per rimediare alla larga disposizione assegnata al Corpo d'Armata, che esigeva l'impiego sulla fronte di tutte e quattro le sue Divis. La riserva fu costituita, togliendo un batt. bers. ed una batteria a ciascuna Divis. ed unendovi i 5 sq. del regg. lancieri di Aosta e uno sq. guide. Contemporaneamente, ad ogni Divis. venivano assegnati due sq. pel servizio di esplorazione.

La convenienza della formazione di tale riserva è stata molto discussa. Certamente le spiegazioni sovraindicate, che ho tolte esattamente dalla nostra Rel. uff., sembrano alquanto sibilline: non si comprende infatti perchè il 20 giugno si prevedesse l'impiego sulla fronte di tutte e quattro le Divis. del I Corpo.

A me sembra però naturale che la riserva di un Corpo d'Armata di quattro Divis. dovesse essere invece una delle 4 Divis., ed in ogni caso la riserva in un' azione tàttica deve essere, credo, stabilita, secondo le disposizioni del Com. del Corpo per *quella* azione tàttica, secondo l'obbiettivo da raggiungere, secondo il terreno di manovra: cose tutte che il 20 giugno era difficile prevedere quali sarebbero state.

Si può obbiettare che la riserva del I Corpo, nel giorno della battaglia di Custoza, prestò sulla posizione di M. Vento preziosi servigi e contribuì a fermare la vittoriosa avanzata del 5° Corpo austriaco.

Ma io osservo che le Divis. del I Corpo ebbero molto

a soffrire per la diminuzione di una batteria e di un batt.
bers.: preziosi ausiliari!

Da parte sua, il Com. del III Corpo non costituì riserva,
ma assegnò a ciascuna Divis. uno sq., prendendolo dalla
Brig. di cavalleria leggiera ad esso assegnata.

Secondo la nostra Rel. uff., le notizie giunte fino al
20 parevano confermare la supposta intenzione degli Imperiali di difendere la linea dell'Adige con appoggio a
Rovigo, ma non potevano escludere l'idea di una contro
offensiva nemica subitanea fra Adige e Mincio.

Il nostro comando supremo decise di assicurarsi pel 23,
giorno di apertura delle ostilità, i passaggi sul Mincio di
Monzambano, Borghetto e Goito, di passare quel fiume
col I e III Corpo, mettendo piede saldamente sulla sponda
opposta e di spingere innanzi la cavalleria verso l'Adige.

Il II Corpo doveva operare innanzi a Mantova e a Borgoforte, impadronendosi dapprima di Curtatone e di Montanara.

Entrando poi nel Serraglio, doveva tagliare le comunicazioni fra Mantova e Borgoforte ed attaccare Borgoforte
per le due rive del Po.

Intanto le truppe italiane si sarebbero avvicinate al-
l'Adige.

Dalle notizie giunte il 21 al Q. G. P., per quanto confuse e contraddittorie come avviene quasi sempre in
guerra, risultava ancora che le forze mobili austriache si
radunavano sulla sinistra dell'Adige.

Al nostro Q. G. P. si riteneva che le ostilità potessero
incominciare il mattino del 23.

L'Arciduca Alberto riteneva, invece — così disse e fu
detto — che esse potessero incominciare solo al mezzogiorno
del 23 e ci accusò dopo « di aver violato i patti da noi
stessi stabiliti » nella dichiarazione di guerra.

La nota lealtà del G. La Marmora avrebbe però dovuto

essere guarentigia sicura che da parte nostra non eravi stata « violazione ».

Tuttavia credo che per dimostrare la perfetta buona fede degli Italiani possa valere questo telegramma ricevuto dal G. v. Kuhn.

« Da oggi in poi spiegere i preparativi colla massima « alacrità. Le ostilità principiano il 23 mattina » (*Beginn der Feindseligkeiten am 23 früh*). Questo telegramma è appunto dell'Arciduca Alberto. (Rel. uff. austriaca. — *Österreichs Kämpfe im Jahre* 1866, pag. 10).

E questo mi pare un vero argomento *ad hominem!*

Non essendosi avute il 22 altre notizie positive sul nemico, il nostro comando supremo volle attuare il concetto già stabilito.

Furono perciò date le seguenti disposizioni:

al I Corpo:
    una Divis. passi il Mincio a Monzambano, un'altra a Borghetto, stabilendosi entrambe sulla sinistra del Mincio. Un'altra Divis. getti un ponte ai Molini di Volta o Pozzòlo e faccia passare sulla sinistra del Mincio la quantità di truppa necessaria per assicurare il passaggio. Una Divis. rimanga sulla destra del Mincio, per osservare Peschiera.

Al III Corpo:
    una Divis. passi il Mincio a Goito e prenda posizione per proteggere il passaggio delle altre Divis.; passino quindi le altre tre, dirigendosi a Belvedere, Roverbella, Villa Buona.

Alla Divis. di cavalleria fu ordinato di giungere di buonissima ora a Goito, ove avrebbe ricevuto altri ordini.

Al II Corpo:

fu ordinato di impossessarsi con una Divis. di Curtatone e di Montanara e di tenerne pronte altre due a portarsi verso Goito e Villafranca, tostochè ne ricevessero l'ordine.

La Divis. Mignano (4ᵃ) era stata diretta su Borgoforte, parte per la destra e parte per la sinistra del Po.

Non risulta che sia stato dato ordine di avanzata alla riserva generale d'artiglieria, che rimase perciò a Piadena sulla destra dell'Oglio.

Si doveva metter mano alla costruzione di teste di ponte a Valeggio e a Goito.

In esecuzione degli ordini del comando supremo, i comandanti dei Corpi d'Armata dettero le seguenti disposizioni:

I CORPO.

La 1ᵃ Divis. (Cerale) doveva passare con parte della forza il Mincio a Monzambano ed occupare le alture di riva sinistra, senza allontanarsi soverchiamente dal fiume; l'altra parte doveva rimanere sulla destra per guardare a Peschiera, insieme colla 2ᵃ Divis. (Pianell).

La 5ᵃ Divis. (Sirtori) doveva passare il Mincio al ponte di Borghetto e rafforzarsi in Valeggio.

La 3ᵃ Divis. (Brignone) doveva passare il Mincio al ponte militare di Molini della Volta e prender posizione sul ciglione di Pozzòlo.

La riserva del Corpo d'Armata doveva avanzarsi da Cavriana a Volta.

Era prescritto che una parte almeno della cavalleria passasse il fiume e spingesse ricognizioni.

Il Q. G. doveva trasferirsi a Volta.

III CORPO.

La 7ª Divis. (Bixio) passato il Mincio a Goito, doveva andare a schierarsi fra Villa Buona e la strada Goito-Marmirolo, collegandosi a sinistra colla 3ª Divis. (Brignone). Dopo della 7ª Divis., la Divis. di cavalleria di linea doveva passare anch'essa il Mincio a Goito e portarsi in avanscoperta verso Villafranca.

Dopo, la 7ª Divis. doveva ancora avanzarsi, occupando il terreno fra la strada Massimbona-Villafranca e Roverbella-Villafranca, col centro a Belvedere, fronte a N. E.

La Divis. Principe Umberto doveva passare il Mincio egualmente a Goito e schierarsi a destra della Divis. Bixio, colla destra innanzi a Rotta e la sinistra innanzi a Roverbella, fronte ad E. S. E.

La Divis. Govone, passando per Goito, doveva disporsi a cavallo della strada Goito-Marmirolo-Mantova fra le case Bertone e Casa Nuova fronte a S. E.

La Brig. di cavalleria Pralormo fra Marengo e Massimbona.

La Divis. Cugia doveva passare ad un ponte militare da gettarsi presso Ferri, a monte di Goito, e doveva andare a prendere posizione innanzi a Pozzòlo, fronte a N. E.

II CORPO.

La 6ª Divis. (Cosenz) doveva impadronirsi con una Brig. di Curtatone e coll'altra di Montanara, mentre la Brig. Ravenna (della 4ª Divis.) doveva portarsi di fronte a S. Silvestro, a destra della Divis. Cosenz, per guardare la strada Mantova-Borgoforte.

La 10ª Divis. (Angioletti) doveva disporsi a cavallo della strada Gazzòlo-Mantova fra S. Lorenzo e Gabbiana.

La 19ª Divis. (Longoni) più indietro tra Ospitaletto e Carobbio.

Due sq. di cavalleria erano stati assegnati alla Divis. Cosenz, il resto della cavalleria (8 sq.) doveva rimanere in riserva presso a Castellucchio, ove era il Q. G.

Le disposizioni emanate dal nostro comando supremo non mi pare che rispondessero nè al terreno, nè alla situazione.

Le forze italiane venivano ad essere disseminate, su una fronte di 35 km, fra Monzambano e San Silvestro, parte sulla sinistra, parte sulla destra del Mincio, senza nemmeno che fosse stato prima disposto per una ricognizione di cavalleria molto innanzi alla vastissima fronte.

Era noto al comando supremo, ed era anzi la base da cui esso partì nel dare le disposizioni, che l'Esercito austriaco di operazioni si trovava sulla sinistra dell'Adige. Non si comprende perciò perchè si impiegasse tutto un Corpo d'Armata (il II), verso la posizione Mantova-Borgoforte. Era noto che in Mantova non si trovavano che poche migliaia di uomini, appena sufficienti per presidiare la piazza, mentre il II Corpo contava 72 batt., 10 sq. e 12 batterie; cioè, all'incirca, 35.000 combattenti e 72 cannoni.

E tanto più mi pare che si devesse aspettare ad eseguire l'operazione contro Borgoforte e Mantova, in quanto che essa non era pronta e forse non era stata nemmeno studiata a fondo.

Tanto vero che, pur accennando appena ai cannoni da 16 rimasti fino al 25 a Castiglione delle Stiviere, quantunque destinati ad agire contro i forti di Curtatone e Montanara (forti, d'altra parte non presidiati, nè armati e nei quali, come si vedrà, si entrò senza colpo ferire), l'attacco di Borgoforte non avrebbe potuto cominciare prima del 26, perchè non prima della sera del 25 potevano giungere i cannoni ad esso destinati (Rel. uff., tomo II, pagine 17-18).

Tanto vero, che il cannoneggiamento di Borgoforte a massa di artiglieria eseguito il 5 luglio e sul quale si faceva molto assegnamento, non riuscì; e quella piazza fu espugnata soltanto il 18 luglio dopo un assedio più metodicamente condotto.

Pur troppo, quell'operazione contro Mantova e Borgoforte ebbe direttamente o indirettamente la conseguenza, in tutto o in parte, che il II Corpo non prese parte alla battaglia decisiva e che un generale come Cosenz, non fece altro che impadronirsi di alcuni fortini non occupati!

In sostanza erano due soli i Corpi che si sarebbero venuti a trovare sulla sinistra del Mincio, in condizioni cioè da prender parte ad una battaglia, nel caso in cui il nemico avesse avuto realmente l'intenzione di prendere la contr'offensiva sboccando da Verona. Questa intenzione del nemico, come si è veduto, non era stata esclusa dal comando supremo, nè doveva essere esclusa, visto che dai forti di Verona, a cui com'era noto l'Esercito imperiale si appoggiava, fino a Goito, cioè al punto più lontano su cui si sarebbe passato il Mincio, non vi sono che poco più di 30 km. e da Verona a Valeggio poco più di 20 km. Bisognava perciò assolutamente rinunziare pel momento all'operazione contro Mantova, limitarsi ad osservare questa piazza e quella di Borgoforte con poche truppe — al massimo, io credo, una Divis., parte sulla destra, e parte sulla sinistra del Po — e restringere verso sinistra la fronte di passaggio sul Mincio, portando anche le altre 3 Divis. del II Corpo su Goito e Pozzòlo.

Era evidente la necessità di passare subito sulla sinistra del Mincio con truppe leggere, per assicurarsi del possesso dei ponti. Era anche naturale che si fosse subito messo mano a lavori di fortificazione passeggera per costruire delle teste di ponte, specialmente a Valeggio e a Pozzòlo. Ma, subito dopo le prime truppe, doveva passare gran parte della cavalleria per inondare letteralmente la pianura fra

Mincio ed Adige e battere il terreno collinoso sulla sinistra del Mincio. In poche ore, la nostra cavalleria avrebbe dovuto da una parte spingersi fino sotto a Pastrengo e Peschiera, dall'altra parte fino ai forti di Verona, e, verso E. e S. E., fino ai terreni paludosi interposti fra Verona e Mantova. Essa doveva, nel più breve tempo possibile, andare ad intercettare le strade che da Verona s'irradiano verso O. e S. O.: specialmente la grande strada Verona-Castelnovo-Peschiera e la strada Verona-Villafranca-Mantova.

Raramente, insomma, viste anche le scarse notizie giunte il 22 al Q. G. P., si è presentata l'opportunità e la necessità al principio di una guerra, di spingere avanti la cavalleria. Tutto consigliava a ciò: anche la preponderanza sensibile che noi avevamo di quell'arma. Avevamo, cioè, il doppio di cavalleria dell'Esercito imperiale.

Invece, è forza riconoscerlo, le disposizioni date alla cavalleria furono timide e insufficienti, specialmente quelle date alla Divis. di cavalleria di linea, alla quale, perchè indipendente dalle truppe, sarebbe spettato il còmpito dell'avanscoperta (1).

Trovo giustificata la disposizione di una Divis. per osservare Peschiera sulla destra del Mincio, almeno fino a quando non risultasse l'improbabilità di un attacco austriaco per Verona e Peschiera.

Nulla assicurando che non vi dovesse essere battaglia sia sulla destra, sia sulla sinistra del Mincio, non si comprende, nè si comprenderà mai, perchè siasi lasciata indietro sulla destra dell'Oglio la nostra riserva generale d'artiglieria, cioè 54 cannoni da campagna. Si vuole che essa sia stata dimenticata. Ed è doloroso pensare che una

---

(1) Io credo però che, appunto per le esigenze del servizio di avanscoperta, a noi sarebbe forse convenuto di formare una Divis. di cavalleria leggera, anzichè una Divis. di cavalleria di linea.

delle ragioni per le quali la battaglia di Custoza andò perduta, fu appunto la nostra inferiorità nel numero dei cannoni: la riserva d'artiglieria avrebbe potuto e dovuto ri-
stabilir l'equilibrio.

Tranne il G. Brignone, tutti gli altri Com. che passarono
il Mincio il 23 e il mattino del 24, portarono i loro carriaggi
sulla sinistra del Mincio, quei maledetti carriaggi che furono
anche una delle cause della perdita della battaglia. Quanto
meglio invece sarebbe stato se invece di quei carri si fossero portati i cannoni del colonnello Balegno!

Infine non si comprende perchè si siano gittati così pochi
ponti sul Mincio. E che specialmente non se ne sia gittato
nessuno in sussidio a quello di Borghetto, per accedere
più comodamente sull'importantissima posizione di Valeggio. Eppure sopra un piccolo fiume come il Mincio, la
cosa non doveva essere molto difficile. Fa meraviglia che
non si sia pensato ad una cosa tanto necessaria, oppure
fa meraviglia che non si sia creduta la cosa necessaria!

Come conseguenza e come sintesi delle diverse disposizioni nei due Eserciti, si vegga il qui sotto indicato raffronto delle forze che essi avrebbero avute sicuramente
disponibili nelle varie zone del teatro d'operazioni.

a) Sulla sinistra del Mincio, frà la linea del Mincio
e Verona.

AUSTRIACI.

	Baionette	Sciabole	Cannoni
Divis. di riserva	11312	—	16
5° Corpo	20835	313	48
7° Corpo	20136	142	48
9° Corpo	19541	132	48
Cavalleria di riserva .	—	2949	8
Totali	71824	3536	168

ITALIANI

I Corpo (3 Divis.) . .	25865	1582	60
III Corpo	33319	1780	72
Divis. cavalleria di linea	—	2493	12
Totali	59184	5855	144

b) Sulla destra del Mincio, per osservare Peschiera, una Divis. italiana, cioè 9009 baionette, 210 sciabole, 12 cannoni, contro una fortezza presidiata da poco più di 2000 combattenti (1).

c) Per osservare e per agire contro Mantova e Borgoforte, un Corpo d'Armata di 33467 baionette, 1009 sciabole, 72 cannoni, contro due fortezze presidiate da poco più di 6000 combattenti (2).

d) Sul basso Po, un'Armata italiana di 63795 baionette, 3503 sciabole, 354 pezzi (168 da campagna) contro un batt., 4 sq. e il presidio della fortezza di Rovigo, cioè contro tutt'al più 3000 combattenti dell'Esercito imperiale.

e) A Piadena sull'Oglio la nostra artiglieria di riserva (54 cannoni) completamente inutilizzata.

Si veda dunque in quali deplorevoli condizioni noi andammo ad affrontare battaglia, ed in quali eccellenti condizioni, invece, si disponeva l'Arciduca a darla.

Si veda con quale giusto criterio gli Imperiali si disponevano ad affrontare un'azione tattica che poteva essere decisiva, come fu, e quali terribili conseguenze per noi si delineavano, già il 23, in seguito ai confusi criteri, alla

---

(1-2) È appena necessario avvertire che « combattenti » non vuol già dire « disponibili per una sortita ».

mancanza di unità di direzione, alla scarsa preparazione ed alla poca previdenza del comando supremo, ed in seguito all'idea preconcetta che il nemico facesse, non quello che poteva riuscire più dannoso, ma quello che poteva essere per noi più comodo.

Naturalmente la critica è molto facile dopo i fatti. Per le vicende della guerra, molti errori sono andati e andranno impuniti; molti altri, invece, si scontano caramente e si pagano con fiumi di sangue.

Ed è giusto osservare che non vi fu quasi errore commesso da noi, che non sia stato crudelmente punito e che anche la fortuna ci fu contraria, in questo senso: che parecchi di tali errori ebbero conseguenza sproporzionata alla loro entità. È giusto però osservare che ciò avvenne anche perchè l'Arciduca Alberto fu abile nel giovarsene. Da leali avversari noi non possiamo rifiutargli la testimonianza che egli ha saputo applicare con grande arte e con grande fermezza di propositi il sommo principio dell'arte della guerra: concentrare, cioè, il grosso delle proprie forze nel momento decisivo sul punto decisivo del teatro d'operazioni o del campo di battaglia.

Era forse nell'idea del G. La Marmora, allorchè mandò gli ordini al II Corpo, che anche le due Divis. Longoni ed Angioletti concorressero ad un'operazione verso Goito e Villafranca.

Come è noto, ciò non avvenne. Come è noto, la Divis. Longoni non intervenne nella battaglia di Custoza, per ragioni in parte indipendenti dal comando supremo.

Però l'ordine emanato il 22 doveva essere molto più chiaro di quello che fu. Non bastava infatti dire di « tenere pronte due Divis. a portarsi verso Goito e Villafranca, tostochè ne ricevessero l'ordine ».

Le disposizioni dovevano essere meglio specificate e in ogni caso bisognava assolutamente che il G. Cucchiari, Com. del II Corpo, fosse stato meglio orientato sulla situazione, e che non lo si fosse messo in grado di credere, come pare abbia creduto, che il suo Corpo fosse destinato essenzialmente ad agire contro Mantova.

Le disposizioni emanati dai Com. in sott'ordine, come quasi sempre avviene, invece di attenuare, aggravarono gli errori contenuti nelle disposizioni del comando supremo.

Il comando del I Corpo invece di far passare il Mincio a tutta la 1ª Divis., ordinò che passasse solo una parte: l'altra parte, come se non bastasse la 2ª Divis., doveva anch'essa guardare Peschiera.

La 5ª Divis., che doveva occupare Valeggio, nemmeno passò tutta e si spinse troppo poco innanzi.

Certamente la 1ª e la 5ª Divis. avrebbero fatto bene ad occupare fortemente il 23 M. Vento e M. Mamaor colle riserve degli avamposti: però, dato il timido modo di operare di quel tempo, si comprende che il G. Durando non abbia preso l'iniziativa di tale movimento.

Nemmeno i movimenti ordinati dal comando del III Corpo corrispondevano al concetto del comando supremo. Ed infatti, mettere la 9ª Divis. a cavallo della strada Goito-Mantova, era cosa per lo meno superflua, dato che altre quattro Divis. del II Corpo erano destinate ad osservare le fortezze di Mantova e di Borgoforte.

Coll'aggiunta di tale disposizione, erano dunque cinque Divis. intiere che osservavano Mantova.

Questa dislocazione della 9ª Divis. a S. della strada Goito-Villafranca, invece che a N., ebbe per conseguenza nel giorno della battaglia, un incrocio di truppe e di carri da cui il Com. della Divis. G. Govone seppe uscire con energiche disposizioni, ma con perdita di un tempo prezioso.

Non si comprende poi perchè il G. Della Rocca disponesse, passato che ebbe il fiume, la sua Brig. di cavalleria leggera in riserva. Essa doveva invece balzare innanzi per riconoscere il terreno!!

Ammessi questi errori dei Com. in sott'ordine, non si comprende però come essi non siano stati corretti in tempo dal comando supremo, date le brevissime distanze che quasi tutte le Divis. dovevano percorrere. Bastava che i Com. di Divis. e i Com. di Corpo d'Armata avessero, a movimento ultimato, convenientemente riferito all'autorità superiore sulla dislocazione assunta; e ciò non risulta che sia stato nè fatto, nè domandato (1).

Infine osservo come non risulti che i Com. in sott'ordine siano stati messi a parte, almeno per quanto era possibile, delle intenzioni del comando supremo.

Ancorchè, passato il ·Mincio, non si incontrasse il nemico, che cosa si doveva fare? E se, o il 23, o il 24 o il 25 si incontrava il nemico, che cosa si proponeva il comando supremo? All'aprirsi della campagna, bisognava che almeno i Com. dei Corpi d'Armata sapessero non soltanto i movimenti da eseguire, ma anche quale fosse il concetto a cui tali movimenti dovevano riferirsi.

---

(1) Dare una tale prescrizione non sarebbe stato una novità. Si legge infatti nel libro « La campagne de 1805 en Allemagne », ultimamente pubblicato dallo stato maggiore francese, « ... il devient indispensable que je connaisse exactement et jour par jour les positions de campement que chaque corps aura occupé à la fin de la journée et l'itinéraire d'une position à l'autre... » Général Andréossy, capo dello stato maggiore generale. 25 settembre 1805.

SITUAZIONE ALLA SERA DEL 23 GIUGNO

A. — *ITALIANI.*

La sera del 23 giugno gli Italiani, per effetto dei movimenti eseguiti nella giornata, si trovarono così disposti:

I CORPO.

1ª Divis. — Avanguardia, sotto il comando del G. di Villarey, sulla sinistra del Mincio, fra M. Sabbione, M. Magrino, Torrione e Pra Vecchia, con posti avanzati.

Essa era costituita da una compagnia bers., dal 29° regg. fanteria, meno due compagnie, uno sq. guide e 4 pezzi.

Il grosso della Divis. presso a Monzambano sulla destra del Mincio.

2ª Divis. — Sulla destra del Mincio, a cavallo del Redone, guardando a Peschiera e coprendo Pozzolengo.

5ª Divis. — La Brig. Brescia, con quasi tutta la cavalleria e l'artiglieria, sulla sinistra del Mincio in Valeggio, con una debole occupazione avanzata.

La Brig. Valtellina sulla destra del Mincio.

come, fra il 20 e il 23, il comando supremo non abbia pensato ad avvicinare tutta la Divis. al Mincio per poterla subito lanciare oltre frontiera all'apertura delle ostilità. Risulta che secondo l'ordine dato il 22, la Divis. doveva trovarsi di buonissima ora a Goito. Con ciò, se anche il 22 la dislocazione della Divis. era la stessa che il 20, come sembra, il G. De Sonnaz avrebbe dovuto egli stesso avvicinare la sua Divis. alla frontiera (1).

Ad ogni modo, tutta la Divis., secondo la Rel. uff., passò il Mincio prima delle 9 e si fermò con la destra (Brig. Cusani) a Mozzecane, e la sinistra (Brig. Soman) a Quaderni.

Un solo riparto si era spinto fino a Villafranca e l'aveva trovata sgombra.

Alla sera del 23, questa Divis., che avrebbe dovuto in ogni modo esplorare la pianura e coprire le altre truppe, si venne a trovare disposta sulla linea Quaderni-Mozzecane, cioè appena *un chilometro* avanti alla Divis. Bixio.

Basterebbe questo fatto, in mancanza d'altro, a dimostrare quanto sia stato deficiente quel servizio di avanscoperta che fu eseguito il 23.

Tanto il G. Della Rocca nelle sue memorie (*Autobiografia di un Veterano*, pag. 225, vol. ii), quanto il G. La Marmora nella sua relazione del 10 luglio al ministro della guerra, affermano che il G. De Sonnaz, abbia, dopo la esplorazione da lui diretta il giorno 23, data al Q. G. l'assicurazione che il Quadrilatero fosse sgombro dagli Austriaci.

È impossibile non prestar fede a quanto quei due illustri generali assicurano. Si può anche dire che l'ordine di esplorazione non fosse ben dato; ma certo fu eseguito incompletamente.

Il comando supremo aveva l'idea preconcetta che gli

_____

(1) Risulta da informazioni assunte direttamente da me che la dislocazione della Divis. di cavalleria alla sera del 22 era la seguente: Q. G. a Medole; Nizza a Guidizzolo; Piemonte Reale a Rebecco; Savoia a Castiglione; Genova a Medole.

Austriaci ci aspettassero dietro l'Adige, ma è certo che se quei nostri sq. fossero stati spinti 10 o 12 km. più innanzi, cosa non solo possibile, ma facile, il movimento degli Austriaci eseguito in quel giorno sarebbe stato segnalato, la battaglia avrebbe avuto tutt'altro andamento, e probabilmente tutt'altro esito.

La mancata esplorazione del 23 fu certo una delle cause del rovescio da noi subìto il giorno 24.

II CORPO.

Facendo astrazione dalle Divis. dei generali Cosenz e di Mignano, che non potevano concorrere alle operazioni sulla sinistra del Mincio, la sera del 23 il II Corpo aveva la Divis. Angioletti (10ª) attorno a Gabbiana e la 19ª (Longoni) fra Ospitaletto e Carobbio.

Il Q. G. a Castellucchio.

Nessun ordine fu dato per spingere innanzi la cavalleria.

In seguito ai movimenti eseguiti in questo giorno, le due sole Divis. del II Corpo che avrebbero potuto concorrere alla battaglia del 24, si trovavano piuttosto in grado di sostenere la Divis. Cosenz contro Mantova, che di sostenere le Divis. del I e III Corpo.

Anzi tutte e tre le Divis. 6ª, 10ª e 19ª si trovavano disposte la sera del 23 meglio di quelle degli altri Corpi per un'azione a massa: però sempre contro Mantova.

L'ordine dato il 22 a tale Corpo, l'ho già avvertito, era troppo vago, checchè ne dicano gli scrittori che hanno cercato di scolpare il G. La Marmora di tutti gli errori commessi in quei giorni.

Pur troppo la Divis. più vicina (Longoni) si trovava, la sera del 23, a circa 35 km. da Villafranca.

Della riserva d'artiglieria (Balegno) non si può dir nulla. O effettivamente, come si disse, fu dimenticata, oppure si ritenne così lontana l'eventualità di una battaglia, da non crederne possibile l'impiego. Il risultato, deplorevole, fu sempre lo stesso, cioè essa non entrò e non poteva entrare in azione.

B. — *IMPERIALI.*

Nel mattino del 23, l'Arciduca Alberto ricevette diversi avvisi dai Com. di truppe avanzate, dai quali risultava che gli Italiani passavano il Mincio a Valeggio e a Goito. Verso il mezzogiorno, la cavalleria, che aveva tenuto incompletamente il contatto col nemico, e che, visto l'avanzare di forti colonne, si era concentrata a Villafranca, si ritirò su Dossobuono e, più tardi, presso al Forte Gisela.

Alle 2 p. m. l'Arciduca ricevette un rapporto del colonnello Rueber, spedito in ricognizione. Da esso risultava in sostanza che si vedevano importanti forze nemiche soltanto fra Valeggio e Villafranca.

Il comandante austriaco pare quindi che si sia confermato nell'idea che il grosso dell'Esercito del Re si dirigesse, per Valeggio e Villafranca, sul medio Adige. Rimase perciò più fermo che mai nel proposito di occupare il terreno collinoso sulla sinistra del Mincio e poi di attaccare l'Esercito italiano nel fianco sinistro.

Già verso le 11 aveva egli riuniti al Q. G. i Com. dei Corpi d'Armata e della Divis. di riserva, per esporre le sue idee sul modo di condurre l'operazione tattica del giorno seguente. Aveva anche raccomandato ai Com. in sott'ordine di agire di propria iniziativa e di attaccare sempre con risolutezza ed energia.

Verso le 2 p. m. emanò il suo ordine di operazioni che si può così riassumere:

Divis. di fanteria di riserva. — La Brig. Weimar si porti da Pastrengo a Sandrà, con occupazione avanzata a Castelnovo, muovendo alle 5 p. m.

L'altra Brig. della Divis. (Benko) che aveva già percorso 16 km. nella giornata, deve rimanere alquanto indietro.

5° *Corpo*. — Parta alle 5 p. m. da Chievo e si porti a Santa Giustina, distaccando una Brig. a Sona.

Castelnovo, Santa Giustina e Sona, dovevano essere rafforzati e si doveva attentamente osservare nelle direzioni di Salionze, Oliosi, Sommacampagna.

Il 7° ed il 9° *Corpo*, dovevano rimanere fino a nuovo ordine, rispettivamente, a San Massimo e a Santa Lucia.

Allo scopo di avere un corpo di cavalleria numeroso nella pianura, nella quale la Brig. Pulz sarebbe stata troppo debole per operare con efficacia, l'Arciduca tolse gran parte della cavalleria ai tre Corpi e formò. così una seconda Brig. di otto sq., che mise sotto gli ordini del colonnello Bujanovics. Ebbe così un'ala di cavalleria, di 16 forti sq., tutti sottoposti agli ordini del colonnello Pulz.

In conseguenza di questo movimento verso O., era necessario assicurarsi il passaggio dell'Adige a tergo. L'Arciduca dispose quindi che, mentre si dovesse levare il ponte di casa Buri, se ne gettassero altri due: uno a Ponton e l'altro a Pescantina.

Per la sera del 23 si doveva fare una seconda volta il rancio, conservando però la carne per il domani. Ogni soldato doveva portare due razioni viveri con sè. L'indomani mattina, dopo aver consumato il caffè, si doveva muovere alle 3 secondo gli ordini che il comando supremo si riservava di emanare.

Il grosso carreggio doveva rimanere sulla sinistra dell'Adige.

La sera del 23 il Q. G. P. si trasferiva a San Massimo.

In esecuzione delle prescrizioni dell'Arciduca, la Brig. Weimar occupò alle 6 1[2 Sandrà, spingendo truppe avanzate a Castelnovo e collegandosi a sinistra col 5° Corpo. La Brig. Benko rimase a Pastrengo.

Il 5° Corpo era partito alle 4 da Chievo.

Ricevuta per istrada la notizia che Sona, Santa Giustina, Castelnovo e S. Giorgio in Salici non erano occupati dal nemico, il Com. del 5° Corpo decise di eseguire, nel pomeriggio stesso del 23, un movimento di conversione in avanti che, come si vedrà, l'Arciduca divisava di fare eseguire il 24 ed occupò quindi senza contrasto Castelnovo colla Brig. Piret collegato colla Divis. di riserva. Albaretto e S. Giorgio in Salici con la Brig. Bauer, Sona colla Brig. Möring.

Il Q. G. coll'artiglieria di Corpo si trovavano a Osteria del Bosco.

Di questo cambiamento di disposizioni fu dato avviso al comando supremo.

Alle 5 p. m. il colonnello Bauer ricevette l'ordine di spingere pattuglie di ricognizione fino a Custoza, Pozzo Moretta, Villafranca e Povegliano, per cercare il contatto col nemico.

Per effetto di tali movimenti, il 5° Corpo si venne a trovare in posizione più avanzata, non solo rispetto al 7° e 9° Corpo, ma anche rispetto alla Divis. di riserva. Ed in Castelnovo noi vediamo un'occupazione mista della Brig. Piret e di truppe avanzate della Divis. di riserva.

La cavalleria di riserva si trovava presso al Forte Gisela, con avamposti sulla linea Mancalacqua-Caselle d'Erbe-Calzoni-Casotto.

DISPOSIZIONI PEL 24 GIUGNO

A — *IMPERIALI.*

Alle 6 3|4 p. m. l'Arciduca emanò l'ordine d'operazioni pel **24**, che qui riassumo.

La Divis. di riserva si concentri tutta a Sandrà, per muovere su Castelnovo.

Il 5° Corpo, con due Brig., si porti su S. Giorgio in Salici: l'altra Brig. verso la ferrovia in direzione di Casazze.

Il 9° Corpo, da S. Lucia, sfili possibilmente coperto dall'argine della ferrovia su Mancalacqua; di là si diriga su Sommacampagna.
Se questa località è occupata dal nemico, l'attacchi vigorosamente e vi si stabilisca fortemente.

Il 7° Corpo segue il 9° ed allorchè questo si dirige a Sommacampagna, mandi una Brig. coperta dalla ferrovia a Casazze, per dare il cambio all'altra Brig. del 5° Corpo che vi si è stabilita, la quale ultima raggiungerà poi il grosso del suo Corpo.
Le altre due Brig. del 7° Corpo rimangano in riserva.

Eseguita che sia l'operazione, tutto l'Esercito si avanzi verso S. nel modo seguente:

la Divis. di riserva su Oliosi,

il 5° Corpo su S. Rocco di Palazzòlo,

la Brig. del 7° Corpo su Zerbare,

il 9° Corpo, facendo perno a Sommacampagna, si distenda verso Berettara,

le due Brig. del 7° Corpo, di riserva, si dispongano all'altezza di Sona.

La cavalleria si avanzi alla stessa altezza del 9° Corpo, con direttrice principale a Sommacampagna coprendo il fianco sinistro dell'Esercito, ciò che costituisce il suo principale còmpito.

Per una eventuale ritirata sulla sinistra dell'Adige, la Divis. di riserva doveva servirsi del ponte di Ponton, il 5° e il 7° Corpo di quello di Pastrengo, il 9° Corpo del ponte di Pescantina, la cavalleria doveva ritirarsi in Verona.

Il Q. G. P. doveva marciare col 7° Corpo e stabilirsi in Sona.

Queste disposizioni giunsero naturalmente in ore diverse ai Com. in sott'ordine. L'ultimo che le ricevette fu il Com. della Divis. di riserva, a mezzanotte, in Pastrengo.

In seguito ai cambiamenti già apportati alle disposizioni del comando supremo, il Com. del 5° Corpo si trovò già ad avere eseguite una parte delle disposizioni dell'Arciduca. La Brig. Piret non avrebbe dovuto più occupare Castelnovo, obbiettivo assegnato alla Divis. di riserva; tuttavia il Com. del Corpo decise di lasciarvi il mattino seguente due batt. con un plotone di Ulani.

Il Com. del 9° Corpo, preoccupandosi della possibilità che gli Italiani si trovassero in Sommacampagna prima di lui, decise di far marciare una sola Brig. per la via più lunga, dietro alla ferrovia, ed ordinò che le altre due marciassero direttamente su Sommacampagna per le strade di Caselle d'Erbe e di Camponi.

Verso le 9 1|2 di sera, in seguito alle notizie giunte dal basso Po, fu ordinato al colonnello Bujanovics di mandare uno sq. in osservazione verso Isola della Scala e Bovolone, per sapere se era vero che il nemico si avanzasse su Legnago e Verona.

Alle 10 di sera il Com. di Peschiera riferì che si vedeva un gran campo nemico in direzione di M. Vento: era la avanguardia della nostra 1ᵃ Divis.

Finalmente dalle pattuglie spinte innanzi nella pianura, risultò che gli avamposti nemici si trovavano ancora un km. indietro di Villafranca.

B — ITALIANI.

a) Disposizioni del comando supremo.

Vediamo le disposizioni pel 24 da parte italiana.

Prima di tutto si avverta che le notizie sul nemico, raccolte nella giornata del 23, ad onta della esplorazione insufficiente della nostra cavalleria, erano tali, che se il comando supremo ne fosse stato messo a parte, la mossa degli Austriaci dalla sinistra alla destra dell'Adige non sarebbe rimasta segreta, e la sorpresa del giorno successivo non avrebbe avuto luogo.

È storicamente provato che nel pomeriggio del 23 l'attenzione dei bers. del 18° batt. (avanguardia della 1ᵃ Divisione) fu attirata da un gran polverìo lungo la strada maestra Verona-Peschiera. Il G. di Villarey ne riferì al suo Com. di Divis., ma questo, anche dopo che la notizia fu accertata dal colonnello Dezza e dal capitano di S. M.

Sismondo, ritenne che la cosa interessasse soltanto la sua Divis.!

Rinforzò quindi l'avanguardia con un batt. e non riferì nulla al comando del Corpo d'Armata.

Così anche il G. Sirtori non riferì egualmente nulla, pur avendo avuto notizia da un vetturale, giunto a Valeggio da Verona, che un corpo austriaco, di 4000-6000 uomini, era uscito da porta S. Zeno diretto verso O.

Anche in Mozzecane giunsero notizie di truppe austriache, uscite da Verona verso O., ma tali notizie andarono perdute nei privati colloqui, come scrive la Rel. uff.

Si dice che non furono raccolte altre informazioni sul movimento degli Austriaci. Però sembra improbabile che un movimento di passaggio dell'Adige di 3 Corpi d'Armata, con tutte le artiglierie, effettuato a pochi km. di distanza e in paese amico, non sia stato segnalato ai nostri da altre parti. Eppure è strano che in un Esercito — come argutamente osserva un anonimo scrittore (« La guerra in Italia del 1866 ») — in cui si tenevano tanti lunghissimi rapporti giornalieri per segnalare i più piccoli fatti disciplinari ed amministrativi, oppure per scambiarsi il sacramentale « nulla di nuovo »; in un Esercito, nel quale era, com'è, spiccatissima la tendenza all'accentramento, non si sia fatta questa cosa semplicissima: riferire gli indizi sul nemico all'autorità superiore.

E, nel giorno dopo, troviamo questo difetto tramutarsi in una colossale negligenza!

Troviamo, cioè, che pochi comandi si curano di riferire al comando superiore l'incontro col nemico e di annunziare che si è impegnata... una battaglia!

Per ciò che riguarda la giornata del 23, ciascuno può domandare a che servissero tutti i nostri sq. di cavalleria.

Avevamo 52 sq. disponibili, senza contare i 10 sq. del II Corpo davanti a Mantova. E gli Austriaci ne avevano soltanto 24!

Perchè il G. Cerale, visto quel gran polverìo sulla strada Verona-Peschiera, a soli 5 o 6 Km. della sua avanguardia, non mandò uno di questi sq. per vedere bene di che cosa si trattasse? E come va che nessuno dei Com. di Corpo d'Armata, che operavano in prima linea, pensò di sopperire alla deficienza di ordini del comando supremo con una ricognizione di cavalleria, fatta di propria iniziativa, fatta però lontano, lontano, lontano?

È da presumere che ciò sia avvenuto perchè la confidenza del comando superiore di non incontrare il nemico, confidenza che si rispecchiava negli ordini (non mi occupo delle conversazioni private, che si possono sempre mettere in dubbio) doveva esercitare una grande influenza nei Com. in sott'ordine, i quali non tutti erano all'altezza del loro comando.

E la confidenza del comando supremo divenne in essi sicurezza, certezza assoluta.

Come accade in casi consimili, l'errore invece di attenuarsi scendendo, si aggravò, e si andò incontro alla battaglia, come se si andasse ad una passeggiata militare.

Comunque si studi la cosa, non si può a meno di notare che la responsabilità principale della sorpresa del 24 ricade sul comando supremo.

Il senatore Chiala, anche nell'ultimo suo libro cerca di scolparne il G. La Marmora, specialmente nel capitolo che porta il titolo « Il Generale La Marmora a Custoza » (pagine 664 e seg.).

È certo ammirabile questa devozione del Chiala all'antico suo Capo, alle cui eminenti qualità di uomo, di soldato, di organizzatore, di amministratore, di uomo di Stato, tutti rendiamo omaggio (1). Ma la difesa che il senatore Chiala

---

(1) La massima delle benemerenze del G. La Marmora, che dovrebbe bastare da sola ad assicurargli la riconoscenza di tutti

cerca di farne come generale, piuttosto che alleggerirne la responsabilità, la aggrava.

Ed infatti si rileva che il 23, il G. La Marmora ha scritto al barone Ricasoli:

« Fino ad ieri eravamo persuasi che gli Austriaci ci « avrebbero contrastato (il passaggio del Mincio) ». E risulta altresì come egli abbia chiesto al G. Petitti: « Se « credesse che il non avere gli Austriaci rotto il ponte (di « Goito) nascondesse il progetto di inspirarci fiducia ed « attirarci ad una sorpresa da essi predisposta ».

Poi il Generale raccoglie notizie sul passaggio delle altre truppe, e dopo indica al G. Petitti i movimenti che egli intendeva fossero eseguiti l'indomani...

« ... Da tali ordini e da altre cose dettemi, riconobbi « (scrive il G. Petitti) che ogni idea di una possibile sor- « presa era scomparsa dalla mente del generale per la « conferma avuta (??) che l'Arciduca Alberto e le di lui « truppe erano lontani.

« Così si spiega, aggiunge il senatore Chiala, come il « G. La Marmora lasciasse il giorno dopo il Q. G. a Cer- « lungo e montasse a cavallo, accompagnato da un solo aiu- « tante di campo e da due guide... ».

Così si spiega? Ma non si spiega nulla!

Si era a pochi km. dal nemico e non si credeva possibile d'incontrarlo il giorno dopo? È vero che si raccomandò al III Corpo (perchè poi soltanto al III Corpo?) di avanzarsi con le « debite precauzioni », ma, mi si perdoni, raccomandare questo in guerra era una puerilità.

Si sarebbe detto veramente che l'Esercito dell'Arciduca,

---

gli Italiani, fu così accennata alla Camera dei deputati, nella tornata del 20 marzo 1863 dal Brofferio, che pure era suo avversario: « ... fu operosissimo ordinatore di un Esercito dal quale doveva sorgere la comune salute ». (CHIALA, *Cenni storici sui preliminari della campagna del 1866 e sulla battaglia di Custoza*, vol. I, pag. 423).

il 23 mattina, invece che dietro l'Adige (come era creduto che si trovasse) fosse schierato dietro il Piave o il Tagliamento!

Ecco quali furono, in armonia con questa ipotesi dell'impossibilità di un incontro col nemico, le disposizioni pel 24.

AL I CORPO.

« Per domani 24 giugno, V. S. farà le seguenti dispo-
« sizioni:

« Una Divis. continuerà a rimanere sulla destra del
« fiume.

« Le altre tre Divis. che sono sulla sinistra del fiume
« (lo erano invece solo in parte) dovranno essere disposte:
« due fra Sona e S. Giustina; la terza osserverà Peschiera
« e Pastrengo, occupando specialmente Sandrà, Colà e
« Pacengo.

« Il Q. G. del I Corpo dovrà essere a Castelnovo.

« Sulla sua destra Ella sarà collegata col III Corpo,
« che occuperà la linea Sommacampagna-Villafranca.

« Le truppe che muovono partiranno tutte dagli attuali
« loro accantonamenti prima delle 4 a. m.

D'ordine di S. M.
F.: ALFONSO LA MARMORA.

AL III CORPO.

« Domattina prima delle ore 4 si avanzerà colle debite
« precauzioni colle sue quattro Divis. disponendole come
« meglio crederà fra Villafranca e Sommacampagna. Ella
« sarà alla sua destra collegato col II Corpo che occuperà
« Roverbella e Marmirolo, per mezzo della cavalleria del-
« l'anzidetto II Corpo.

« Il I Corpo col Q. G. a Castelnovo, si protenderà per
« Sona e S.° Giustina verso Pastrengo.

D'ordine di S. M.

F.: Alfonso La Marmora.

ALLA DIVISIONE DI CAVALLERIA.

« Domani giorno 24 corrente, Ella stabilirà la sua Divis.
« fra Mozzecane, Quaderni e La Gherla, col suo Q. G.
« a Quaderni.

« I movimenti occorrenti saranno tutti iniziati prima
« delle ore 4 a. m.

D'ordine di S. M.

F.: Alfonso La Marmora.

AL II CORPO.

« Nella giornata di domani, ferme rimanendo le dispo-
« sizioni date anteriormente per la Brig. che sotto gli or-
« dini del G. di Mignano doveva agire contro la testa di
« ponte di Borgoforte, la S. V. vorrà col rimanente delle
« due Divis. di destra occupare Curtatone e Montanara,
« inoltrarsi nel Serraglio e minacciare la strada fra Man-
« tova e Borgoforte.

« Le altre due Divis. prima delle 4 a. m. passeranno il
« Mincio a Goito e si porteranno l'una a Marmirolo, l'altra
« a Roverbella.

« La cavalleria del suo Corpo d'Armata collegherà la posi-
« zione del suo Corpo d'Armata con quella del G. Della
« Rocca che prenderà posizione fra Villafranca e Somma-
« campagna. Nel giorno 25 le sue Divis. di destra, se
« ne avranno il campo, appoggieranno l'operazione contro
« Borgoforte.

D'ordine di S. M.

F.: Alfonso La Marmora.

Fu poi spedito il seguente telegramma:

« A parziale modifica dell'ordine speditole per staffetta, « collochi una Brig. sola a Marmirolo e l'altra a Goito ».

La nostra Rel. uff., che è pur fatta con tanto scrupolo di verità, con tanta diligenza, con tanto acùme, fa seguire a tali disposizioni, questo periodo: « Per tal modo « l'indirizzo delle operazioni sul Mincio era deciso in guisa « da togliere ogni dubbio ».

Con tutto il rispetto dovuto all'insigne compilatore, io mi permetto di osservare che le disposizioni sopra riportate erano tali da lasciare più di un dubbio sull'indirizzo delle operazioni da compiere.

E per convincercene torniamo all'idea, ultimamente lasciata, della probabilità d'incontro col nemico.

Ammettiamo pure, come era di fatto, che nel mattino del 23 le truppe imperiali si trovassero ancora presso a Verona. Ma da Verona alle posizioni sulle quali erano dirette le varie Divis. italiane, vi sono distanze che non in un giorno, dal 23 al 24, ma che si possono percorrere, e furono percorse, *in poche ore.*

Da Verona a Santa Giustina vi sono 12 km.! Da Verona a Sommacampagna 10 km.! Da Verona a Villafranca 15 km.!

L'Arciduca Alberto disponeva in tutto di 143.000 uomini. Che con quella forza potesse avere l'intenzione di limitarsi a difendersi dietro i parapetti delle fortezze, non doveva essere credibile per un vecchio uomo di guerra come il G. La Marmora, che, d'altra parte, ci assicura egli stesso di non averlo creduto. E non era davvero credibile che l'Arciduca lasciasse senza colpo ferire, stabilire nell'interno del Quadrilatero un Esercito che non superava in forze quello che egli, appoggiato alle fortezze, aveva disponibile. Si sarebbe invece davvero detto che l'Arciduca ci avesse rilasciata la dichiarazione di non molestarci finchè a noi non convenisse.

Ma io non voglio fare al G. La Marmora una critica troppo personale, in contraddizione coll'apologia del senatore Chiala.

E non è da parte di un militare che si debbano considerare come colpe gli errori, anche i più gravi, che si commettono alla guerra. E dirò più tardi il solo degli errori commessi dal G. La Marmora, che mi sembra assolutamente inesplicabile. Ora io fo la critica alle disposizioni del comando supremo e non alla persona.

Se le mosse ordinate dal comando supremo per il giorno 24 avessero potuto essere effettuate, non contando quella parte del II Corpo destinata ad agire contro la piazza Mantova-Borgoforte, il grosso delle nostre forze si sarebbe dovuto trovare sulla fronte Sandrà, Santa Giustina, Sona, Sommacampagna, Villafranca, Mozzecane, Roverbella, Marmirolo, cioè sopra una fronte di circa 30 km. Non contando la 2ª Divis. e il grosso della 1ª Divis., destinati ad osservare Peschiera, rimanevano in tutto per guernire quella enorme fronte poco più di 8 Divis., con una piccola riserva presso a Castelnovo all'ala sinistra, una Brig. a Goito dietro all'ala destra, ed una Divis. di cavalleria dietro al centro. (Quest'ultima, però, disseminata su una fronte di 7 km.: Mozzecane-Gherla).

Qual'era lo scopo a cui si tendeva con tale schieramento? È difficile comprenderlo! Se si voleva fare solo una dimostrazione per attirare una parte delle forze dell'Arciduca e facilitare il passaggio del Po al G. Cialdini, bisognava non spingersi tanto oltre il Mincio e non schierare tutte le forze disponibili in una vera formazione a cordone, quali si usavano prima dell'epoca napoleonica.

Si sarebbe dovuto invece, secondo il mio avviso, limitarsi a prender piede fortemente sulla sinistra di quel fiume per assicurarsi libertà di manovra, per potere, cioè, se non si riusciva ad attirare verso il Mincio una parte delle forze nemiche, puntare rapidamente verso il medio Adige o per riunirsi all'Armata di Cialdini nel caso che l'Arciduca fosse rimasto sulla difensiva assoluta, oppure attaccarlo di fianco o alle spalle, nel caso che si fosse mosso verso il basso Po.

Ma, in ogni caso, bisognava assolutamente stare in guardia ed informarsi delle mosse del nemico; e le disposizioni date dal comando supremo pel 24, non rispondevano affatto a tale necessità. Basta, per persuadersene, leggere l'ordine dato alla Divis. di cavalleria, destinata a rimanere il 24 dietro alle Divis. di fanteria del III Corpo; basta rilevare che non v'è una sola parola negli ordini che accenni ad una qualsiasi esplorazione.

Ammesso anche che gli Austriaci non fossero nel Quadrilatero il giorno 23: non si sa comprendere perchè non vi potessero essere il 24 o il 25. E dico il 25 perchè il disseminamento delle forze, che sarebbe risultato dai movimenti ordinati pel 24, era tale, che se si fosse impegnata una battaglia il 25, qualunque ipotesi si faccia, la battaglia per noi si sarebbe sempre impegnata in condizioni sfavorevoli.

Aggiungo anzi che, se la battaglia di Custoza invece del 24 fosse stata combattuta il 25, ci saremmo trovati forse in condizioni ancora più sfavorevoli di quelle del 24, specialmente perchè, data l'abilità del nostro avversario e la facilità di manovra che era a lui offerta dalla linea dell'Adige, non era certo presumibile che ci avrebbe attaccati di fronte, cioè in direzione di Sommacampagna Egli, credo, ci avrebbe più facilmente attaccato sul fianco sinistro, cioè in direzione di Castelnovo e Santa Giustina; e basta dare un'occhiata alla carta per vedere quali difficoltà avremmo avuto, dato il nostro sparpagliamento di forze, per concentrare su quella fronte le truppe del III Corpo. Ed avremmo avuto anche i nostri fianchi seriamente minacciati da Peschiera e da Verona, specialmente da Verona. La superiorità di cavalleria non ci avrebbe servito a nulla in quei terreni.

Infine le truppe del II Corpo, data la distanza a cui si trovavano, ci sarebbero state forse, perfettamente inutili.

Tutto ben considerato, io ritengo che sia stata per noi minor disgrazia che la battaglia si sia impegnata il 24. Il valore delle nostre truppe e di parecchi dei nostri capi, riuscì infatti, come si sa, a bilanciare gli errori commessi dal comando, e se questi non fossero stati aggravati dagli ordini dati, o non dati, da altri Com. in sott'ordine, avremmo potuto probabilmente, il 24, ottenere quella vittoria che il 25 sarebbe stata quasi impossibile.

Continuando nell'esame delle disposizioni, si rileva che nessun ordine fu dato per la riserva d'artiglieria. Questa lacuna, o dimenticanza che sia, fu deplorevole. Ho già notato, se pur ve n'era bisogno, che il difetto d'artiglieria fu per noi molto sensibile. È noto che il solo generale il quale seppe, e potè, fare un impiego di artiglieria a massa il giorno di Custoza, fu il G. Govone. Gli altri ne ebbero troppo poca.

Se almeno la riserva d'artiglieria avesse potuto giungere a Valeggio dopo il mezzogiorno, sarebbe stato, credo, possibile guernirne quella posizione ed evitare così il fatale abbandono di quel punto importantissimo, abbandono che fu uno dei principali errori commessi in quella campagna.

Eppure, se il G. La Marmora intendeva di fare una « dimostrazione », non poteva farla meglio che spiegando una grande azione d'artiglieria.

Se intendeva di offrire battaglia occupando — secondo era stabilito — il margine orientale delle colline di Santa Giustina, Sona e Sommacampagna, è difficile immaginare posizioni più belle per l'artiglieria, artiglieria la quale avrebbe potuto compensare la debolezza dell'occupazione di fanteria lassù predisposta.

Un'altra osservazione che si può fare alle disposizioni del comando, è quella relativa all'economia delle forze.

Era evidente, almeno secondo il mio avviso, che qualunque fosse il concetto dell'operazione, il grosso delle forze dovesse essere portato sul terreno collinoso fra Verona e Peschiera, e, se si aspettavano gli Austriaci da E., bisognava certo guernire fortemente il margine di quelle alture che guarda a Verona. Ed invece il I Corpo avanzandosi, lascia una Divis. isolata sulla destra del Mincio, laddove, forse, sarebbe stato di troppo un regg. con qualche sq.

Un'altra Divis. (la 1ª) è disseminata in uno spazio di 12 km. quadrati, anche per guardare fortezze con debolissimi presidii. Due Divis. sono inviate a guernire la posizione fra Santa Giustina e Sommacampagna: una fronte cioè di 6 km., con soli 16.000 combattenti e 4 sole batterie.

Le Divis. del III Corpo sono destinate a guernire anche una fronte di 6 km.: esse però sono quattro. Non si comprende però bene perchè esse, sia che si trattasse di una dimostrazione, sia che si volesse offrire battaglia, fossero destinate ad operare tutte in pianura, e non invece anche ad occupare le alture fra Sommacampagna e il ciglione di Torre Gherla.

Le due Divis. del II Corpo, chiamate ad operare sulla sinistra del Mincio, non mi sembra che fossero ben collocate. Esse si sarebbero trovate isolate dal grosso dell'Esercito, ed infatti fra Roverbella, dove era destinata la 19ª Divis., a Villafranca dov'era la destra del III Corpo, vi sono circa 11 km., cioè una lacuna immensa in una fronte di battaglia. Nel caso che il nemico avesse attaccato in quella direzione, il prescritto collegamento per parte della cavalleria del II Corpo, non avrebbe servito a nulla (1). Certo un attacco in direzione di Roverbella e Goito, contro la nostra ala destra, era poco probabile a causa del terreno paludoso del basso Tartaro, del basso Tione.

_____

(1) Ma jonction avec ma gauche n'est pas encore faite, si ce n'est par des postes de cavalerie qui ne signifient rien. (Napoleone al maresciallo Soult, Obersdorf, 10 ottobre 1806.

dell'Allegrezza e di tutti i fossi e corsi d'acqua di quel terreno impacciato, ma, appunto per questo, le due Divis. del II Corpo sarebbe stato molto meglio che avessero « serrato a sinistra ».

Infine l'aver disposto che una Brig. rimanesse a Goito, forse a guardia di quel passaggio, era anche un eccesso.

Un'altra osservazione che devo fare, riguarda la forma degli ordini; è assolutamente superfluo dimostrare l'immensa importanza che questa può avere in guerra.

Nell'ordine al comando del I Corpo è detto che devono essere disposte due Divis. tra Sona e Santa Giustina e, più in appresso, è detto: « sulla destra ella sarà colle- « gata al III Corpo, che occuperà la linea Sommacam- « pagna-Villafranca ».

Stando a tali ordini, le sole due Divis. disponibili in 1ª linea del I Corpo, avrebbero dovuto disporsi *tra* Santa Giustina e Sona, cioè avere la loro sinistra a Santa Giu- stina e la loro destra a Sona. Sarebbe, cioè, rimasto inoccupato il tratto di fronte Sona-Sommacampagna, lungo il quale, invece, avrebbe dovuto essere attuato il colle- gamento.

È vero che da Sona a Sommacampagna vi sono 3 km. ed è vero anche che truppe le quali erano destinate al- l'occupazione di Sona, avrebbero certamente occupato anche l'altura di Monte Bello, che fa sistema con quelle di Sona e da cui si dominano e si infilano la strada S. Massimo- Lugagnano-Sona e la ferrovia Verona-Peschiera.

Ma, invece, chi avrebbe dovuto occupare le importanti posizioni di Madonna del Monte e di C. S. Piero (o S. Pie- rino), completamente separate e da Sona e da Somma- campagna?

Nell'ordine del comando supremo non se ne fece cenno.

Col fatto, come si sa, le alture non furono occupate, ma è certo che neppure le disposizioni dei Com. in sotto ordine, erano tali da assicurare una buona occupazione di quel. margine orientale del terreno collinoso, il quale, come avverte la nostra Rel. Uff. (pag. 179) costituisce una fortissima posizione.

Risulta infatti che la 5ª Divis. (I Corpo) fu diretta a prender posizione a Santa Giustina, con obbligo di collegamento a destra colla 3ª Divis. diretta a Sona, la quale, a sua volta, aveva collegamento obbligatorio a sinistra colla 5ª Divis. e a destra col III Corpo « che deve occupare la linea Sommacampagna-Villafranca ».

Ora se si pensa che l'altura di Sona ha uno sviluppo di fronte di 2300 m., che la 3ª Divis. non aveva che 7619 baionette e 12 cannoni (¹/₂ batt. doveva rimanere presso ai ponti sul Mincio), si vede che il collegamento col III Corpo non poteva essere fatto che con pochissime truppe. Da parte poi del III Corpo, la Divis. Cugia, che doveva essere disposta a destra della 3ª, era diretta « a Sommacampagna ».

Da queste poche considerazioni risulta, almeno credo, che se pure il G. La Marmora si proponeva di occupare fortemente il margine orientale del terreno collinoso fra Peschiera e Verona, tale concetto, colle disposizioni date, sarebbe stato ben lontano dall'avere una sicura attuazione.

Dalle disposizioni del comando supremo non risulta affatto dove si sarebbe trovato il Q. G. P. pel 24.

Questa lacuna ebbe un'influenza funesta sull'andamento delle operazioni nella giornata.

D'altra parte, in qualunque caso, anche senza l'incontro col nemico, era assolutamente indispensabile far sapere dove si poneva il Q. G. P., tanto più che le truppe dovevano assumere una larghissima dislocazione.

E poi: che cosa si doveva fare in caso di incontro col nemico? Fu scritto bensì al III Corpo (ed era superfluo) di marciare « colle debite precauzioni ». Ma che cosa doveva fare assolutamente escludere la possibilità dell'incontro col nemico? E nel caso di incontro a quali obbiettivi si doveva mirare?

Tanto più era necessario dare istruzioni o direttive in questo caso, pur tanto probabile, perchè si trattava di eseguire una marcia obliqua, partendo da una fronte assai estesa (Monzambano-Goito) per andare a schierarsi su una fronte ancora più vasta, coll'ala sinistra che entrava sotto il dominio tattico di importanti fortezze, in terreno vario ed insidioso, con Com. nuovi ai grandi comandi, con un Esercito da poco costituito e non ancora consolidato.

L'espressione usata di muovere « prima delle 4 » non mi sembra nemmeno molto felice. Prima delle 4 può intendersi tanto alle 3 $\frac{1}{2}$, come fu ordinato dal G. Durando, quanto all'1 $\frac{1}{2}$, come fu ordinato dal G. Della Rocca.

E l'importanza di precisare l'ora è troppo evidente perchè io cerchi di dimostrarlo. Dirò soltanto che la partenza all'1 $\frac{1}{2}$ si tradusse, pel III Corpo, nel fatto che le truppe le quali furono più impegnate in combattimento (8ª e 9ª Divis.) non poterono prender cibo per tutta la giornata.

Dalle relazioni nostre risulta che la trasmissione degli ordini nella sera del 23 fu fatta male, tanto che, a molte truppe, l'ordine di partire giunse poco prima dell'ora stabilita per la partenza. Esse non poterono perciò cuocere il rancio.

È certo che nei primi giorni di una campagna sono sempre avvenuti ed avverranno ritardi e disguidi, ma è certo che simili inconvenienti accaddero per nostra disgrazia la sera del 23 giugno, non perchè le ordinanze non erano pratiche di quei luoghi, come pietosamente dicono alcuni autori, ma perchè nei Q. G. dei Corpi d'Armata non si sapeva troppo bene dove fossero i Q. G. e le truppe dipendenti.

Le disposizioni date alla Divis. di cavalleria, erano poi tali che, senza rispondere nemmeno ad un concetto tattico, non potevano che creare imbarazzi pei movimenti delle truppe del III Corpo.

Ed infatti esse non rispondevano ad un concetto tattico, perchè la Divis. invece che riunita, veniva ad essere frazionata su una fronte di 7 km. (dalla Gherla a Mozzecane) mentre la sera del 23 si trovava fra Mozzecane e Quaderni (poco più di 3 km.).

E la Divis. non poteva che imbarazzare i movimenti delle altre colonne, perchè essa dovendo allargarsi verso N., cioè verso Torre Gherla, doveva muoversi perpendicolarmente alla linea di marcia assegnata alle Divis. di fanteria, coll'aggravante che i movimenti dovevano essere eseguiti prima del giorno chiaro.

Un'ultima osservazione credo di dover fare sugli ordini dati al II Corpo.

Si è veduto (pag. 88) che il 22 era stato ordinato al Com. di quel Corpo d'Armata di impossessarsi con una Divis. di Curtatone e Montanara.

Ed infatti, come accenna la Rel. uff. (Tomo I, pag. 172) la 6ª Divis. (Cosenz) eseguì quanto le era stato comandato, impadronendosi senza tirare un colpo dei fortini di Curtatone e Montanara.

Nel pomeriggio del 23, come si è or ora veduto, il comando supremo ordinò al G. Cucchiari « di impadronirsi « col rimanente delle due Divis. di destra (cioè colla « Divis. Cosenz e metà di quella di Mignano) di Curta- « tone e Montanara... ».

In sostanza è una ripetizione di ordine, che non si riesce a comprendere.

b) *Disposizioni del comando del I Corpo.*

Le disposizioni date dai nostri Com. in sott'ordine, non erano tali da sopperire alle deficienze degli ordini del comando supremo, ma anzi ne aggravarono e ne moltiplicarono gli errori.

Ricevuto l'ordine citato a pag. 87, il comando del I Corpo preavvisò subito le Divis. — e fu bene — che si tenessero pronte a partire l'indomani mattina, e poi emanò le disposizioni seguenti:

2ª Divis. — Doveva rimanere fra Pozzolengo e Monzambano, per osservare Peschiera.

Il pericolo di una sortita da Peschiera si doveva soprattutto intendere, a mio avviso, in quanto che fosse stato diretto lungo la destra del Mincio. Il pericolo di una sortita più verso O., era molto remoto e poi essa non poteva avere grande efficacia. Sarebbe stata, ammessa anche come cosa possibile, una scorreria piuttosto che un'azione tattica coordinata ad una probabile battaglia.

A me sembra pertanto che la 2ª Divis. dovesse essere concentrata verso Monzambano, cioè più a portata del grosso del Corpo d'Armata.

Verso Pozzolengo bastava, credo, un posto di osservazione. Se la Divis. Pianell fosse stata concentrata verso Monzambano, cioè verso il Mincio, forse lo svolgimento della battaglia alla nostra ala sinistra avrebbe avuto un altro andamento.

1ª Divis. — Doveva porre una Brig. con una batteria a Castelnovo, fronte a Peschiera, un regg. a Sandrà e l'altro a Colà, fronte a Pastrengo, il batt. bers. a Pacengo fronte a Peschiera, la seconda batteria fra Colà e Sandrà.

Era un singolare còmpito, l'ho già avvertito, quello che il comando supremo aveva assegnato alla Divis. destinata ad « osservare Peschiera e Pastrengo », la quale doveva andare a stabilirsi sotto il cannone delle fortezze, quasi come se « il Com. di Peschiera fosse stato o già comprato « o disposto a cedere tosto che fosse isolato da Pastrengo « e da Verona... ». (C. Còrsi, *Delle vicende del primo Corpo d'Armata durante il primo periodo della campagna del* 1866, pag. 30) (1).

Ma, per attuare il concetto del comando supremo, non mi pare che fosse necessario disseminare a quel modo le truppe della 1ª Divis. e spezzare persino una delle sole due batterie che ad essa rimanevano.

Credo sarebbe stato miglior partito tenere il grosso della Divis. a Castelnovo ed inviare a Sandrà, Colà e Pacengo posti di osservazione, specialmente di cavalleria.

In quanto alla direzione di marcia da seguire era detto « la 1ª Divis. *seguendo la strada di Valeggio a Castelnovo* andrà a frapporsi fra Peschiera e Pastrengo, osservando ambedue quelle posizioni ».

Ora la Divis. Cerale era col grosso presso a Monzambano e con un'avanguardia (Di Villarey) sulla sinistra del Mincio, fra M. Sabbione e M. Magrino.

Il grosso avrebbe potuto, passato il Mincio a Monzambano, raggiungere la strada Valeggio-Castelnovo, percorrendo la carrareccia che passa vicino a Brentina, poi a N. del M. Sabbione e va, per Torrione e C. Pasquali, oppure per Torrione e Tonoli, a raggiungere la strada Valeggio a Castelnovo presso alla stretta di M. Vento.

Senza dubbio era questa l'intenzione del comando di Corpo d'Armata, ma essa non era espressa troppo chiaramente nell'ordine.

È giusto il riconoscerlo e non. caricare troppo di responsabilità il G. Cerale, che ne ha già troppa in quel funesto giorno.

Il generale, come si sa, passato il Mincio a Monzambano, risalì il Mincio col grosso e col traino per la carreggiabile di riva destra, andando materialmente a Valeggio per prendere la strada di Valeggio a Castelnuovo.

---

(1) Sandrà si trovava a 3000 m. dalle opere di Pastrengo, e Pacengo a 2500 m. dal Forte Polveriera sulla fronte N. di Peschiera.

Nell'assegnare le direzioni di marcia non si è mai abbastanza precisi. E sarebbe stato molto meglio se il comando del I Corpo, dopo aver prescritto alla 1ª Divis. di passare il Mincio al ponte di Monzambano, avesse soggiunto esplicitamente di prendere quella carrareccia che ho indicata e poi di svoltare a sinistra per andare a Castelnovo.

Ed aggiungo che forse l'equivoco non sarebbe accaduto, se fosse stata esattamente indicata alla 1ª Divis. la linea di marcia della Divis. contigua, cioè della 5ª, cosa che mi sembra anche fosse necessaria perchè le due Divis. avrebbero dovuto marciare collegate. Fu detto invece soltanto che « la 5ª Divis. da Valeggio per S. Giorgio in Salici « andrà a prender posizione a Santa Giustina ». Era troppo poco!

La carrareccia da Monzambano ai piedi del M. Vento era tutt'altro che facile, e non era breve (circa 4 km.). Dippiù le tre Divis. di 1ª linea del I Corpo dovevano recarsi in direzioni divergenti: tanto più era necessario prescrivere il collegamento e facilitarlo, indicando, per es., a che ora dovessero rispettivamente le Divis. trovarsi colla testa o col grosso, a M. Vento, a Santa Lucia, a Custoza.

Si può obbiettare che non si credeva di poter trovare il nemico. E tanto più allora si doveva e si poteva regolare matematicamente la marcia delle tre Divis., prendendo per base la distanza e la forza.

Il G. Cerale ha forse creduto di far più presto passando per Valeggio (nell'idea che questa località fosse già sgombra al suo arrivo dalla 5ª Divis.), perchè la strada era molto migliore. In ultima analisi, egli non avrebbe perduto troppo tempo se non avesse dovuto aspettare in Valeggio che tutta la 5ª Divis., partita dopo l'ora stabilita, sfilasse; ma io mi permetto di essere di parere diverso da quello espresso dall'illustre G. Corsi, quando asserisce che il peggior male che risultò da quel giro della Divis. Cerale, fu la calca di carri in Valeggio, e che anzi, lo scaglionamento indietro della Divis. di sinistra che aveva sul fianco il Mincio e

Peschiera, era vantaggioso per ogni riguardo (pag. 63, *Delle vicende del I Corpo d'Armata*).

Io osservo prima di tutto che la perdita di tempo subìta dovè necessariamente influire sull'animo del G. Cerale, prode quanto un Baiardo, esattissimo in servizio, ma inferiore certo al suo comando, e dovè spingerlo senza troppo riflettere a riguadagnare il tempo perduto. E ne risultarono, forse in seguito, quelle disposizioni di marcia ad ogni costo, che egli credette opportune per raggiungere l'obbiettivo di Castelnovo, ma che invece contribuirono a far sgominare la sua sfortunata Divis.

D'altra parte, se è difficile sapere come si sarebbero svolti gli avvenimenti senza quella perdita di tempo, non mi sembra però troppo arrischiata l'asserzione che se la 1ª Divis. fosse giunta, come doveva, due ore prima sul campo di battaglia, essa avrebbe potuto occupare le importanti alture di Monte Cricol, di Mongabia e di Oliosi, in ben altro modo di quello che effettivamente fu eseguito, e la battaglia, forse, alla nostra ala sinistra, avrebbe avuto altro andamento.

Un'altra osservazione che si può fare, non solo alle disposizioni per la 1ª Divis., ma anche per la 5ª, è quella relativa al traino od al convoglio della Divis. Era ordinato che questo dovesse « tutto unito percorrere più tardi la stessa linea di marcia ».

Il comando del Corpo d'Armata intendeva con ciò che il « convoglio » dovesse rimanere sulla destra del Mincio. Ma certo l'ordine poteva essere più chiaro e la poca chiarezza produsse il terribile inconveniente, a tutti noto, dello sbandamento del treno borghese, a cui il convoglio era affidato, fin dal principio del combattimento, ed all'orribile disordine che si propagò sulle nostre retrovie.

Fu anche detto che la disposizione già data nel preavviso comunicato alle Divis. alle 3 ¼ p. m. del 23, « I viveri per posdomani (25) saranno presi agli alloggiamenti attuali » faceva chiaramente supporre che il grosso traino non dovesse muoversi.

È vero, ma è vero anche che negli ordini non si deve far supporre nulla. Si doveva chiaramente ordinare, per es., « i grossi traini dovranno rimanere dove si trovano oggi » (ordine dell'Arciduca Alberto del 23, 2 p. m. da Verona). Tanto più che il grosso traino non era solo costituito dai carri viveri.

E conviene osservare che nemmeno in seguito il comando del I Corpo d'Armata provvide, come avrebbe dovuto, a quel disordine.

Infatti, come narra la Rel. uff., il G. Durando, visto quel terribile ingombro in Valeggio, ordinò « che tutte « quelle vetture e quante altre fossero per capitare quivi, « eccettuate le artiglierie e le ambulanze, vi fossero trat- « tenute sino a nuovo ordine e raccolte sul piazzale del « Broletto, ecc. » (pag. 190).

Sarebbe stato miglior partito, credo, ordinare semplice- mente che nessuna vettura, tranne le artiglierie e le am- bulanze, dovesse più passare sulla sinistra del Mincio, e che quelle che lo avevano già passato, lo ripassassero e parcassero al di là di Borghetto, quando fosse finito lo sfilamento della riserva del I Corpo.

Invece l'aver ordinato che il grosso traino dovesse « più tardi » percorrere la stessa linea di marcia doveva dar luogo, come dette luogo effettivamente, a false interpre- tazioni. E tanto più doveva esservi equivoco, perchè nel- l'ordine al Com. della riserva del Corpo d'Armata era anche detto « lascerà in Valeggio un batt. di bers. per la scorta « dei convogli che successivamente giungeranno colà » (quali?).

Dunque sembra che i carri dovessero effettivamente passare sulla sinistra del Mincio, e non risulta nemmeno chiaramente che cosa dovessero fare dopo, perchè « giun- geranno colà » non significa che debbano fermarsi e nem- meno che debbano proseguire.

5ª Divis. — Era assegnata questa linea di marcia: Fornello, S. Rocco di Palazzolo, S. Giorgio in Salici, Osteria del Bosco, per andare a prender posizione a Santa Giustina.

È noto che l'avanguardia della Divis., ingannata dalle informazioni degli abitanti, dalle circostanze che v'è una altura « Forcelli » ed una casa « Forcelli » più a N. e non lontano dalla quale passa la strada che, dalla grande strada Valeggio-Castelnovo, va più comodamente a S. Rocco di Palazzolo, e dall'altra circostanza, che vi sono in paese altre C. Fornello e Fornelli, invece di svoltare a C. S. Zeno, d'onde secondo la carta si prende a destra per andare direttamente, per Fornelli (o Fornello), a S. Rocco, oltrepassò C. S. Zeno e continuò per la grande strada Valeggio-Castelnovo.

Queste sono fatalità che non è mai stato possibile e non sarà mai possibile di evitare completamente alla guerra.

Però osservo che, nell'ordine del comando di Corpo d'Armata, per meglio indicare la strada, bisognava assolutamente far menzione (sempre quando la carta di cui si disponeva era esatta), del punto in cui la strada assegnata alla 5ª Divis. si distaccava dalla strada Valeggio-Castelnovo.

Mi sembra poi che fosse assolutamente necessario di provvedere al collegamento, durante la marcia, della 5ª Divis. colle Divis. laterali, specialmente colla 3ª.

Basta considerare che, colle direzioni di marcia assegnate, la 5ª e la 3ª Divis. dovevano marciare separate per non breve tempo, da un intervallo di 5 a 6 km.!

Sarebbe stato poi necessario, credo, di indicare quale fronte la Divis., giunta a Santa Giustina, dovesse occupare.

Il « prender posizione » con una Divis. a Santa Giustina, era un po' vago.

3ª Divis. — L'ordine era:

« La Divis. della S. V., per Valeggio, Custoza e Som-
« macampagna si porterà a Sona. Si collegherà a sinistra
« colla 5ª Divis. e a destra col III Corpo d'A. che occu-
« perà la linea Sommacampagna-Villafranca ».

La direzione di marcia non mi sembra ben scelta per
più di una ragione.

Prima di tutto, trattandosi di una marcia tattica, era
troppo esterna, cioè troppo esposta.

Andare a prendere posizione a Sona, facendo il giro
per Sommacampagna, significava compiere il movimento in
vista, materialmente; di Verona. Si può dire che il G. Brignone non sarebbe certo andato da Sommacampagna a
Sona, passando per la rotabile che va in pianura per la
stazione di Sommacampagna e Fusara, ma avrebbe preso
quella interna di Brignolo e Cà Vecchia. Ed io lo credo.

Ma allora perchè far passare la Divis. per Sommacampagna, tanto più che questa località era un obbiettivo
pel III Corpo?

Non era meglio assegnare la strada Valeggio-Torre
Gherla-M. Godi-Marollina-Calvisana-Sona, oppure l'altra,
anche più interna, Valeggio-S. Giorgio-Gardoni di sopra-
Pianure-Guastalla-Calvisana-Sona? Certamente, è giusto aggiungere, era anche còmpito del comando supremo di ripartire il fascio stradale fra i Corpi dipendenti e la cosa
avrebbe dovuto esser combinata, allorchè il G. La Marmora
si recò a conferire in Volta col G. Durando nel pomeriggio
del 23.

Nell'ordine alla 3ª Divis. era poi detto:

« Dovendo i due ponti sul Mincio presso Pozzòlo ri-
« manere sul sito, la S. V. vi lascerà provvisoriamente
« una conveniente guardia, che verrà poi rilevata dalle
« truppe del III Corpo ».

Ora non risulta affatto che da parte del comando del
III Corpo siasi pensato a rilevare quella guardia.

Riserva. — L'ordine dato alla riserva dal comando del Corpo d'Armata fu il seguente:

« La riserva comandata dalla S. V. partirà da Volta alle « ore 5 ant. e per la strada Borghetto-Valeggio si recherà « a Castelnovo, ove prenderà posizione in seconda linea « dietro ad una Brig. della 1ª Divis., che colà dovrà ri« manere in osservazione verso Peschiera » (1).

Era poi dato l'ordine già da me accennato:

« Lascerà in Valeggio un batt. di bers. per la scorta « dei convogli che successivamente giungeranno colà » (?).

Oltre all'osservazione già da me fatta intorno all'ordine dato a questo batt. bers. che, per un equivoco, rimase addirittura sulla destra del Mincio, fo notare come, secondo il mio avviso, l'ora della partenza della riserva avrebbe dovuto essere anticipata.

Mentre le truppe di 1ª linea partono alle 3 $\frac{1}{2}$, non si sa comprendere perchè la riserva, che era a Volta, cioè a 7 km. da Valeggio, dovesse partire alle 5: un'ora e mezzo più tardi. Ammesso che per percorrere quei 7 km. e passare il Mincio occorressero due ore, risultava che la riserva si sarebbe trovata a tre ore e mezzo di marcia indietro delle Divis.!

Questo ritardo nella marcia della riserva, per aspettare la quale il G. Durando rimase in Valeggio fino dopo le 8 del 24, fu anche una delle cause che influirono sulla condotta delle operazioni alla nostra ala sinistra, così contraria ad ogni regola militare.

La Rel. uff. ci avverte come fosse intenzione del G. Durando, molto probabilmente anzi del G. La Marmora che aveva conferito nel pomeriggio del 23 col G. Durando, di destinare anche buona parte di tale riserva, che pure

---

(1) Si noti che un regg. della 1ª Divis. doveva disporsi a Colà, fronte a Peschiera. E chi sa che, qualora si fossero compiuti i prescritti movimenti, non sarebbero nati altri equivoci!

era così scarsa, a « guardare » Peschiera, occupando l'altura di Feliona e guardando così la strada Castelnovo-Valeggio.

Prescindendo dal fatto che l'altura di Feliona è poco più di 2 km. dai forti di Peschiera, e che la parte di riserva che avesse preso posizione a Feliona non si sarebbe trovata per nulla « in seconda linea dietro ad una « Brig. della 1ª Divis. che colà (a Castelnovo) dovrà ri-« manere in osservazione verso Peschiera », è certo notevole il fatto, che non si riteneva che bastassero nemmeno due Divis. per guardarsi da Peschiera e da Pastrengo. Eppure da Peschiera, il 24, non sortirono che 441 fante, 36 cavalieri e 4 cannoni.

Naturalmente queste cose si sanno dopo, ma era prevedibile, anche prima, che non occorrevano 17 o 18.000 uomini per guardarsi dalle sortite dei due piccoli presidii di Peschiera e Pastrengo.

Fra le truppe destinate a guardare Peschiera e Pastrengo (anche senza contare la parte di riserva del I Corpo), e quelle destinate a guardare Mantova e Borgoforte, l'Esercito del Mincio veniva ad essere diminuito di:

    34.414 baionette,
     422 sciabole,
      60 cannoni.

E pare che non bastassero ancora!

La Rel. uff., a pag. 182, ci avverte che gli ordini del comando del I Corpo furono spediti dopo che il G. La Marmora ebbe conferito col G. Durando in Volta.

Molta parte quindi della responsabilità della sostanza degli ordini, se non della forma, ricade sul comando supremo.

Infine era bensì detto che il Q. G. del Corpo d'Armata si sarebbe stabilito in Castelnovo, e ciò doveva « far supporre » che il Com. avrebbe marciato per la grande strada Valeggio-Castelnovo, ma non era detto quando si sarebbe mosso e con quali truppe avrebbe marciato.

Era prescritto, per tutte le Divis., di effettuare la marcia con quelle precauzioni che erano richieste dalla possibilità di uno scontro col nemico.

c) *Disposizioni del comando del III Corpo.*

Il comando del III Corpo emanò l'ordine seguente:

« Domani (24) il III Corpo occuperà le posizioni fra « Villafranca e Sommacampagna colla cavalleria a Rose-« gaferro, i parchi a Quaderni, l'intendenza ai Dossi e il « Q. G. a Custoza.

« Alle 1 $^{1}/_{2}$ dopo mezzanotte le truppe si metteranno in « marcia, con tutte le precauzioni di guerra, seguite però « dai loro bagagli, scortati e fiancheggiati sulla destra.

« La Divis. Cugia, per la strada di Pozzòlo, Remelli, « Quaderni e Rosegaferro, si porterà a Sommacampagna, « seguendo il piede delle colline, e vi prenderà posizione, « collegandosi a sinistra colle truppe del I Corpo.

« La Divis. Bixio, per la strada di Massimbona e Villa-« franca, si porterà, senza entrare in quella città, alle « Ganfardine, cioè al centro della posizione.

« La Divis. Principe Umberto, per la strada di Mozze-« cane si porterà in posizione avanti Villafranca, colle-« gandosi a sinistra colla Divis. Bixio, e indietro a destra « colle truppe di cavalleria del II Corpo, il quale sarà a « Roverbella, e facendo riconoscere Povegliano.

« La Divis. Govone per Villa Buona, Massimbona, le Sei « Vie, Bastranelle, Quaderni e Rosegaferro, si porterà in « posizione a Pozzo Moretta, al piede del M. Torre.

« La Brig. di cavalleria (Foggia e Saluzzo), segue la « strada della Divis. Bixio fino all'altezza di Rosegaferro, « dove si stabilisce.

« I parchi d'artiglieria e genio rimontano la riva destra. « del Mincio, lo passano a Ferri e vanno a Quaderni ».

« L'intendenza militare e servizi dipendenti, per la stessa

« strada dei parchi, si recherà ai Dossi presso Rosega-
« ferro, sulla strada da Villafranca a Valeggio.

« I carri e cavalli del Q. G., passando il Mincio a Ferri,
« si recheranno a Custoza passando per Valeggio.

« Essi partiranno solo alle 3 $^1/_2$ ant.

« Il Q. G. cogli sq. d'Alessandria partirà alle ore 4 antim.

« Il comando del genio collegherà Goito a Villafranca
« con filo telegrafico il più sollecitamente possibile.

« I ponti non andranno tolti fino a nuovo ordine.

                    « *Il Generale d'Armata*
                    « F.: DELLA ROCCA ».

Osserviamo prima di tutto che il comando del III Corpo
ha preferito di dare un ordine solo per tutti i comandi
direttamente dipendenti, mentre il comando del I Corpo
ha creduto di mandare un ordine speciale per ciascun
comandante.

Naturalmente, è assai preferibile l'ordine complessivo,
specialmente perchè in tal modo ogni Com. è assai meglio
orientato sulla situazione delle proprie truppe, ed è meglio
in grado nei casi imprevisti (e ve ne sono tanti alla guerra),
di provvedere di propria iniziativa.

Ma, dopo aver fatto questa osservazione, è necessario
farne molte altre e dimostrare che, pur troppo, anche
questo ordine del comando del III Corpo lasciava il
campo a molti equivoci ed errori e doveva produrre gravissimi inconvenienti.

È indicato che il Corpo d'Armata « occuperà le posizioni
fra Villafranca e Sommacampagna ». Si potrebbe domandare quali siano tali posizioni. E si potrebbe rispondere
che non ve ne sono.

Ma questa è cosa secondaria, potendosi intendere che
le posizioni fossero lo spazio compreso fra quelle due località.

Essenzialmente manca, e in modo assoluto, l'indicazione delle posizioni che il I Corpo avrebbe dovuto occupare.

Era detto che la Divis. Cugia dovesse collegarsi a sinistra « colle truppe del I Corpo ». Ma dove erano tali truppe?

È verissimo che toccava al Com. dell'8ª Divis., destinato a prender posizione a Sommacampagna, di occupare quella località nel miglior modo. Però bisognava assolutamente indicare quale fronte dovesse essere occupata e dove si doveva appoggiare la sinistra.

Ho già avvertito che il comando del I Corpo aveva diretto a Sona la 3ª Divis., con collegamento obbligatorio a destra. Ma, all'atto pratico, chi avrebbe occupate le alture fra Sona e Sommacampagna?

E in che modo sarebbero esse state occupate?

Poichè la 7ª Divis. (Bixio) era diretta a Ganfardine, cioè in perfetta pianura, bisognava assolutamente indicare il punto fino al quale l'8ª Divis. doveva protendere la sua destra.

Altrettanto può dirsi della sinistra della 16ª Divis. Principe Umberto. E in quanto a questa, poi, spinta « innanzi a Villafranca » era assolutamente necessario indicare il punto fino al quale essa doveva stendere la sua destra. Prescrivere poi il collegamento indietro a destra col II Corpo « che sarà a Roverbella » era basarsi su cosa meno che dubbia. Ed infatti, ammesso anche che il II Corpo fosse a Roverbella, ciò che non era, nè poteva essere, prima di fare assegnamento sulla cavalleria del II Corpo pel collegamento come era detto nell'ordine, lo si doveva cercare colla propria cavalleria. Si doveva essenzialmente assicurarsi che il II Corpo andasse a Roverbella.

In sostanza, anche col collegamento assicurato, l'ala destra del III Corpo era « in aria ».

È vero che fu prescritto al Principe Umberto di riconoscere Povegliano, ciò che S. A. R., esatto per quanto

valoroso, fece scrupolosamente eseguire. Ma, non si può
certo dire che il comando del Corpo d'Armata avesse vedute
molto larghe in fatto di ricognizioni, quando si pensa che
Povegliano è a poco più di 2 km. dalla posizione assegnata
al Principe Umberto.

E mi sia permessa una digressione.

Dall'epistolario del G. Pianell, ultimamente pubblicato,
risulta che la sera del 23 l'illustre generale è andato dal
G. Cerale per intendersi personalmente sul miglior modo
di sostituire con truppe della 2ª Divis. quelle della
1ª Divis. nella missione di « guardare a Peschiera ». Mi
sbaglierò, ma, colle abitudini di allora, il G. Cerale, vedendo giungere il G. Pianell per ben coordinare un'azione
di guerra, dovette, almeno, esserne rimasto molto sorpreso!

Da quanto risulta, quella stessa linea di condotta non
fu seguita da altri generali, ai quali, pure, l'intendersi
coi colleghi, doveva premere altrettanto e forse più.

Il G. Della Rocca non doveva partire da Goito, secondo
il mio avviso, prima di essersi assicurato, e positivamente
assicurato, che poteva essere fiancheggiato a destra dalle
truppe disponibili del II Corpo. E poichè egli era generale d'Armata e poichè, in ogni caso, da Goito a Cerlungo,
dove era il Q. G. P., non vi sono nemmeno 4 km., così
gli era sempre possibile di ordinare o far ordinare tutto
quanto era necessario affinchè, almeno quelle poche truppe
del II Corpo che dovevano agire alla sua destra, passassero effettivamente, in tempo, sulla sinistra del Mincio.

Un'altra osservazione che cade in acconcio di fare è che
ordinare « i parchi a Quaderni e l'intendenza ai Dossi » e,
più in appresso « l'intendenza militare e i servizi dipendenti », erano espressioni alquanto vaghe e che non corrispondevano alla realtà. Infatti nei Corpi d'Armata del 1866
non vi era propriamente « un'intendenza ».

E quali erano, precisamente, i servizi dipendenti? Inoltre

collocare i parchi a Quaderni, cioè a 4 km. indietro a destra dell'ala destra che, come abbiamo veduto, era « in aria » costituiva, per lo meno, un'imprudenza.

Egualmente non si comprende come l'intendenza dovesse collocarsi ai Dossi, a meno di 3 km. dalla 1ª linea.

Se non si credeva alla probabilità di incontro col nemico, non essendo per conseguenza subito necessari i rifornimenti, era proprio tanto urgente di avere i parchi, completamente isolati, a meno di un'ora di marcia dalla fronte di battaglia?

In quanto all'azione della cavalleria per l'esplorazione sulla fronte ed il collegamento, *durante la marcia*, coi corpi laterali, non v'è nemmeno la più lontana idea nell'ordine di operazioni.

È scritto anzi che la Brig. di cavalleria Pralormo, *segue* la strada della Divis. Bixio fino all'altezza di Rosegaferro, dove si *stabilisce*.

Si stabilisce, cioè, indietro della fronte di battaglia, senza aver fatto la più modesta punta per esplorare.

Non si può far risalire al G. Della Rocca la responsabilità di non aver impiegata la Divis. di cavalleria di linea per l'esplorazione, poichè essa venne messa ai suoi ordini solo il mattino del 24.

Però la cavalleria di corpo era di 12 sq. e spettava a lui di impiegarla.

Era assolutamente vano raccomandare alle Divis. di mettersi in marcia « con tutte le precauzioni di guerra » quando poi, in contraddizione con tale raccomandazione, non si dava la minima disposizione per una esplorazione lontana e si facevano subito seguire le truppe dai bagagli, dall'intendenza coi servizi dipendenti, dai parchi, ecc.

Nella sua « Autobiografia » il G. Della Rocca fa appunto al G. La Marmora di non averlo avvertito che si sarebbe potuto incontrare il nemico, ma egli, che era stato capo di stato maggiore dell'Esercito piemontese nel 1859 e che copriva il grado di generale d'Armata, veramente non avrebbe dovuto aver bisogno che gli si dicesse questa cosa semplicissima: che, essendo in guerra coll'Austria, entrando nel Quadrilatero, e andandosi a schierare a pochi km. da Verona, si potevano incontrare truppe austriache.

D'altra parte proprio al III Corpo fu ordinato il 23 di avanzarsi il 24 « colle debite precauzioni ».

Il comando del III Corpo ordinò che i bagagli fossero scortati e fiancheggiati sulla destra. Certo questo era detto in previsione di un attacco della cavalleria nemica. Ma perchè questa era da temersi sulla destra e non anche sulla sinistra?

E siccome le Divis. avevano differenti linee di marcia, così sorge spontanea la domanda:

Perchè la cavalleria che poteva minacciare, per es., a destra i bagagli della Divis. Bixio, che seguiva la strada Massimbona-Villafranca, non poteva minacciare a sinistra i bagagli della Divis. Principe Umberto, che seguiva la strada Roverbella-Mozzecane-Villafranca?

Il terreno era egualmente favorevole ad un attacco di cavalleria, tanto sulla destra quanto sulla sinistra. Ed il miglior mezzo, almeno di prevenire tali attacchi, era di mandare innanzi la propria cavalleria in esplorazione, e non di limitarsi a quella meschina ricognizione fino a Povegliano.

Nè si può ascrivere menomamente a colpa dei bravi divisionari del III Corpo, se essi stessi non hanno pensato a tale esplorazione.

Basti avvertire che la 7ª, l'8ª e la 16ª Divis. non avevano che un solo sq. per ciascuna e che il G. Govone (9ª Divis.) non ne aveva nessuno.

In quanto alle direzioni di marcia assegnate alle Divis. si osserva che quella della 9ª Divis. era tale da rendere inevitabile quanto è avvenuto, cioè l'incrocio colle altre colonne.

Prima di tutto si deve notare che ciò era conseguenza della dislocazione data alla Divis. pel 23, la quale non avrebbe dovuto essere scostata da Goito per « guardare » anch'essa verso Mantova.

La linea di marcia ad essa assegnata:

Villa Buona-Massimbona-le Sei Vie-Bastranelle-Quaderni-Rosegaferro-Pozzo Moretta, si incrociava con quella della Divis. Bixio e con quella della Divis. Cugia, specialmente a causa di quei carriaggi che i nostri comandanti, tranne il G. Brignone, considerarono come un sacro dovere di portarsi subito appresso, persino prima della cavalleria!

Se si fosse meglio fatto il calcolo delle ore, si poteva benissimo disporre che la Divis. Govone, la quale la sera del 23 era all'ala destra e doveva schierarsi il 24, nell'idea del comando di Corpo d'Armata, in seconda linea, partisse più tardi. Ed intanto il tempo guadagnato avrebbe potuto essere messo a profitto dalla Divis. per cuocere e mangiare il rancio, cosa che gli eventi non le permisero di fare nemmeno in tutta la giornata del 24.

Osservo anche come fosse bensì indicato che il Q. G. si trasferiva a Custoza, ma non era detto quale via il comandante avrebbe tenuta, affinchè fosse più facile di fargli pervenire avvisi e notizie.

Ed infine fo notare che neanche presso il Q. G. del III Corpo la sicurezza e rapidità della trasmissione degli ordini era sufficientemente curata, poichè risulta: che pur trovandosi i Q. G. delle Divis. a pochi km. di distanza, l'ordine di operazioni giunse alla 9ª Divis. alle ore 9 (1),

---

(1) Secondo lo studio pubblicato sulla *Nuova Antologia* (fasc. 722) del G. DAL VERME, la Div. Govone avrebbe ricevuto l'ordine soltanto alle ore 11 (pag. 281).

alle 10 ½ alla 16ª, alle 11 all'8ª, a mezzanotte alla 7ª. Non giunse affatto alla Brig. di cavalleria (Rel. uff. pagina 183).

d) *Disposizioni del comando del II Corpo.*

Com'è noto, il comando del II Corpo aveva ricevuto il 22 l'ordine di tener pronte due Divis. da portare verso Goito e Villafranca, tostochè ne ricevessero avviso.

In sèguito a tale ordine, la Divis. Angioletti (10ª) si pose a cavallo della strada Gazzòlo-Mantova, con una Brig. dietro a San Lorenzo e l'altra innanzi a Gabbiana e la Divis. Longoni (19ª) più a sinistra fra Ospitaletto e Carobbio (v. pag. 63-64).

Da tali posizioni, le Divis. si trovavano alquanto lontane dal ponte di Goito, ma l'ordine dato al Com. del II Corpo, è giusto riconoscerlo, non diceva esplicitamente di avvicinare le Divis. al Mincio, ma di tenerle pronte. E la cosa è diversa.

Se il G. Cucchiari avesse ordinato alle Divis. Angioletti e Longoni di avvicinarsi al Mincio, cioè a Goito, il suo Corpo si sarebbe come diviso in due, anzi in tre masse: la Brig. Regina sulla destra del Po, la Divis. Cosenz e la Brig. Ravenna presso a Curtatone e Montanara e le Divis. Angioletti e Longoni presso a Goito. Ma da Curtatone a Goito, cioè dalla sinistra del G. Cosenz alla destra di quelle due Divis. vi sarebbe stato un intervallo di 14 km.

Certamente, era appunto nelle intenzioni del comando supremo che le Divis. Angioletti e Longoni fossero vicine a Goito, ed infatti nell'ordine pel 24 il G. La Marmora, oltre a prescrivere l'operazione verso Borgoforte per la Divis. Mignano, e l'altra su Curtatone e Montanara, per la seconda volta affidata alla Divis. Cosenz, ordina:

« Le altre due Divis., prima delle 4 a. m. passeranno « il Mincio a Goito e si porteranno l'una a Marmirolo e « l'altra a Roverbella ».

*

Ora, perchè due Divis. passino un fiume prima delle 4 a. m., sopra un solo ponte, calcolando che una Divis. metta almeno 2 ore a sfilare (1), bisogna che la prima inizi il passaggio a mezzanotte.

Dunque il comando supremo « aveva l'intenzione » che le Divis. fossero portate vicino a Goito. Ma non bastava averne l'intenzione: lo si doveva ordinare.

Il 23 era il giorno destinato a passare il Mincio: e poichè era bandita, almeno pare, l'idea di fare una semplice dimostrazione, doveva essere cura precipua del comando supremo che il passaggio avvenisse in modo da portare subito sull'altra riva tutte le forze disponibili.

Pur troppo, al nostro Q. G. P. pare che non si avesse memoria dell'esempio classico di passaggio di un fiume colle forze riunite davanti al nemico: quello del Danubio operato dall'Esercito francese nella notte dal 4 al 5 luglio 1809!

Quale esempio da imitare e quale differenza!

Come ho già avvertito, con un contr'ordine mandato per telegramma, il II Corpo doveva collocare una Brig. sola a Marmirolo e l'altra a Goito.

Ho anche fatto notare che quest'ultima Brig. doveva probabilmente guardare il ponte di Goito e che era assolutamente esuberante. Ma ciò non basta.

Goito è sulla destra del Mincio ed in un rientrante formato dal fiume.

Ora se la Brig. aveva la missione di difendere « il ponte di Goito » non era Goito il punto più conveniente da occupare col grosso delle forze per difendere quel ponte, ma bisognava portarsi più innanzi. Ed, in ogni caso, occorreva specificare la missione, salvo al Com. del II Corpo ed ai Com. in sott'ordine di provvedere al modo.

_____

(1) Ben inteso, senza il grosso carreggio.

Infine osservo che dicendo « le altre due Divis. passe-
« ranno il Mincio... e si porteranno l'una a Marmirolo e
« l'altra a Roverbella », si intendeva che dovesse passare
prima quella destinata a Marmirolo e dopo quella destinata a Roverbella. Ed invece o non era così, o non poteva essere così. Infatti la prima Divis. che passò fu destinata a Roverbella, a prolungare cioè la destra della
linea di battaglia, come era naturale (1).

Anche sulle mosse di queste due Divis. (10ª e 19ª) è
poi sorta una polemica, di cui sentiamo l'eco leggendo
l'ultimo libro pubblicato dal senatore Chiala ed al quale
ho più volte accennato. L'autore prende naturalmente le
difese del G. La Marmora, in modo però che a me non
sembra intieramente equo pel G. Cucchiari.

L'egregio scrittore dice infatti che il non aver maggiormente ravvicinate a Goito le due Divis. nel giorno 23 era
contrario, se non alla lettera, allo spirito dell'ordine.

Perchè quest'addebito al G. Cucchiari potesse dirsi
giusto, bisognerebbe che l'ordine spedito al II Corpo fosse
stato concepito in modo da farne risultare lo spirito, da
mettere cioè in chiaro come convenisse, pel giorno 24, di
avere tutte le forze disponibili sulla sinistra del Mincio
e vicino alle alture.

E ciò non è: almeno, dalla Rel. uff. ciò non risulta
affatto.

Dirò anzi che questo è il difetto principale di tutti gli
ordini emanati in quei giorni dal comando supremo: manca
il « concetto » a cui l'ordine è informato, manca cioè
« lo spirito dell'ordine ».

_____

(1) Non ho inteso con ciò di fare una semplice osservazione sulla
forma dell'ordine, bensì credo che colla disposizione di inviare a
Marmirolo le prime truppe che passavano il Mincio, si doveva raf-
forzare il comando del II Corpo nel concetto che il suo còmpito
principale, anche passando sulla sinistra del fiume, fosse quello di
guardarsi da Mantova.

Ed è tanto vero che, anche nell'ordine del 24, non si sa affatto che cosa debba fare il II Corpo colle sue Divis. di sinistra, oltre che esse debbano esser « collocate » parte a Roverbella, parte a Marmirolo e parte a Goito, in un triangolo isoscele coi lati eguali di circa 8 Km. e colla base: Roverbella-Marmirolo, di 5 Km. Osservo inoltre, che le due Brig. della 10ª Divis. si sarebbero trovate a 18-20 Km. da Villafranca.

Comprendo benissimo che non è sempre necessario e può essere pericoloso, di « scrivere » negli ordini di operazioni il concetto da cui essi emanano, ma bisogna allora che, come fece l'Arciduca coi suoi Com. in sott'ordine, il concetto sia comunicato in altro modo, e non risulta che il G. Cucchiari sapesse ciò di cui forse nemmeno il G. La Marmora aveva concetto ben chiaro, cioè che cosa si trattasse di fare il 24.

Credo anzi che gli ordini pel 24 abbiano messo in non lieve imbarazzo il G. Cucchiari perchè gli si era scritto «... *la S. V.* vorrà col rimanente delle due Divis. di destra « occupare Curtatone e Montanara, inoltrarsi nel Ser- « raglio, ecc. »

Leggendo questo, mi pare naturale che il G. Cucchiari siasi indotto a ritenere che la cosa principale pel suo Corpo d'Armata fosse l'operazione contro Mantova.

Ed è anche da notare che fu prescritta la località dove il comando del I Corpo doveva porre il Q. G., e non fu data nessuna prescrizione in proposito (almeno non risulta) al comando del II Corpo, che si sarebbe venuto a trovare con le truppe ancora più sparpagliate di quelle del I Corpo. (Da Montanara a Roverbella, passando naturalmente per Goito, 24 km.).

Con quale gruppo avrebbe dunque dovuto trovarsi il G. Cucchiari: con quello di destra o con quello di sinistra?

Nella notte dal 23 al 24, il G. Cucchiari fece sapere al comando supremo (Rel. uff., pag. 183), come non fosse possibile che le sue due Divis. si trovassero ad aver passato il Mincio prima delle 4 a. m., perchè troppo lontane da Goito; che però avrebbe procurato di metterle in moto quanto prima potesse. Ordinò intanto che gli usseri di Piacenza, la Divis. Longoni (19ª), la Divis. Angioletti (10ª) e 2 sq. del regg. lancieri di Novara muovessero circa le 3 ¼ a. m., dopo aver preso cibo, e sfilando nell'ordine sopraddetto pel ponte di Goito, andassero a porsi: gli usseri a Mozzecane, la 19ª Div. e gli sq. di Novara a Roverbella, la 10ª metà a Marmirolo e metà a Goito, e si collegassero tra loro e col III Corpo.

Che il G. La Marmora abbia potuto « non essere informato » di tale importantissima comunicazione, oppure che « se ne sia dimenticato », come si potrebbe supporre leggendo la nota a piè di pagina 599 dell'opera del senatore Chiala, mi sembra, a dir vero, poco ammissibile.

E poi non doveva il Q. G. P. sapere dove erano le Divis. la sera del 23?

D'altra parte osservo che lo stesso senatore Chiala, allorchè cerca di spiegare l'inesplicabile mossa del G. La Marmora dal campo di battaglia su Goito, assicura che vi si recò per assicurare la ritirata delle truppe del III Corpo, valendosi delle Divis. Angioletti e Longoni (V. *Cenni storici*, vol. II, pag. 259). E così anche risulta da altre narrazioni.

Se ne deduce che il G. La Marmora *sapeva* che avrebbe trovato presso a Goito le due Divis. e non una sola Brig., come doveva credere se non avesse ricevuto quella comunicazione. La stessa Brig. destinata a Marmirolo, se avesse passato il Mincio prima delle 4 e si fosse realmente trovata a Marmirolo, sarebbe stata lontana da Goito di 8 Km. E così anche la Divis. Longoni, che si sarebbe dovuta supporre a Roverbella. Ed inoltre, se il G. La Marmora supponeva che le due Divis. si trovassero già, a battaglia incominciata, sulla sinistra del Mincio, perchè, fin dalle 8, cioè da quando riconobbe che s'impegnava uua grande battaglia, non mandò ad esse l'ordine di accorrere *immediatamente* al cannone?

Infine, nello stesso rapporto a S. E. il Ministro della guerra, del 30 giugno, il G. La Marmora riferisce che si è recato a Goito per assicurare quel passaggio, valendosi delle truppe del II Corpo, che dovevano allora appunto essere giunte colà.

Nelle critiche dirette anche da altri al comando del II Corpo, non si nota il fatto che per passare il ponte di Goito con una Divis. e mezza prima delle 4, le truppe del II Corpo, anche se fossero state « ravvicinate a Goito » avrebbero dovuto, come ho già fatto rilevare, incominciare a porsi in marcia verso la mezzanotte. E che quindi l'ordine doveva giungere al II Corpo molto prima di quanto in realtà giunse, affinchè si potesse predisporre ogni cosa.

Noi non sappiamo a quale ora l'ordine sia effettivamente giunto. Sappiamo solo che al Q. G. P. gli ordini furono dettati nelle prime ore pomeridiane del 23 e che l'ordine al I Corpo giunse (in Volta) alle 3 $\frac{1}{2}$ p. m. Ma da Cerlungo a Volta vi sono 5 Km. e ve ne sono 17 da Cerlungo a Castellucchio, dov'era il Q. G. del II Corpo. È probabile, quindi, che l'ordine sia giunto al II Corpo, ancora più tardi che al I.

Con ciò non intendo di scagionare completamente il comando del II Corpo.

Bisognava almeno che un ufficiale di quello s. m. si fosse recato il 22 al Q. G. P. per intendersi sulla esecuzione dell'ordine, il quale non era nè chiaro, nè preciso.

Bisognava cioè fare una visita come quella che fece il G. Pianell al G. Cerale!

Nel fatto, data la situazione delle truppe del G. Cucchiari, le due Divis. dovevano percorrere:

la 19ª Divis.
$\Big\{$ da Ospitaletto a Villafranca, per Goito e Mozzecane . . 36 km. circa
da Carobbio a Villafranca . 35 » »

la 10ª Divis.
$\Big\{$ da Gabbiana a Villafranca . 38 km. circa
da San Lorenzo a Villafranca . . . . 38 » »

Ne conseguiva che, fare assegnamento su quelle due Divis., pel 24, se marciavano regolarmente e se venivano dirette *verso Villafranca*, era poco meno che un'illusione!

Si trattava di truppe che non avevano tutto il necessario allenamento, si era all'inizio della campagna, e si era in una giornata calda, come poteva essere il 24 giugno, nella pianura lombardo-veneta!

CONSIDERAZIONI RIASSUNTIVE
E CONFRONTO

Se si confronta la situazione dell'Esercito imperiale con quella dell'Esercito italiano, creata dalle disposizioni emanate pel 24, si può subito vedere che tutto il vantaggio della situazione e delle disposizioni era da parte degl'Imperiali. Questi avrebbero avuto, prima di tutto il vantaggio del numero, come si è veduto, nella battaglia che si preparava.

L'intervento insperato della Divis. Pianell, che per altro durò poco e non fu completo, aumentò alquanto il numero dei combattenti da parte nostra, ma non ristabilì l'equilibrio.

In secondo luogo, da parte austriaca, vediamo un Esercito che è pronto a combattere l'indomani, che è disposto secondo un concetto di manovra, che è in parte anche schierato secondo l'idea del comando supremo, che si dispone ad entrare in azione con soldati ben nutriti, con truppe avvezze a manovrare sul terreno ove si doveva incontrare il nemico, terreno che anzi conoscono, per così dire, palmo a palmo.

Da parte nostra invece, la sera del 23, noi siamo tanto lontani dal credere ad un'azione generale, che non è nemmeno indicato quel che si debba fare nel caso d'incontro col nemico, che le truppe sono immediatamente seguìte dai grossi bagagli, come se si trattasse di cambiare di guarnigione in tempo di pace, che la cavalleria, meno qualche sq. divisionale, invece di essere avanti, *si trova indietro*

Vediamo non solo i Corpi d'Armata avviati indipendentemente l'uno dall'altro, ma anche le Divis., specialmente quelle dei Corpi d'ala, disseminate in grande spazio di terreno, in modo da rendere fin da principio assai difficile l'azione del comando.

I due fattori: terreno e nemico, avrebbero, credo, dovuto imporre al comando supremo, di avviare non due Divis. (la 5ª e la 3ª) come fu fatto, ma molto di più sulla posizione fra Santa Giustina e Sommacampagna.

Era, in proporzione, eccessiva la forza diretta nella pianura fra Sommacampagna e Villafranca ed assolutamente ingiustificabile, secondo il mio modesto parere, la dislocazione delle due Divis. del II Corpo fra Roverbella, Marmirolo e Goito.

Inoltre le disposizioni del comando supremo, non corrette, ma peggiorate dai comandi in sott'ordine, sono tali, che molte Divis. si presentano alla battaglia con soldati già stanchi e digiuni.

In quanto alla proporzione tra la forza e la fronte di schieramento, noi vediamo che l'Esercito imperiale con 71000 fucili circa e 168 cannoni, è diretto a schierarsi sopra la fronte Oliosi-San Rocco di Palazzòlo-Zerbare-La Berettara-Sommacampagna. Sono circa 8 Km.: 9 uomini per metro corrente, cioè una proporzione giusta.

Da parte italiana un simile calcolo non avrebbe base, perchè, a rigore di termine, le truppe dell'Armata del Mincio, nella giornata del 24, avrebbero dovuto trovarsi sparpagliate non lungo una fronte, ma a gruppi, con larghe interruzioni, su una linea segnata dalle seguenti località: Pozzolengo, Monzambano, Pacengo, Colà, Sandrà, Castelnovo, Santa Giustina, Sona, Sommacampagna, Villafranca, Roverbella, Goito, Marmiròlo, Curtatone, Montanara, San Silvestro, Brescello, Guastalla (Brig. Regina), Canneto sull'Oglio (riserva d'artiglieria).

L'Armata del Mincio doveva quindi venire ad essere divisa in 7 masse, mentre l'Esercito imperiale, astrazione fatta della Brig. Zastavnikovic, veniva ad essere formata in una sola massa con perfetta unità di comando.

Le sole nostre truppe dirette ad occupare una vera fronte di battaglia, nel caso più favorevole, erano le due Divis. (5ª e 3ª) del I Corpo e le quattro Divis. del III Corpo, tutte dirette sulla fronte Santa Giustina-Sona-Sommacampagna-Villafranca.

Sarebbe stata una fronte di 12 Km. da occupare con circa 50000 fucili (compresa la riserva del I Corpo) e con 120 cannoni, ossia poco più di 4 fucili per metro corrente: occupazione alquanto debole.

Quando si leggono superficialmente i racconti (più o meno esatti) delle battaglie, si attribuisce spesso la vittoria o la sconfitta a buone inspirazioni dei generali, oppure ad errori da essi commessi sul campo (errori che *sembrano* quasi sempre imperdonabili o inconcepibili), a valore spiegato dalle truppe in questa o quella località, o a poca fermezza dimostrata da altre truppe sopra un punto o l'altro del campo di battaglia, alla fortuna o alla sfortuna. Ed in certi casi, in molti casi anzi, se si vuole, la cosa può esser vera.

Ma, quando si esaminino a fondo i « dispositivi » degli Eserciti che si presentano alla battaglia e le loro condizioni morali e fisiche, è facile invece riconoscere che, nella maggior parte dei casi, il germe della vittoria o della sconfitta si trova appunto nei « dispositivi ». — Ed è nello studio di questi che, chi voglia trarre un vero insegnamento dalla storia militare, deve approfondirsi.

Poco importano le armi, i proiettili ed altri fattori materiali variabili coi tempi e colla « civiltà ».

Nemmeno lo studio delle disposizioni e formazioni tàttiche può offrire a noi grande interesse, essendo ora la tàttica profondamente mutata e potendo essere ora assurdo ciò che in altri tempi ha assicurato la vittoria.

La famosa colonna di 40 batt., uno dietro l'altro, colla quale si dice che il maresciallo di Villars abbia vinto la celebre battaglia di Denain (27 luglio 1712) sarebbe ora una mostruosità tàttica, per poco che il nemico sappia far uso delle sue armi.

Ma lo studio delle disposizioni, della situazione al principio della battaglia e del modo con cui il comandante sa giovarsi dei fattori che possono assicurare la vittoria, è uno studio interessantissimo, che potrebbe farsi con grande utilità anche per le più antiche battaglie, se avessimo elementi sufficienti su cui fondarci.

Sotto questo aspetto, lo studio della battaglia di Custoza ritengo che sia uno dei più interessanti che si possano fare; ed è perciò che ne ho esposto gli elementi e i termini di raffronto con una certa larghezza.

Dopo la battaglia, quanto più la vittoria è decisiva, tanto più facile sembra la manovra colla quale essa è stata ottenuta.

Dopo le vittorie di Federico II e specialmente dopo quelle di Napoleone I, può sembrare che con truppe valorose e disciplinate, con buoni Com. in sott'ordine, basti una buona inspirazione del capo per assicurare la vittoria, e questa inspirazione pare che ogni generale comandante, per esser degno del posto che occupa, debba averla.

Ma *prima* della battaglia, coll'incertezza che vi sarà sempre intorno alle intenzioni e disposizioni del nemico, non vi è nulla di più difficile che concepire un piano di battaglia ed attuarlo, riparando col saggio ed opportuno impiego delle truppe non impegnate in 1ª linea, agli *inevitabili* attriti ed inconvenienti che si verificano nell'attuazione, anche da parte delle migliori truppe, del piano meglio concepito.

Un generale deve qualche volta decidere in pochi minuti quello che poi da centinaia di critici, anche intelligenti, può essere soggetto di studio per anni e per secoli.

È dote dei soli grandi generali, e i grandi generali sono rari, di concepire i grandi piani di battaglia, di attuarli e di sapere restar « freddi » nell'inferno di una battaglia.

Ecco che cosa scrive il più grande dei maestri di guerra intorno alla principale qualità di un generalissimo:

« La principale qualità di un generalissimo è quella di
« avere « une tête froide », che riceva una giusta impres-
« sione dalle cose, che non si scaldi mai, che non si lasci
« abbagliare o trasportare dalle buone o dalle cattive no-
« tizie; che le sensazioni successive o simultanee che ri-
« ceve nel corso di una giornata vi si classifichino e non
« occupino che giustamente il posto che debbono occupare,
« perchè il buon senso e la ragione sono il risultato di
« parecchie sensazioni prese in eguale considerazione ».

(Memorie di Napoleone).

Senza dubbio questa è la principale qualità, ma essa è rarissima. Per possederla bisogna non soltanto avere una grande base di intelligenza e di coltura militare, ma bisogna anche possedere una singolare fermezza di carattere.

Canne, Alesia, Leuthen, Austerlitz, Friedland, Wagram, Ligny, ci dimostrano come sia rara questa specie di semidio dai nervi di acciaio! E non si può pretendere che ogni Com. d'Esercito incarni questo essere straordinario, il quale, nel tumulto della battaglia, non senta soltanto l'impulso prepotente di lanciarsi contro il nemico, inebbriandosi nel pericolo ed inebbriando i propri soldati, come Ney, Blücher o Bagration, ma riceva dalle cose terribili o anche disastrose che si svolgono sotto i suoi occhi la giusta impressione, ma nulla di più; sappia vedere dove, dove soltanto è necessario l'impiego di una riserva o un grande sforzo, sappia trascurare tutto ciò che è accessorio guardando a ciò che è principale, sacrifichi con calma anche una parte delle sue forze, ma per ottenere minori sacrifici nel conseguimento dello scopo supremo della battaglia: la vittoria!

A me ciò che nelle memorie del G. Marbot ha forse fatto più impressione, è il racconto della sua missione presso Napoleone il giorno della battaglia di Wagram, il 6 luglio 1809.

Egli, aiutante di campo del maresciallo Massena, è inviato presso l'Imperatore per riferirgli il disastro toccato al Corpo del maresciallo (ciò che dimostra come anche le truppe meglio comandate possano andare incontro ad una catastrofe).

Le truppe del maresciallo, che formavano l'ala sinistra dell'Esercito francese, sono semplicemente in piena fuga, davanti alla destra austriaca.

Napoleone non risponde e guarda col cannocchiale verso destra. L'aiutante di campo aspetta, le truppe del maresciallo continuano a scappare, e l'Imperatore continua a tacere, quasi come se dimenticasse il terribile annunzio portatogli.

Ma quando vede che l'artiglieria della sua ala destra ha oltrepassato la torre di Neusiedl ed ha aggirato la sinistra dell'Esercito dell'Arciduca Carlo, si rivolge a Marbot e gli dice: andate a dire al vostro maresciallo che la battaglia è vinta e avanti su tutta la linea!

Ecco il semi-dio dai nervi di acciaio!

Nessuno poteva pretendere che il nostro G. La Marmora fosse uno di questi esseri straordinari. Nessun critico deve misurare le sue disposizioni, prima e dopo la battaglia, cogli esempi lasciatici dai grandi capitani.

Ma, a difetto di inspirazioni e di genialità, si può osservare che le disposizioni date il 23 pel 24, sono troppo al disotto di quanto si può pretendere da un Com. d'Esercito, qualunque sia il concetto da cui egli poteva essere mosso.

Soprattutto non doveva essere messo in tanto oblìo il seguente precetto:

« Quand vous voulez livrer une bataille, rassemblez « toutes vos forces, n'en néglìgez aucune: un bataillon « quelque fois décide d'une journée ». (Mémoires de Napoléon).

E questo appunto fu il precetto che guidò, non il G. La Marmora, ma l'Arciduca Alberto! E forse in nessuna battaglia, come in questa di Custoza, fu dimostrato quel precetto che è un assioma, e che pure è di applicazione tanto rara e tanto difficile !

Un'altra cosa mi preme di far notare, e notandola non farò che render giustizia all'avversario, dovere assoluto di chi voglia considerare obbiettivamente la storia militare.

Alle 7 ½ pom. del 23 giunge da Rovigo all'Arciduca il seguente telegramma:

« Volontari e lancieri hanno occupato l'isola d'Ariano alle 6. pom. ».

Ed alle 12 di notte quest'altro telegramma:

« Il nemico ha passato il Po su tutti i punti da Pole« sella a valle. Io abbandono la linea del Po ed osservo « quella dell'Adige. Mi trovo per ora a Boara ».

Questi telegrammi erano firmati dal colonnello Szapàry, lasciato com'è noto, in osservazione sul basso Po.

Queste notizie erano assolutamente infondate. Gli Italiani erano passati soltanto con 3 batt. della Divis. Franzini dalla destra alla sinistra del Po di Goro, ed avevano occupato Corbola e Taglio di Po.

Tuttavia, dopo l'arrivo di una tale notizia, forse molti altri generali o avrebbero rinunziato all'idea di andare ad attaccare l'Armata del Mincio, o avrebbero almeno distratta una parte delle forze, per trattenere l'Armata del Po nella sua supposta avanzata.

E noi troviamo invece che, dopo la prima notizia, il comando dell'Esercito imperiale (come ho già accennato a pag. 83) manda un « esperto ed avveduto » capitano di cavalleria con un solo sq. verso Isola della Scala-Bovolone fra Mincio ed Adige, per riconoscere se il nemico non si avanzi nella direzione di Legnago e Verona (Oestr. Kf. vol. II, pag. 54).

E dopo il secondo telegramma, nessuna altra disposizione.

Dopo i fatti, risulta in modo evidente che all'Arciduca conveniva attuare il concetto già maturato e combattere la preveduta battaglia.

Ma, dopo un annunzio così grave, limitarsi ad inviare uno sq. in esplorazione, è atto da vero generale.

Pur troppo, la sera del 23, l'Armata del G. Cialdini non era ancora in grado di passare il Po!

Tutte le misure erano prese per quella importantissima operazione e tutte rivelano, nel Com., una profonda conoscenza della materia, uno spirito di decisione ed una sicurezza che non troviamo nel comando dell'Armata del Mincio. La dislocazione però alla sera del 23 era tale, che forse nemmeno nella notte dal 25 al 26 si sarebbe potuto operare il passaggio del Po; ma esso non avrebbe potuto esser ritardato che di poco, grazie alle sagge disposizioni del generale.

IL CAMPO DI BATTAGLIA DI CUSTOZA

(V. *piano alla scala del* 25000).

Il terreno su cui i due Eserciti venivano ad incontrarsi non ha caratteri ben definiti, ma presenta, in modo evidente, una parte collinosa ed una parte piana.

La zona collinosa non è che una parte dell'anfiteatro morenico del lago di Garda. Sulla sinistra del Mincio e verso Verona, le colline degradano nella pianura verso Adige con versante piuttosto accentuato, formando un ciglione quasi continuo rivolto ad E., delineato ad un dipresso dai punti: Pastrengo, Santa Giustina, Sona e Sommacampagna.

Verso S. E. e verso S., cioè verso Villafranca e verso Valeggio, si osservano invece tanti gruppi di colline isolate che degradano nella pianura diversamente, ma sempre con versanti non troppo difficili.

Nella parte collinosa vi sono però estese zone pianeggianti nelle quali, non di rado, le colline si ergono bruscamente.

Il Mincio, uscendo dal lago di Garda, scorre incassato fra le colline. La sponda sinistra domina generalmente la destra.

Il terreno collinoso è attraversato dal Tione che sorge presso Pastrengo, e, dopo un corso tortuoso, scorrendo presso a Villafranca e a Trevenzuolo, va a gettarsi nel Tartaro. Come corso d'acqua non ha importanza: le sue sponde però sono in diversi punti piuttosto difficili.

Fra la strada Verona-Castelnovo-Peschiera, che può considerarsi come il limite N. del campo di battaglia, e la pianura, le colline, per quanto capricciosamente disposte, pure si possono considerare come formanti tre distinti gruppi in direzione N.-S. e così limitati: quello occidentale dal Mincio e dalla strada rotabile Castelnovo-Valeggio. Quello centrale da detta strada e da una striscia di terreno piano, lunga 6 km. circa, spesso indicata col nome di depressione di Guastalla.

Tale striscia, larga poco meno di 1 km., trova come il suo prolungamento verso S., cioè verso la pianura, nella valle del Tione.

Quello orientale, finalmente, dalla depressione di Guastalla e dalla pianura verso Verona.

Fra i tre gruppi di alture, il più compatto, il meglio definito, è quello orientale, il quale, benchè interrotto dalla gola di Staffalo, può considerarsi che abbia fine nella pianura colle alture di Custoza i cui versanti S. E. sono diretti verso Villafranca.

Le altitudini maggiori nelle colline si riscontrano generalmente verso il lembo meridionale, sul quale si trovano perciò le migliori posizioni difensive fronte a N.

Buonissima è quella del M. Vento che trova il suo prolungamento verso O. nel Torrione e M. Sabbione: meglio ancora, per azione puramente difensiva, nel M. Bianco.

Un'altra discreta posizione difensiva, nel gruppo centrale, si trova nel ciglione di Santa Lucia del Tione. Essa però, mentre si collega facilmente a sinistra colla posizione del M. Vento, è debole a destra, a causa dello sperone avanzato e a dolce pendenza che finisce presso Serraglio e presso Pianure.

Il gruppo di alture di Custoza assume la più grande

importanza, essenzialmente perchè là combattè la maggior parte delle forze austriache (i $\frac{2}{3}$ circa) e là si decise la giornata, ma non ha specialissima importanza tattica.

Esso è costituito da due linee di alture pressochè parallele dirette verso N. E., che si raccordano, dopo essersi alquanto abbassate, in un poggio centrale, stretto ed allungato, sul quale sorge il villaggio di Custoza. Esse formano come una conca aperta a N. E. verso la depressione di Staffalo.

La linea d'alture a N. di Custoza, che si accentua nel Belvedere (punto più elevato $= 172^m$) M. Arabica e M. Molimenti, presenta una cresta tondeggiante e degrada a terrazze, a versanti piuttosto facili. Essa si raccorda colle alture a N. delle gole di Saffalo per Monte Godi e Bosco dei Fitti.

La linea d'alture a E. di Custoza, che si accentua nel M. Torre e M. della Croce (che è il punto più elevato $= 153^m$) presenta versanti piuttosto dolci verso la pianura. Ha cresta assai sottile e termina bruscamente nella gola di Staffalo.

Dalla linea d'alture a N. si ha buona fronte difensiva verso N. e N. O., fronte che può considerarsi quasi come una continuazione di quella M. Vento-Santa Lucia.

Verso N. E, cioè verso le alture di Pelizzara, Berettara, Casa del Sole, le colline a E. di Custoza (M. Torre e M. Croce) hanno caratteri difensivi assai mediocri, non permettono che limitato sviluppo di forze ed hanno di fronte come un altopiano generalmente dominante, che permette l'impiego di molta artiglieria.

Migliori caratteri hanno le alture Belvedere-M. Molimenti, perchè a dossi più larghi e versanti degradanti a terrazze. Importantissimo poi è il poggio di Custoza, centro dell'azione tattica in quella zona.

Per i caratteri già descritti, la linea delle alture Belvedere-M. Molimenti si presta bene per un'*azione offensiva* diretta verso N., sia perchè dette alture sono come unite alle alture contrapposte della Berettara e di Pelizzara, sia per le successive posizioni d'artiglieria che esse offrono, sia perchè si può di là facilmente proteggere l'avanzata di truppe nella depressione di Guastalla.

Dietro tutte queste posizioni, sorge come una cittadella il M. Mamaor che domina tutte le alture antistanti (192ᵐ) e che presenta una buonissima fronte difensiva esattamente verso N. lunga circa 2 km., ed una più ristretta fronte verso E. per un'azione diretta su Custoza.

La fronte verso N. trova il suo prolungamento ad O. in una linea di piccole alture fino presso a C. S. Zeno.

In genere tutte le alture hanno poca elevazione e versanti non troppo difficili per fanteria.

Sotto questo aspetto, chi esamina la carta al 25000 e nota quell'esagerato tratteggio fatto dai topografi austriaci, può farsi un'idea falsa del terreno in quanto a percorribilità. Anche i nomi possono indurre in errore: p. e., il M. Godi o Godio, il quale in sostanza non è che un insignificante rigonfiamento.

La coltivazione non è molto fitta, a causa della natura sassosa di questo terreno collinoso. Attualmente vi sono molti vigneti che nel 1866 non esistevano, p. e., sull'altura a N. di Oliosi e sulle falde settentrionali del M. della Croce, che allora erano a gerbido.

Si deve perciò considerare che, nel giorno della battaglia, il terreno era più facilmente percorribile di quello che non sia ora.

Le sommità delle tante colline di questa zona forniscono eccellenti punti d'osservazione, specialmente il M. Bianco, il M. Cricol, il M. Vento, Santa Lucia, il Belvedere, il M. della Croce, il M. dei Rosolotti (a S. di S. Rocco di Palazzolo — quota 142), ecc.

In quell'epoca, una sola buona strada attraversava questo terreno da N. a S., ed era quella da Castelnovo a Valeggio. V'erano però parecchie strade di campagna in ogni senso e che erano atte al passaggio dell'artiglieria.

La parte piana del campo di battaglia, a causa anche del terreno di natura sassosa, non aveva fitta coltivazione ed era facilmente percorribile tanto dalla fanteria, che dalla cavalleria.

In prolungamento della fronte orientale del M. Mamaor si osserva un ciglione, da cui si domina per più di un Km. la pianura verso E. e che si accentua presso Torre Gherla. Esso però si perde ripiegando più sotto, verso E.

Diverse buone e discrete strade attraversavano la pianura: le migliori dirette dal Mincio a Verona per Villafranca.

Villafranca assume quindi la sua importanza da questo fatto: che era nodo di comunicazioni, e dall'altro, che è a metà distanza fra le alture e i terreni acquitrinosi. Però tale importanza era limitatamente strategica e limitatissimamente tàttica. La sua importanza nacque, per così dire, durante la battaglia e fu direi quasi negativa, perchè i nostri comandanti ritennero che l'azione principale dovesse, tosto o tardi, decidersi là presso, e questo non avvenne.

Di ben altra importanza è Valeggio, non solo perchè ha alle spalle il ponte sul Mincio di Borghetto, ma perchè segna il passaggio dalla parte collinosa alla parte piana del campo di battaglia, per le tante strade che da quel punto si dipartono, fra le quali la più breve rotabile che a noi si offrisse dal Mincio a Verona, per la eccellente posizione difensiva e contr'offensiva che essa presenta.

Si può considerare che tale posizione abbia un'estensione di circa 3 km. quasi da N. a S., coi robusti caseggiati del villaggio al centro. Si poteva avere splendida azione d'artiglieria verso S. E., verso E. e verso N. E. Azione meno buona offriva verso N., ma la si poteva sostenere con artiglieria collocata sulla riva destra.

I nomi scritti nella annessa carta al 25000 non corrispondono sempre ai veri nomi delle località, ben inteso non dei grossi abitati, ma delle fattorie, delle colline, delle case isolate, ecc. Così, p. e., Cà del Sole è invece Cà del Sale, Palazzo Baffi (N. di Custoza) è Palazzo Bassi, i Balconi rossi (nella gola di Staffalo) sono i Barconi rossi, Pezzarani è Peserara, ecc.

Tuttavia. le differenze non essendo molto importanti, io citerò sempre i nomi come sono scritti sulla carta austriaca, che è quella a cui si riferisce la maggior parte degli studi sulla battaglia, tanto di parte austriaca, quanto di parte italiana.

BATTAGLIA DI CUSTOZA

Non è mia intenzione di scrivere un particolareggiato racconto della battaglia di Custoza. È un lavoro che è stato fatto da parecchi più competenti di me (1).

Io mi limito ad una breve esposizione dei fatti e ad alcune considerazioni.

MARCE D'AVVICINAMENTO DELLE VARIE COLONNE — I PRIMI SCONTRI.

A — *ITALIANI.*

Secondo l'ordine che ho riportato, la 5ª Divis. doveva andare a prender posizione a Santa Giustina, percorrendo la strada: Fornello-S. Rocco di-Palazzòlo-S. Giorgio in Salici-Osteria del Bosco.

Giunta l'avanguardia alla casa S. Zeno, dove si dice che

---

(1) Fra i tanti racconti, il più completo, il più armonico, il più obbiettivo di quanti ne siano apparsi fin'ora è, secondo il mio giudizio, quello già citato del FZM. barone v. Scudier, che in quel giorno memorabile comandava una brigata del 7º Corpo (Der Krieg 1866 in Italien un Süd-Tirol von Anton Freih v. Scudier, K. u. K. Feldzeugmeister).

avrebbe dovuto svoltare a destra (1), il G. di Villahermosa, che la comandava, ingannato dalle informazioni ricevute dagli abitanti, la oltrepassò coll'idea di portarsi fino al quadrivio a N. O. di Oliosi e poi di svoltare a destra per toccare S. Rocco.

Era la miglior strada, ma non era quella che gli era stata assegnata.

Però il generale non sapeva, perchè non gli era stato comunicato, che quella strada Valeggio-Oliosi era la linea di marcia della 1ª Divis.

Giunto presso a M. Vento, il generale vi trovò ferma l'avanguardia del G. Cerale, comandata dal G. di Villarey che aspettava la sua Divis. (1ª).

La oltrepassò. Alla casa Busetta, a 1 Km. circa prima (a S.) del quadrivio di Oliosi, si incontrarono drappelli di fanteria nemica.

La testa dell'avanguardia (5° batt. bers.) si schierò prontamente e i drappelli austriaci si ritirarono.

In quella giungeva a Villahermosa un ordine del G. Sirtori il quale, giunto in Fornelli ed accortosi che l'avanguardia si era sviata, gli faceva dire di rimettersi sulla strada assegnata.

Ma il G. Villahermosa, naturalmente, pensò di non poter far questo che passando per Oliosi e svoltando poi a destra.

Affrettò quindi la marcia, ma fra le 6 $\frac{1}{4}$ e le 6 $\frac{1}{2}$ giunto sull'altura di Oliosi, fu accolto da fuoco d'artiglieria nemica postata a circa 2000^m di distanza, sull'altura di S. Rocco di Palazzòlo.

---

(1) Io credo che avrebbe dovuto svoltare a destra alla C. Totola, cioè 500^m più innanzi. La carrareccia che si distacca alla C. S. Zeno, va ad una cascina (Magragna) e non continua (V. carta al 25000 italiana a curve orizzontali — Riproduzione riservata).

Furono questi i primi atti della battaglia. Erroneamente diversi storici rappresentano i fatti accaduti intorno a Villafranca come anteriori.

Il G. di Villahermosa schierò prontamente le sue truppe fronte ad E. e mandò ad avvertire il Com. della 1ª Divis, come era naturale, dell'incontro col nemico.

La sezione, la sola artiglieria di cui disponeva il nostro generale, rispondeva come poteva all'artiglieria nemica, il cui fuoco divenne in breve soverchiante, perchè il G. Rodich, che era giunto colle Brigate Bauer e Piret presso a San Rocco, potè in breve mettere in azione 3 batterie: cioè 24 pezzi presso Corte e Forni.

L'altra Brig. del 5º Corpo, comandata dal G. Möring, era in marcia da Sona su S. Rocco.

La Divis. di fanteria di riserva austriaca era rimasta, come si sa, alquanto indietro, e giungeva colla testa (Brig. Benko) alle ore 6 a Castelnovo, donde, secondo gli ordini ricevuti, muoveva su Oliosi (poco più di 4 Km.).

Così, fin da principio, alla nostra ala sinistra, la battagiia si presentava per noi in condizioni sfavorevolissime.

Secondo gli ordini del comando supremo, noi avevamo diretto in quel terreno due sole Divis. (la 1ª e la 5ª) e ci trovavamo quasi subito ad avere di fronte 5 Brig. austriache.

Avevamo, supponendo anche, ciò che non era, che tutte le truppe nostre entrassero in combattimento.

	Baionette	Sciabole	Pezzi
Divis. Cerale	7714	212	12
Div. Sirtori	8316	208	12
	16030	420	24
contro			
5º Corpo (Rodich) . . .	20835	313	48
Divis. di fant. di riserva .			
(Rupprecht)	11312	—	16
	32147	313	64

Eravamo dunque 1 contro 2, ed anche peggio se si pensa alla maggiore sproporzione di artiglieria.

Nè la Divis. Piauell, nè la riserva del I Corpo avrebbero potuto ristabilire pienamente l'equilibrio.

Tuttavia era possibile, anzi non era nemmeno troppo difficile, con un'azione coordinata delle tre Divis., di tenersi assai bene, almeno per un certo tempo, sulla difensiva, occupando le posizioni di M. Vento e Santa Lucia.

Occorreva però l'azione del comando di Corpo d'Armata. Ma questa mancò, per le ragioni che vedremo.

Verso le 6 ¹/₂ adunque, il combattimento era impegnato alla nostra ala sinistra a 5 Km. circa da Valeggio.

È credibile che l'avviso mandato al G. Cerale dal G. di Villahermosa che la battaglia era impegnata, fosse effettivamente giunto al Com. della 1ª Divis.

Non risulta affatto che il G. Cerale lo abbia comunicato al suo Com. di Corpo d'Armata e al G. La Marmora che pure erano, come vedremo, a lui vicini. E facilmente avrebbe potuto farlo, giacchè quando l'avviso pervenne nelle sue mani o al suo orecchio, egli non poteva essere a più di 2 km. da Valeggio.

Il G. La Marmora era montato a cavallo per tempissimo, per andare a vedere come si compissero i movimenti delle Divis.

Aveva tanto poco l'idea che in quel giorno si sarebbero potuti incontrare gli Austriaci, che lasciò il Q. G. P. con un solo ufficiale e due guide, senza far sapere, nemmeno al Re, dove si sarebbe recato.

Poco dopo le 5 ¹/₂ era a Valeggio, mentre il Re, dal canto suo, anche con piccolissimo sèguito, passato il Mincio a Ferri, si recava a Valeggio e poi alla C. Coronini, ai piedi di Custoza.

Verso le 6 giunse in Valeggio anche il Com. del I Corpo, G. Durando. Forse vi poteva giungere un po' prima. Ve-

dendo affluire in Valeggio quell'immensa massa dei carri
della 5ª e della 1ª Divis., dette l'ordine che ho già riferito, cioè che nessun altro carro, meno le ambulanze e le
artiglierie, oltrepassasse Valeggio e che tutti fossero par-
cati sul piazzale del Broletto.

Sfilò la 5ª Divis. e poi la 1ª, avendo il G. Cerale ottenuto dal G. Sirtori che le truppe della 1ª Divis. passassero
davanti al grosso carreggio della 5ª Divis.

Il G. Durando si fermò in Valeggio.

Non si sa ben comprendere la ragione di tale fermata,
che fu semplicemente funesta.

Il Com. del I Corpo sapeva benissimo che una delle sue
Divis., e precisamente la 1ª, doveva andare ad occupare
posizioni tali, che poteva essere cannoneggiata prima di
giungervi. E che le altre (5ª e 3ª) dovevano andare ad
occupare posizioni estesissime a pochi km. da Verona.

Secondo la nostra Rel. uff., egli rimase a Valeggio per
aspettare l'arrivo della sua riserva.

Ho già avvertito che si doveva e si poteva far partire
la riserva molto tempo prima. E, ad ogni modo, non si
comprende perchè il Com. del Corpo d'Armata dovesse
aspettare la riserva, prima di mettersi in marcia.

Non si sa con precisione che cosa abbiano detto in Valeggio, il mattino del 24, il capo di stato maggiore ed il
Com. del I Corpo.

Si è sentito raccontare e si legge che, dopo le 7, continuando il rombo del cannone, ma più frequente e più
lontano, alcuni del paese dissero che esso veniva da Villafranca. Alcuni ufficiali dello s. m. del I Corpo, videro
infatti fumo di artiglieria e fucileria fra Villafranca e
Verona (a 9 Km.)

Il G. La Marmora non vi prestò gran fede e, come era
già suo divisamento, mosse col suo piccolo sèguito verso
Custoza, dopo aver fatto al G. Durando le più calde rac-
comandazioni di sorvegliare dappresso la marcia delle sue
Divis. e *segnatamente della* 1ª (Cerale). (Rel. uff. pag. 191).

Il Com. del I Corpo non tenne però conto di tale raccomandazione e mosse da Valeggio dopo le 8. Eppure la riserva era giunta verso le 7 e si era fermata nel recinto del Broletto (CORSI, *Vicende del I Corpo d'A.*, pag. 86). Eppure il cannone tuonava! Che fosse da parte di Oliosi, o da parte di Villafranca, era certo che in quel giorno non si marciava soltanto, ma si combatteva.

Era quindi dovere del Com. del I Corpo di affrettarsi a raggiungere le sue Divis. (SCUDIER, opera citata, pag. 140).

Anche dopo le 8, il Com. del I Corpo mandò il suo sottocapo di s. m., maggiore Còrsi, sul M. Mamaor, per prender vista delle sue Divis. di destra, 3ª e 5ª, che a quell'ora, se non era accaduto nulla di nuovo, avrebbero dovuto trovarsi già nelle assegnate posizioni di Sona e di Santa Giustina.

Questi fatti io cito, per dimostrare come fin da principio, l'azione del comando nel I Corpo d'Armata che pure, per lo sparpagliamento delle sue Divis., ne aveva sommo bisogno, mancò: e mancò quasi assolutamente.

Le Divis. del III Corpo, come si è veduto, si misero in marcia all'1 ½ dopo mezzanotte, cioè tanto presto, che le truppe dovettero partire senza aver riposato e senza cibo.

Nell'oscurità era più che mai difficile di partire ordinati, tanto più dovendo portare alle calcagna il grosso carreggio. La marcia quindi fu assai ritardata, tanto che la Divis. Principe Umberto, che giunse la prima sulle posizioni assegnate, impiegò circa 5 ore per percorrere il tratto Roverbella-Villafranca — 10 km.

La Divis. Bixio giungeva solo verso le 7 in Villafranca, cioè a 7 km. dal centro degli accampamenti occupati la sera del 23.

Vedremo che ritardi ancora più sensibili soffrirono l'8ª e la 9ª Divis. (Cugia e Govone).

La Brig. di cavalleria leggera, assegnata al III Corpo (di Pralormo) non aveva nemmeno ricevuto l'ordine pel 24.

E non risulta che un ufficiale di s. m. del Q. G. del Corpo
d'Armata fosse stato designato per assicurarsi dell'esecuzione degli ordini dati pel 24, e perchè provvedesse, veri-
ficandosi inconvenienti, o ne riferisse, se non era in suo
potere di dar provvedimenti.

La Brig. di cavalleria leggiera fu oltrepassata, mentre
era ancora al campo, dalla Divis. Bixio (ciò che del resto
era tassativamente prescritto dall'ordine del comando del
III Corpo). senza nemmeno sapere che in quel giorno si
dovesse muovere. E quando più tardi il G. Bixio, considerando come la cosa più naturale del mondo che la cavalleria si avanzasse, tanto più che era segnalata la cavalleria
nemica, mandò a dire al G. Pralormo di muoversi, questo
— alle 8 $\frac{1}{4}$ — rispondeva che in quel momento la 9ª Divis.,
con tutti i suoi impedimenti, gli attraversava la strada
alle Sei Vie e che perciò credeva di poter giungere a Quaderni (a 5 km. circa indietro di Villafranca), fra un'ora.
(Rel. uff., pag. 195). Non è facile stabilire a che ora sia
giunto in Villafranca il Q. G. del III Corpo che, secondo
l'ordine doveva partire cogli sq. d'Alessandria solo alle 4,
ma pare che vi giungesse dopo le 7, cioè troppo tardi.

Se fosse partito prima, il comando del III Corpo avrebbe
per lo meno provveduto, specialmente allorchè fu segnalata
cavalleria nemica, che quei carriaggi che con tanta inge-
nuità ci portavamo addietro, sgombrassero le strade, o,
per lo meno, si fermassero.

Fin dalle 4 $\frac{1}{2}$, infatti, si era saputo dal comando della
16ª Divis., che v'era cavalleria nemica in Villafranca, tanto
che S. A. R. tentò di sorprenderla coll'unico sq. che aveva
a disposizione e coi due batt. bers. della Divis.

Ho già accennato all'errore commesso, non solo dal
comando supremo, ma pure dai due Com. del I e III Corpo,
di non aver affatto pensato ad una qualsiasi esplorazione.
È verissimo che negli ordini del comando supremo non
era detto ciò che i due Corpi dovevano fare nel caso di

incontro col nemico, ma era proprio necessario di dire a due generali d'Armata dell'esperienza dei generali Della Rocca e Durando che, inoltrandosi nel Quadrilatero per andare a stabilirsi a pochi km. da quelle fortezze, bisognava mandare avanti la cavalleria in esplorazione?

Sarebbe un'ingiustizia non riconoscerlo!

Il comando del I Corpo s'era creata una riserva e di essa facevano parte 6 sq. di cavalleria. Pare che quel Com. volesse che costituissero una riserva pel combattimento.

Ma, invece, è evidente che essi sarebbero stati assai meglio adoperati, se fossero stati diretti, molto innanzi alle Divis., verso Peschiera, Pastrengo, Bussolengo e Verona.

Il terreno assegnato al I Corpo era tale, che difficilmente poteva aver luogo un'azione tàttica di cavalleria su larga scala, ed era invece così ondulato, mosso, coperto ed insidioso, che era assolutamente necessario riconoscerlo, prima di inoltrarsi colle colonne di fanteria.

E nemmeno i Com. di Divis., meno in parte il G. Brignone, seppero adoperare la cavalleria divisionale a tale scopo. Nè la 1ª, nè la 5ª Divis., mandarono una sola pattuglia avanti a scopo di esplorazione.

Il G. Sirtori pensò, è vero, al fiancheggiamento, ma, all'avanguardia anch'egli, come il Com. della 1ª Divis., non assegnò che un plotone come « punta ».

Di cavalleria i due Com. non ne avevano molta, e dovevano pensare ai fianchi, ma ne avevano abbastanza (2 sq. per ciascuno) per mandare qualche plotone, o anche un intiero sq., 5 o 6 km. avanti alle avanguardie verso Castelnovo, Santa Giustina e Sona.

I Com. di Divis. del III Corpo, e specialmente i due che erano in 1ª linea, Principe Umberto e G. Bixio, fecero quanto era possibile col solo sq. che avevano rispettivamente a disposizione e lo fecero anche accompagnare da capitani di s. m., per avere pronte e sicure notizie.

E quegli sq. fecero il dovere loro egregiamente, tanto che nè la 16ª, nè la 7ª Divis., furono sorprese dalla cavalleria nemica.

Ma l'esplorazione lontana non era còmpito loro: era còmpito, per parte del III Corpo, di quella bella Brig. di cavalleria leggiera la quale invece era destinata a seguire la Divis. Bixio, il giorno 24, trasferendosi dai dintorni della C. Aldegatti a Rosegaferro (12 km.!).

In quanto alla Divis. di cavalleria di linea, si è già veduto che anch'essa si doveva spostare di pochi km. e che l'ordine ricevuto — e ricevuto proprio dal comando supremo — la doveva portare indietro delle Divis. del III Corpo.

E per effetto di tutte queste singolari disposizioni, non solo le colonne col grosso carreggio erano destinate ad incrociarsi, ma anche le colonne che si avanzavano dovevano trovare inciampi, perchè sulle strade che conducevano a Villafranca si venivano a trovare cavalli e carri della Divis. di cavalleria che, non solo non avrebbe dovuto il giorno 24 portarsi avanti in avanscoperta, ma dovendo invece (come si è veduto) estendersi verso sinistra, cioè verso la Gherla, era necessariamente destinata col suo movimento laterale ad intralciare la marcia delle Divis.

Insomma, anche nella pianura, tutte le disposizioni date concorrevano a creare una tale confusione, che non se ne sarebbe potuto facilmente uscire, nemmeno se si fosse trattato di una manovra in piena pace.

Persino « l'intendenza militare e servizi dipendenti » dovevano seguire i parchi fino a Quaderni, e poi passare davanti ad essi per stabilirsi ai Dossi.

In quanto al II Corpo, la Divis. Longoni cogli usseri di Piacenza partì alle 4 da Ospitaletto per Roverbella.

La Divis. Angioletti partì per Goito da Gabbiana e San 'Lorenzo alle 6, cioè molto tardi.

Il G. Cucchiari. col Q. G. e 1 sq. e mezzo di lancieri di Novara partì da Castellucchio per Goito alle 6 a. m.

B — *IMPERIALI.*

Secondo gli ordini ricevuti, la *Divis. di riserva* doveva riunire a Sandrà le due Brig., portando avanti da Pastrengo la Brig. Benko muovendola alle 3 a. m. e poi avanzarsi su Castelnuovo. Dopo, quando il 5º Corpo fosse giunto a S. Giorgio in Salici, la Divis. doveva avanzarsi su Oliosi e il 5º Corpo. col quale evidentemente la Divis. doveva regolare i suoi movimenti, su S. Rocco di Palazzòlo.

In seguito all'ordine ricevuto, il G. Rupprecht, calcolando che la Brig. Benko potesse percorrere in un'ora la distanza fra Pastrengo e Sandrà (v'erano infatti 4 km. circa), dispose che la Brig. Weimar partisse da Sandrà alle 4, avanzandosi su tre colonne.

Dispose però che la Brig. Benko partisse da Sandrà alle 5, formata egualmente in una colonna centrale, con due colonne fiancheggianti, le quali, poichè v'era una Brig. innanzi, erano forse superflue.

Era ordinato che nel caso in cui Castelnovo fosse occupato dal nemico, ogni Brig. dovesse formare colla colonna centrale quante più colonne d'attacco era possibile per potere poi, tenendole alla stessa altezza, andare all'attacco colle forze riunite.

Disposizione giusta senza dubbio, ma che non teneva conto del fatto che le due colonne principali marciavano, sulla stessa strada, una dietro l'altra.

Alle 6 $\frac{1}{2}$, la Brig. Weimar era giunta in Castelnuovo, e la Brig. Benko ne era vicina. Alle 6 $\frac{3}{4}$, il G. Rupprecht ricevette quest'ordine del comando supremo:

« Avanzarsi sulla seconda linea di schieramento di
« Oliosi, non appena il 5° Corpo abbia raggiunto S. Rocco.
« Nello stesso tempo, però, collegarsi con Peschiera e
« prendere di là notizie del nemico. Nell'avanzarsi su
« Oliosi osservare la sponda del Mincio ».

In sèguito a tale ordine, il G. Rupprecht mandò innanzi
la Brig. Benko, di nuovo su tre colonne; una sulla strada
principale, una sul fianco destro per Contrada dei Maschi
su Campagna rossa, una sul fianco sinistro lungo la valle
del Tione.

Una compagnia fu mandata verso Peschiera.

La Brig. Weimar doveva seguire mezz'ora più tardi,
egualmente su tre colonne, dopo aver lasciato un batt. a
Castelnovo.

In questo modo si manifestò fin da principio uno sparpagliamento di forze, che poi si accentuò, perchè il regg. di
sinistra della Brig. Benko si sviò e dovette poi accodarsi
al 5° Corpo.

Egualmente il batt. lasciato a Castelnovo non poteva
avere utile impiego, dal momento che la Divis. si avanzava su Oliosi.

5° *Corpo.* Secondo l'ordine dell'Arciduca, il 5° Corpo,
colle due Brig. che si trovavano a Santa Giustina, doveva avanzarsi su S. Giorgio in Salici, e la Brig. che
occupava Sona doveva avanzarsi verso la ferrovia su Casazze.

Allorchè fosse stata raggiunta la linea Castelnovo
(dalla Divis. di fanteria di riserva) e S. Giorgio in Salici
per parte del 5° Corpo, questo doveva avanzarsi su San
Rocco di Palazzòlo, mentre la Divis. di riserva si avanzava su Oliosi.

Ma, ricevuti tali ordini, il G. Rodich dispose che le
Brig. Bauer e Piret riunite si portassero il mattino per
tempo a S. Rocco.

E siccome la Divis. Rupprecht trovavasi indietro, così

fu ordinato al G. Piret di lasciare due batt. ed un plotone di ulani a Castelnovo.

Alla Brig. Möring fu ordinato di muovere alle 3, di portarsi a Zerbare, di aspettare di essere rilevata in tale località dalla Brig. Scudier, pel necessario collegamento col 9° Corpo, e poi di raggiungere il grosso del Corpo d'Armata.

Il Com. del 7° *Corpo* dette i suoi ordini verbalmente. Mandò lo sq. di cavalleria, la sera stessa del 23, in ricognizione verso S. Giorgio, come avanguardia della Brig. Scudier, e dispose per una esplorazione vicina di fanteria. La Brig. ora detta doveva partire alle 3 per la strada Lugagnano-Mancalacqua-stazione di Sommacampagna.

Giunta alle ore 5 presso Casazze, il G. Scudier ricevette dallo stesso Arciduca l'ordine di portarsi subito a Zerbare, cioè nella 2ª posizione di schieramento, ove giunse alle 6 $^3/_4$.

Lo sq. di cavalleria fu subito mandato a cercare il collegamento col 5° Corpo.

Le altre truppe del 7° Corpo (due Brig.), coperte dalla ferrovia, si portavano intanto vicino a Sona.

Anche il Com. del 9° *Corpo* dette le disposizioni pel 24 verbalmente, tanto più che, quando giunsero gli ordini del comando supremo, i Com. in sott'ordine erano riuniti a rapporto.

Abbiamo veduto che il Com. del 9° Corpo, nella tema di trovare le alture a S. O. di Sommacampagna già occupate dal nemico, aveva disposto affinchè, rinunziando al vantaggio di marciare al coperto, dietro alla massicciata della ferrovia, le due Brig. marciassero direttamente e rispettivamente per Camponi e Caselle d'Erbe, in modo da occupare Sommacampagna prima delle 6.

La marcia era in tal modo meno coperta, ma era sempre protetta dalla cavalleria di riserva sul fianco sinistro.

Noi vediamo adunque che tanto il Com. del 5° Corpo, quanto il Com. del 9° Corpo, apportano sensibili varianti agli ordini del comando supremo.

Il primo doveva portarsi a Santa Giustina, e con una Brig. a Sona — se questa località non era occupata dal nemico o lo era debolmente. Ed invece il Com. del Corpo occupa Albaretto e Castelnovo la sera stessa del 23. Giunto poi l'ordine delle 6 $^3/_4$ di portarsi a S. Giorgio in Salici e Casazze, il Com. del Corpo si spinge invece su S. Rocco, lasciando due batt. a Castelnovo per aspettarvi l'arrivo della Divis. di riserva.

Senza dubbio, gli Imperiali ottennero così il vantaggio di occupare fortemente l'importante punto di S. Rocco fin dalle prime ore del mattino del 24, e poterono agire efficacemente e di fianco contro le truppe italiane che arrivarono successivamente sulle alture di Oliosi, Mongabia, M. Cricol, mentre d'altra parte agirono di sorpresa contro il grosso della Divis. Sirtori, rimasta senza avanguardia.

Però, essendo rimasta alquanto indietro la Divis. di riserva, se gli Italiani fossero giunti in forza, per tempo e preparati, cosa non solo possibile, ma che non avvenne per un cumulo di errori e fatalità imprevedibili; se la 1ª Divis. soprattutto, percorrendo la strada assegnatale, fosse giunta in forze ed avesse occupato convenientemente il saliente M. Cricol-Mongabia-Oliosi, protetta sulla destra dalla 5ª Divis.; se il Com. del nostro I Corpo fosse stato al suo posto, ed avesse preso le disposizioni che, come dirò in appresso, mi sembra che potessero essere le più convenienti, non è prevedibile quale andamento avrebbe avuto la battaglia, tanto più che, per le disposizioni date, le due Brig. della Divis. di fanteria di riserva si presentarono al combattimento a sensibile distanza l'una dall'altra.

Il successo giustifica tutto, ma ciò non toglie che il Com. del 5° Corpo fu alquanto arrischiato da principio, e poi, come si sa, lo fu troppo poco, perchè non fu in grado di proseguire il successo e di sfruttare la vittoria.

Anche pel Com. del 9° Corpo si può dire che il concetto, secondo il quale egli si indusse a marciare in modo diverso da quello ordinato, sia stato giusto.

La nostra cavalleria però era più numerosa di quella del nemico. Fu male impiegata, è vero, ma ciò non era supponibile. Se i nostri sq. avessero agito fin da principio, cioè fin dalle prime ore del mattino, non è prevedibile che cosa sarebbe successo alla nostra ala destra e quale azione, diversa da quella che fu in realtà, avrebbero spiegata le due Brig. del 9° Corpo Kirchsberg e Weckbecker.

Esse, infatti, avrebbero potuto essere attaccate facilmente nel fianco sinistro durante la marcia su Sommacampagna.

Però, anche pel 9° Corpo, tutto è giustificato dal successo.

Anche l'azione tàttica della cavalleria Pulz fu poi tanto gloriosa ed efficace, che la sua deficienza nel servizio di esplorazione e la sconcordanza della sua azione con quella che voleva imprimerle il comando supremo, si fanno dimenticare.

Badando ai risultati che essa ottenne più tardi, noi vediamo una volta di più, come alla guerra lo spirito di decisione, l'ardita offensiva, il valore, possano in certi casi, e fino ad un certo punto, sopperire ad altre deficienze.

Bisogna però, in questi casi, che vi sia un altro grande fattore in aiuto: *la fortuna*.

Nella notte dal 23 al 24, 5 sq. della Brig. Bujanovics si trovavano in avamposti sulla linea Mancalacqua-Tese-Calzoni-Camotto.

Fa impressione che i nostri avamposti, nella stessa notte,

fossero press'a poco sulla linea C. Pozzi (E. di Valeggio)-Rosegaferro-S. Zenone in Mozzo-Grezzano-Nogarole.

Le due linee, cioè, si trovavano alla distanza minima di 10 km!

Ciò dimostra che nè da una parte, nè dall'altra, si teneva il contatto col nemico.

Ed infatti, se noi non abbiamo saputo nulla degli Imperiali, questi neppure furono troppo ben informati dei nostri movimenti. Tanto che, come si è già notato, al Q. G. P. nemico si ritenne che gli Italiani avessero passato il Mincio il 22, e che essi avessero l'intenzione di avanzarsi per la pianura verso il medio Adige, per dare la mano all'Armata del Po.

Ciò risulta in modo non dubbio dal primo rapporto mandato dopo la battaglia dall'Arciduca Alberto.

Come giustamente osserva il FZM. v. Scudier nella sua magistrale opera, i primi rapporti dei Com. d'Eserciti dopo la battaglia sono spesso inesatti, ma sono importanti, perchè da essi, più facilmente che in sèguito, si rileva quali siano stati i concetti che li hanno guidati nel combattimento.

Dal rapporto si rilevano queste notizie: «... Il 22 Giugno « passò (l'Esercito italiano) il Mincio a Goito, Pozzòlo, « Valeggio, Monzambano, quantunque con esitazione. Nelle « ore a. m. del 23 gli sq. del colonnello Pulz sgombra- « rono Villafranca, dopo che erano stati ritirati gli altri « riparti a S. di tale località. Il nemico occupò Villa- « franca soltanto alle 2 p. m. con bers., e mandò forti « colonne di cavalleria con artiglieria in direzione di Dos- « sobuono, dove, verso le 4, furono scambiate alcune can- « nonate colla Brig. di cavalleria Pulz (1): questa accampò, « nella notte dal 23 al 24, in vicinanza del Forte Gi- « sela.

_____

(1) Queste cannonate sono immaginarie.

« Il colonnello di s. m. Rueber, da me inviato in ri-
« cognizione nel mattino del 23, riferì alle ore 2 p. m.,
« da Sommacampagna, che tanto quella località, quanto
« il terreno collinoso verso S., non erano ancora occu-
« pati dal nemico; estese nubi di polvere però, a S. di
« Villafranca, indicavano che il nemico attraversava la
« pianura in parecchie colonne dirette verso E. Io decisi
« pertanto di occupare il terreno collinoso fra Somma-
« campagna e Sandrà nel pomeriggio stesso del 23 ».

Segue l'indicazione delle disposizioni date e dei movimenti eseguiti.

« Il nemico, che nel corso della notte aveva occupato
« Villafranca, Custoza, M. Mamaor e M. Vento e che si era
« spinto colla sua ala sinistra fino a Castelnovo, deve
« essere stato informato del movimento in avanti da Ve-
« rona dell'Esercito imperiale, poichè già all'alba del 24
« le sue truppe avanzate occupavano fortemente la linea
« S. Rocco di Palazzolo-Fenile-Corte-Oliosi. Specialmente
« quest'ultima località era fortemente guernita.

« Dal successivo apparire di grosse colonne sul M. Vento,
« M. Mamaor, M, Godi, ecc., e così pure dall'entrata in
« azione di grosse masse di cavalleria e di fanteria presso
« Villafranca e a S. di Sommacampagna, è da arguire che
« il nemico *abbia richiamato tutte le sue colonne dirette*
« *verso E. nella convinzione di avere davanti a sè tutto*
« *l'Esercito imperiale di operazione* ».

Da tutte queste inesattezze ed errori, contenuti in un
rapporto modesto ed obbiettivo del Com. di un Esercito
vincitore, si può desumere una volta di più come sia difficile avere sicure notizie del nemico, riconoscerne le intenzioni e come sia difficile di scrivere la storia militare.

Comunque sia, è certo che se da parte nostra il servizio
di esplorazione fu nullo, anche da parte austriaca fu difet-
toso. È però da notare che è forse vero quello che osserva
il FZM. v. Scudier che, cioè, v'era ancora nell'Esercito

austriaco d'allora l'idea antiquata che non si dovessero moltiplicare i riparti esploranti, per non trovarsi poi, nel momento dell'azione tàttica, con un nucleo troppo diminuito di forze.

E forse i colonnelli Pulz e Bujanovics, appunto in questa idea, al primo avanzarsi di grandi forze nemiche, non hanno pensato ad altro che a far massa con tutti i riparti disponibili, per lanciarli poi al momento opportuno con maggior sicurezza.

L'applicazione di un tale concetto, antiquato o non, ebbe — è d'uopo riconoscerlo — uno splendido risultato.

E questo, forse, non sarebbe stato ottenuto se la cavalleria austriaca di riserva avesse badato troppo al suo còmpito di esplorazione.

Il FZM. v. Scudier osserva che se l'Arciduca fosse stato meglio informato, l'Esercito imperiale avrebbe potuto nel pomeriggio stesso del 23 spingersi più innanzi e prender piede più fermo sulle colline di sinistra del Tione, occupando anche quelle posizioni di Oliosi, Pernisa, M. Arabica, M. Torre, ecc., per scacciarci dalle quali, gli Imperiali dovettero, nella giornata del 24, versare fiumi di sangue.

Ma è anche vero — e lo stesso FZM. l'osserva — che gli Italiani avrebbero dovuto essere addirittura ciechi per non accorgersi del movimento. E la battaglia avrebbe avuto tutt'altro svolgimento, cioè uno svolgimento tanto diverso, che è impossibile di determinarlo.

SITUAZIONE DEI DUE ESERCITI
VERSO LE 7 A. M.

È interessante vedere quale fosse la situazione dei due Eserciti belligeranti verso le 7, prima, cioè, che avvenissero i combattimenti presso a Villafranca fra la cavalleria imperiale e le Divis. Principe Umberto e Bixio (1).

A — *ITALIANI.*

S. M. il Re con piccolo sèguito presso alla C. Coronini.

Il capo di stato maggiore, G. La Marmora, lascia Valeggio per recarsi verso Villafranca.

I CORPO.

1ª *Divis.* — Q.G. in Valeggio.

Avanguardia presso a M. Vento. La testa del grosso presso a Tirodella.

Il grosso carreggio presso a Valeggio.

2ª *Divis.* — Q.G. presso a Pozzolengo.

Brig. Siena presso a Pozzolengo. Brig. Aosta presso a Monzambano.

---

(1) Per stabilire con precisione la situazione, ho tenuto conto anche dell'opera del FZM. v. Scudier.

Il grosso carreggio presso a Castellaro.

5ª *Divis.* — L'avanguardia sviata in posizione ad Oliosi, fronte ad E.

La testa del grosso (Brig. Brescia) presso alla Pernisa.

La Brig. Valtellina sul ciglione di Santa Lucia del Tione.

Il grosso carreggio presso a Valeggio.

3ª *Divis.* — In marcia da Valeggio verso Sommacampagna, colla testa presso a Torre Gherla.

Il grosso carreggio è lasciato sulla destra del Mincio.

Riserva: presso a Valeggio.

III Corpo.

Q.G. cogli sq. di Alessandria in marcia e presso a Villafranca.

8ª *Divis.* — In marcia per Sommacampagna colla testa dell'avanguardia ai Dossi, la coda e il grosso carreggio verso Quaderni e Remelli.

7ª *Divis.* — Colla testa a Villafranca, la coda verso Massimbona: il grosso carreggio sùbito in coda.

16ª *Divis.* — La Brig. di testa (Parma) al di là, cioè a N. di Villafranca, la Brig. di coda (Brig. mista) colla testa presso a Mozzecane.

Il grosso carreggio verso Roverbella.

La testa della Brig. mista si trovava a 6 km. circa dalla Brig. Parma. Da quanto risulta, essa, a Mozzecane, fu obbligata a fermarsi a causa del movimento della Brig. Cusani della Divis. di cavalleria di linea.

9ª *Divis.* — In marcia sulla strada da Massimbona a Pozzo Moretta, coll'avanguardia presso a Remelli.

Brigata di cavalleria Pralormo. — Ferma colla testa presso alle Sei Vie (verso S. O.).

II Corpo.

Q.G. in marcia su Goito.

19ª *Divis.* — In marcia su Roverbella, colla testa della avanguardia presso a Sacca (poco meno di 4 km. da Goito).

10ª *Divis.* — In marcia su Goito, colla testa dell'avanguardia, a un dipresso, a Castellucchio (a 14 km., circa, da Goito).

DIVISIONE DI CAVALLERIA DI LINEA.

Q.G. e Brig. Soman presso a Quaderni, con una avanguardia in Rosegaferro.

Brig. Cusani in Mozzecane, con un'avanguardia in S. Zenone.

Si noti che tali avanguardie erano a poco più di un km. dai grossi delle Brig. E si trattava di cavalleria!

A quest'ora, del resto, esse erano state già oltrepassate, rispettivamente, dalla 16ª e dall'8ª Divis.

B. — *IMPERIALI.*

Il Q.G.P. a Monte Bello presso a Sona.

DIVISIONE DI FANTERIA DI RISERVA.

La Brig. Benko a S. di Castelnovo, la Brig. Weimar a N.

5º CORPO.

Q.G. in S. Rocco di Palazzòlo.

Brig. Bauer presso a S. Rocco di Palazzòlo e le case Forni.

Brig. Piret, presso a Brolino a N.O. di S. Rocco.

Brig. Möring, in marcia da Sona su S. Rocco, colla testa all'altezza di M. Bruson (a S.E. di S. Giorgio in Salici).

Artiglieria di Corpo: due batterie a Corte, una batteria colla Brig. Möring.

Cavalleria, coll'artiglieria di Corpo, presso a Corte.

9º CORPO.

Il Q.G. in Sommacampagna.

Brig. Weckbecker presso a Cà del Sole.

Brig. Kirchsberg in Sommacampagna.

Brig. Böck, in marcia su Sommacampagna coperta dalla ferrovia, colla testa presso a Betteleme (S.E. di Mancalacqua).

Artiglieria di Corpo in Sommacampagna.

Cavalleria di Corpo, presso a Cà del Sole, in marcia su Staffalo.

Brigata di cavalleria Puls,

presso a Ganfardine.

Brigata di cavalleria Bujanovics,

in marcia su Ganfardine, presso ad Accademia.

7° CORPO.

.Il Q.G. presso alla stazione di Sommacampagna.

Brig. Scudier, presso a Zerbare.

Brig. Töply e Welsersheinb, costituenti la riserva generale, coll'artiglieria di Corpo, presso alla stazione di Sommacampagna.

Cavalleria in esplorazione presso a Guastalla vecchia e M. Godi.

———

Mentre il G. La Marmora, col suo piccolo sèguito, lasciava Valeggio per recarsi verso Villafranca, il frequente tuonare del cannone da N. e da E., deve aver dissipato ogni dubbio nella sua mente. La giornata che egli credeva di sola marcia-manovra, era invece giornata di battaglia!

Ed ora un breve cenno dei fatti.

Pur troppo l'azione fu da parte nostra così slegata, che il racconto della battaglia è un racconto di combattimenti isolati.

ATTACCHI DELLA CAVALLERIA IMPERIALE
CONTRO LE DIVIS. PRINCIPE UMBERTO E BIXIO.

Giunta al di là di Villafranca, cioè a N. della città, la Brig. di testa (Parma) della Divis. Principe Umberto si trovava nella posizione che le era stata assegnata.

Lo sq. di cavalleria della Divis. Bixio, spinto innanzi a 4 km. circa da Villafranca, si era imbattuto in uno sq. usseri della Brig. Bujanovics, da cui era stato inseguito; veniva a darne notizia a S. A. R. Prevedendo di essere attaccato dalla cavalleria, S. A. R. spiegò la Brig. Parma a cavallo della grande strada veronese e dette gli ordini affinchè si potessero formare prontamente i quadrati.

Intanto la Divis. Bixio (7ª) trattenuta per istrada anche essa, giungeva (circa le 7) in Villafranca. Il generale, informato a sua volta della presenza di cavalleria nemica, fece iniziare lo spiegamento della sua Divis., cercò il collegamento colle Divis. laterali ed informato il G. di Pralormo della necessità di spingere molti sq. in avanti per coprire la marcia delle Divis., ne ebbe la risposta che ho già riportata (V. pag. 141).

Il colonnello Bujanovics, dopo alcune scaramucce coi nostri cavalleggeri d'Alessandria, avvertito che davanti a Villafranca eranvi molte forze nemiche, riuniva la Brig. presso ad Accademia, a sinistra della Brig. Pulz.

Poco dopo le 7, i cavalieri austriaci che avevano inseguiti i nostri e che non avevano ancora veduto le nostre colonne di fanteria, riferivano al colonnello Pulz che davanti a Villafranca vi erano due regg. di cavalleria italiani.

L'ardito colonnello decise di caricarli.

Fece disporre una batteria a 600 passi a S. di Ganfardine e lanciò il 1° regg. usseri a destra e il 13° ulani a sinistra della strada Sommacampagna-Villafranca.

Gli ulani guadagnarono nello schieramento e nell'anda-

tura e « caricando a fondo » vennero ad urtare da principio, presso alla Cà nuova, contro bers. e fanteria (4° batt.
bers. e 49° fanteria).

Il Principe ed il sèguito entrarono nel quadrato formato
sùbito dal 4° batt. del 49°, in prima schiera.

Gli ulani, lanciati a carica furiosa, suscitarono bensì un
certo disordine, ma accolti da fuochi di fucileria e di artiglieria, subirono perdite rilevantissime. Dopo aver fatto
sforzi sovrumani per rompere i quadrati e rovesciare le
nostre fanterie, furono costretti a ritirarsi, ripassando
sotto il fuoco delle fanterie. Vennero poi contrattaccati da
sq. d'Alessandria mandati in rinforzo dal Com. del Corpo
d'Armata.

Gli avanzi di quei valorosi: 200 cavalieri circa collo stendardo, furono raccolti dal colonnello Rodakowski dietro a
Ganfardine.

Le perdite più rilevanti furono subìte dal 6° sq., che era
rimasto in seconda schiera e che attaccò con temerario
valore i batt. della Brig. Parma nel fianco destro.

Intanto il G. Della Rocca mandava ordine al G Bixio
di sospendere il movimento su Ganfardine, e di schierarsi
a sinistra della Divis. Principe Umberto.

I due batt. bers. e il 48° fanteria della 7ª Divis., fecero
appena a tempo a schierarsi a cavallo della strada di Sommacampagna, allorchè fu segnalato un attacco di cavalleria.
Erano gli Usseri Imperatore (1° regg.). Essi lanciati come
gli ulani, ma rimasti alquanto indietro, si scontrarono cogli
sq. di Alessandria che avevano inseguito gli ulani. Disordinati alquanto in quel terreno piuttosto difficile, i nostri
sq. retrocedettero, ma smascherarono il fuoco dei nostri
bers. e della nostra fanteria.

Senza esitare, gli usseri passarono attraverso alla catena
e si lanciarono sui quadrati del 48°. Furono però anche
essi respinti con gravi perdite dal fuoco della fanteria e
dell'artiglieria.

Due sq. di Alessandria si lanciarono all'inseguimento,

ma furono contrattaccati dalla Brig. Bujanovics, che si era avanzata da Ganfardine per ordine del colonnello Pulz a sostegno degli usseri.

I nostri cavalleggeri cercarono di attirare gli sq. nemici sotto il fuoco dei quadrati e dei pezzi, ma Bujanovics, visto saggiamente che non era più possibile la sorpresa, primo fattore per la buona riuscita degli attacchi di cavalleria, volle risparmiare i suoi sq. e retrocedè.

I valorosi nostri cavalleggeri si lanciarono nuovamente innanzi, ma, davanti al fermo contegno degli sq. della retroguardia di Bujanovics, non sentendosi in forze per caricare, ripiegarono su Villafranca.

Poco dopo le 9, il colonnello Pulz riunì tutta la sua cavalleria presso la Casetta, 2 km. a S. di Sommacampagna.

È interessante leggere il rapporto da lui mandato al comando supremo, verso le 9 $^1/_2$.

« Da un'ora e mezzo in combattimento contro forte ca-
« valleria nemica e specialmente fanteria presso a Villa-
« franca. Mi trovo innanzi alla località, dopo tre fortunati
« attacchi e conservo fino ad ora il terreno. Non posso
« però avanzarmi contro almeno tre Brig. di fanteria, finchè
« io non sappia quello che accade degli altri Corpi. Perdite
« piuttosto rilevanti ».

Quale fosse lo spirito che animava il Com. della cavalleria austriaca, si può desumere dalla nota risposta che egli aveva dato al colonnello Rodakowski, che gli domandava istruzioni « auf den Feind losgehen, wo man ihn sieht », cioè: dovunque si incontri il nemico, caricarlo!

Ciò era bellissimo per un ussero, ma insufficiente per un comandante!

Gli attacchi della cavalleria Pulz furono molto più fortunati di ciò che egli stesso credeva; e lo si vedrà in sèguito, ma, a quell'ora egli non poteva saperlo, nè prevederlo. Ne fa fede il suo rapporto!

In sostanza, se gli attacchi misero un po' di disordine

nelle truppe, essi furono però respinti, con perdite senza
confronto superiori a quelle inflitte (1).

L'effetto materiale maggiore di quelle cariche fu il pànico
da esse destato in quel maledetto grosso tràino che, nemmeno quando fu segualato il nemico, si pensò a lasciare
indietro.

« L'apparizione di cavalieri austriaci dentro Villafranca,
« alle spalle delle truppe che combattevano più innanzi,
« il retrocedere precipitoso di alcuni cavalieri italiani e la
« voce insistente che le truppe del Principe, disfatte, si
« ritiravano, sparsero infatti verso le 7 $^1/_2$ un panico ter-
« rore nella colonna dei carriaggi della 16ª Divis. sulla
« strada ora detta (strada da Goito a Villafranca), che
« presto, come in tali casi suole avvenire, si propagò a
« quelle delle altre Divis. e del Q. G. del Corpo d'Armata
« sulla strada di Massimbona. Rovesciandosi indietro a
« precipizio, si dettero a fuggire disordinatamente verso il
« Mincio..... » (Rel. uff., vol. I, pag. 202).

E pensare che c'era appunto il Mincio, dietro al quale,
e a pochi km. dalla presupposta linea di battaglia (10-12
km. al massimo) noi potevamo lasciare, colla massima tran-
quillità e sicurezza, quei carrì che poi in due o tre ore,
a momento opportuno, avrebbero raggiunte le truppe del
III Corpo!

Dalla sommaria descrizione che ho dato del fatto d'armi
di Villafranca risulta chiaramente che, verso le 9, vista

---

(1) Si vedano poco oltre le perdite subite dalla cavalleria imperiale.

Le perdite degli Italiani fra morti e feriti furono le seguenti. Si
avverta però che sono comprese, per la 7ª Divis., anche quelle sof-
ferte la sera.

7ª Divis. (uff. e truppa): morti 4 — feriti 11 — mancanti 1.

16ª Divis. (uff. e truppa): morti 16 — feriti 62 — mancanti 2.

Cavalleggeri d'Alessandria (1°, 2° e 3° sq.): morti 6 — feriti 13.

la resistenza accanita, e svanito l'effetto della sorpresa, la valorosa cavalleria austriaca era, materialmente, in condizioni tutt'altro che liete.

Il regg. 13° ulani (Trani), infatti, non si trovò più in condizioni da combattere per tutta la giornata. Esso aveva perduto, in tutto:

10 ufficiali, 237 uomini di truppa, 301 cavallo.

Il 1° usseri aveva perduto 1 ufficiale, 32 uomini, 52 cavalli.

Cioè, quei due soli reggimenti:

11 ufficiali, 269 uomini di truppa, 353 cavalli. .

Parecchi dispersi raggiunsero i loro sq. nel corso del giorno, ma la situazione alle 9 era sfavorevolissima per essi tanto che, a quell'ora, forse nemmeno il 1° usseri era in stato da combattere.

Inoltre la Brig. Bujanovics aveva perduto ancora 2 ufficiali, 40 uomini, 50 cavalli. (Scudier, pag. 206-207).

Erano intatti, o quasi:

4 sq. del 13° usseri della Brig. Pulz, 7 sq. della Brig. Bujanovics. = *undici squadroni* soltanto rimanevano a lunque agli Imperiali pel momento.

E dal canto nostro, anche non facendo assegnamento sugli sq. d'Alessandria, che avevano molte volte caricato con valorosa pertinacia (1), avevamo intatti:

20 sq. della cavalleria di linea, eccellenti per la carica,

10 sq. della Brig. di Pralormo, cioè, in tutto, *trenta squa-*

---

(1) Complessivamente i cavalleggeri d'Alessandria ebbero nella battaglia 9 morti e 42 feriti (a quanto risulta), perdite certo non gravissime, ma superiori a quelle degli altri regg. che furono impegnati. Il colonnello Strada, che li comandava, uomo bizzarro, ma pieno di slancio e di valore e che prese parte attiva a quasi tutte le cariche, fu decorato della medaglia d'oro al valor militare.

Il regg. fece quel giorno il suo dovere egregiamente, tanto che il suo stendardo fu decorato della medaglia d'argento al valor militare.

droni, che avrebbero potuto e dovuto, sotto un solo comando, muovere senza esitare al contrattacco, disperdere la cavalleria imperiale già crudelmente provata, e puntare poi arditamente su Sommacampagna e Sona, cioè sulle retrovie nemiche.

Non credo nemmeno che occorresse un Federico o un Napoleone per ordinare quel movimento, e nemmeno un Seydlitz o un Murat per eseguirlo!

In nessuna battaglia fra le tante combattute in Italia, si è mai presentata, forse, una più bella occasione per un trionfo della cavalleria; non si presenterà forse mai più per la cavalleria italiana un più bel momento, per poter far suonare la carica dalle trombe e precipitarsi innanzi arditamente ad un'epica riscossa!

Ma i nostri begli sq. di Nizza, Piemonte Reale, Savoia e Genova erano per la più gran parte indietro e la cavalleria leggera di Pralormo aveva il passo impedito dai bagagli, dai parchi, ecc. che si presentavano al nemico prima della cavalleria leggera!

Cessati gli attacchi della cavalleria, il G. Bixio mandò il suo capo di s. m. dal G. Della Rocca, per domandare se poteva continuare il suo movimento su Ganfardine, movimento importantissimo che lo avrebbe messo in grado di appoggiare direttamente e immediatamente l'azione della Divis. Cugia. Il Com. del Corpo d'Armata rispose negativamente (1).

_____

(1) Si è molto parlato di quello che avrebbe potuto fare il G. Bixio, anche senza gli ordini del Com. del Corpo d'Armata, in quella funesta giornata.

Si è detto che, respinta la carica degli usseri, egli avrebbe potuto benissimo continuare il suo movimento su Ganfardine senza richiedere, come ha fatto, ordini superiori.

Io credo che egli avrebbe *potuto* farlo, poichè, avendo l'ordine di andare a Ganfardine, *poteva* benissimo continuare il movimento dopo aver respinto un attacco di pochi sq., che non *doveva* distogliere una intiera Divis. dal suo obbiettivo.

Tanto più sarebbe stato bene che egli si fosse portato innanzi, perchè la Divis. Cugia, che doveva spiegarsi verso Sommacampagna — secondo l'ordine del 23 — e che difatto si avanzava, si sarebbe subito trovata, come si trovò, priva d'appoggio a destra.

Certamente, il G. Bixio non ha mai messo in dubbio che egli dovesse avanzare, però sapendo che il Com. del Corpo d'Armata era là presso, ha creduto suo dovere di chiederne l'autorizzazione, per deferenza, *sicuro* di averla.

Non si può quindi fargli torto se non si è mosso, tanto più che se avesse pronunziato il movimento d'avanzata, il Com. del III Corpo, molto probabilmente, lo avrebbe fatto fermare.

ORDINI DATI DALL'ARCIDUCA
PER LA BATTAGLIA

La battaglia continuava intanto a sinistra ed incominciava al centro: offensivamente a sinistra per noi e difensivamente al centro.

Da parte austriaca, l'Arciduca, poco dopo le **7**, dava gli ordini per la battaglia che è assai utile, credo, riportare per intero.

« *Alla cavalleria di riserva* — non logorare la cavalleria in scaramucce senza scopo.

« Cercare di attirare il nemico più verso Sommacampagna e risparmiare le forze dei cavalli fino al momento decisivo.

« Informare della forza della cavalleria nemica e se v'è fanteria in Villafranca. Allorchè giungerà il momento di lanciare la cavalleria, ne sarà dato avviso.

« Sona, 7^h 10. »

(Allorchè quest'ordine giunse, la cavalleria imperiale, è noto, era già stata lanciata).

« *Al 9° Corpo* — tener Sommacampagna con una Brig.; colle altre due, per Berettara e Cà del Sole, distendersi fino al ciglio del vallone di Staffalo.

« Sona, 7^h 30. »

« *Alla Brig. Scudier* — avanzarsi nella direzione di « Zerbare, fino a M. Godi.

« Il 9° Corpo si distenderà fino al ciglio del vallone di Staffalo.

« Sona, 7ʰ 30. »

« *Al 7° Corpo* — le due Brig. di riserva si avanzino « su Casazze, dietro Sommacampagna ed ivi facciano sosta.

« La Brig. Scudier ha ricevuto ordine di avanzarsi su « Zerbare-M. Godi.

« Sona, 7ʰ 30. »

« *Al 5° Corpo* — Non appena la Divis. di riserva avrà « occupato Oliosi, cosa di cui occorrerà assicurarsi, il « 5° Corpo avanzerà da S. Rocco di Palazzòlo, passando « il Tione, su Santa Lucia — Il successivo energico mo- « vimento in avanti sarà fatto in direzione di M. Vento.

« La Divis. di riserva deve prender posizione da Oliosi « verso Ponte Bottura (Monzambano), osservare quel pas- « saggio e, se possibile, distruggerlo.

« Quest'ordine deve esser fatto proseguire fino alla « Divis. di riserva.

« Sona, 8ʰ. »

Gli ordini erano firmati dal capo di stato maggiore, G. John.

Conviene però avvertire che i due ultimi furono spediti in un solo esemplare e mediante un solo sott'ufficiale, che si smarrì. Perciò, tanto il 5° Corpo, quanto la Divis. di riserva li ricevettero assai tardi, cioè, rispettivamente, alle 10 ¹/₂ ed alle 11.

Dopo aver spediti gli ordini, il Q. G. P. si trasferì sull'altura ad O. della chiesa di S. Giorgio in Salici.

ORDINI DATI DAL G. LA MARMORA
PER LA BATTAGLIA

Da parte nostra, il G. La Marmora, nel procedere da Valeggio verso Villafranca, si era imbattuto nella Divis. Brignone.

Riconobbe subito, con buonissimo intuito tattico, come fosse indispensabile di occupare le alture di Custoza, per precedervi il nemico ed impedirgli di frapporsi fin dal principio della battaglia fra le nostre due ali.

Dette perciò ordine al G. Brignone di occupare colla sua Divis. le alture di M. Torre e di M. Croce.

Salito egli stesso sul M. Croce, gli si fece osservare che le alture a lui dirimpetto erano già occupate (dal 9° Corpo austriaco).

— Già, disse il generale, siamo alle posizioni del '48! —E mandò il suo unico aiutante di campo ad affrettare la mossa della 3ª Divis.

I gran. di Sardegna, i quali salendo avevano visto il combattimento verso Villafranca, si schierarono in parte, come era naturale, fronte a Villafranca.

Il G. Cugia, vedendo nel suo sboccare da Rosegaferro che sul M. Torre salivano delle truppe, aveva intanto mandato il capitano Stecchini, del suo s. m., per vedere a quale Corpo appartenessero.

Il G. La Marmora, a cui il capitano si presentò, lo

incaricò di portare l'ordine al G. Cugia di schierarsi, collegandosi a sinistra colla Divis. Brignone e a destra colla 7ª Divis. (Bixio).

Continuando a guardare e ad osservare, il G. La Marmora vide dietro a Villafranca (a S.) grandi e confuse striscie di polvere che potevano significare cariche o fughe di cavalleria, oppure fughe di carri. Da N. O., cioè da S. Rocco di Palazzòlo e da Oliosi, continuava a tuonare il cannone.

Erano circa le 8.

Sopraggiungeva il Re Vittorio Emanuele. Il G. La Marmora dopo aver conferito con S. M., scese nel piano per rendersi meglio conto della situazione — e intanto raccomandò al G. Brignone di tener le posizioni a qualunque costo.

Pare che il generale abbia cercato il G. Cugia. Non avendolo trovato, si recò a Villafranca (erano circa le 9) per prender contezza di quanto era avvenuto, temendo per un istante, come dice la nostra Rel. uff. (pag. 257), che quella località potesse essere occupata dal nemico.

Prima di entrare in Villafranca, mandò il suo aiutante di campo a riferire al Re, pare, che quanto prima gli avrebbe condotta la Divis. Govone, che era certo di trovare, tornando da Villafranca (1).

_____

(1) Ad onta di tutte le ricerche fatte, non mi è possibile di esporre tutta questa parte importantissima, che in forma dubitativa.

Noto però che quanto è narrato dalla Rel. uff. a pag. 210, e specialmente a pag. 239 e a pag. 257, sul colloquio avvenuto fra S. M. il Re e il G. La Marmora e sulle intenzioni di quest'ultimo di « far massa colle Divis. 8ª e 9ª insieme colla Divis. Brignone per assicurare il possesso delle alture » non mi sembra — con tutto il rispetto dovuto ad una simile pubblicazione — molto attendibile.

Ed infatti, se realmente il G. La Marmora avesse considerato assolutamente necessario ed urgente di occupare _fortemente_ le alture di Custoza, la prima cosa, credo, che egli avrebbe fatto, sarebbe stata di ordinare _subito_ che i gran. di Lombardia, cioè le

Quivi giunto, dopo essere stato informato di quanto era accaduto, pose sotto il comando immediato del G. Della Rocca la Divis. di cavalleria di linea. E raccomandò a quel generale di *tener fermo in quella posizione*, che, nel suo concetto, copriva la linea d'operazione dell'Esercito.

———————

truppe che erano lì pronte, e che, come si vedrà, erano rimaste nella valle, occupassero Custoza e le alture a N. di Custoza. Mi sembra evidente che, prima di andare a cercare e dirigere sulle alture le truppe *lontane*, egli dovesse disporre delle truppe *vicine*.

In secondo luogo, pochissimo tempo prima di scendere dalle alture, il G. La Marmora aveva fatto ordinare al G. Cugia di schierarsi fra la 3ª e la 7ª Divis., cioè fra le alture e la pianura. Il G. La Marmora, credo, non poteva aver l'intenzione di portare sulle alture tutta la Divis. Cugia perchè, altrimenti, sarebbe rimasto un sensibile vuoto nella linea di battaglia fra le alture e Villafranca dove — era visibilissimo — si combatteva. E tanto più io mi confermo nella mia opinione, quando penso che il G. La Marmora (v. pag 257) ha persino temuto — sia pure per un istante — che Villafranca fosse in mano del nemico.

In terzo luogo, se egli, *prima di entrare in Villafranca*, avesse avuto l'intenzione di avviare sulle alture le Divis. Cugia e Govone, non avrebbe ordinato al G. Della Rocca di tener fermo in Villafranca « che nel suo concetto copriva la linea d'operazione dello Esercito », ma avrebbe fatto spostare, a sinistra, almeno la 7ª Divis.

In quarto luogo osservo che se realmente il G. La Marmora cercava la Divis. Cugia, non si comprende che non l'abbia trovata dal momento che risulta (Rel. uff. pag. 240-241) che, all'ora in cui il capitano Stecchini scese dalle alture, la Divis. Cugia era già schierata nel piano e non è, o non sembra presumibile che il G. La Marmora, che scese dopo il capitano, non si sia in essa imbattuto.

Infine noto (è un particolare, ma il G. La Marmora era un eccellente ufficiale d'artiglieria) che se era realmente persuaso che le alture a S. O. di Sommacampagna fossero state *fortemente occupate* dal nemico, e che di là potesse pronunciarsi una grave minaccia, allorchè, come si vedrà, la batteria Pelloux (Luigi) gli passò davanti sul M. Torre, per disporsi, secondo gli ordini ricevuti, sul M. Croce, egli l'avrebbe trattenuta, perchè la posizione del M. Croce era troppo esposta ed infelicissima.

Tutto ben considerato, io ritengo più probabile che l'intenzione

Ritornerò su questo colloquio fra i due generali.

Poco dopo, ripresa la strada di Custoza, incontrò nuovamente S. M. e Lo pregò di recarsi a Valeggio, dove si sarebbe trasferito il Q. G. P.

Incontrò la 9ᵃ Divis., e non avendone trovato il Com., che andava alla sua volta appunto in cerca di lui, gli mandò ordine di portarsi sulle alture. Dette poi ordine egli stesso alla 8ᵃ Divis. di *sostenere* la Divis. Brignone.

CONSIDERAZIONI
SUGLI ORDINI DATI PER LA BATTAGLIA.

Conviene ora esaminare gli ordini dati da entrambi i capi, per vedere, se possibile, quale fosse il loro piano di battaglia.

Dalle disposizioni emanate dall'Arciduca, si è voluto desumere la perfetta unità di comando e si è voluto far rilevare come fosse già accennata la direzione dello sforzo principale: su Custoza.

La perfetta unità di comando è evidente, e risulta in modo ancora più evidente nel corso della battaglia.

In quanto alla direzione dello sforzo principale, la nostra Rel. (pag. 213) avverte che esso invece accenna piuttosto a Valeggio che a Custoza.

Anche il FZM. v. Scudier fa rilevare (op. cit. pag. 158) come dagli ordini sopra riferiti, emerga la decisione for-

---

del G. La Marmora, scendendo dalle alture, fosse di avviare a quella volta la sola Divis. Govone, la quale era diretta — come si sa — a Pozzo Moretta.

Sono tutte induzioni — è vero. — Però mi sembrano logiche. D'altra parte, se è difficile appurare esattamente i fatti di una battaglia, è difficilissimo appurare le *intenzioni* dei Comandanti. E dico le « intenzioni » perché, prima di tornare da Villafranca, il G. La Marmora non dette e non mandò nessun ordine alla 9ᵃ e all'8ᵃ Divis.

matasi nella mente dell'Arciduca, dopo che la situazione strategica fu chiarita: *di operare coll'ala destra sulle linee di comunicazione del nemico.*

Dal rapporto compilato dall'Arciduca dopo la battaglia, non si può rilevare quale fosse il concetto informatore della battaglia.

La direzione dello sforzo principale, però, accenna secondo il mio modo di vedere piuttosto alle alture di Custoza (1). Se qualche cosa può guidarci nella ricerca del concetto che servì di base all'Arciduca è, credo, la posizione della sua riserva (Brig. Töply e Welsersheimb).

Essa, dapprima postata a Sona, fu fatta muovere innanzi fino a Casazze, cioè vicino a Sommacampagna, dietro all'ala sinistra.

Da tale disposizione non sembra che si possa desumere il concetto a cui accenna il G. Scudier « agire coll'ala destra sulle comunicazioni del nemico ».

All'Arciduca doveva esser ben noto che sulla destra del Mincio vi erano altre truppe italiane (almeno la 2ª Divis.). Ed egli non poteva prevedere tutti gli avvenimenti straordinariamente favorevoli agli Austriaci, dai quali furono fatalmente colpite le nostre Divis. di sinistra.

Dippiù, la curva che fa il Mincio verso O., da Salionze a Valeggio, obbligava ad allargare molto la fronte dell'ala destra delle sue truppe nel procedere verso S., e ad allargarla di tanto, da far ritenere che il 5° Corpo e la Divis. di riserva avessero appena forze sufficienti per un'azione non decisiva.

Vi sono infatti 7 km. fra Monzambano e M. Godi, dove era diretta la Brig. di collegamento fra il 5° e il 9° Corpo, e sono 7 km. di terreno vario ed accidentato, a S. del quale gli Italiani, specialmente al M. Vento e sul ciglione di Santa Lucia, avrebbero trovato buone posizioni difensive.

- - - - - -

(1) Così è anche accennato nella Rel. uff. austriaca (Oestr. Kf. vol. II, pag. 71).

Il 5° Corpo e la Divis. di riserva contavano, è vero, 35.000 fucili e 64 cannoni, ma questi erano pochi o almeno dovevano sembrare pochi fin da principio, per potere, dopo combattimenti accaniti, facilmente prevedibili, venire ad agire efficacemente, sia pure su una fronte più ristretta, verso Valeggio e Pozzòlo. D'altra parte l'ordine inviato al 5° Corpo prescriveva che, dopo aver raggiunto S. Lucia, esso dovesse procedere energicamente su M. Vento. Si prevedeva forse che gli Italiani vi avrebbero preso posizione? Ad ogni modo, portarsi da S. Lucia a M. Vento significava eseguire come un movimento di fianco, che non mirava alle comunicazioni del nemico.

Ed in quanto alla Divis. di riserva, il suo còmpito era, lo abbiamo veduto, non di avanzarsi su Valeggio, ma su Monzambano.

D'altra parte si può osservare che, nell'ordine diretto alla cavalleria, l'Arciduca prescrive di attirare di più il nemico verso Sommacampagna.

Il FZM. v. Scudier spiega questa frase coll'idea, che il comando supremo avrebbe avuto, di indebolire così la sinistra nemica, e potere più facilmente soverchiarla. Ma tale spiegazione non soddisfa intieramente; la cavalleria imperiale non era altrettanto numerosa quanto valorosa per potere attirare molte forze nemiche verso Sommacampagna.

Ed aggiungo che non sarebbe poi stato *tanto favorevo'c* per l'Arciduca di attirare molte forze nemiche verso Sommacampagna.

Infine si può osservare che il concetto di agire sulle comunicazioni del nemico non ebbe esecuzione nemmeno, si può dire, a battaglia finita. E la sola Brig. dell'ala destra rimasta pressochè intatta, fino all'ultimo — la Brig. Möring del 5° Corpo — non fu già impiegata in direzione di Valeggio, ma di Custoza.

Dopo la battaglia, quando la situazione è conosciuta, non v'è nulla di più facile che il sapere quale sarebbe stato il miglior piano di battaglia, ma prima, colla incertezza, spesso coll'oscurità che avvolge le operazioni del nemico, preparare Austerlitz o improvvisare Leuthen oppure Friedland, è cosa che si vede raramente nella storia.

Ora l'Arciduca Alberto sapeva pochissimo che cosa si preparasse da noi. E l'ho già dimostrato in parte. Aggiungo ora che la domanda da lui fatta rivolgere al colonnello Pulz alle 7.10, cioè: se in Villafranca vi fosse fanteria nemica, indica appunto che egli non era ancora ben orientato.

E lo indica anche di più il suo rapporto, compilato dopo la battaglia.

Non è supponibile che un uomo di un carattere così elevato, che il figlio dell'Arciduca Carlo, abbia voluto « gonfiare » o anche esagerare. Ma è certo che nel suo rapporto vi sono molte inesattezze e molti grossolani errori, che dimostrano una conoscenza assai imperfetta della situazione e delle forze del nemico, non solo prima, ma anche dopo la battaglia.

L'Arciduca narra infatti, oltre a quello che ho già riferito, che gli Italiani hanno combattuto con 11 Divis., cioè con circa 100.000 uomini, e la maggior parte dell'artiglieria di riserva; che v'era una gran parte del Corpo di Cucchiari, ecc. Ora si sa benissimo che combattemmo con sole 8 Divis., che non avemmo quel giorno 70.000 combattenti, che l'artiglieria di riserva non intervenne affatto, ecc.

Tutti sanno che la ragione principale della vincita della battaglia, per parte degli Imperiali, sta nella perfetta unità di comando e nell'energia impressa alla direzione del combattimento.

Ma il concetto napoleonico: di assumere un'azione difensiva all'ala sinistra e di puntare energicamente coll'ala destra contro la nostra sinistra, per tagliarla dal Mincio, forse, è un concetto postumo. Cioè, non lo escludo, ma è ancora da dimostrare che tale fosse effettivamente l'idea dell'Arciduca (1). Per lo meno essa non risulta chiaramente dalle disposizioni da lui date.

Perchè non vi fosse dubbio, oltre all'ordine chiaramente espresso al 5° Corpo di puntare su Valeggio, si dovrebbe vedere una diversa ripartizione di forze sulla vasta fronte. Ed invece, lo abbiam veduto, le due Brig. di riserva (13.269 fucili e 40 pezzi) sono disposte dietro all'ala sinistra ed in posizione tale da avere, per spostarsi verso O. a rinforzo dell'ala destra, grande spazio da percorrere e forse anche grandi difficoltà di terreno, giacchè la sola buona linea d'arroccamento: Casazze-Zerbare-Guastalla-S. Rocco di Palazzòlo-Oliosi poteva essere facilmente battuta almeno dal cannone nemico.

Certamente, se la battaglia di Custoza fu una sorpresa per noi, fu una sorpresa anche per gli Imperiali: non la battaglia — chè, anzi, essi la cercavano — ma il modo con cui essa s'impegnò.

In una battaglia d'incontro è tanto difficile farsi un concetto della situazione, che, lo vediamo per la battaglia di Custoza, anche dopo la vittoria si sa confusamente quanto è accaduto.

A maggiore ragione è difficile sapere, prima della battaglia, quanto accadrà, a meno di aver l'occhio e la potenza del vincitore di Friedland.

Impiegando con buon criterio tàttico le truppe, sfruttando i caratteri del terreno che si presentano favorevoli, l'Arciduca cerca di ottenere appunto il successo tàttico, cioè cerca di respingere il nemico da tutte le posizioni davanti a cui si presenta, o sulle quali egli si è stabilito.

---

(1) Più tardi l'Arciduca ordina, è vero, alla Divis. Rupprecht di spingersi *anche* su Valeggio, ma la situazione e le condizioni di quelle truppe erano tali che l'ordine non poteva, assolutamente, essere eseguito e non fu eseguito.

Io credo che questo, e non altro, sia stato il concetto dell'Arciduca. L'esser riuscito ad attuarlo con buona economia delle forze, con perfetta conoscenza del terreno, soprattutto con grande fermezza d'animo, è tutto merito suo e merito grandissimo.

Che il suo successo tàttico siasi poi tradotto in una catastrofe per noi, come ho già detto e ripeterò, non è più merito suo, ma è nostra colpa.

In quanto al piano di battaglia del G. La Marmora, con tutto il rispetto dovuto al prode comandante, si può dire che esso non abbia esistito.

Sarebbe un'ingiustizia il non riconoscere che egli si trovava in condizioni assai difficili come Com. di Esercito.

Inoltre, sorpreso come fu dal fragore della battaglia, mentre credeva che in quel giorno non si trattasse che di assumere una dislocazione (che pure sarebbe stata infelicissima) egli, per improvvisare un piano di battaglia e per eseguirlo, avrebbe dovuto essere un gran generale e, disgraziatamente per lui, ed ancora di più per l'Italia, egli non lo era.

La disposizione di occupare fortemente le alture di Custoza era buonissima, e la sola cosa che potesse farsi subito. Ma occupare quelle alture e tener fermo in Villafranca, non costituivano le disposizioni per un piano di battaglia positivo. Erano disposizioni difensive, adattate più o meno al momento, ma null'altro.

Vedremo che più tardi, in preda ad uno scoramento eccessivo, il G. La Marmora si ritirò dal campo di battaglia, giusto quando la situazione degli Italiani era complessivamente migliorata, e di tanto migliorata da poter sperare la vittoria.

Ma in quanto al piano di battaglia esso non fu nemmeno adombrato, se non nella mente del generale, nelle disposizioni che egli dette.

E basterà, per dimostrarlo, il fatto che nessuna disposizione fu da lui data al comando del I Corpo.

Dippiù, egli non pensò subito a ciò che era più indispensabile, cioè a chiamare a sè il Q. G. e improvvisare intanto uno stato maggiore.

E fu costretto, o almeno si credè egli stesso in obbligo, invece di portarsi in sito favorevole, al di fuori ed al di sopra delle inevitabili vicende delle linee di fuoco, e di là comandare o ordinare, di galoppare egli stesso nell'immenso campo di battaglia per andare in cerca di generali e di comandanti. Non fu più veduto dove avrebbe dovuto essere, non trovò chi cercava, non fu più trovato da chi lo cercava, nemmeno dal Re; e verso le 2 p. m. finì col trovarsi a Goito, a circa 20 km. dal campo di battaglia.

Da parte degli Italiani non vi fu quindi nessun piano d'azione — ogni Com. abbandonato a sè stesso, agì come potè, senza potersi preoccupare di quanto avveniva altrove — quindi un'azione slegata in sommo grado, una successione di sforzi sterili di risultati, perchè non coordinati e non appoggiati, episodi di strenuo valore, anche azioni tàttiche in più larga scala ben pensate e ben riuscite, un grande logoramento di forze e di energie in alcuni riparti, intiere Divis. rimaste coll'arme al piede tutta la giornata, o quasi. Risultato finale: la sconfitta.

Cessati gli attacchi della cavalleria imperiale, il Principe Umberto, valendosi di due sq. di Piemonte Reale, che erano stati messi a sua disposizione, li mandò in ricognizione verso Verona (Rel. uff., pag. 201). Gli squadroni erano comandati dal tenente colonnello Laugier ed erano accompagnati dal capitano di s. m. Rugiu. Essi si spinsero fino sotto ai forti di Verona e constatarono che davanti alla nostra destra *non eravi che cavalleria*. Di ritorno, il capitano Rugiu, riferì il risultato della ricognizione al Principe

Umberto ed al G. Bixio, i quali, ritenendo di doversi avanzare, incaricarono il capitano di riferirne al Com. del Corpo d'Armata, e di chiederne gli ordini. Il G. Della Rocca rispose che, avendo ricevuto l'ordine dal G. La Marmora di « tener fermamente Villafranca », non si poteva nè si doveva avanzare (1). Erano — forse — le 10 $^1/_2$.

I. LA BATTAGLIA
NEL SETTORE OCCIDIDENTALE DEL CAMPO.

I Corpo italiano
contro il 5° Corpo e la Divis. di riserva Rupprecht.

Poichè nulla più di notevole, oltre a ciò che ho raccontato, accadde nella pianura verso Villafranca, e poichè — da parte nostra — nessun coordinamento vi fu fra l'azione

---

(1) Si può ripetere ora ciò che ho notato a piè di pag. 162. Colla ricognizione fatta dal tenente colonnello Laugier e dal capitano Rugiu, con quella fatta dal capitano Taverna verso Povegliano per ordine del Principe Umberto, con quella del capitano Cecconi fatta eseguire dal G. Bixio: le quali tutte non segnalarono che cavalleria, la situazione alla nostra ala destra era chiarita.

Sarebbe stato un gran bene se il G. Bixio, all'annunzio del capitano Rugiu, avesse senz'altro continuato il suo movimento su Ganfardine, per effetto del quale la destra del G. Cugia, che avrebbe dovuto serrare a sinistra, e la stessa Divis. Bixio, si sarebbero in breve tempo — certamente — impegnate in combattimento.

Il G. Bixio avrebbe così fatto press'a poco quanto fece la Divis. austriaca Reischach alla battaglia di Magenta (il capo di s. m. della Divis. era il capitano v. Beck, attualmente Feldzeugmeister e comandante effettivo dell'Esercito austro-ungarico).

Certamente il Principe Umberto — che era a destra — ne avrebbe seguito il movimento e si sarebbe, naturalmente più tardi, impegnato anch'esso in combattimento.

È possibile però che il G. Della Rocca, vedendo avanzare la Divis. Bixio, vi si sarebbe opposto recisamente.

all'ala sinistra e l'azione al centro, possiamo senza più interromperci riassumere le vicende delle tre Divis. del I Corpo, che costituivano appunto la nostra ala sinistra.

Schieramento della Divis. Sirtori.

Dopo che il G. Sirtori ebbe la certezza che la sua avanguardia si era sviata, egli, fermato il suo grosso sul ciglione di Muraglie (o di Santa Lucia) mandò a ricercarla prima di procedere oltre. Non pensò a costituire un'altra avanguardia e, imprudentemente, si avanzò egli stesso, scendendo verso Capellino. Fu accolto a fucilate dagli Austriaci. Erano le 6 $^1/_2$ o poco più.

Egli allora ordinò lo schieramento della Divis. e dette le seguenti disposizioni.

I 6 batt. della Brig. Brescia (gli altri due erano all'avanguardia) dovevano passare il Tione e venirsi a schierare ad ambo i lati della Pernisa, insieme colla batteria Parravicino (4 pezzi). La Brig. Valtellina, coll'altra batteria, si doveva schierare in seconda linea, sull'altura di Santa Lucia, coll'ala destra alla chiesa e l'ala sinistra verso via Cava.

Combattimento dell'avanguardia della 5ª Divis. presso ad Oliosi e Mongabia.

Si compiva lo schieramento, quando incominciava a tuonare il cannone da S. Rocco di Palazzòlo contro l'avanguardia comandata dal G. di Villahermosa.

Il G. Rodich aveva schierata la Brig. Bauer, fronte ad O. ed a S., in questo modo: presso a Palazzina (O. di S. Rocco) il regg. Benedek fronte ad O. Presso a Forni (S. di S. Rocco) due batt. del regg. Nagy e la batteria, fronte a S.

In seconda linea, presso a S. Rocco, l'altro batt. del regg. Nagy e il batt. cacciatori.

La Brig. Piret si schierò fronte ad O. su due linee, a destra della Brig. Bauer, colla batteria presso a Brolino.

Presso a Corte si disposero due delle batterie dell'artiglieria di Corpo, sotto la protezione di 6 plotoni d'ulani.

La Brig. Möring, finalmente, vedendo giungere la Brig. Scudier che doveva darle il cambio — come abbiamo veduto — si incamminò anch'essa su S. Rocco.

Poco prima delle 7 $\frac{1}{2}$, la testa di colonna della Brig. Benko (Divis. di fanteria di riserva) giungeva sul M. Cricol.

La batteria della Brig. vi prendeva subito posizione e incominciava a battere di fianco le truppe di Villahermosa disposte sull'altura di Oliosi, a poco più di 1000 metri.

Il G. di Villahermosa allora, senza esitare, comandò al 5° batt. bers. (maggiore Reggio) di assaltare il M. Cricol.

Quella valorosa truppa, ben condotta, riuscì, giovandosi anche della copertura offerta da Mongabia, di prender d'assalto la posizione nemica. Non poteva essere però che un successo effimero. Venuto avanti il grosso, i nostri prodi bers. dovettero retrocedere, però sempre combattendo. Erano, forse, le 7 $\frac{3}{4}$.

Compariva intanto la colonna di destra della Brig. Benko, che minacciava da tergo le truppe di Villahermosa, il quale perciò inviò alla Campagna rossa un batt. del 20° fanteria (maggiore Cecconi).

Respinti i bers., il grosso della Brig. Benko occupava fortemente il M. Cricol, ma era cannoneggiato vivamente... dalla batteria della Brig. Weimar. Il G. Rupprecht, nella persuasione che le truppe che avevano occupato il M. Cricol fossero truppe italiane, aveva schierata la Brig. di coda (Weimar) presso a M. Brusa ed aveva fatto aprire il fuoco contro i propri.

Lo Scudier (nota a piè della pagina 161) assicura che il tiro non produsse danni. Vista però la distanza $= 1500^m$ e

consideranddʼ che furono spardti 108 colpi, si può mettere
l'asserzione in dubbio.

Il G. di Villahdrmosa non aveva mancato di mandare
avviso al G. Cerale di quanto avveniva, ed aveva chiesto
rinforzi.

La Brigata Pisa entra in azione.

Come si svolga ora l'azione è difficile comprenderlo (1).
D'altra parte io non mi sono proposto di entrare nei particolari tattici della battaglia; quindi mi limito a riassumere i fatti.

----

(1) I rapporti dei nostri Com. in quella parte del campo di battaglia devono essere stati — e lo si comprende perfettamente —
incompleti e forse anche contraddittori, tanto che anche il racconto
dei fatti che si legge nella Rel. uff., confrontato specialmente colle
relazioni austriache comparse dopo, non appare esatto. — Ed
infatti nella Rel. (pag. 214) si legge che, allorquando la colonna
del G. Cerale, cioè il grosso della 1ª Divis., raggiunse le truppe
del G. di Villarey presso a M. Vento, questo generale, col 30° regg.
si avviò per le Case Pasquali verso le Maragnotte e il resto della
1ª Divis. continuò la marcia per la strada di Castelnovo.

Ora, il G. di Villarey comandava l'avanguardia della Divis.,
avanguardia costituita da una compagnia di bers., dal 29° regg.,
(Dezza) meno due compagnie, uno sq. guide, una sezione d'artiglieria.

E due cose non si comprendono. Prima di tutto, colla fretta che
aveva il G. Cerale di giungere a Castelnovo e coll'idea che non
vi fosse nemico fra Mincio e Adige, perchè il G. di Villarey sia
stato inviato alle Maragnotte, che sono a 750ᵐ ad O. della strada
Valeggio-Castelnovo, tenuto anche conto chè vi si andava, come
ci si va ora, per una cattiva strada (che non passa nemmeno per
C. Pasquali).

In secondo luogo, perchè vi sia andato il G. Villarey col 30°,
mentre il 29° era in testa e da lui direttamente comandato insieme
coi riparti che costituivano l'avanguardia.

La Rel. poi ci dà notizia di un'altra avanguardia, che sarebbe

Sopraggiungeva la Brig. di testa (Pisa) della Divis. Cerale.

Ad onta delle riluttanze di questo generale, il quale si mostrava e si mostrò, anche dopo, fisso nell'idea che fra Mincio ed Adige *non vi potessero* essere truppe austriache in forze considerevoli, il G. di Villarey ed il colonnello Dezza riuscirono a spiegare la Brig. Il 29° regg. si spiegò a destra.

Il G. di Villarey aveva fatto assumere al 30° una formazione di marcia più serrata, per diminuire la profondità della colonna e rendere più facile lo spiegamento. Spiegato che fu il 29°, il generale fece eseguire al 30° testa di colonna a sinistra e poi diresse il regg. in modo da farlo spiegare a sinistra del 29°. E si portò egli stesso verso sinistra. Visto dal M. Torcolo che il 30° tendeva troppo a sinistra, mandò il suo ufficiale di s. m., capi-

---

stata appunto quella che era sotto gli ordini del G. Villarey, seguita a distanza di un km. dal grosso, in testa al quale avrebbe dovuto marciare il 30°.

Poco dopo è riferito che la punta dell'avanguardia della 1ª Divis. era giunta alla Valpezone, quando il nemico apparve sulle alture a N. di Mongabia, e che il colonnello Dezza ne fece avvisato il G. di Villarey, « che in quel momento si trovava col 30° regg. « verso le Maragnotte. Questi si disponeva a schierar subito le sue « truppe, ma dal Com. della Divis. ebbe ripetuto comando di se- « guitare ad avanzarsi per la strada » (quale?).

Questo si comprende ancor meno, perché non è supponibile che il colonnello Dezza non abbia mandato avviso della presenza del nemico anche al Com. della Divis. Ma come poteva questo, che marciando in testa al grosso era forse a 2 km. dalla punta dell'avanguardia, comandare ripetutamente al G. di Villarey che era certo molto distante da lui, e che si sarebbe trovato *sopra un'altra strada*, di non schierare le truppe?

Io riporterò la versione che mi sembra più verosimile.

tano Sismondo (1), per dare una direzione più verso destra
al regg.

Intanto il 18° bers., che marciava in coda alla Brig., si
avanzò anch'esso e si spiegò a sinistra del 29° ed a sinistra di esso si venne ancora a spiegare il 4° batt. del 20°
(maggiore Cecconi che, come si è veduto, si era portato
alla Campagna rossa). Questi due batt. vennero quindi a
trovarsi fra il 29° e il 30°.

Compiuto lo spiegamento ed assicurato il concorso di
tutte le sue truppe, il G. di Villarey, non preoccupandosi
pel momento di una colonna nemica apparsa alla sua sinistra sull'altura di Feliona (colonna Ballàcs, v. pag. 186),
spinse vigorosamente innanzi il 30° regg. verso le alture
di Case Renati.

E portandosi poi al galoppo a destra di tutta la linea,
la lanciò all'attacco con molto slancio e con molta energia.

Questo fu sostenuto — piuttosto male che bene — dal-
l'artiglieria, frazionata non solo, ma mal postata, perchè
troppo vicina alle truppe nemiche e troppo in basso.

La Brig. Pisa però, energicamente condotta, assaltò risolutamente gli Imperiali.

Il combattimento fu violento e sanguinoso.

*Il G. di Villarey muore sul campo, ma gli Italiani
s'impadroniscono di Renati, M. Cricol e Mongabia.*

Il G. di Villarey è colpito a morte mentre andava al-
l'assalto alla testa delle sue truppe ed al grido di « Viva
il Re! ». Molti altri soldati cadono, ma, dopo vigorosi
sforzi, gli Italiani riescono ad impadronirsi di Fenile, Mongabia, M. Cricol e C. Renati, ricacciando a furia gli

---

(1) L'attuale generale, che mi ha gentilmente fornito questi ed
altri particolari.

Austriaci, che perdono anche 2 cannoni e 3 carri da munizioni.

Anche un brillante episodio di cavalleria si era svolto.

Il colonnello Dezza, vedendo uscire da Mongabia un grosso stuolo di fanteria austriaca, prima che la Brig. Pisa fosse in buon ordine di combattimento, aveva mandato a chiedere soccorsi al G. Cerale, che seguitava a marciare sulla strada colla Brig. Forlì in colonna. Il generale mandò il batt. di testa, 1° del 43° (maggiore Stoppini).

Ma il bisogno cresceva, ed allora il colonnello ordinò al maggiore Mazzucchi, lì presente con due plotoni Guide, di caricare.

Ed il maggiore, col capitano Crotti e con 44 cavalieri, eseguì la carica con mirabile arditezza, seguendo la strada incassata e cacciandosi come un cuneo vivente nella colonna di fanteria nemica. Le perdite e l'ostacolo materiale lo costrinsero a retrocedere dopo qualche tempo; però l'effetto della carica fu raggiunto, perchè la colonna nemica fu trattenuta.

Il G. di Villahermosa muove per raggiungere la sua Divis., abbandonando l'altura di Oliosi.

Ma il G. Rupprecht disponeva che la Brig. Weimar avanzasse alla riscossa.

E, dal canto nostro, il G. di Villahermosa, dopo che il batt. Cecconi e il batt. bers. si furono impegnati in combattimento insieme colla Brig. Pisa, si era ritirato col 3° batt. del 20° e la sezione d'artiglieria su C. Valpezone per raggiungere la sua Divis. (1).

Rimase così sgombra dai nostri l'altura di Oliosi.

La situazione nella quale vennero a trovarsi dopo il suc-

---

(1) Una compagnia di quel batt. del 20° (3ª) comandata dal tenente Reina prese parte al combattimento presso C. Renati.

cesso la Brig. Pisa e i riparti minori, che con essa combattevano, era assai pericolosa.

Di fronte si preparava la riscossa per parte della Brig. Weimar e delle altre truppe della Brig. Benko. Di fianco, a destra, si trovavano le truppe del 5° Corpo austriaco. Di fianco, a sinistra, si trovava una colonna sortita da Peschiera, della quale parlerò più avanti. A tergo, non si trovavano truppe disposte pel rincalzo, ma una lunga colonna (Brig. Forlì), in testa alla quale marciava il G. Cerale, *non ancora persuaso* che si era impegnata una battaglia. Nessun aiuto possibile, nessun collegamento colla 5ª Divis. che era in posizione a destra della 1ª Divis., ma molto arretrata. Di più l'importante altura di Oliosi era stata, come abbiam veduto, sgombrata dalle truppe del G. di Villahermosa, in modo che mancava ogni protezione sul fianco destro.

Il G. di Villahermosa non dette avviso, o almeno non risulta che abbia dato avviso al G. Cerale, che quell'altura era sgombra.

Non risulta che il G. Cerale se ne sia accorto e, forse, anche nel caso affermativo, non vi avrebbe dato importanza.

Egli continuava a marciare sulla strada e in colonna.

Attacco dello sq. Bechtolsheim contro la Brig. Forlì.

Prima ancora che giungessero le truppe di fanteria per contrattaccare gl'Italiani vittoriosi, si svolgeva un altro episodio, gloriosissimo per gli Imperiali, e che fu uno dei più interessanti della giornata.

Il colonnello v. Berres, che comandava la cavalleria del 5° Corpo presso a Corte, visto l'avanzare degli Italiani verso la sinistra della Divis. di riserva in direzione di Fenile, ordina di sua iniziativa al capitano Bechtolsheim, che comandava il 6° sq. ulani (del quale però solo 3 plotoni erano là disponibili), di trattenere il nemico.

L'ardito capitano passa il Tione 200 m. a valle di Palazzo Alzarea, sale sull'altura dalla quale scorge sulla strada di Castelnovo la disordinata ritirata dei suoi. Egli non esita, raggiunge la strada, svolta a sinistra e si slancia a carriera spiegata sulla Brig. Forli, alla cui testa marciavano i generali Cerale e Dho col loro seguito ed una sezione d'artiglieria.

All'improvviso apparire degli ulani, la sezione d'artiglieria fa dietro-front, la testa della colonna retrocede. Il disordine si accende e si propaga nelle file.

Gli ulani si cacciano in mezzo ai nostri con incredibile audacia. Moltissimi cadono sotto i colpi di fucile; però essi non si fermano che al crocevia della strada Oliosi-Salionze. Pochi tornano indietro, ma l'effetto della carica è raggiunto, al di là di ogni aspettativa; i 6 batt. infatti che la Brig. Forli aveva in quel giorno sulla strada di Castelnovo retrocedono scompigliati — doloroso a dirsi — in modo tale, che al G. Dho riuscì impossibile di spiegarli pel combattimento.

Di un centinaio circa di ulani ne caddero 86. Lo stesso capitano Bechtolsheim, cui fu ucciso il cavallo, balzò sul cavallo del maggiore italiano Stoppini, morto nella pugna, e si mise in salvo (1).

---

(1) Il barone Bechtolsheim, ora generale di cavalleria, è ancora in servizio (1902).

Lo straordinario successo di questa carica di cavalleria non fu avvertito dagli Austriaci, tanto che il capitano v. Bechtolsheim fu sottoposto a consiglio di guerra per aver portato il suo sq. alla rovina, avendo egli ricevuto soltanto l'ordine di fermare gli Italiani che si avanzavano verso Fenile.

Fu soltanto dopo che giunsero al Q. G. i resoconti italiani della battaglia, che si seppe come all'ardita carica di Bechtolsheim fosse dovuto in gran parte lo scompiglio di tutta una Brigata.

Ed allora il capitano non solo fu mantenuto nel grado, ma egli chiese ed ebbe l'ordine di Maria Teresa, la più ambita ed elevata fra le decorazioni militari austriache.

Sortita da Peschiera di una piccola colonna.

Intanto il Com. di Peschiera, informato in parte di quanto preparavasi il 24, aveva inviato in ricognizione il suo unico plotone di cavalleria, guidato da un capitano di s. m.

Imbattutosi in truppe della Divis. di riserva, il capitano fu informato che in quel giorno aveva luogo un'azione generale. Riferito ciò al consiglio di difesa, fu decisa la sortita di una colonna, la quale doveva essere destinata a proteggere l'ala destra di quella Divis.

Prima delle 8, tale colonna, della forza di 441 fucili, 36 sciabole e 4 cannoni da campagna, uscì da Peschiera, comandata dal colonnello Ballàcs.

Essa si collegò colla Divis. Rupprecht presso Feliona, dove fu scorta dal maggiore Cecconi e poi si avanzò lentamente fin presso Salionze, dove giunse alle 11 a. m.

Gli Imperiali riprendono il M. Cricol.

Il G. Rupprecht, che era riuscito a riordinare il regg. confinari n. 12 della Brig. Benko, e che poteva oramai disporre del grosso della Brig. Weimar giunta in linea, si disponeva a riprendere il M. Cricol.

La posizione era occupata dagli Italiani nel modo seguente: a sinistra presso Renati da tre batt. del 30°, al centro da un batt. del 20°, dal 18° batt. bers. e da due batt. e mezzo del 29°; alla destra presso Mongabia e Fenìle dal 5° batt. bers., un batt. del 29° e uno del 43° (tre compagnie del 2° batt.).

In totale circa 11 batt. sopra una sola schiera, diminuiti però alquanto di forza.

Il colonnello Dezza aveva assunto il comando della

Brig. Pisa, ma a quelle truppe frammischiate (1), disposte sopra una fronte di poco più di un km., e che avrebbero potuto sviluppare un'azione simultanea, mancava un Com. superiore.

Il G. Cerale, infatti, era ancora sulla strada col suo sèguito, col G. Dho e coi batt. della Brig. Forlì, tuttora scossi e disordinati dall'audace attacco della cavalleria.

La Divis. di riserva, valendosi della superiorità numerica (7000 Austriaci circa, contro 4500 Italiani circa), eseguì un doppio attacco di ala, che venne da prima respinto; riuscì, allorchè vi si aggiunse un movimento aggirante sulla nostra destra e per la sinistra del Tione, eseguito dal colonnello Binerth, alla testa di un batt. del suo regg. (Degenfeld), che venne così ad agire *sul fianco destro* della sfortunata Brig. Forlì.

La destra italiana incominciò a ripiegare.

Nuovo attacco di cavalleria austriaca contro la Brig. Forlì.

In quel momento comparve ancora cavalleria austriaca. Era un solo plotone (della Brig. Möring), ma energicamente condotto dal capitano Binder, il quale aveva seguìto il movimento del colonnello Binerth. Esso bastò per accrescere il disordine. Il G. Dho fu ferito da tre colpi di lancia.

----

(1) Da una relazione del capitano Sismondo, già da me citato, si desume che l'assalto della linea d'alture M. Cricol-C. Renati, avvenne, come quasi tutti gli assalti del resto, « a frotte ».

Il capitano aggiunge:

« Non potrei, in coscienza, asserire quale formazione avessero « quei battaglioni... nè entrare in dettagli tàttici; le truppe erano « animatissime, gli ufficiali lo erano ancor più: si vide il nemico « di faccia, si caricò... e ci trovammo padroni del ciglione ».

Si comprende perciò come, dopo l'assalto, le truppe si trovassero frammischiate.

Il G. Cerale che, col suo seguito, cercava di rianimare
e riordinare i suoi, fu anch'esso gravemente ferito.

A sinistra, presso Renati, gli Italiani avevano respinto
gli Austriaci (colonne di destra, 11 compagnie delle Brig.
Benko e Weimar) ma, all'apparire della colonna Ballacs
al di quà di Feliona, anche quell'ala si ritirò combattendo
verso Campagna rossa (forse alle 10).

Ritirata della Brig. Pisa.

Il centro degli Italiani rimase così scoperto ed il colonnello Dezza, che vi comandava, vistosi attaccare sulla
fronte e minacciare alle ali ed a tergo, ordinò anch'esso
la ritirata.

Gli Imperiali ripresero i cannoni che avevano perduto.

Essi però non inseguirono in massa: anzi, il G. Rupprecht, che pure aveva l'ordine, come si è veduto, di portarsi ancora più innanzi su Oliosi-M. Torcolo, si fermò sulle
posizioni conquistate.

Devono aver certamente contribuito a questa sosta le
perdite crudeli subìte, specialmente dalla Brig. Benko.

Due batt. soltanto della destra inseguirono, ma non
vigorosamente e furono poi contrattaccati energicamente
da uno sq. lancieri Aosta (Capitano Faneschi) che, come
si vedrà, era stato spinto innanzi in ricognizione dalla
riserva del Corpo d'Armata.

Nella ritirata, come avviene frequentemente in tali circostanze ed in terreni rotti ed impacciati, il combattimento si spezzò e ne avvennero tanti combattimenti parziali in cui parecchi ufficiali italiani, colle truppe che
erano ai loro ordini e con quelle che poterono raccogliere,
spiegarono il più grande valore, facendo pagare la vittoria
agli Imperiali *a carissimo prezzo* e contribuendo, certamente, a render difficile e lenta l'avanzata ulteriore del
nemico. In mancanza di azione simultanea e ben diretta,
la pertinacia ed il valore spiegati da molti dei nostri

impedirono il compimento del disegno del comando supremo austriaco (se pure fu concepito), di cadere su Valeggio e sulle altre nostre linee di comunicazione.

Attacco e presa dell'altura di Oliosi per parte della Brig. Piret.

Intanto il G. Rodich, visto l'infelice esito del primo combattimento della Brig. Benko, e preoccupato a sua volta dalla necessità di non lasciar stabilire gli Italiani sul suo fianco destro, aveva ordinato al G. Piret di occupare Oliosi colla sua Brig.

Questa si mosse poco dopo le 8, spiegata a cavallo della strada Brolino-Oliosi.

In testa il batt. cacciatori; venivano poi, spiegati per ala, i due regg. in due schiere. La batteria rimase a Brolino.

Il 28° regg. (Brig. Bauer) fiancheggiò da prima a sinistra la Brig. Piret, ma per le minacce che venivano da Jese dalle truppe della Divis. Sirtori, fu richiamato. Giunto sull'altura di Forcelli, il G. Piret spinse avanti l'ala destra per meglio collegarsi colla Divis. di riserva.

Il batt. cacciatori per primo, passato il Tione, si presenta improvvisamente sull'altura di Oliosi.

Questa, dopochè ne furono partite le truppe di Villahermosa, era rimasta sgombra. Accortosene, il capitano Gamberini, Com. interinale del 2° batt. del 43° (Brig. Forlì), al quale si unirono altre tre compagnie del regg., decise di occuparla, ma, non appena giunti sul ciglio verso il Tione, gli Italiani furono accolti di sorpresa da un fuoco così micidiale degli Imperiali, che si ritirarono.

Miglior fortuna ebbe il 4° batt. del 44° Fanteria, comandato dal maggiore Aronni. Questo prode ufficiale occupò la chiesa, la canonica ed altri caseggiati in Oliosi e riuscì a mantenersi contro gli Imperiali.

Si accese un combattimento accanito, e solo dopo lunga

e micidiale lotta riuscì agli Austriaci, tanto superiori in forze, di scacciare gli Italiani da quei luoghi ed obbligarli alla ritirata.

Rimase ancora e per lungo tempo il capitano Baroncelli in una fattoria, il cui assalto venne dal G. Piret affidato alla primitiva colonna di sinistra della Brig. Benko, che era finalmente giunta.

Il capitano Baroncelli si difese (1) per due ore circa, e fu costretto a cedere quando gli Austriaci appiccarono il fuoco alla masseria.

La Brig. Piret venne a trovarsi anch'essa, dopo la presa di Oliosi, sul fianco destro della 1ª Divis., e contribuì ad affrettarne la ritirata.

Il G. Piret colla sua Brig. proseguì per Valpezone.

Ritirata della 1ª Divis. e dell'avanguardia della 5ª Divis.

La ritirata delle truppe della 1ª Divis. e dell'avanguardia della 5ª Divis. continuò bensì disordinata, ma, favoriti dalle località e dai frequenti caseggiati, molti drappelli guidati dai nostri generali ed ufficiali tutti, che dettero esempio di valore e pertinacia, fecero, come vedremo, vivissima ed ostinata resistènza, tanto che gli Imperiali ebbero a sopportare crudeli perdite, anche perchè dovettero quasi sempre combattere allo scoperto.

Poco per volta la ritirata del grosso proseguì, naturalmente sempre più disordinata, su Valeggio, su Monzambano e per le strade intermedie.

Dei 12 cannoni della Divis., 3 col maggiore Locascio si unirono coll'artiglieria della riserva rimanendo in azione, 5 rimasero in potere degli Imperiali, gli altri furono trasportati a Valeggio.

_____

(1) Il capitano Baroncelli e i suoi combatterono « mit heroischer Ausdauer » (con eroica pertinacia). Dallo *Studio tattico sulla battaglia di Custoza*, del colonnello MATHES V. BILABRUOK, pag. 46.

Movimento in avanti e fermata del G. Piret.

La rotta della 1ª Divis. fu quasi completa poco prima delle 10.

Il G. Piret aveva avuto ordine di collegarsi a sinistra, per non scostarsi troppo dal grosso del suo Corpo d'Armata, ma desideroso di inseguire il nemico e di non lasciargli tempo di afforzarsi al M. Vento, si spostò invece a destra, a cavallo della strada Castelnovo-Valeggio, fermandosi presso alla Valpezone. Egli però ne fece avvertito il suo Com. di Corpo d'Armata, richiedendone gli ordini (1).

Come si è veduto, l'ordine del comando supremo (da Sona alle 8 a. m.) non era ancora giunto al Q. G. del 5° Corpo, ed il G. Rodich, perciò, non sapeva come fosse appunto nelle intenzioni dell'Arciduca che egli avanzasse sul M. Vento.

Il G. Piret non ebbe dunque nessun ordine positivo.

La riserva del I Corpo entra in azione.

Erano forse le 8 $\frac{1}{4}$, quando il G. Durando si decise finalmente a muovere da Valeggio.

La nostra Rel. dice che fino a quell'ora il Com. del I Corpo non aveva ricevuto ancora nessun avviso d'incontro col nemico.

Nè lo s. m. della 1ª Divis., nè quello della 5ª avevano pensato a tale dovere elementare!

_____

(1) Risulta che il G. Rodich, dopo il combattimento di Oliosi, avesse già spedito al G. Piret l'ordine di ritornare a S. Rocco, per servirsene colle altre Brig. del suo Corpo contro la posizione di Santa Lucia. Mandò contr'ordine allorchè vide impegnato il combattimento verso M. Vento.

La Rel. stessa però aggiunge che si sentiva tuonare il cannone solo dalla parte di Villafranca.

Come ho già detto, questo semplice fatto avrebbe dovuto spingere il Com. del I Corpo a muoversi, anche facendo astrazione dalla raccomandazione fattagli dal capo di stato maggiore dell'Esercito, *di trovarsi colle sue Divis.*; le quali alle 8 $^1/_2$, se non avevano ancora alla loro volta incontrato il nemico, come naturalmente egli deve aver supposto, dovevano già essere giunte frà Castelnovo, Santa Giustina e Sona, cioè a 12 o 14 km. di distanza dal loro Com. di Corpo d'Armata, in un giorno di battaglia!

Presso alla casa S. Zeno, il Com. del Corpo d'Armata ebbe da un cavalleggero ferito la prima notizia del combattimento di Oliosi (?) (Rel. uff., pag. 227).

Non vedendo nulla dall'altura di Fornelli (e non poteva vedere nulla, perchè c'è il M. Vento avanti, a 1 km. di distanza) il G. Durando proseguì. Finalmente, verso il M. Vento, sentì il fragore del combattimento.

Salito sull'altura a O. della stretta presso alle case Pasquali (e sarebbe stato meglio che fosse salito sull'altura a E, cioè sullo stesso M. Vento) vide e seppe che si combatteva a M. Cricol, a Mongabia e ad Oliosi. Era, evidentemente, una grande battaglia!

Finalmente sopraggiungevano due ufficiali dello s. m della 1ª Divis. per chiedere soccorso, uno al G. Durando e l'altro al G. Sirtori (?).

Il G. Durando mandò allora due sq. di Aosta che aveva sottomano ed uno di essi (Faneschi) fu quello che caricò con brillante successo per ordine del G. Dho. Erano circa le 9 $^1/_2$.

Fu decisa l'occupazione di M. Vento e si lanciarono avanti altri sq. d'Aosta per trattenere il nemico.

È certo che essi, valorosamente combattendo, abbiano ottenuto lo scopo (1), abbiano cioè contribuito a fermare

_____ __ _____

(1) Dalla Oestr. Kf. risulterebbe che lo sq. Faneschi ha attaccato due volte presso Valpezone con molta energia (mit grosser Bravour):

la Brig. Piret e a dar tempo alla riserva di occupare quella importante posizione.

I colonnelli Galletti (Com. dei bers.), Lombardini (capo di s. m.) e Bonelli (Com. dell'artiglieria), dirigevano e prov-vedevano, e la posizione non poteva essere occupata in modo migliore.

Disgraziatamente la riserva era assai piccola: dippiù, per un malinteso (uno dei tanti di quel giorno) rimaseso sulla destra del Mincio il 3° batt. bers. (Pautrier) e il 5° sq. guide.

In tutto la riserva non aveva perciò che 1486 fucili, 608 sciabole e 24 cannoni.

Due cannoni si rovesciarono e non poterono essere portati in combattimento. In compenso, comprendendo i 3 cannoni della 1ª Divis., che si erano uniti come abbiamo veduto alla riserva, il prode colonnello Bonelli, di cui in paese si ricorda ancora tanto onorevolmente il nome, potè mettere in azione 25 cannoni.

Due batt. bers. si disposero da principio avanti a pro-tezione, fra Cà bruciata, Busetta e Fontana fredda; il terzo si dispose in riserva dietro al monte.

Da fonte austriaca risulta che il fuoco d'artiglieria sia stato aperto alle 10.40 (1), quantunque dalla nostra Rel. uff. risulti che esso fu aperto alle 10 $^1/_2$.

Ma anche alle 10 $^1/_2$ il combattimento di località a N. del M. Vento non solo non era ancora cessato, ma era tuttora accanito.

Non essendovi buon bersaglio di fanteria in quella scura

---

non risulta nulla per gli altri sq. (vol. II, pag. 79). È da ritenersi però che in questo punto la Rel. uff. austriaca sia monca, giacchè, appunto per aver trattenuto il nemico, e dato tempo alla riserva di entrare in azione, lo stendardo dei lancieri d'Aosta fu decorato della medaglia d'oro al valore militare.

(1) Oestr. Kr., vol. II, pag. 80.

campagna (così scrive la nostra Rel. uff.), il colonnello
Bonelli fece tirare contro l'artiglieria nemica, a distanza
fra 1500 e 2000 m. Essa, naturalmente, rispose. Ed incominciò così un duello d'artiglieria che si prolungò per
circa 4 ore.

Nelle prime ore, da parte austriaca concorsero all'azione:
due batterie dell'artiglieria di Corpo da Colombarola (o
Colombarotta), una batteria della Divis. di riserva (1) da
M. Cricol, e la batteria della Brig. Piret, collocata a Ra-
gaiola.

Dopo la ritirata della Brig. Brescia dalla posizione della
Pernisa, della quale parlerò più innanzi, entrarono ancora
in combattimento: la terza batteria dell'artiglieria di Corpo
e la batteria della Brig. Bauer, cioè 14 cannoni da Forni
e 2 da Rosolotti.

In tutto 48 cannoni contro i 25 nostri: però, specialmente le ultime batterie di cui ho fatto cenno, erano
tanto lontane da M. Vento (3 km. e 3 km. $^1/_2$), da non
poter avere quasi nessuna azione.

Fu assai discussa l'efficacia reale che la nostra azione
d'artiglieria ha avuto in quel giorno e in quel momento.
Ma essa, certamente, *impose*. E comunque sia, da quel
momento, la nostra artiglieria, sacrificata a spizzico fin
allora in 4 ore di combattimento, non poteva trovare migliore impiego.

Dietro alla nostra linea di difesa all'ala sinistra, continuava la ritirata disordinata e confusa di gran parte
della 1ª Divis., di parte, come vedremo, della 5ª Divis. e
dei carri.

È superfluo ricordare che molti fra i nostri ufficiali fecero sforzi inauditi per raggruppare le truppe sbandate,
per rimettere l'ordine nelle colonne carreggio, per far
sgombrare i ponti e i passaggi angusti: per rimediare in-

---

(1) Non risulta bene dove fosse l'altra batteria della Divis.

somma a quello scompiglio, il cui effetto materiale era · grande e l'effetto morale poteva essere disastroso.

Fra gli altri, il maggiore Bandi, Com. del 2° batt. del 44°, già comandato innanzi a Peschiera e che aveva raggiunto la Divis. in marcia, spiegò l'azione più energica per raccogliere gli sbandati.

Non vedendo nemici, volle avanzarsi per unirsi alle truppe combattenti a M. Vento, ma fu dal suo colonnello rimandato indietro, non si sa per quale ragione.

Bellissimo combattimento della Pernisa
fra il 19° fanteria e il regg. Benedek (28°).

Anche la Divis. Sirtori era, contemporaneamente alla Divis. Cerale, impegnata in sanguinoso combattimento.

Vedemmo come la Brig. Brescia, per ordine del G. Sirtori, avesse passato il Tione e si fosse schierata presso alla Pernisa (che si chiama ora, e si chiamava forse anche allora, Fornelli di Tione).

La posizione era infelice, perchè dominata a breve distanza dalle alture di Feniletto, Capellino e Rosolotti.

Una batteria fu collocata vicino alla Pernisa e si mise in azione contro la batteria della Brig. Bauer, collocata a Forni.

Il 19° regg., comandato dal colonnello Garin, che reggeva anche il comando della Brig.' per l'assenza del G. di Villahermosa, fu assai ben collocato, obliquamente alla batteria e in posizione nascosta.

Allorchè il regg. austriaco Benedek (28°) si mosse, come abbiamo veduto, per fiancheggiare a sinistra l'attacco contro Oliosi, si presentò al nostro 19° regg. l'opportunità di un attacco improvviso di fianco.

Però alcuni colpi di fuoco, partiti troppo presto, pare che abbiano messo il regg. Benedek (28°) sull'avviso.

La sorpresa mancò. Si venne ad un combattimento accanito, diretto da parte nostra dallo stesso G. Sirtori, che vi spiegò il consueto valore, e dal colonnello Garin. Questo potè condurre all'attacco tutte le sue 16 compagnie e mercè l'accordo, raro in quel giorno, di fanteria, di artiglieria (Parravicino), di cavalleria (maggiore Colli di Felizzano) che arditamente ed opportunamente caricò, le 18 compagnie del regg. Benedek furono battute e respinte verso Palazzina.

Protette da una divis. (2 compagnie) del regg., che aveva presa posizione sull'altura di Jese, le altre compagnie si riordinarono.

Ritirata della Brig. Brescia.

Ma il colonnello brigadiere Bauer, chiamato a sè il suo batt. cacciatori (19°) che contava circa 1000 fucili, venne con esso e col 28° ad un nuovo attacco, minacciando di avvolgere la nostra destra per tagliarci la ritirata.

Dopo accanito combattimento, e solo al terzo assalto, i sei batt. della Brig. Brescia, che avevano una forza inferiore a quella dei quattro batt. austriaci, cedettero, tanto più che le truppe di 2ª linea (Brig. Valtellina), erano a distanza troppo grande per poterle sostenere col fuoco.

La destra della Brig. retrocedè per Serraglio, la sinistra, cioè la parte più numerosa, per Mandricardo e per Muraglie.

La batteria italiana postata presso Santa Lucia protesse la ritirata col fuoco, come meglio potè.

Il movimento però, a causa del fuoco nemico, dell'inseguimento, specialmente dei cacciatori e, soprattutto, per le difficoltà opposte dal terreno alquanto scosceso, sul quale bisognava salire retrocedendo, riuscì confusa e disordinata.

Si perdettero due pezzi che ribaltarono ed un terzo poco dopo, appartenente alla sezione della sfortunata avanguardia di Villahermosa, allora allora sopraggiunta.

Intanto le batterie austriache presso Rosolotti e Forni, che già avevano concorso col fuoco all'attacco del colonnello Bauer, dirigevano i loro tiri sul ciglione destro (orientale) di Santa Lucia, dove si erano collocati tre battaglioni della Brig. Valtellina (65°), prendendoli quasi d'infilata.

Per opporre un rimedio, fu fatto eseguire, e fu una fatale imprudenza, un cambiamento di fronte a destra, indietro, nel momento appunto in cui passavano gli sbandati del 20° regg. Ne avvenne che anche un batt. del 65° si sbandò...

Pur troppo, in quel movimento retrogrado si perdette di vista il versante interno della conca che le alture di Santa Lucia formano verso il Tione, e i cacciatori imperiali poterono perciò passare quel corso d'acqua ed entrare nell'angolo morto senza subire perdite, mentrechè se il ciglio fosse stato occupato e difeso, essi avrebbero dovuto subire perdite crudelissime.

Il brigadiere Bauer avrebbe voluto proseguire il successo e procedere ad un attacco generale chiamando a sè anche l'altro regg. della sua Brig. (il 70°).

Però al G. Rodich, e specialmente al suo capo di s. m., colonnello Gallina, la cosa apparve troppo arrischiata.

Non erano ancora le 10 $\frac{1}{2}$, l'ordine dell'Arciduca di portarsi avanti non era ancora giunto. Sul M. Vento una massa d'artiglieria italiana in azione annunziava l'arrivo di rinforzi. A sinistra (del 5° Corpo) ferveva ancora la lotta sulle alture di Custoza. La battaglia non sembrava ancora, in una parola, matura, per fare l'ultimo sforzo.

Il G. Rodich, adunque, fortunatamente per noi. ordinò al colonnello Bauer di limitarsi a mantenere le posizioni conquistate. Nè, come vedremo or ora, valse a farlo rimuovere da tale decisione l'ordine dell'Arciduca, giunto dopo le 10 $\frac{1}{2}$.

E la battaglia, anche davanti a Santa Lucia, subì una pausa.

Situazione alla nostra ala sinistra verso le 10 ¹/₂.

Erano circa le 10 ¹/₂.

Il grosso della nostra 1ᵃ Divis. era pressochè in dissoluzione, ed era anche in dissoluzione quasi tutta la Brig. Brescia, cioè una metà della Div. Sirtori.

Da parte austriaca, però, le due Brig. della Divis. di riserva avevano subìto gravi perdite ed erano già in gran parte logorate.

Gravi perdite anche avevano subìto la Brig. Piret e metà della Brig. Bauer, cioè il 28° regg. (1).

Il 5° Corpo aveva però ancora truppe fresche: la Brig. Möring, un regg. della Brig. Bauer, più una grande soverchianza d'artiglieria.

Inaspettato intervento nel combattimento della 2ᵃ Divis.
(Pianell).

Un intervento inaspettato doveva rialzare le sorti alla nostra ala sinistra.

Il G. Pianell, lasciato sulla destra del Mincio a guardare Peschiera, aveva concepito un'idea tutt'altro che passiva del còmpito a lui affidato, di modo che non cessava dall'osservare, e far osservare attentamente, quanto accadeva anche sulla sinistra del Mincio.

Udito il cannone dalla parte di Oliosi, spedì in quella direzione un ufficiale di s. m., il quale riferì che la 1ᵃ Divis. era seriamente impegnata.

L'ordine da lui avuto essendo tassativo, quella notizia di combattimento non poteva fargli abbandonare le posizioni già occupate, tanto più che era fra le cose non solo possibili, ma *probabili*, che parte delle forze nemiche irrom-

---

(1) Questo regg. aveva perduto 16 ufficiali e almeno 300 uomini fra morti e feriti.

pesse da Peschiera *per la destra* del Mincio. È appunto principale vantaggio delle fortezze poste sui fiumi quello di permettere di operare sulle due sponde!

Verso le 9 ½, però, aumentando straordinariamente l'intensità del combattimento e vedendosi già sbandati e carri accorrere al ponte di Monzambano, l'avveduto generale non esitò a far passare una parte delle sue forze sulla sinistra del Mincio, a sostegno della 1ª Divis., senza per altro perdere completamente di vista lo scopo pel quale egli era rimasto sulla destra del fiume.

Prima di tutto, il generale, con energiche disposizioni, fece sgombrare il ponte di Monzambano. Libero che fu il ponte, fece passare sulla sinistra del Mincio i tre batt. disponibili del 5° regg., il 1° del 6° ed una batteria, truppe che mise sotto il comando del calmo ed intrepido colonnello Pasi, Com. del 5° regg.

Il brigadiere Dall'Aglio rimase cogli altri batt. della Brig. Aosta sulla destra del fiume.

Dopo aver ricordato, con energiche e opportune parole, i doveri che imponevano ai guerrieri della Brig. Aosta i segni d'onore onde le loro bandiere erano fregiate e il loro splendido passato, il G. Pianell, fatti posare gli zaini a terra, precedè quelle truppe e riconobbe che la posizione di M. Vento era fortemente tenuta dall'artiglieria italiana, che avanzi della 1ª Divis. retrocedevano dalle Maragnotte, che truppe nemiche erano dirette contro l'ala sinistra della posizione di M. Vento.

Il G. Pianell decise pertanto di eseguire un contr'attacco d'ala e diresse la destra del C. Pasi verso il Torrione.

Erano le 11 ½ circa.

L'artiglieria incominciò l'azione mettendosi in posizione (con 4 pezzi soltanto) sull'estremità orientale del M. Sabbione, però diresse disgraziatamente i tiri contro i nostri. Il maggiore Bergalli le fece allora prender miglior posizione presso alle case Pasquali.

Ma intanto la fanteria si avanzava.

Ordini dell'Arciduca pel proseguimento dell'offensiva
alla sua ala destra.

Dopo la presa di Oliosi, il Com. del 5° Corpo ne aveva mandata notizia al Com. supremo per mezzo del tenente colonnello conte Hunyady.

L'Arciduca seppe così che l'ordine spedito alle 8 non era ancora giunto al G. Rodich.

Dette allora quest'altro ordine in iscritto al 5° Corpo: « Con tutte le forze riunite avanzarsi ora su Santa Lucia del Tione ».

E per mezzo di un altro ufficiale superiore mandò quest'ordine alla Divis. di fanteria di riserva:

« L'ulteriore avanzata è da eseguire nella direzione « Salionze-Monzambano. Se possibile, distruggere il ponte « presso detta località ed avanzarsi ancora fino a Valeggio ».

Questi ordini giunsero poco dopo le 10 $^1/_2$, cioè prima di quelli spediti alle 8.

Ricevuto l'ordine, il G. Rodich non credè di potervi dare subito esecuzione.

Egli non sapeva quante forze avesse di fronte e gli pareva, naturalmente, che agli Italiani potessero giungere grandi rinforzi.

Le truppe della Divis. di fanteria di riserva erano molto sparpagliate, e non erano perciò in grado di dargli un grande appoggio a destra. Infine la Brig. Piret sembrava che fosse impegnata in vivo combattimento a S. di Busetta ed egli voleva fare assegnamento su tutte le sue forze. Bisognava perciò che la Brig. Piret fosse riuscita nell'attacco del M. Vento, o avesse, almeno, ottenuto tali vantaggi, da non dare alle altre due Brig. del 5° Corpo nessuna preoccupazione pel fianco destro.

Verso le 11 $^1/_2$ adunque, da parte nostra avevamo una parte della 2ª Divis., che si preparava ad un contr'attacco d'ala, la riserva del I Corpo in posizione al M. Vento, la Brig. Valtellina in posizione a Santa Lucia.

Da parte austriaca, la Divis. di fanteria di riserva, molto sparpagliata, si preparava ad eseguire il movimento obliquo a destra, quasi di fianco verso Salionze e Monzambano. La Brig. Piret era impegnata in combattimento temporeggiante davanti alla posizione di M. Vento, la Brig. Bauer era davanti alla posizione di Santa Lucia, la Brig. Möring più indietro, ancora verso S. Rocco.

Combattimenti parziali degli avanzi della 1ª Divis. e del 3° batt. del 20° contro la Divis. Rupprecht.

Il G. Rupprecht, ricevuto l'ordine di distruggere il ponte di Monzambano, ne dette l'incarico al 36° batt. cacciatori (800 fucili) appartenente alla Brig. Weimar.

Il batt. fu diretto a Salionze seguìto da un altro batt. (1° del regg. Hohenlohe n. 17) destinato a sostenerlo in caso di combattimento (?) e dalla colonna Ballàcs.

Le altre truppe della Divis., compreso il batt. lasciato fino allora in Castelnovo, ricevettero l'ordine di portarsi direttamente su Monzambano.

Il movimento, in quel terreno piuttosto difficile, non potè essere eseguito con ordine, tanto più che gli avanzi della 1ª Divis., come si è veduto, diretti da ufficiali energici ed intelligenti, fecero successive e tenaci difese di località, che logorarono le forze degli Imperiali e cagionarono ad essi altre e sensibili perdite.

Dalla stessa Rel. uff. austriaca (Oestr. Kf., vol. II, p. 93) risulta che le Brig. della Divis. Rupprecht erano frammischiate, tanto che non fu avviata altra truppa subito a Monzambano, perchè quei due batt. erano « i soli disponibili » (1).

L'ala destra della Divis. Rupprecht piegò alla fine verso

---

(1) Anche lo Scudier (pag. 216) fa notare quanto sia stata efficace e valorosa questa successiva ostinata difesa di località.

Salionze ove si raccolse e ove furono messe in azione le due batterie della Divis. L'ala sinistra invece dovè sostenere una nuova lotta per impadronirsi della Campagna rossa, del M. Torcolo e delle Maragnotte dove il G. Dho, quantunque ferito, e il colonnello Dezza, con riparti di varii batt., si difesero ancora con grande valore.

Fatto un estremo sforzo, i difensori di Campagna rossa, vedendosi minacciati nei fianchi da Burato e da Valpezone, dovettero ripiegare e ripiegarono combattendo.

Contro le truppe che li inseguivano, e specialmente contro il 4° batt. Paumgarten, il colonnello Dezza lanciò a disperata carica tre plotoni guide coll'ardito tenente di Bernezzo alla testa. Quest'ufficiale e molti altri caddero gravemente feriti o morti; però il nemico fu trattenuto.

Lo stesso batt. austriaco, con altre truppe raccozzate del règg. Degenfeld (Brig. Weimar), mosse poi all'assalto delle Maragnotte.

Senonchè si trovava lì presso uno dei batt. bers. della riserva, l'8°, comandato dal prode maggiore Murari Bra. Esso, che si era tenuto nascosto, sboccò improvvisamente e con energici contr'attacchi riuscì più volte a respingere gli Austriaci.

Fu questo uno dei più begli episodi di quel combattimento, come si rileva anche dalla Rel. uff. austriaca (pag. 94).

Sul M. Torcolo l'ardito maggiore Cecconi, con sole tre compagnie, era riuscito a mantenersi contro diversi attacchi.

Ma, vedendosi aggirato da forze molto superiori, dovette alla fine ritirarsi dietro a Marzago, sulla strada Valeggio-Salionze.

Si difendevano con ostinazione anche Cà bruciata e Pravecchia.

Parecchie compagnie della Divis. di riserva si diressero per un energico attacco contro le Maragnotte.

La difesa, ad onta che i combattenti fossero pochissimi,

fu assai vigorosa, ma l'incendio li scacciò. Ed allora tutti quegli avanzi, senza più legame tattico od organico, ma col legame, ancora più forte, del valore personale e dell'incrollabile attaccamento al dovere ed alla bandiera, si ridussero fra Canova e le Case Pasquali, a sinistra della riserva del I Corpo.

Il colonnello Dezza presentatosi al G. Durando, ne ebbe l'ordine di prendere il comando della 1ª Divis. Si fecero sforzi grandissimi per riordinare gli avanzi di quella sfortunata Divis. e in parte si riuscì. Furono così raccolti da 1500 a 2000 uomini compresi gli avanzi dell'avanguardia della 5ª Div. (1).

Era il mezzogiorno all'incirca.

L'azione dell'artiglieria continuava ed i bers. della riserva occupavano ancora la fronte fra Canova e Fontana fredda.

Gli Imperiali si avanzavano avendo all'estrema destra la colonna Ballàcs, in marcia per C. Monte su Pra vecchia e poi i frammischiati riparti della Divis. di riserva, che raggiungevano già Scatola, Campuzze, Fontana, Marzago (d'onde il maggiore Cecconi dovette ritirarsi). La loro sinistra era formata da un batt. del regg. n. 36 col colonnello Binerth alla testa (Brig. Weimar).

L'ala sinistra della posizione di M. Vento, contro cui quell'attacco era diretto, sembrava ridotta a mal partito e gli avanzi della 1ª Divis. e i bers. disposti a Canova erano seriamente minacciati.

Il G. Piret attacca il M. Vento.

Intanto la Brig. Piret rimaneva pressochè inattiva perchè quel generale non aveva ricevuto nessun ordine dal suo

---

(1) Queste cifre mi sono state comunicate dall'illustre G. Sismondo, allora capitano di s. m. (Brig. Pisa) e che combattè, con molti altri ufficiali, con quanto restava della 1ª Divis.

Com. di Corpo d'Armata, e non trovandosi alla sua volta ben orientato sull'insieme delle operazioni, vedendo occupato fortemente il M. Vento e il ciglione di Santa Lucia, non si credeva autorizzato a procedere senz'altro all'attacco del M. Vento.

Il capitano principe Croy, da lui inviato al G. Rodich, tardava a ritornare.

Quell'ufficiale non aveva potuto andare a S. Rocco, nè per Jese a causa della vicinanza del nemico, nè per Oliosi, dove il passaggio era impedito dalla fattoria ancora occupata dal capitano Buroncelli e dai suoi (Scudier, op. cit., pag. 218).

Solo verso l'una o l'una e mezzo p. m. il G. Piret ordinò l'avanzata su M. Vento. Il 2° batt. bers., che aveva un'occupazione avanzata alla Busetta, dovette ritirarsi, tanto più che pel movimento d'avanzata delle truppe della Divis. Rupprecht, il fianco sinistro del batt. era scoperto.

Ma si ritirò combattendo energicamente e sfruttando tutti i vantaggi offerti dal terreno.

Le truppe di Piret si avanzano fino a Cà bruciata, Caradini e Fontana fredda.

La batteria della Brig. cambia posizione e viene messa in azione presso a Busetta, ma è accolta dal fuoco delle nostre batterie, e tanto vivacemente, che in poco tempo tre pezzi sono smontati.

Il G. Piret manda perciò a domandare al Com. di Corpo d'Armata un soccorso d'artiglieria, e qualche tempo dopo due batterie dell'artiglieria di Corpo sopraggiungono e aprono il fuoco contro la nostra grande batteria di M. Vento (21 pezzo contro 25).

Il G. Durando, ferito, lascia il campo di battaglia.

Intanto, a piedi del M. Vento, il G. Durando che stava impassibile innanzi agli altri, nel punto più battuto, proprio sulla strada, fu colpito nella mano destra all'estremità del pollice e del medio da una palletta di shrapnel.

Egli aveva ricevuto allora allora dal suo sottocapo di s. m., maggiore Còrsi, la notizia che la battaglia era fortemente impegnata anche presso Santa Lucia del Tione e Custoza, e che la prima linea della 5ª Divis. era stata rotta.

Non sentendosi più in grado di reggere il comando, il G. Durando affidò al G. Aribaldi Ghilini il comando di tutte le truppe in quella parte del campo di battaglia, dicendo che la posizione di M. Vento doveva esser tenuta, che il nemico o non aveva molte forze, o non voleva impegnarle e si ritrasse per Valeggio su Volta.

Non si può ben precisare a che ora il G. Durando sia stato ferito: pare fra l'$1^1/_2$ e l'$1^3/_4$ p. m.

Sembra che il G. Ghilini si sia preoccupato subito della minaccia sul suo fianco sinistro. E mandò il sottocapo, maggiore Còrsi, perchè provvedesse.

Questo distintissimo ufficiale superiore riconobbe subito la necessità di prolungare l'ala sinistra, ad O. della strada Castelnovo-Valeggio, e vi raccolse gli avanzi della 1ª Divis., compreso il batt. del 20° fanteria comandato dal maggiore Cecconi. Ma, per la scarsità delle munizioni, la posizione di questa improvvisata ala sinistra era molto critica, quando venne opportunamente a pronunziarsi in favore di essa l'intervento delle truppe della 2ª Divis.

Il colonnello Pasi entra in azione.

Quelle truppe, comandate dal colonnello Pasi, invece di marciare direttamente su Torrione, avevano piegato alquanto verso S. lungo il M. Magrino.

Allorchè la testa di colonna giunse presso La Zona, essa fu accolta dal fuoco della batteria del corpo di sortita della piazza di Peschiera, disposta presso Campuzze. Le truppe presero allora una posizione coperta. Il maggiore Còrsi, sopraggiunto, dette al colonnello Pasi un cenno dello stato della battaglia, cosa che era assolutamente indispensabile, ed allora i quattro batt. cambiando direzione a sinistra, si avanzarono fino alle Case Pasquali accolti festosamente dagli avanzi della 1ª Divis. ed al grido di « Viva Aosta »!

Dopo, il colonnello, spalleggiato dall'8º bers., si avanzò su Marzago e Fontana, attaccando con molta risolutezza le truppe della Divis. di riserva e la colonna Ballàcs.

Gli Imperiali, disseminati e sorpresi, non ressero all'attacco e retrocedettero scompigliati, salvando a fatica i pezzi, fin oltre la destra del Sorio; la colonna Ballàcs anzi retrocedè fino a Salionze e di là, non avendo più munizioni (almeno così fu detto) rientrò in Peschiera.

Il colonnello Pasi, il quale avanzandosi si venne a trovare la Brig. Piret sul fianco destro, non credè di dover proseguire innanzi e si raccolse nuovamente alle Case Pasquali, mentre dal canto loro gli Imperiali (Divis. di riserva) tornarono, dopo una lunga pausa, ad occupare Fontana e Marzago, rinunziando però, dopo la scossa subìta, all'idea di attaccare.

A sinistra delle truppe di Aosta e alquanto indietro verso il M. Bianco, venne a schierarsi frattanto il 4º batt. del 44º regg. (Menotti) già di guardia ai carri ed accorso al rumore del combattimento.

Il G. Pianell fa passare altre truppe sulla sinistra del Mincio.
Splendido episodio.

Il G. Pianell, tornato a Monzambano, aveva fatto passare sulla sinistra anche il 17º batt. bers. (di Aichelburg) e 2 sq. guide.

Dippiù, visto quale importanza avesse assunto il combattimento, mandò al G. Cadolini l'ordine di lasciare a Pozzolengo un solo batt. per coprire il movimento e di avviare il grosso della Brig. Siena a Monzambano, mentre sulle alture del Redone rimase con analoga missione un batt. del 5° regg.

I carriaggi furono mandati fin oltre Castellaro.

Il 17° bers. era giunto a Monzambano verso le 11 ¹/₂ e si era avviato anch'esso verso le Case Pasquali. Ma, accortosi il maggiore di Aichelburg che truppe nemiche sopraggiungevano sulla sua sinistra, si volse verso N.

Giungevano i due sq. guide e la batteria Rimediotti, che si mise in posizione presso alla chiesa di Monzambano. Si aspettava la Brig. Siena.

Le truppe che il maggiore di Aichelburg aveva scòrto, erano quelle del 36° batt. cacciatori imperiali che, silenziosamente, ma anche incautamente, si avvicinavano, come si è veduto, al ponte di Monzambano per distruggerlo. Allora il maggiore manovrò in modo di metterglisi sul fianco e a tergo.

Anche l'artiglieria vide i cacciatori nemici e li salutò col fuoco.

I batt. del 6° accorsero a guernire la sponda del fiume fra la chiesa e il cimitero; finalmente il 32° veniva anche esso a passare il fiume e si schierava colla fronte a N.

Il disgraziato batt. cacciatori venne quindi a trovarsi in un vero inferno.

Una tempesta di fuoco di artiglieria e di fanteria lo accoglie da ogni parte e, alla fine, è anche caricato dalle guide. In pochissimo tempo il batt. austriaco perde 9 ufficiali e 726 uomini, fra morti, feriti e prigionieri. Fu, cioè, pressochè distrutto (Oestr. Kf., pag. 98, vol. II).

Erano passati ancora due batt. del 31° sulla sinistra del Mincio.

La 2ª Divis. venne ad avere così, al di là (sinistra) del Mincio 10 batt., 2 sq. e 4 cannoni, e al di qua, 7 batt. e 8 cannoni.

Per effetto dell'intervento delle truppe passate sulla sinistra, il grosso della Divis. Rupprecht, ad ogni modo, non solo ristette, ma retrocedè, nè più si avanzò nella giornata, meno alcuni riparti frammischiati di cinque o sei batt. (1), che si misero a destra della Brig. Piret, essendo le truppe disseminate e stremate di forze. Come la stessa Rel. austriaca riferisce (pag. 98) fra le 2 e le 3. l'azione della Divis. di riserva languì e si spense.

Il colonnello Pasi, però, che sentì il combattimento sul fianco e alle spalle, non sapendo di che cosa si trattasse, credè prudente di ritornare là dove le truppe avevano posato gli zaini, cioè verso Brentina.

E verso le 3 $\frac{1}{2}$ p. m., il G. Pianell, dopo aver raccolte le sue truppe dietro al ciglione di Brentina in atteggiamento di minaccia contro la destra nemica, scriveva un rapporto al comando del I Corpo, che inviava a Valeggio, nel quale narrava brevemente i fatti e finiva colle parole:

« Ora ho qui la mia Divis. concentrata a cavallo del « Mincio, e sono in posizione dalle due parti del fiume. « Mantengo la posizione che mi è stata affidata ».

A quell'ora però (3 $\frac{1}{2}$), gli Italiani avevano sgombrato il M. Vento.

Prima di rendere conto di questa fatale ritirata, occorre riassumere i fatti svoltisi verso Santa Lucia, dai quali pare che sia stato originato lo sgombro di M. Vento.

Vigoroso contr'attacco della Brig. Valtellina contro la Brig. Bauer.

Il G. Sirtori era rimasto a Santa Lucia con soli 7 batt. della Brig. Valtellina e la batteria Charmet, essendosi l'altra batteria ritirata a Valeggio.

La sua sinistra si distendeva fino a via Cava, la destra poco oltre la chiesa di Santa Lucia. L'estrema sinistra

---

(1) Lo Scudier (pag. 250) calcola sei batt. e mezzo. Ma forse non erano tanti e certamente non erano al completo.

della Brig. era formata dal batt. (4° del 66°) comandato dal maggiore Cordero di Montezemolo, il quale, sgominati i carriaggi a guardia dei quali si trovava, era venuto con lodevole iniziativa a raggiungere la sua Brig., disponendosi sull'altura presso a Muraglie.

La Brig. Bauer era rimasta col solo batt. cacciatori sulla destra del Tione, mentre il 28° regg. era raggruppato attorno a Jese e il 70° presso a Forni. La batteria della Brig. ed una batteria dell'artiglieria di Corpo si trovavano in azione presso a Forni e Rosolotti.

Verso il mezzogiorno, vedendo l'isolamento del batt. cacciatori, il capo di s. m. della Divis. (maggiore Pozzolini) accennò al tenente colonnello Reverberi (Com. del 3° del 66°) l'opportunità del momento per sorprendere e ricacciare i cacciatori nemici.

Il batt. Reverberi assalta con meraviglioso vigore, ma, pur troppo, non contentandosi del successo, dopo avere ricacciato i cacciatori imperiali, passa il Tione e si impadronisce della Pernisa. Gli altri batt. elettrizzati, si avanzano furiosamente anch'essi, insieme col G. Sirtori, che saluta con calde parole il valoroso batt. Reverberi.

Ne segue un contr'attacco generale. Rimangono sulle alture a protezione del fianco sinistro il batt. Cordero di Montezemolo e due compagnie del 65°. Si riprendono così le posizioni perdute poche ore prima dalla Brig. Brescia, essendo stato ricacciato anche il regg. Benedek.

Fu bellissimo contr'attacco, ma gli Italiani vennero a trovarsi in una posizione impossibile: senza seconda schiera, distesi su larga fronte, con un nemico innanzi quattro o cinque volte più forte (Brig. Bauer e Möring), con scarsissimo aiuto di artiglierie (sei pezzi soltanto).

Tuttavia, le nostre truppe, per effetto di quell'incertezza di direzione che fu in quel giorno impressa alle truppe dell'ala destra austriaca, della stanchezza delle truppe, della deficienza di munizioni (?), non furono subito contr'attaccate.

Subentrò anzi una lunga pausa, di circa un'ora e mezza, durante la quale l'azione si ridusse ad uno scambio di cannonate.

Il colonnello Bauer fece soltanto spiegare il 70° regg. sulle alture a S. di Jese e Capellino, e raccolse il 28° regg. e il 19° batt. cacciatori presso a S. Rocco.

Intanto la Brig. Piret faceva, verso il M. Vento, i progressi a cui ho poc'anzi accennato.

Era l'1 p. m. quando il G. Rodich, giudicando matura la battaglia, ordinava al G. Möring di procedere, d'accordo colla Brig. Bauer, all'attacco di Santa Lucia.

L'ordine però, essendosi smarrita l'ordinanza che lo portava, giunse soltanto verso le 2 p. m. (Oestr. Kf., vol. II, pag. 106).

Ritirata della Brig. Valtellina da Santa Lucia.

Dopo le 2, la Brig. Möring si mosse senza essere disturbata dal fuoco d'artiglieria, essendo stati i 6 pezzi italiani ridotti pressochè al silenzio dai 24 pezzi austriaci.

Il G. Sirtori però, il quale aveva veduto i progressi della Brig. Piret verso il M. Vento e l'avanzarsi di quella grande massa contro i suoi batt., non aspettò l'attacco ed ordinò invece la ritirata.

Questa si effettuò da principio con ordine, protetta dal 2° e 3° batt. del 66°. Ma, dopo, a causa delle difficoltà del terreno, contro le quali s'era anche infranto, alcune ore prima, l'ordine della Brig. Brescia ed a causa del fuoco dei 24 cannoni austriaci, la ritirata divenne confusa e disordinata, tanto che alle truppe della Brig. Valtellina, quantunque raggruppate alla meglio dagli ufficiali dopo la salita, non fu possibile di difendere le posizioni sulle alture lasciate verso il mezzogiorno; ed anche il 65° e il 66° ripiegarono così su Valeggio lasciando libero il campo agli Imperiali.

Erano passate di poco le 3. p. m. allorchè questi, quasi senza combattere, vennero a trovarsi in possesso delle alture di Santa Lucia. Il Com. del 21° batt. cacciatori, vista l'importanza della posizione del M. Mamaor, vi si portò con 4 compagnie, nell'idea che di là si molestasse efficacemente la ritirata degli Italiani sulla direttrice Villafranca-Valeggio.

Di tale movimento però mancò d'informare il suo Com. di Brig. (G. Möring) il quale invece raccoglieva la sua Brig. per concorrere, come si vedrà, all'attacco delle alture di Custoza.

Ritirata degli Italiani dal M. Vento.

La soverchianza numerica delle truppe austriache di fronte al M. Vento, dopo la ritirata delle truppe della 2ª Divis., era grande. Rimanevano in quella posizione gli avanzi della 1ª Divis. e dell'avanguardia della 5ª, i tre batt. bers. che avevano sofferto perdite non indifferenti, 29 cannoni e 7 sq. in riserva.

In tutto, non v'erano forse più di 3000 fucili.

La destra dei bers. si protendeva fino alla casa Redolfo, la sinistra verso le Case Pasquali.

Tuttavia, solo verso le 3 $\frac{1}{4}$ il G. Piret mosse all'assalto (1).

Egli aveva alla sua sinistra, cioè ad E. della strada Castelnovo-Valeggio, il regg. Crenneville (n° 75); a destra, cioè ad O. della stessa strada, il regg. Granduca di Baden (n° 50).

A destra ancora, alcuni riparti frammischiati della Divis. Rupprecht.

In riserva un batt. cacciatori ed alcuni plotoni di cavalleria. In totale: da 10 a 11.000 fucili, con 20 cannoni.

---

(1) Secondo il FZM. v. Scudier, il G. Piret mosse all'assalto alle 3 $\frac{1}{4}$ (op. cit., pag. 350).

Il grosso della Divis. di riserva era rimasto attorno a Salionze.

Quell'attacco, con forza almeno *tripla*, non poteva fallire. Esso fu eseguito colla sinistra innanzi.

Il G. Ghilini, visto che il nemico s'impadroniva di Redolfo e minacciava la sua destra, saputo della ritirata della 5ª Divis., ordinò anch'esso la ritirata su Valeggio, senza aspettare l'attacco.

La ritirata si effettuò con ordine, quantunque essa, per la lunga stretta da percorrere e la quantità d'artiglieria, fosse assai difficile. Due pezzi, anzi, furono ancora messi in batteria sulla strada dal colonnello Bonelli per mitragliare riparti del regg. Crenneville (75°) che inseguivano troppo vivamente.

La riserva del I Corpo potè, senza essere ulteriormente molestata, prender posizione lungo l'elevato margine della sponda sinistra del Mincio e lungo il parco Maffei.

In una cascina all'estrema sinistra si disponeva il 4° batt. del 20°, che il prode maggiore Cecconi aveva saputo tenere ancora in ordine. Mirabile esempio!

Il G. Sirtori, che là sopraggiungeva quasi contemporaneamente agli avanzi della 5ª, assumeva, come più anziano, il comando delle truppe in Valeggio.

Gli Imperiali non inseguono.

Il G. Piret, riconoscendo l'importanza di Valeggio, aveva l'intenzione di avanzarsi ancora e di cercare di impadronirsene. Ma in seguito a quanto gli rappresentarono i Com. in sott'ordine, cioè, che le truppe erano estenuate, vi rinunziò (Oestr. Kf., vol. II, pag. 103).

Aggiungono alcune relazioni austriache che egli, avanzandosi, temè di doversi impegnare in un combattimento notturno.

Si osserva però che dallo sbocco S. della stretta di

M. Vento (Casa del Prato) fino a Valeggio vi sono poco più di 2 km., e che erano le 4 p. m. del giorno 24 giugno.

La Brig. Piret si limitò ad ogni modo ad occupare le posizioni conquistate ed a tirare qualche cannonata.

In quanto al G. Rodich, la sua attenzione era rivolta non a M. Vento o a Valeggio, ma a quello che succedeva alla sua sinistra, cioè a Custoza.

Considerazioni.

Ho descritto sommariamente, senza interrompermi, la battaglia all'ala occidentale, perchè sull'azione svoltasi da quella parte nessuna influenza diretta ebbe per parte italiana l'azione svoltasi al centro e a sinistra, e nemmeno da parte austriaca l'influenza fu considerevole.

Lo studio dell'azione su questa parte del campo di battaglia è pieno d'ammaestramento, sia per quanto riguarda gli Italiani, sia per quanto riguarda gli Imperiali.

Conviene però avvertire, che, da parte nostra, essendo stata l'azione improvvisa, slegata, violentemente contrastata fin da principio, spezzata, alquanto disordinata in certi momenti, affatto disordinata in certi altri, non è difficile che anche le narrazioni ufficiali siano poco esatte.

Io mi sono astenuto dall'entrare nei particolari, sia per tale ragione, sia perchè lo studio delle formazioni tàttiche e, in genere, degli atti del combattimento non può offrirci ora, con tanta diversità d'armamento e di tàttica, che un interesse minore (1).

---

(1) Dalla relazione del capitano Sismondo, più volte da me citata, rilevo queste espressioni che descrivono *dal vero* le formazioni tàttiche quando sia impegnato il combattimento a fondo, alle brevi distanze «... Sarebbe un'impostura il cercar di dire quale forma- « zione avessero le truppe quando s'impegnò davvero il combatti- « mento sulle alture (M. Cricol-Renati)... era l'ordine a stormi nella « sua più arruffata espressione ».

Lo studio più interessante, forse, sarebbe quello psicologico, ma per farlo non si hanno dati sufficienti e non lo si può fare forse per nessuna battaglia, nemmeno per la battaglia di Custoza.

Troppo recenti, dolorosi, cocenti, sono i ricordi di quel giorno!

Grande interesse offre però lo studio dei « dispositivi » e del funzionamento dei comandi. E questo studio possiamo farlo con una certa larghezza.

Sarebbe ingiustizia assoluta fare la critica, supponendo note ai varii Com. le circostanze tutte che a noi son note, soprattutto la situazione del nemico.

Questo è chiaro come la luce del sole!

Si deve però considerare che obbligo assoluto dei Com. sia quello di venire in chiaro della situazione, tanto del nemico quanto delle proprie truppe. È poi dovere sacro pei Com., in un giorno di battaglia, di prodigare tutte le loro forze intellettuali, morali e fisiche per guidare le loro truppe alla vittoria.

Lo sbaglio nei mezzi impiegati, gli errori, anche i più grossi, sono però sempre scusabili e bisogna procedere con molto riguardo prima di farne colpa ai capi.

E il mettere in luce questi errori non significa condannare (pochissimi potrebbero avere l'autorità a ciò necessaria), ma significa additarli secondo il concetto di chi scrive, affinchè, potendo, per l'avvenire siano evitati.

Singolari erano le disposizioni date pel giorno 24 per quanto riguardava il I Corpo. Questo, secondo gli ordini del comando supremo, avrebbe dovuto irradiare le sue Divis. quasi a ventaglio, in modo che dalla 2ª Divis. fino alla fronte sulla quale dovevano venirsi a schierare la 5ª e la 3ª Divis. v'eraco circa 20 km. di strada!

L'incarico speciale affidato alla 2ª Divis. doveva, sia pure, farla considerare come distaccata. Ma le altre tre Divis.: 1ª, 5ª e 3ª dovevano muovere in direzioni divergenti, tanto che si sarebbero trovate schierate lungo la linea Pacengo-Colà-Sandrà-Santa Giustina-Sona, linea che ha uno sviluppo di 11 km.

Era certo difficile che il Com. del I Corpo conservasse la direzione effettiva delle Divis. durante la marcia. E l'ordine dato dal G. La Marmora al G. Durando di « sorvegliare dappresso la marcia delle sue Divis. » (pag. 191 della Rel. uff.), era certamente di esecuzione difficile.

Basti il dire che la linea di marcia assegnata alla 1ª Divis. faceva un angolo quasi retto con quella assegnata alla 3ª Divis.

Bisognava però assolutamente che il comando si tenesse in posizione tale, da poter esercitare al più presto la sua azione nel caso d'incontro col nemico, incontro *possibile* e ritenuto *possibile*, tanto vero che lo stesso ordine di operazioni, che fu diffusamente esaminato, prescriveva che la marcia dovesse effettuarsi « con tutte quelle precau- « zioni che sono richieste dalla possibilità di uno scontro « col nemico ».

Mi sembra adunque evidente che il Q. G. del I Corpo, non potendo marciare a portata di tutte le truppe, doveva marciare *colla* 1ª *Divis.*, ciò che avrebbe concordato colla raccomandazione fatta dal capo di stato maggiore, di sorvegliare specialmente la marcia di quella Divis.

Era, direi quasi, un dovere disciplinare.

Dopo che si sentì tuonare il cannone, io credo che il G. Durando non avesse più nulla da fare in Valeggio. Aggiungo ora che se il cannone tuonava verso Villafranca, egli doveva pur pensare che appunto a portata tàttica da Villafranca doveva trovarsi a quell'ora una delle sue Divis. (la 3ª).

Non è spiegabile come il Com. del I Corpo non abbia pensato ad informarsi di quanto avveniva nella pianura, e non abbia pensato che se il cannone tuonava verso Villafranca, poteva anche incominciare a tuonare sulle colline dove erano dirette altre due delle sue Divis.

Poteva benissimo accadere, se il nemico compariva improvvisamente come era comparso verso Villafranca, che le forze a lui confidate, e che si preparavano ad occupare posizioni così estese, sotto il cannone di Peschiera e Pastrengo e a 9 km. da Verona, dovessero, da un momento all'altro, entrare in azione.

Dalla stessa Rel. uff. (tomo I, pag. 268) noi sappiamo che il Com. del I Corpo è informato che si combattè fortemente a Santa Lucia e a Custoza dal maggiore Còrsi, poco dopo l'1 ¹/₂. Cioè *sette ore dopo* che la 5ª Divis. era entrata in azione e *quattro ore dopo* che la 3ª Divis. si era ritirata dalle alture di Custoza!

Certamente ciò dimostra una grande trascuratezza da parte dei comandi in sott'ordine, ma dimostra anche che il comando del I Corpo, pure sapendo che era impegnata una battaglia, non fece quanto era possibile (e tanto poco bisognava fare) per essere informato dell'andamento che essa prendeva.

Giunto al M. Vento e visto che una Divis. (la 1ª) era nel più completo disordine, il G. Durando ordinò che la riserva prendesse posizione sul M. Vento stesso per fermare il nemico. E questo era giusto e risultò efficacissimo.

Però dalle 9 ¹/₂ all'1 ¹/₂ p. m. (a un dipresso), ora nella quale egli fu ferito e dovè ritirarsi dal combattimento, passarono più di 4 ore, ore preziosissime, durante le quali, a parte alcune disposizioni di dettaglio, come quelle date per lo sgombro delle strade e pel riordinamento dei fuggiaschi, è difficile pensare che cosa abbia fatto il Com. del I Corpo.

Egli aveva *tutto il tempo* per riprendere la direzione del suo Corpo d'Armata che gli era sfuggita. Egli, assicurata la posizione di M. Vento, poteva benissimo portarsi a Santa Lucia per coadiuvare l'azione della 5ª Divis. con quella della riserva e degli avanzi della 1ª Divis., poteva chiamare a sè la Divis. Pianell che era a pochi km. alla sua sinistra, e stabilire una buona difesa; a un dipresso lungo la linea M. Sabbione-Case Pasquali-M. Vento-Santa Lucia, linea che ha 4 km. di sviluppo: non eccessiva, quindi, per le truppe che egli aveva a disposizione.

Contemporaneamente egli, in mancanza di ordini del comando supremo, avrebbe dovuto alla sua volta riferire e chiedere ordini.

È vero che il capo di stato maggiore dell'Esercito errava pel campo di battaglia e che sarebbe stato difficile trovarlo, ma non era impossibile.

Prima del mezzogiorno, infatti, tanto il Re che il G. La Marmora erano e si trattennero in Valeggio e sarebbe stato *un gran bene* se essi, invece di ricevere notizie del I Corpo dai fuggiaschi e dai feriti, le avessero ricevute da chi doveva fornirle, cioè dal Com. del Corpo d'Armata.

Si poteva almeno prender contezza della battaglia, e si poteva trovare il G. Brignone, che aveva seguito come si vedrà la sua Divis. a Valeggio, ma che forse avrebbe potuto ricondurne una parte sul M. Mamaor o sul M. Vento, dopo l'ordine del suo Com. di Corpo d'Armata.

Il G. La Marmora non potè esercitare il comando, perchè non aveva il suo s. m. e non seppe improvvisarne un altro.

Ma il G. Durando aveva il suo s. m. e dippiù aveva una plètora di cavalleria, che su quei terreni era di difficile impiego. Doveva almeno servirsene per collegarsi colle altre truppe del suo stesso Corpo d'Armata: per potere coal, *comandare*.

Bastava l'invio di un plotone o anche di una pattuglia a Monzambano (1) per sapere, in poco più di mezz'ora, che la Divis. Pianell non aveva nemici innanzi a sè sulla destra del Mincio!

Bastavano pochi cavalieri per collegarsi col G. Sirtori, per condurre al combattimento le truppe rimaste a Valeggio o sulla destra del Mincio, o per sapere quello che accadeva sulle alture di Custoza.

---

(1) Da M. Vento a Monzambano (riva destra) vi sono 4 km.

Non risulta, invece, nessuna disposizione data dal comando del I Corpo alle tre Divis. 2ª, 3ª e 5ª.

Una cosa ancora non si comprende. Ed è che il comando del I Corpo, il quale si era fermato in Valeggio per veder giungere la sua riserva (Rel. uff., pag. 226) in un'ora e più di tempo (la riserva giunse verso le 7 ed il generale ripartì dopo le 8) non si sia accorto che, dei quattro batt. bers., ne mancava uno (Pautrier) e mancava il 5º sq. guide, preziosi riparti rimasti, non si sa perchè, sulla destra del Mincio.

Mi sembra pur troppo evidente, insomma, che la ragione principale del semi-disastro toccato alla nostra ala sinistra, si debba ascrivere alla deficiente direzione per parte del comando del Corpo d'Armata!

« Verso l'1 ¹/₂ il generale fu ferito, mentre se ne stava impassibile innanzi agli altri nel punto più battuto ». (CÒRSI — *Delle Vicende del I Corpo d'Ar.*, pag. 105).

Merita riverenza un generale d'Armata che si espone in quel modo ed è ferito, ma non merita ammirazione, perchè il suo còmpito non è quello di dar l'esempio del coraggio a quei pochi che possono vederlo, ma di dirigere, comandare e coordinare gli sforzi di tutti verso un solo scopo.

Dar l'esempio a tempo e a luogo è cosa che hanno fatto anche i più grandi capitani, ma a me pare che quello non fosse nè il tempo, nè il luogo. Gli artiglieri di M. Vento erano fermi al loro posto, e sarebbe bastato, se avessero vacillato, l'esempio del prode loro colonnello Bonelli.

Ma anche dopo ferito, il G. Durando non fece quello che, credo, avrebbe dovuto fare: lasciare, cioè, il comando del Corpo d'Armata al divisionario più anziano, ossia al G. Pianell. — Lasciò solo al G. Aribaldi-Ghilini il comando delle truppe « in quella parte del campo di battaglia », quasi che non vi fossero state altre truppe in combattimento,

ed aggiunse che « la posizione doveva esser tenuta, che
« il nemico o non aveva molte forze o non voleva impe-
« gnarle... ». (Rel. uff., tomo I, pag. 268).

Ed invece allora, non solo la Brig. Piret, ma anche la
Divis. di riserva minacciavano il M. Vento (più di 12.000
uomini complessivamente) e, poco dopo, la Brig. Piret veniva all'assalto.

Se la posizione « doveva esser tenuta » bisognava almeno
chiamarvi la Divis. Pianell.

Questo generale (ne parleremo in appresso) non poteva,
credo, prendersi la responsabilità di completamente sguer-
nire di propria iniziativa la destra del Mincio, ma dopo
quanto era avvenuto, visto quello che si preparava, era il
G. Durando che *poteva* e *doveva* chiamarlo a sè.

Ed infine se egli, il Com. del I Corpo, asseriva che il
nemico non aveva grandi forze innanzi a M. Vento, era
egli stesso responsabile di asserire cosa non conforme alla
realtà, perchè bastava una ricognizione di cavalleria anche
sommaria fra Pra vecchia e Salionze, per constatare che
il nemico aveva grandi forze. Senza contare che con quella
stessa ricognizione si sarebbe, per naturale conseguenza,
preso il contatto colle truppe della 2ª Divis., che sopraggiungevano a sua insaputa.

Non si comprende poi assolutamente come non sia stato
possibile constatare l'entità delle forze nemiche, e la loro
disposizione, *dalla sommità* del M. Vento, alla quale s'ac-
cede dalla strada in pochi minuti.

La vista di cui lassù si gode è estesissima, e, pur tenendo conto delle ondulazioni e movimenti di terreno coi
quali le truppe possono nascondersi o mascherarsi, ritengo
che di là si sarebbe potuto vedere la maggior parte delle
truppe italiane e delle nemiche a N. ad O., ed anche al di
là del Mincio e verso S. Rocco. E se non è possibile
vedere nell'avvallamento del Tione a N. di Santa Lucia,
siccome non vi sono più di 1600 metri dal punto più ele-

vato del monte alla chiesa di Santa Lucia, così non solo si potevano vedere ad occhio nudo le truppe della 5ª Divis. postate sul ciglione, ma, con un buon cannocchiale, distinguere le persone! Buonissimo campo di vista si ha anche di lassù sulla linea d'alture Belvedere - Bagolina e su Custoza.

Un osservatore sul M. Vento avrebbe veduto — voglio dire — meglio anche di diverse ricognizioni di cavalleria.

Ad ogni modo era lassù che il comando di Corpo d'Armata avrebbe dovuto collocarsi durante la battaglia. Ed invece il G. Durando fu ferito mentre era nella stretta. (Rel. uff., pag. 268).

Non mi pare che un Com. di Corpo d'Armata possa dirigere l'azione tenendosi in una stretta, quando in pochi minuti può portarsi in una posizione come quella del M. Vento, di cui è difficile trovare una migliore in qualunque campo di battaglia.

Qualche ufficiale, mandato sùbito su quell'osservatorio allorchè le Divis. si mossero, avrebbe potuto rendere servigi immensi, perchè avrebbe sùbito scoperto il movimento della Divis. di riserva, e, più ancora, quello del 5° Corpo, ed avrebbe resa impossibile la sorpresa.

Tanto è vero ciò, che il giorno prima, dal M. Magrino, cioè da una posizione molto meno favorevole, si era veduto il movimento del 5° Corpo sulla strada Verona - Peschiera, a 10 km. di distanza (V. pag. 83).

E, dal M. Vento a S. Rocco di Palazzolo, ove il 5° Corpo giungeva col grosso delle sue forze il 24 poco dopo le 5, vi sono appena 4 km.!

Era cosa semplicissima scoprire di lassù, e tenersi lassù, ma non vi si pensò — almeno non risulta.

Ripeto che il comando di Corpo d'Armata, indipendentemente da quanto si poteva « vedere » dalle tante alture che s'incontrano in quella zona, non dispose in nessun modo per un'esplorazione del terreno. Eppure la cosa era di assoluta necessità, perchè se anche l'Esercito austriaco d'operazioni non si fosse già trovato sulla destra dell'Adige, potevano almeno le truppe di presidio trovarsi fuori delle fortezze nel cui raggio tàttico le Divis. del I Corpo andavano a collocarsi.

Non si può dire certo che il comando del I Corpo non avesse a sua disposizione sufficiente cavalleria. Disponeva di 16 sq. (1).

È vero che anche i Com. della 1ª e 5ª Divis., ciascuno dei quali aveva 2 sq., non vi pensarono e si contentarono di mettere — secondo l'antiquata formola — un plotone di cavalleria in testa all'avanguardia, invece di spingere qualche sq. a 5 o 6 km. innanzi; ma perchè il comando del I Corpo tenne tutta quella cavalleria in riserva (8 sq.) invece di spingerne almeno una parte ancora più innanzi?

Erano pur troppo le idee del tempo!

La 1ª Divis., sarebbe una puerilità non dirlo, non fu condotta al combattimento, *ma al macello!* È verità cruda, ma buona a ricordarsi! E se si domanda quale responsabilità spetti per questo fatto al Com. della Divis., io mi permetterei di rispondere: *nessuna!* La responsabilità è, non solo del Com. del Corpo d'Armata, che « non lo sorvegliò dappresso », ma specialmente di coloro in genere i quali lasciarono che un comando così importante, come quello di una Divis., rimanesse affidato ad un soldato che aveva il cuore di un Baiardo, ma che era assolutamente insufficiente quale comandante (2).

_____

(1) Non mi è riuscito trovare in nessuna relazione quale impiego abbia fatto il comando del I Corpo dei due sq. Lucca (3° e 5°) che erano addetti al Q. G.

(2) Mi sia permesso di citare qua una frase pronunciata da Federico II, allorchè uno dei suoi generali commise, per insufficienza, errori gravissimi: Poichè io lo scelsi, la colpa è mia. (Da ich ihn wählte so ist es meine Schuld...).

Questa sentenza fu citata, a propria discolpa, dal famoso gene-

Tanto più riesce doloroso il ricordarlo, quando si pensa al terribile disordine propagatosi nella Brig. Forlì dalla carica, prima di tre e poi di un quarto plotone di ulani, carica che fatalmente riuscì, come poche azioni di cavalleria sono riuscite sul campo di battaglia, perchè la disgraziata Brig. non era in formazione di combattimento.

Il Com. della 1ª Divis. voleva marciare e non credeva ad un'azione generale!

Questa decisione del G. Cerale di marciare per quattro e di vincere marciando in colonna, non credo che sia stata esagerata!

È certo che l'azione di comando nella 1ª Divis. è al disotto di ogni critica.

Io credo che, segnalato il nemico in forze, la 1ª Divis. che pure avrebbe dovuto, come le altre, spingere molto più innanzi lo sq. di cavalleria d'avanguardia, prima di procedere oltre in quel terreno mosso e insidioso, trovandosi inaspettatamente il nemico di fronte, avrebbe dovuto fermare almeno il grosso nella posizione di M. Vento.

Ma occorreva prima di tutto mandare avviso al Com. del Corpo d'Armata, ed a questo non si pensò neppure. Eppoi, se la 1ª Divis. si fermava al M. Vento, la 5ª Divis. doveva fermarsi a Santa Lucia. Dovevano, cioè, le due Divis. procedere d'accordo, e per far questo, forse, non era nemmeno necessaria l'azione immediata del comando del Corpo d'Armata.

È semplicemente incredibile però che in quel trambusto, in mezzo a quel violentissimo combattimento, il G. Cerale non abbia riconosciuto questa necessità assoluta: spiegare la Brig. Forlì!

---

rale Mack nella memoria a difesa, presentata al consiglio di guerra davanti a cui fu chiamato dopo il disastro di Ulm. (*Historisches Taschenbuch* — Leipzig — Brockhaus, pag 23-24).

L'idea del G. Villahermosa di occupare l'altura di Oliosi e di difendervisi, era assolutamente giustificata dalla necessità di assicurare l'avanzata della 1ª Divis. lungo la strada Valeggio-Castelnovo.

Le disposizioni da lui date per impadronirsi del M. Cricol e per assicurare la sua sinistra sono quelle che egli poteva dare; e lo si può assicurare senza esagerazione, il valore spiegato dalle nostre truppe in quella circostanza fu ammirabile, come ammirabile fu il modo col quale esse vennero guidate dai loro ufficiali.

Sopraggiunta la Brig. Pisa, qualunque siano le circostanze che hanno accompagnata la sua azione, tanto più era necessaria una energica azione d'attacco sulla linea delle alture Renati-M. Cricol-Mongabia, in quanto che la Brig. Forlì, cioè il resto della Divis., *serrava sotto* in formazione di marcia e la presa di quelle alture era il solo modo da impiegare per poter scongiurare il disastro, che poi avvenne: in parte, per l'ostinazione del Com. della Divis., in parte per fatali circostanze e in gran parte per l'incredibile audacia dello sq. Bechtolsheim e del plotone del capitano Binder.

Occorreva insomma, poichè non v'era profondità di manovra indietro, prenderla innanzi: guadagnare spazio ed aria per così dire.

L'attacco energico quindi del G. di Villarey, del prode che trovò nell'assalto la morte degli eroi, fu la risoluzione di un vero generale!

E non si può guardare senza commozione quel modesto monumento innalzato sul M. Cricol, che ricorda uno dei più bei fatti di quella giornata e che consacra la memoria del generale e dei valorosi guerrieri della Brigata Pisa all'ammirazione degli Italiani.

Tuttavia il disastro della 1ª Divis. sarebbe stato meno grande, se il G. Villahermosa, che pure dimostrò valore ed intelligenza in quella giornata, non avesse abbandonata l'altura di Oliosi. Non credo che la catastrofe sa-

rebbe stata scongiurata, se egli ne avesse dato l'annunzio
al Com. della 1ª Div. (cosa che avrebbe pur dovuto fare
in ogni caso) perchè dubito assai che il G. Cerale, a cui
premeva essenzialmente di riguadagnare il tempo perduto
e di giungere a Castelnovo, avrebbe pensato ad occuparla colle proprie truppe.

Eppure, secondo il mio giudizio, se il Com. della 1ª Divis.
non aveva creduto di fermarsi a M. Vento e di pren-
dervi posizione di aspettativa, egli doveva assolutamente,
allorchè vide impegnata seriamente l'azione sulla sua fronte,
limitarsi a rafforzarsi a destra appunto ad Oliosi e protendere la sinistra per Mongabia verso il M. Cricol.

Era una posizione difettosa: un saliente colla capitale
diretta press'a poco verso Castelnovo, era debole e facilmente attaccabile da Palazzo Alzarea ed aggirabile a sinistra, ma in quella situazione, e giunti a quel punto, non
ve n'era altra.

Indipendentemente dalla colonna Ballàcs e da altre truppe
che potevano minacciarne la sinistra, la 1ª Divis. veniva
sempre a trovarsi in una posizione assai arrischiata, con
una Divis. nemica (Rupprecht) di fronte ed una forte Brig.
(Piret) sul suo fianco destro.

Il G. Cerale avrebbe avuto in tutto, comprendendo i 3 batt.
di Villahermosa, forse 8000 fucili con 14 cannoni e 2 sq. davanti ad una forza quasi doppia, ma in quel momento bisognava mostrarsi audaci, non col marciare in colonna sulla
strada, ma spiegando e mettendo in combattimento la massima parte delle forze. Un attacco combinato da N. e da
E. per parte del nemico, non era già cosa tanto facile e
tanto sollecita ad effettuarsi, e la 1ª Divis. poteva forse
aspettare, non solo gli ordini del Com. del Corpo d'Armata,
ma rinforzi. La Brig. Pisa, coi riparti di Villahermosa, non
era stata impegnata sopra una fronte eccessivamente larga
per rispetto alla forza. E se essa fosse stata in tempo
rinforzata da parte della Brig. Forlì, specialmente al
saliente di Mongabia e sull'altura di Oliosi, io credo che

avrebbe potuto sostenersi, almeno contro l'attacco della Divis. di riserva, il quale non fu nè molto vigoroso, nè simultaneo.

Si poteva guadagnar tempo; e guadagnar tempo in una battaglia, può essere questione capitale.

Fu vera sciagura che alla Brig. Pisa, dopo il successo ottenuto, sia mancata l'intelligente ed energica direzione del suó Com. caduto sul campo!

Bisognava assolutamente occupare ed afforzarsi ad ogni modo sull'altura di Oliosi, la cui funzione tàttica verso E. era interessantissima. Ed abbiamo veduto, invece, che partitene le truppe di Villahermosa, l'altura fu occupata soltanto da alcuni avanzi della Brig. Forlì, e l'occupazione, ad onta che sia stata fatta senza regole, senza direzione e con forze limitate, pure servì a qualche cosa.

Ed infatti gli Imperiali dovettero impegnare, per impadronirsene, non solo gran parte delle truppe del G. Piret, ma anche i due batt., costituenti la colonna di sinistra della Brig. Benko, i quali si erano sviati.

Devo poi osservare, a scarico di responsabilità pel G. di Villahermosa, che l'altura di Oliosi, la quale si presenta con un rilievo formidabile da ogni lato nella carta al 25000, non ha effettivamente rilievo che verso il Tione.

La sua importanza tàttica può sfuggire quando la si guardi da N. o da O., verso cui essa non presenta che un leggero rigonfiamento.

Ed è probabile che tale importanza sia perciò sfuggita al G. di Villahermosa, la cui attenzione, durante il combattimento, fu piuttosto diretta verso Mongabia e verso N. O.

L'iniziativa del capitano Gamberini, del maggiore Aronni e del capitano Baroncelli merita riconoscenza.

Combattere fino all'estremo è legge dell'onor militare; e di quanta utilità diretta od indiretta possa riuscire la ostinata difesa anche di un riparto isolato, è cosa che difficilmente si può apprezzare quando si combatte, ma che può sempre apportar giovamento alle proprie armi.

Mi basti qui l'indicare che l'ostinata difesa del capitano Baroncelli obbligò l'ufficiale spedito dal G. Piret al G. Rodich per prender ordini, ad un così lungo giro, che le truppe della Brig. Piret furono forzate per qualche ora ad una quasi completa inazione, la quale a noi molto giovò. Molto più avrebbe giovato, se dal canto nostro vi fosse stata una direzione delle operazioni del I Corpo di Armata.

Il combattimento degli avanzi della 1ª Divis. e dell'avanguardia della 5ª Divis., come si è veduto, fu accanito, ostinato, ben condotto, da parte naturalmente dei migliori elementi fra gli ufficiali della Divis. Il G. Dho, il colonnello Dezza, i maggiori Aronni, Cecconi, i capitani Gamberini, Baroncelli, Lamberti, Sismondo e tanti altri, oltre all'aver dimostrato il più grande valore, adempirono egregiamente la loro missione di comandanti.

Io credo di esser riuscito a dimostrare che il combattimento di quei 1500 o 2000 soldati, che andarono. man mano assottigliandosi, abbia esercitato una grandissima influenza sull'andamento della battaglia alla nostra ala sinistra.

Io credo che appunto quelle difese ostinate di località e di caseggiati, siano state la causa principale per la quale le truppe della Divis. Rupprecht abbiano pressochè perduto i legami e gli ordini tàttici, e si siano tanto logorate nei successivi sforzi per ricacciare quegli *ostinati*, che quando ad esse veniva richiesto l'estremo sforzo, si trovarono nell'impossibilità di farlo.

Come si è veduto, l'ultima importante difesa di località: quella delle Maragnotte, finì verso il mezzogiorno. Se si pensa che la posizione Renati-M. Cricol fu perduta dalla 1ª Divis. verso le 9 1/2 e che le Maragnotte distano meno di 2 km. da quella fronte, si potrà vedere la grandissima portata di quelle difese, spicciolate, ma molto attive e molto tenaci. Certamente altri fattori, come sempre, hanno contribuito a ritardar la marcia del nemico, ma uno dei fattori principali è, certamente, quello a cui ho accennato.

L'importanza e l'influenza di quella difesa, nella quale lo spirito particolarista degli Italiani e l'iniziativa individuale propria dei nostri hanno potuto largamente esplicarsi, non mi pare sia stata fin'ora messa sufficientemente in luce.

Quegli avanzi rappresentavano ciò che v'era di meglio nella Divis.: il resto, anche in un combattimento generale, ben diretto e ben ordinato, non avrebbe forse fatto prova troppo buona, come sempre è avvenuto ed avverrà in truppe che vedono il fuoco per la prima volta (1).

Il soldato non è una macchina di guerra, quantunque sia l'elemento principale della guerra: quelli che tirano bene e quelli che nell'assalto vanno proprio *addosso al nemico*, non sono molti e non saranno mai molti.

Nelle migliori truppe del mondo, perfino nella « grande Armée » ad Austerlitz, o nei Prussiani a Gravelotte, vi sono stati fuggiaschi, che le pietose Rel. uff. chiamano ritardatari, disordinati, disorientati, sbandati, ma che sono sempre soldati che fuggono.

E di fuggiaschi o riluttanti, per così dire, ad andare innanzi, ve ne saranno sempre, specialmente nelle truppe sorprese o nelle truppe che hanno sofferto gravi perdite.

L'essenziale è che le truppe fresche e i loro Com.

---

(1) Tanto più quell'ostinata difesa, fatta, per così dire, palmo a palmo, mi sembra ammirabile, in quantochè, come giustamente si esprime uno di quei prodi ufficiali che la diressero (il maggiore, ora G. Cecconi) « ... si sentiva il cannone di M. Vento non come appoggio vicino, ma come combattimento alle spalle ». E poi: « ... il « cannone di M. Vento dietro alle spalle nostre, a tanta distanza, « era... *demoralizzatore* »!

Anche questo grosso inconveniente fu una matematica conseguenza dell'aver mossa la riserva tanto tempo dopo delle Divis. di 1ª linea!

non si lascino impressionare da quello spettacolo quasi inevitabile, tanto più inevitabile per noi il 24 giugno, in quanto che avevamo il treno borghese che ci trascinammo dietro. Almeno lo avessimo mandato innanzi come si fa nei cambi di guarnigione!

È appunto nella giornata di Custoza che, a nostro insegnamento, noi vediamo tutta la gamma di questa speciale tempra d'animo dei vari comandanti grandi e piccoli, che li innalza, più o meno, al disopra di quello spettacolo così umano: di uomini che cercano sottrarsi alla morte!

Il capo di stato maggiore dell'Esercito se ne impressiona talmente, che giudicando inevitabile un disastro (e non lo era niente affatto) abbandona l'Esercito, come vedremo, e se ne va a Goito per ragioni imprecisate.

Il Com. della 2ª Divis., il G. Pianell, caccia gli sbandati a viva forza e fa gettare sottosopra i carri per aver libero il passo e andare alla riscossa.

Il Com. della 19ª Div. se ne impressiona talmente, che crede alle notizie date dai fuggiaschi e retrocede — e lo vedremo!

Il Com. della 5ª Divis. — e lo vedremo — che pure aveva dimostrato, come sempre, il più grande valore personale, crede impossibile la difesa di Valeggio (che non era neppure minacciata) e ne ordina lo sgombro, trasgredendo gli ordini sovrani.

Il prode colonnello Boni, la cui condotta in quel giorno fu degna di Massena o di Fransecky (ed è impossibile dire di più), rimane, come si vedrà, fino all'ultimo momento, coi più prodi fra i prodi granatieri sulle alture di Custoza.

Il maggiore Bandi raccoglie a forza gli sbandati, si avanza esso stesso a combattere e tiene Valeggio anche dopo che se n'è ritirato, scoraggiato, il G. Sirtori. E di questo dirò a suo tempo.

Il Com. del 3º batt. bers. della riserva, fa distendere

il suo batt. in lunga catena per opporre un argine agli sbandati. Non so se, e fino a qual punto, sia riuscito; però egli stesso che doveva combattere a M. Vento col suo batt., non vi andò, perchè chi lo cercava per condurvelo non lo trovò. Io non so se abbia potuto rimandare al fuoco tanti sbandati quanti erano i bers. da lui comandati (505) e che mancarono là dove sarebbero stati preziosi, ma non lo credo.

Per tornare alla 1ª Divis., concluderò dicendo che, ad onta del comandante che la fatalità le dette in quel giorno e della conseguente sorpresa della Brig. Forlì, il valore di una parte di essa compensò l'avversa fortuna ed in sostanza la Divis. riuscì a ritardare di tanto l'avanzata del nemico, che, considerando anche la parte presa dalla 5ª Divis., quella della riserva e quella, per quanto parziale o breve, dalla 2ª Divis., l'azione, in complesso, su questa parte del campo di battaglia, cioè alla nostra ala sinistra, *non fu decisiva*. Cioè, la battaglia si sarebbe potuta egualmente vincere, indipendentemente dai rovesci toccati tanto alla 1ª quanto alla 5ª Divis. (1).

Anche a Wagram Napoleone vinse, quantunque la sua ala sinistra fosse andata a rifascio, peggio forse che da noi a Custoza. In quel campo di battaglia, sulla sinistra del Danubio, una vera piazza d'armi, non v'erano neppure

---

(1) Credo — e lo ripeto — che l'azione spiegata dalla 1ª e dalla 5ª Divis. non sia stata giustamente apprezzata, non solo dai profani, ma neppure da competenti. P. es., nell'articolo comparso ultimamente sulla *Rivista milit. italiana* (16 maggio 1903) e che porta il titolo: « L'8ª Divisione nella guerra del 1866 per la liberazione della Venezia » l'autore — di cui è impossibile immaginare il più competente, cioè il G. Allodi — scrive (pag. 759) « ... si doveva « vincere ancor quando l'ala sinistra dell'Armata, e più propriamente la 1ª e la 5ª Divis. *quasi sbaragliate al primo urto*, non fossero più in istato di combattere ».

località come quelle in cui gli avanzi della nostra 1ª Divis. fecero così ostinate difese (1).

È doveroso notare anche che il solo riparto che, a quanto pare, si mantenne costituito dal principio fino all'ultimo, fu il 4° batt. del 20° regg. appartenente all'avanguardia Villahermosa e comandato dal maggiore Cecconi.

Le disposizioni date dal G. Sirtori dopo che fu accolto a fucilate presso a Capelliuo erano, come « il senno del poi » ha dimostrato, difettose, ma pure in quel momento potevano sembrare le più convenienti.

Non si può dimenticare che nell'ordine del comando del Corpo d'Armata non v'era parola di ciò che si dovesse fare nel caso d'incontro col nemico e che, non essendo stata ordinata nessuna azione di esplorazione, il G. Sirtori, rimasto anche senza avanguardia, poteva ritenersi quasi sicuro di recarsi senza troppi ostacoli nella posizione assegnatagli di Santa Giustina.

Il suo torto fu, secondo il mio avviso — e l'ho già detto — di non avere, nel momento in cui seppe che l'avanguardia erasi sviata, spinta innanzi un'altra avanguardia.

Disgraziatamente, lo schieramento della Brig. Brescia fu eseguito troppo in basso, senza appoggi d'ala e troppo

---

(1) Nel Diario di Teodoro von Bernhardi, del quale si è tanto parlato in questi ultimi tempi, c'è una narrazione della battaglia di Custoza che non so per quale ragione il figlio, che pure era nel 1897, quando il libro fu pubblicato, colonnello di stato maggiore e in un Esercito come il tedesco, abbia creduto di mandare ai posteri! Fra le altre fantastiche notizie sulla battaglia, c'è quella che la Divis. Cerale sia stata battuta completamente perchè ha marciato senza avanguardia. (Er marschirte ohne Avantgarde in das Land hinein, pag. 102). Anzi, queste parole sono scritte a grossi caratteri.

A farlo apposta, la Divis. Cerale ha marciato con due avanguardie, scrivo io questo a grossi caratteri: la sua e quella comandata da Villahermosa della 5ª Divis.

lontano dal ciglione di Santa Lucia, su cui si trovava la Brig. Valtellina.

Si dice che sia stato ordinato, anche per l'idea formatasi dal generale che, cioè, l'avanguardia potesse trovarsi impigliata in mezzo a forze nemiche superiori, e che fosse quindi suo dovere disimpegnarla.

Questa spiegazione non mi sembra però molto fondata. Ed infatti se l'avanguardia si era sviata ed era impegnata, essa non poteva trovarsi così presto di nuovo innanzi a lui verso S. Rocco, e il G. Sirtori avrebbe dovuto sentire il fragore del combattimento.

Quanto è accaduto alla Divis. Sirtori si può citare come un esempio degli inconvenienti che possono nascere, allorchè difetta l'esplorazione, allorchè non vi sia collegamento fra l'avanguardia ed il grosso (1) ed infine quando si arrischia il tutto per salvare una parte.

Allorchè la Brig. Brescia si spiegava a cavallo della strada Muraglie-Pernisa-S. Rocco, presso a S. Rocco, cioè a un km. e mezzo avanti, senza che il G. Sirtori ne fosse menomamente informato, si trovavano due Brig. austriache, con una forza doppia di quella di cui egli poteva disporre!

La 5ª Divis., infatti, senza l'avanguardia Villahermosa, il batt. dato alla riserva e il batt. rimasto per la protezione dei bagagli, contava solo 6300 fucili e 10 cannoni, mentre le Brig. Piret e Bauer contavano 14000 fucili, 16 cannoni, più due batterie dell'artiglieria di Corpo, cioè 32 cannoni in tutto.

Cambiare quello schieramento era difficile, ma non impossibile.

---

(1) Secondo la Rel. uff. il G. Sirtori avrebbe assegnato tali incarichi al 4' sq. Lucca; e all'altro sq. avrebbe commesso il fiancheggiamento.

Non risulta quali risultati abbiano ottenuto i due sq. nella esecuzione degli incarichi ad essi affidati.

Certo non era consigliabile far ritirare la Brig. Brescia dopo averla spinta innanzi, perchè la ritirata era difficile.

Però credo che l'opportunità di uno spostamento si sia presentata dopo il felice attacco eseguito, specialmente dal 19°, contro il regg. Benedek.

Si poteva forse allora spostarsi obliquamente innanzi e a sinistra sulle alture di Feniletto e Fenilone. Da tali alture si poteva subito collegare l'azione della Brig. Brescia con quella della 1ª Divis. E da quelle alture si poteva, occorrendo, ritirarsi molto più facilmente sulle alture di Cassina e La Busa e venirsi a mettere a sinistra della Brig. Valtellina. Dippiù era solo in quel modo che il G. Sirtori poteva sperare di riprendere la sua avanguardia, che pure aveva una forza di 3 batt., 2 plotoni di cavalleria e 2 pezzi. Il generale sapeva certamente che l'avanguardia si era sviata prendendo la strada Valeggio-Castelnovo. Quindi solo spingendo la Brig. Brescia avanti e a sinistra poteva, credo, raccoglierla.

Certo la manovra era tutt'altro che facile: però era sempre preferibile, credo, tentarla, anzichè rimanere in quella infelice posizione, esposti ad un contr'attacco che non poteva tardare e che, data la superiorità di forza degli Imperiali in quella parte del campo di battaglia, non poteva fallire.

Non poteva capitare peggio di quello che avvenne, cioè che la Brig. Brescia, dopo aver valorosamente resistito al contr'attacco, andò a rifascio e compromise anche la compagine della Brig. Valtellina.

Fu specialmente poco prudente di mettere una batteria vicino alla Pernisa, mentre essa, forse, avrebbe potuto esser meglio collocata presso alla Busa o presso Muraglie o presso Via Cava o Arietti (buonissima posizione).

Ridotta più tardi alla sola Brig. Valtellina, dopo l'energico attacco eseguito verso il mezzogiorno, la 5ª Divis. ripete l'errore, ripassando il Tione e venendo a rioccu-

pare le posizioni dove, poche ore prima, la Brig. Brescia
non aveva potuto mantenersi. Coll'aggravante che sul ciglione di Santa Lucia non rimanevano che insignificanti
riparti. E questa volta, ad onta dello slancio e del valore di cui la Brig. aveva dato prova, essa non potè
nemmeno aspettare di piè fermo il formidabile attacco
che si preparava con forze quadruple e, non essendo sostenuta da truppe fresche, essa abbandonò anche le forti
posizioni di Santa Lucia per ridursi a Valeggio.

La ritirata completa dalle posizioni di Santa Lucia e Via
Cava, è cosa che non risulta, finora, abbastanza spiegata.

La nostra Rel. uff. dice, a pag. 285, che già apparivano
« sull'alto del M. Vento, e per conseguenza sul fianco
« sinistro della 5ª Divis., truppe che parevano pure au-
« striache e padroni oramai di quel forte sito ».

E, sempre secondo la Rel., alle 3 p. m. le truppe del
G. Möring erano padrone del campo.

Verso le 3 ¹/₂ (pag. 286) il G. Sirtori, con quello che
gli rimaneva della sua Divis., si trovava in Valeggio.

Risulta però dalla stessa Rel. (pag. 279) che quando
gli Austriaci occuparono le posizioni di M. Vento potevano essere le 3 o poco più. Essi sarebbero, cioè, giunti
su M. Vento dopo che a Santa Lucia e non risulta che
le truppe apparse sull'alto del M. Vento, prima delle 3,
fossero truppe austriache.

È vero che la Rel. dice soltanto che « *parevano*
pure austriache » ma, comunque sia, sembra che la ragione della ritirata della Divis. Sirtori non sia quella
della minaccia sul fianco sinistro. Si ritenne, forse, che,
se era possibile difendere le posizioni di Santa Lucia
prima del vigoroso, ma non sostenuto contrattacco, non
era possibile tenerle dopo, colle truppe disordinate dalla
ritirata.

Un'altra circostanza può avere influito. Ed è che il
G. Sirtori, rimasto senza seconda linea, sentiva il cannone
di M. Vento quasi alle spalle, sentiva a destra e indietro

il combattimento sulle alture di Custoza; e, rimasto senza ordini e senza avvisi del suo Com. di Corpo d'Armata, non poteva avere idea del modo con cui il combattimento si svolgeva.

Tanto più credo che queste siano le ragioni della ritirata del G. Sirtori, quando leggo nella Rel. austriaca (Oestr. Kf., Vol. II, pag. 102) che solo alle 3 il G. Piret ordinò l'avanzata verso il M. Vento (1).

Si può quindi ammettere, credo, che la ritirata da Santa Lucia abbia preceduto quella del M. Vento.

Ma anche un'altra cosa conviene notare.

Ed è che dalla stessa nostra Rel. (pag. 278) risulta che il capo di s. m. del I Corpo, vedendo affluire a Valeggio uomini della Brig. Valtellina e sentendo dire che la 5ª Divis. si ritirava dalle « posizioni di Santa Lucia, ne mandò avviso al G. Ghilini; e questo, temendo per la sua destra, comandò la ritirata ».

Lasciamo stare se ciò confermi, o non, il mio avviso — cosa poco importante — ma da ciò si rileverebbe appunto che la ritirata dal M. Vento fosse una conseguenza di quella da Santa Lucia.

Si rileva altresì dall'avviso mandato dal capo di s. m. al G. Ghilini come non solo mancasse una qualsiasi direzione alle operazioni della riserva, della 5ª Divis. e di quanto rimaneva della 1ª Divis., ma anche che il capo di s. m., mentre le Divis. del Corpo d'Armata erano schierate e combattevano sulla linea Brentina-Case Pasquali-M. Vento-Santa Lucia, stava a Valeggio.

Egli avrebbe dovuto invece, credo (e ciò non era difficile) ricercare il generale (Pianell) a cui spettava il comando del Corpo d'Armata e mettersi ai suoi ordini.

_____

(1) Si è già veduto, anzi, che secondo lo Scudier, il G. Piret ordinò l'assalto di M. Vento verso le 3 e mezzo.

Secondo il maggiore, ora G. Cecconi, gli italiani si sarebbero ritirati dal M. Vento verso le 4 pom.

In una lettera all'*Italia Militare* (8 dicembre 1866)
pubblicata dal senatore Chiala (*Cenni Storici*, Volume ii,
Fascicolo i, pag. 303 e seg.) il G. Sirtori asserisce che
la sua Divis. fu quella che ha avuto maggiori perdite a
Custoza. Ciò non è esatto.

Se egli parla, come parrebbe naturale, di morti e feriti,
fo notare che se la 5ª Divis. ne ha avuti 601 (ufficiali e
truppa), la terza ne ha avuti 802. Ma è poi *verissimo* ciò
che il generale afferma: che essa si sia sostenuta nove
ore davanti al 5° Corpo austriaco, e ciò è dovuto all'azione
di comando del generale, al valore spiegato dalla Divis.,
ed al modo alquanto fiacco con cui furono dirette le operazioni del 5° Corpo.

Ciò viene a dimostrare, se pur ne n'era bisogno, quale
altro andamento avrebbero potuto prender le cose alla
nostra ala sinistra, se le operazioni delle tre Divis. e della
riserva fossero state coordinate, cioè se il comando del
Corpo d'Armata avesse regolarmente funzionato.

Risulta infine, e questa è la conclusione della mia lunga
dissertazione, che sarebbe stato un gran bene se la Brig.
Valtellina si fosse fermata sul ciglione di Santa Lucia as-
sumendone la difesa. E la cosa era possibile!

Ne sarebbe stata ritardata anche la caduta del M. Vento
che ne fu la conseguenza (1).

L'occupazione e la difesa di M. Vento costituirono una
delle più belle azioni tàttiche per parte italiana nella
battaglia di Custoza. Credo però che sia stato un errore

---

(1) Io non sono lontano dal credere che se non si fossero ab-
bandonate le posizioni di Santa Lucia e del M. Vento, le truppe
imperiali, forse, avrebbero ancora ritardato prima di muovere al-
l'assalto *effettivo*. E credo che il G. Durando avesse pienamente
ragione quando diceva — prima di lasciare il comando — che la
posizione di M. Vento doveva essere « tenuta ». Però, doveva essere « tenuta » anche quella di Santa Lucia ed a ciò egli avrebbe
potuto e dovuto provvedere.

di impiegare i bers. *tanto lontano* dal M. Vento. L'8° infatti (Rel. uff., pag. 229) fu spinto fino a Busetta e il 2°
batt. a Fontana fredda, cioè, rispettivamente a 1300 m. e
a 1000 m., circa, dall'artiglieria.

Specialmente l'8°, fatto segno al fuoco convergente delle
artiglierie austriache, subì gravi perdite.

L'azione di quei piccoli batt. e quella del 13°, impiegati
quasi isolati, fu eccellente e molto intonata collo spirito
intraprendente e audace del corpo. Soprattutto perchè
essi furono impiegati *contr'offensivamente*. Quei prodi soldati seppero davvero moltiplicarsi.

Caduta la posizione di Santa Lucia, e non essendo occupato il M. Mamaor, la posizione di M. Vento non era
più tenibile.

L'iniziativa presa dal G. Pianell di far passare uná parte
delle truppe della sua Divis. dalla destra alla sinistra del
Mincio, derivò da un giusto apprezzamento della situazione
e da un elevato sentimento militare.

Se poi vogliamo tener conto dello stato d'animo in cui
trovavasi quel generale, noi siamo portati verso di lui ad
un sentimento d'ammirazione vivo e profondo (1).

Il generale, a causa della sua provenienza dal disciolto
Esercito delle Due Sicilie, era considerato nell'elevato am-
biente militare di quel tempo, quasi come un intruso: dippiù
le false accuse a lui dirette perchè antico ministro della
guerra del Re Francesco II, accuse che egli, con riserva
meglio unica che rara, aveva cercato di far tacere più colle
opere che colle parole, lo avevano messo in luce non bella
anche fra gli ufficiali di grado inferiore e le truppe. E
circolarono non solo voci, ma anche scritti caluan. . si, con

_____

(1) Per la sua bella condotta in quella giornata, il G. Pianell fu
decorato della croce di grand'ufficiale dell'ordine militare di Savoia.

tanta insistenza, che egli dovette preoccuparsene e riferirne al Com. del Corpo d'Armata.

Si diceva semplicemente che egli e il duca di Mignano
fossero *venduti* agli Austriaci!! Dippiù i legittimisti e il
partito di corte austriaco ultrapotente, non gli perdonavano,
per contrapposto, di non aver seguìto il Re, fino all'ultimo
giorno del suo Regno (1). Nelle condizioni in cui egli si
trovava (2) infrangere l'ordine tassativo ricevuto di « ri-
« manere sulla destra del Mincio per osservare Peschiera »
significava arrischiare non solo la vita come soldato, ma
anche, ciò che era mille volte più terribile, il suo onore.

Ho già notato infatti che, più che possibile, era *probabile* che una parte dell'Esercito austriaco uscisse proprio
da Peschiera per la destra del Mincio.

Certo l'intervento della 2ª Divis. avrebbe potuto essere
più completo, assai più efficace, più decisivo. Bisognava
però che il G. Pianell avesse avuto un'idea più completa
della situazione che egli non era in grado di apprezzare,
e bisognava che avesse saputo quello che si seppe dopo,
cioè che la sola sortita da Peschiera fu fatta per la sinistra
del Mincio e che tutto l'Esercito imperiale combatteva sulla
sinistra del Mincio.

Si noti ancora che la prescrittagli linea di osservazione
Pozzolengo-Monzambano era tanto vicina a Peschiera, che
egli si trovava, già *quasi* a tiro di cannone da quei forti
avanzati.

Una sortita adunque, anche importante, poteva essere

---

(1) È noto che l'Arciduca Alberto, che aveva una posizione preponderante alla Corte, era fratello della Regina Maria Teresa di
Napoli, moglie di Ferdinando II e che l'Imperatrice Elisabetta era
sorella dell'ultima Regina di Napoli, moglie di Francesco II.

(2) Di questo suo stato d'animo, e delle sofferenze morali fortis-
sime in quella fiera e sdegnosa natura, fanno fede le lettere ultimamente pubblicate dalla nobile e degna sua consorte.

preparata ed effettuata prima, si può dire, che egli ne avesse avuto sentore.

È indubitato che l'intervento di truppe fresche della 2ª Divis., nell'istante critico in cui l'ala sinistra della posizione di M. Vento stava per essere attaccata da forze molto superiori, ha dovuto avere grande influenza ed efficacia. È vero che i batt. guidati dal colonnello Pasi hanno deviato dalla direzione ad essi assegnata e sono andati verso S. E, invece che verso E, che la batteria ha tirato contro gli Italiani invece che contro gli Austriaci, ma di questi inconvenienti, che accadono alla guerra più spesso di quello che si creda, non si può far risalire la responsabilità al G. Pianell.

D'altra parte il colonnello Pasi prese vigorosamente la sua rivincita coll'attacco energicamente eseguito verso Fontana e Marzago, con cui respinse gli Austriaci fino verso Salionze (1).

Fu mirabile l'accordo fra le tre armi, mediante il quale fu possibile annientare il 36º batt. cacciatori.

Meno giustificata mi sembra la ritirata del colonnello Pasi, allorchè sentì rumore di combattimento sulla sua sinistra, quasi alle spalle.

A lui era stato affidato il comando della sinistra delle truppe che difendevano M. Vento: che esse fossero, o non, della sua Divis. non diminuiva la necessità di difendere fino all'estremo quell'importante posizione.

Bisognava però non che un maggiore (il sottocapo di s. m.) venisse a dirgli che il comando *spettava* a lui. Occorreva che il Com. del Corpo d'Armata gli avesse *ordinato* di assumerlo.

Occorreva soprattutto che una sola mente avesse diretto l'azione di tutte quelle truppe del I Corpo: si ritorna sempre alla stessa considerazione!

----

(1) Pel valore spiegato in quella giornata, il colonnello Pasi fu decorato della medaglia d'oro al valor militare.

Il prode colonnello Pasi avrebbe potuto rendere servigi maggiori, e come lui tutta la 2ª Divis. Ma non bisognava lasciarlo senza *ordini* nella difficile situazione di sentire che la sua Divis. era vivamente impegnata, mentre l'azione davanti a M. Vento languiva.

È difficilmente apprezzabile l'influenza che può aver avuto l'intervento della Divis. Pianell nelle risoluzioni del supremo Com. austriaco. Fu detto che l'attitudine della Divis. Pianell, schierata in battaglia sul ciglione di Brentina, minacciosa per l'ala destra degli Austriaci, abbia contribuito a far desistere l'Arciduca dal progetto di puntare su Valeggio, e lo abbia invece indotto a cercare la decisione della battaglia sulle alture di Custoza. Ciò non mi sembra molto fondato.

Col deficiente servizio d'informazioni che si manifestò anche nell'Esercito imperiale, l'Arciduca, allorchè emanò gli ordini per l'attacco supremo della battaglia, forse non sapeva ove si trovasse con precisione la Divis. Pianell. Sono portato a creder ciò dal fatto che egli si trovava a S. Rocco di Palazzòlo, cioè molto più vicino alle alture di Custoza che al Mincio, eppure, come si rivela dall'ordine da lui emanato all' 1 $\frac{1}{2}$ che riporterò in seguito, egli non sapeva che il 9º Corpo non aveva truppe fresche o riposate da lanciare all'attacco verso Staffalo.

Mi sembra però ammissibile che, se pure i generali Rupprecht, Piret e Rodich avevano l'intenzione di puntare su Valeggio, essi ne siano stati distolti anche dalla presenza sul loro fianco destro della 2ª Divis.

Da parte degli Imperiali, è giusto riconoscere che le truppe si sono valorosamente battute. Ne fanno fede le gravi perdite da essi subìte in morti e feriti (1).

_____

(1) Ciò senza tener calcolo dei mancanti, che furono moltissimi (circa mille uomini) parecchi dei quali dovevano esser feriti o morti.

Brig. Benko — **726**
Brig. Weimar — **372**
Brig. Piret — **527**
Brig. Bauer — **481**.

Perdite molto minori ebbe la Brig. Möring, che fu poco impegnata.

Si può anche dire che la successione degli atti tàttici per parte della Divis. di riserva e del 5° Corpo sia stata logica, ma l'esecuzione pare che non sia stata troppo vigorosa.

Fino verso le 2, quando incominciò a manifestarsi l'intervento delle truppe della 2ª Divis., gli Imperiali avevano alla loro ala destra una così grande soverchianza numerica, che prima di quell'ora essi avrebbero potuto e dovuto esser padroni di M. Vento, di Santa Lucia e anche di M. Mamaor.

Senza dubbio la Divis. di riserva era alquanto indietro rispetto al 5° Corpo, che si trovava per le ore 8 quasi tutto raccolto attorno a S. Rocco di Palazzòlo; ma le tre Brig. di questo Corpo:

20835 fucili, 313 sciabole, 48 pezzi,

non avevano di fronte che la Divis. Sirtori scemata, come abbiam veduto, dell'avanguardia di Villahermosa e di un batt. lasciato di scorta ai tràini, cioè in tutto:

6300 fucili circa, 150 sciabole, 10 pezzi.

Gli Imperiali avevano, cioè, una forza tripla di fronte alla Divis. Sirtori, mentre anche la Divis. di riserva era superiore in forze alla 1ª Divis. rinforzata dall'avanguardia di Villahermosa.

Da questo però non consegue che, specialmente nelle prime ore, prima cioè del mezzogiorno, si possa fare un appunto ai generali Rupprecht e Rodich di non aver condotto l'azione più vigorosamente e di non esser riusciti, prima delle 10 soprattutto, ad impadronirsi di Santa Lucia. Certamente, se dopo la rotta della Brig. Brescia, cioè verso

le 10 ¹/₂, la Brig. Möring avesse raggiunta la Brig. Bauer
e tutte e due avessero proceduto all'attacco delle posizioni
di Santa Lucia, queste, difese da soli 6 batt. della Brig.
Valtellina, non avrebbero potuto reggere, e la caduta di
Santa Lucia avrebbe portato per conseguenza la caduta
delle posizioni di M. Vento.

Insomma, non v' è dubbio, la battaglia poteva esser
quasi decisa alla nostra ala sinistra, prima del mezzogiorno.
Dico quasi, perchè è difficile immaginare che cosa avrebbe
fatto il G. Pianell e, se anche fosse intervenuto, quale
sarebbe stato il risultato del suo intervento.

Ma i Com. austriaci, certamente, non potevano immaginare di avere così poca forza davanti a loro!

Difettando moltissimo di cavalleria, ed avendo innanzi
quelle grandi barriere di M. Vento e di Santa Lucia che limi-
tavano la vista, essi non avevano potuto, è naturale, essere
esattamente informati delle forze e delle intenzioni nemiche.

Occorreva più cavalleria ed occorreva tempo. La Divis.
di riserva non aveva, si è veduto, un solo uomo di cavalleria ed il 5º Corpo aveva soltanto 2 sq., coi quali doveva
pensare anche alla scorta per l'artiglieria ed al collegamento col 9º Corpo.

D'altra parte, l'azione nel campo tàttico della cavalleria
del 5º Corpo fu tanto efficace, che non si può fare al comando l'appunto che essa non sia stata meglio impiegata
nell'esplorazione.

Inoltre osservo che il còmpito specialmente affidato alla
Divis. di riserva, di costituire cioè l' « ala marciante »
della conversione che l'Armata imperiale eseguì, in sostanza,
con perno a Sommacampagna, era come per tutte le « ale
marcianti » assai faticoso.

Si pensi, infatti, che la Brig. Benko partì da Pastrengo
alle 3, e che da Pastrengo a M. Vento vi sono 15-16 km.,
che essa percorse in gran parte in ordine di combattimento e combattendo, sotto il sole d'Italia del 24 giugno.
È cosa che può sfibrare le migliori truppe!

V'è anche da osservare che, all'azione combinata del 5° Corpo e della Divis. di riserva, nocque la mancanza di unità di comando, e ciò dipese dal fatto che non si credette di porre sotto gli ordini del G. Rodich, generale di Brig., un'ala di battaglia di 3 Brig. e di una Divis. comandata da un generale (Rupprecht), di pochissimo meno anziano di lui.

Certo noi vediamo: da una parte tardare l'attacco di Santa Lucia perchè non si era ancora padroni di buone posizioni innanzi a M. Vento e; dall'altra parte, tardare ad attaccare il M. Vento, perchè a sinistra non si era ancora padroni di Santa Lucia.

Questo fu, in una certa misura, un circolo vizioso, nel quale si aggirarono le decisioni, specialmente, dei generali Rupprecht, Rodich e Piret.

Un altro fattore, che contribuì a dare minore efficacia e minore rapidità all'azione tàttica, fu il terreno.

Dopo Salionze, infatti, il gran giro che fa il Mincio verso O., col punto più avanzato a Monzambano, allargava la fronte di operazione di circa 3 km. e ad O. di Monzambano, lo si sapeva, vi erano importanti forze italiane, le quali, però, nulla escludeva che fossero passate sulla sinistra del Mincio, e delle quali, ad ogni modo, bisognava preoccuparsi.

Si è poi anche veduto quale influenza abbiano avuto nella condotta delle operazioni all'ala destra austriaca i ritardi coi quali pervennero gli ordini del comando supremo, ritardi dovuti alla trascuratezza di spedire gli ordini almeno in doppio, e per due strade diverse, e di spedirli per mezzo di ufficiali o di sott'ufficiali intelligenti, ben montati e arditi cavalieri.

È un particolare, ma di quanta importanza!

Esaminando ora un po' nei particolari l'azione degli Imperiali, ed incominciando dall'estrema destra, noi vediamo che, per quanto piccola, pure la colonna uscita da Peschiera ha esercitato una certa influenza tàttica sull'andamento del combattimento, indipendentemente dall'azione di fiancheggiamento da essa prestata alla Divis. Rupprecht.

Ed infatti fu l'apparizione di tale colonna verso Feliona che decise il 30° regg. a sgombrare l'altura di Renati (e forse non era necessario).

Il FZM. v. Scudier nota a pag. 227 della sua opera, che la sortita da Peschiera avrebbe dovuto essere fatta per la destra del Mincio. Fatta per la sinistra, egli nota, essa non portò che un mezzo soccorso alla Divis. Rupprecht e fu così permesso al G. Pianell di portare sulla sinistra del Mincio forze di gran lunga superiori.

Io non sarei di questo avviso.

Se la sortita fosse stata fatta per la destra, quelle poche centinaia di uomini sarebbero state probabilmente schiacciate dalle truppe della 2ª Divis., e poi, non potendosi più rinnovare la sortita, perchè la colonna Ballàcs rappresentava probabilmente il massimo che si poteva far uscire dalle fortificazioni, forse il G. Pianell sarebbe stato indotto a intervenire con forze ancora più importanti.

Sarebbe stato anzi, credo, preferibile di non farne nessuna, piuttosto che farne una così meschina per la destra, perchè la continua minaccia soltanto di far uscire truppe, avrebbe forse immobilizzate forze più considerevoli di quelle che occorrevano, una volta tanto, per averne ragione.

È da notarsi poi, quantunque non si tratti che di poche centinaia di uomini, che la ragione per la quale le truppe dovettero ritornare a Peschiera è appena credibile. Uomini e pezzi... mancavano di munizioni!

Per truppe che escono da una fortezza, mancar di munizioni è grossa! Se pur ciò non sia una « pietosa » trovata!

Una delle ragioni per le quali si deve, secondo il mio avviso, ritenere che la Divis. Rupprecht non abbia fatto tutto quello che avrebbe potuto, era la difettosa ed affrettata sua composizione.

Essa era, cioè, composta di truppe raccozzate, che non avevano la necessaria coesione.

Ma, indipendentemente da tale fatto, vi sono parecchie disposizioni che prestano il fianco alla critica.

Le due Brig., soprattutto, sono da principio scaglionate a troppa distanza.

Ed infatti la Brig. Sassonia-Weimar deve muovere da Sandrà per Castelnovo alle 4, e la Brig. Benko alle 5.

Esse pertanto non possono quasi giungere contemporaneamente a Castelnovo, come avrebbero dovuto.

Bisognava poi che le disposizioni di marcia fossero state alquanto diverse. Ed infatti la Brig. di testa (Weimar) ricevè l'ordine di marciare con una colonna principale e due colonne fiancheggianti. Lo stesso ordine ricevè la Brig. di coda.

Per la colonna di testa non ho nulla da ridire, ma per la Brig. di coda, le strade essendo tutt'altro che vicine, la cosa era superflua: bastavano alcuni drappelli fiancheggianti.

Nel fatto avvenne che la colonna di sinistra della Brig. Benko (C. Attems con due batt.) si sviò e giunse, come si è veduto, in coda alla Brig. Piret.

Ricevuto l'ordine di marciare su Oliosi, il G. Rupprecht ordinò che la Brig. di coda (Benko) passasse in testa.

Le ragioni di tale disposizione non mi risultano: certamente sarebbe stato preferibile di far marciare innanzi la Brig. Weimar, che era partita dopo, che si trovava già in testa e che aveva tutta la sua forza.

Dippiù in Castelnovo fu lasciato un batt., anche della Brig. Benko.

Questa adunque, si trovò a dover affrontare per prima il nemico con soli 4 batt., avendone 7 effettivi.

La ragione poi per la quale fu lasciato un batt. a Castelnovo non risulta. Pel collegamento con Peschiera era già stata inviata una compagnia, e questa era forse sufficiente.

Fu poi ordinato alla Brig. Weimar di seguire la Brig. Benko a mezz'ora di distanza.

Con ciò la Divis. Rupprecht si presentò al combattimento con una prima schiera (4 batt.) meno forte della seconda (6 batt. circa). E questa seconda schiera era tanto lontana, da non poter in tempo appoggiare la prima schiera.

Questo frazionamento ebbe le sue conseguenze. Si è veduto infatti che, non appena occupato il M. Cricol colla testa della colonna principale, il G. Benko dovette sgombrarlo, che lo riprese poi col suo grosso, che lo riperdette quando fu contr'attaccato da tutta la Brig. Pisa.

Si è veduto anche che la Brig. Weimar, troppo lontana, si spiegò troppo presto, incominciò col cannoneggiare i propri e, senza il successo assolutamente straordinario e imprevedibile della carica di Bechtolsheim, non è facile immaginare quanto tempo e quanto altro sangue avrebbe costato la riconquista del M Cricol e delle alture laterali.

Conviene osservare che l'attacco della linea Renati-M. Cricol-Mongabia, con tutte le forze riunite, fu abbastanza ben condotto.

Esso, però, fu assai facilitato dalla soverchianza numerica e dalla situazione.

La posizione era forte e scoperta sulla fronte, quindi fu assai opportuno il doppio attacco d'ala, riuscito il quale, specialmente quello di sinistra (degli Imperiali), il centro non ebbe che a marciare innanzi per completare il successo.

L'ordine dell'Arciduca del 23, 6 $\frac{3}{4}$ p m., recava che la Divis. riunita dovesse portarsi da Castelnovo su Oliosi — ed il 5° Corpo su S. Rocco di Palazzòlo.

Ora il 5° Corpo era già a S. Rocco da due ore, ed il G. Rupprecht era ancora indietro di 1 km. da Oliosi.

Egli avrebbe dunque dovuto avanzare.

Non si comprende perchè sia rimasto sulle posizioni conquistate. Si comprende che *dopo*, la Divis. di riserva, non si sia più trovata in grado di avanzare e di manovrare, ma non lo si comprende alle 9 $^1/_2$ o alle 10 del mattino, allorchè bisognava sfruttare il successo ottenuto e dopo che si era ricevuta, alle 6 $^3/_4$ a. m., la conferma dell'ordine di marciare su Oliosi (Scudier, op. cit., pag. 168).

Dopo che ebbe presa l'altura di Oliosi, la Brig. Piret si collocò a cavallo della strada Castelnovo-Valeggio, e la Divis. di riserva si venne a trovare in 2ª linea.

Diveniva perciò più che mai necessario che la Divis. Rupprecht operasse con preponderanza a destra, per portare in linea le sue truppe e per operare contro l'ala strategica (sinistra) del nemico che era di fronte e che si appoggiava al Mincio.

Più che mai diveniva necessaria però l'unità di comando — oppure un'azione più diretta del comando supremo.

Il movimento su Monzambano, che era quasi una marcia di fianco davanti al nemico, non potè essere eseguito a dovere.

L'ordine dato dal Com. supremo austriaco al Com. della Divis. di riserva: di avanzarsi in direzione Salionze-Monzambano, di distruggere — se possibile — il ponte presso quest'ultima località e di procedere poi ancora verso Valeggio, esigeva, come giustamente osserva il FZM v. Scudier (pag. 224) pieno accordo di esecuzione col 5° Corpo, cioè unità di direzione all'ala destra, la quale unità non esisteva.

E ciò è evidente. Che le truppe del G. Pianell fossero ancora sulla destra del Mincio, presso a Monzambano, o avessero passato il fiume per portarsi sulla sinistra, andare proprio in direzione di Monzambano, e cercare di distruggere il ponte, era — in ogni caso — difficilissimo e poteva essere poco meno che inutile, se quelle truppe si trovavano già sulla sinistra.

La disposizione, secondo il mio avviso, più indicata, era quella di dirigere la Divis. di riserva contro la sinistra della posizione di M. Vento, in modo che la Divis. si schierasse a destra della Brig. Piret, con direzione a M. Sabbione e Torrione. In tal modo la Divis. Rupprecht avrebbe pur sempre avuto buona azione di artiglieria verso Monzambano, avrebbe potuto — sempre col concorso della Brig. Piret — attaccare la sinistra della posizione di M. Vento, cioè la parte più debole, avrebbe potuto direttamente opporsi alle truppe della Divis. Pianell, se queste erano già in posizione, dopo aver passato il Mincio, o attaccarle di fianco se stavano per eseguire il passaggio. E, in ogni caso, coll'assicurata superiorità numerica, anche tenuto calcolo di tutta la Divis. Pianell, la Divis. di riserva poteva esercitare un'azione efficacissima ed affrettare la caduta della posizione di M. Vento.

In conclusione, si torna sempre alla stessa osservazione: non si poteva sforzare la posizione di M. Vento, come qualunque altra, senza unità di direzione, senza simultaneità d'azione.

Non mi pare inutile ripetere che una delle ragioni per le quali — secondo me — la Divis. di riserva, anche a malgrado dei successi ottenuti, combattè poi a frammenti e poi confusamente e infine non fu più possibile di efficacemente impiegarla, risiede nelle prime disposizioni secondo le quali fu avviata al combattimento: una Brig. dietro l'altra, entrambe su tre colonne, con quel complicato passaggio di linee a cui ho già accennato. Ne venne in breve ora il frammischiamento e più tardi la confusione. Il frammischiamento è un male inevitabile, che bisogna però assolutamente ritardare il più che è possibile e, per ritardarlo, bisogna generalmente incominciare ad impiegare i riparti « per ala ». Pur troppo anche parecchie delle nostre Divis. furono impegnate quel giorno « per linea », e ne abbiamo risentite le non liete conseguenze.

L'azione del 5° Corpo austriaco si presta a moltissime considerazioni, ma esso, complessivamente, si battè — indipendentemente dall'azione della Brig. Möring su altra parte del campo di battaglia e di cui dirò in sèguito — con valore e con prudenza.

Conviene però notare che il generale dal quale esso fu comandato il 24 giugno, era un comandante interinale. E questo fatto produce sempre qualche attrito nell'esercizio del comando.

Ed infatti, noi vediamo, nell'azione del 5° Corpo, una certa alternativa di ardite iniziative, quasi eccessive, e di decisioni inspirate da prudenza forse soverchia, che fu da alcuni detta inazione.

È certo che l'iniziativa presa la sera del 23 di portarsi molto più innanzi della fronte di schieramento assegnata, non è in relazione, p. e., colla risoluzione presa di non sostenere il brigadiere Bauer per facilitargli l'attacco della posizione di Santa Lucia, che avrebbe fatto cadere anche la posizione di M. Vento ed avrebbe, forse, quasi annientata la resistenza dell'ala sinistra italiana diverse ore prima. Ma di questo non credo che si possa far troppo carico al G. Rodich. Bisogna prima di tutto considerare che, dopo la quasi distruzione dello sq. Bechtolsheim, che pure aveva ottenuto un successo che era « follia sperar », il G. Rodich rimase quasi senza cavalleria.

La ricognizione del nemico, che occupava le elevate alture di M. Vento e Santa Lucia, dietro alle quali era impossibile vedere, si presentava tutt'altro che facile. Dippiù al G. Rodich era noto che gli Italiani, anche della sola Armata del Mincio, erano ancora molto superiori in forze agli Imperiali, ed egli poteva credere che tali forze fossero appunto dirette, come del resto era naturale, sulle colline.

Io non so davvero se egli abbia proprio fatto tale ragionamento, ma chi poteva credere nel campo austriaco che il 24 gli Italiani sarebbero venuti innanzi senza esser preparati a battaglia, che tutte e quattro le Divis. del Il Corpo non vi avrebbero preso parte, e che altre due

Divis. del III Corpo sarebbero state, dalle 9 in poi, a guardare i gelsi della pianura di Villafranca?

Che il G. Rodich, alle 10, isolato, in un vasto terreno di combattimento (il collegamento col 9° Corpo fu in sostanza per tutta la giornata piuttosto nominale che effettivo, specialmente dopo la ritirata della Brig. Scudier) non abbia creduto di impegnare la sola sua riserva, la Brig. Möring, io lo comprendo perfettamente (1).

A me sembra assai lodevole l'invio della Brig. Piret a sostegno della Divis. di riserva, dopo lo scacco da questa subìto a M. Cricol.

La Divis. Rupprecht combatteva tutt'al più a 3 km. da S. Rocco quando il G. Rodich ordinò quel movimento, e sarebbe stato grave errore per parte sua di non soccorrerla.

E se noi confrontiamo la sua condotta con quella del Com. del nostro III Corpo, noi, per esser giusti, dobbiamo trovare una differenza che torna tutta ad onore del Com. austriaco.

Anche il Com. del 5° Corpo doveva da principio « tener fermo » a S. Rocco come il nostro generale doveva « tener fermo » a Villafranca, ma il G. Rodich, mandò, *anche senza richiesta*, la Brig. Piret contro Oliosi per minacciare a tergo gli Italiani e disimpegnare Rupprecht. E il nostro Com. del III Corpo, ad onta delle angosciose richieste del G. Govone, non mandò sulle alture, come vedremo, nè un uomo, nè un cavallo, nè una cartuccia!

D'altra parte — se è vero quello che si racconta — il G. Rodich avrebbe voluto proseguire il successo e fu il suo capo di s. m., il C. Gallina, dotto e valente militare, a sconsigliarlo.

---

(1) Dopo la ritirata della Brig. Scudier, fra la sinistra del 5° Corpo e la destra del 9° Corpo rimase un vuoto di più di 2 km. nella linea di battaglia austriaca.

di Santa Lucia, ma non comprendo come non lo abbia fatto dopo che i pochi batt. della Brig. Valtellina erano scesi dal ciglione, per occupare quelle stesse infelici posizioni occupate poche ore prima dalla Brig. Brescia.

Certo quell'assalto così impetuoso ed ardito della Brig. Valtellina aveva scompigliato il 28° regg. ed il 19° batt. cacciatori, che furono obbligati a ritirarsi fino a S. Rocco.

Ma v'era tutto il regg. Nagy, che non aveva combattuto ancora e v'era la Brig. Möring.

Le truppe del Corpo d'Armata, in quella fase di combattimento, non si può dire che fossero ben disposte, perchè esse erano scaglionate fra le Muraglie (ove si trovavano due compagnie del 19° cacciatori) fino oltre San Rocco, cioè sopra una profondità di più di 2 km. Ma non doveva esser difficile di sgominare i batt. della Brig. Valtellina, stanchi e spossati, come erano stati sgominati due ore prima i batt. della Brig. Brescia.

Le truppe di Sirtori scese dal ciglione — 22 compagnie — non avevano che 2500 o tutt'al più 2600 fucili!

Non si comprende poi come mai l'ordine dato dal G. Rodich all'1 p. m. al G. Möring sia stato eseguito con tanto ritardo. Esso, datato da S. Rocco, fu consegnato al G. Möring, che doveva essere appunto a S. Rocco, o molto vicino, alle 2. (Anche questo, del resto, può essere una « pietosa » trovata). E non si comprende come il G. Möring, giunto a S. Rocco verso le 8 $^1/_2$, abbia raccolto le sue truppe solo verso le 2 e non le tenesse raccolte prima, mentre per contrapposto, le aveva fatte spiegare, trovandosi ancora a 3 km. da S. Rocco alle prime cannonate.

D'altra parte, fin dalle 10 $^1/_2$, come ho già riferito (v. pag. 166) il G. Rodich aveva avuto quest'ordine *chiarissimo e positivo* dal comando supremo: *avanzarsi ora con tutte le forze su Santa Lucia del Tione.*

Questo, secondo me. è l'appunto che può farsi al comando del 5° Corpo. Sia pure non eseguire l'ordine sul momento in attesa che la Brig. Piret fosse in grado di coprire il fianco destro. Ma, non giovarsi dell'occasione presentatasi dopo il vigoroso, ma arrischiatissimo contr'attacco della Brig. Valtellina, fu grave errore. Ad ogni modo — e qui non v'è luogo a discutere perchè non si tratta di apprezzamenti — bisognava tener le forze pronte, riunite, *alla mano*.

L'assalto del ciglione di Santa Lucia ha tanto ritardato, che esso fu eseguito effettivamente, forse, dopo che si vide la ritirata degli Italiani dalle loro posizioni.

Questo non risulta — certamente — dalle relazioni nè dell'una nè dell'altra parte, ma, dopo l'esame dei fatti, si è almeno autorizzati a supporre che, se gli Italiani fossero rimasti ancora qualche tempo a Santa Lucia, gli Imperiali sarebbero venuti all'assalto più tardi e — quindi — sarebbe caduta anche più tardi la posizione di M. Vento.

Non credo — e l'ho già detto — che il G. Durando avesse ragione quando notava, dopo che fu ferito, che il nemico « ... non voleva impegnare le sue forze ». Non era forse giusto a M. Vento ed era forse giusto a Santa Lucia. Ma egli non poteva saperlo!

L'ultimo atto del 5° Corpo presta anche il fianco alla critica.

Certamente l'idea di agire sulle comunicazioni del nemico, e specialmente sulla linea Villafranca-Valeggio, non risulta chiaramente dalle disposizioni del comando supremo, il quale si limita ad ordinare l'avanzata su Valeggio della sola Divis. di riserva, che non era in grado di farlo, sia per la stanchezza delle truppe — tanto più se obbligata al lungo giro per Salionze e Monzambano — sia per la minaccia sul fianco e a tergo della 2ª Divis. (Pianell).

L'ultimo ordine al 5° Corpo delle 3 $\frac{1}{2}$ p. m. prescrive l'invio di una Brig. a sinistra, contro le alture di Custoza tuttora occupate dagli Italiani (come vedremo). Non pre-

scrive nulla per le altre due Brig. dopo la presa del
M. Vento.

Ora, è vero che il G. Piret intendeva di andare oltre
e che ne fu dissuaso dai suoi Com. in sott'ordine, ma era,
credo, il Com. del Corpo d'Armata che, anche inviando a
sinistra la Brig. Möring., doveva *disporre* delle altre due
Brig. Piret e Bauer, in modo da minacciare la ritirata
del nemico, sia pure dopo aver concesso un'ora o due di
riposo alle truppe.

La conquista materiale, cioè la presa di possesso, tanto
del M. Vento, quanto del ciglione di Santa Lucia, aveva
costato fatica fisica, ma era avvenuta, alla fine, con
pochissimo spargimento di sangue.

Se pure il G. Rodich non si sentiva di spingersi all'attacco di Valeggio, io credo che avrebbe pur potuto avanzarsi ed occupare la linea d'alture che si estende da
C. S. Zeno fino a Boroni e Casette, accentuandosi nel
lungo M. Mamaor, e che dista 1 km. appena dal tratto
di strada così importante pel nemico: Valeggio-Torre
Gherla.

La semplice occupazione del M. Mamaor poteva esercitare un'influenza decisiva, che avrebbe potuto facilitare
molto l'attacco delle due Brig. di riserva del 7º Corpo
— diretto, come si vedrà, contro la Divis. Govone — ed
inquietare la ritirata degli Italiani molto più seriamente
di quello che si è potuto fare.

È da notarsi che l'importanza tàttica del M. Mamaor
fu riconosciuta dal maggiore Perger, Com. del 21º batt.
cacciatori (Brig. Möring), che l'occupò, come si è veduto,
di sua iniziativa. Ma era poco per un'azione efficace!

Ad ogni modo, non è con truppe vittoriose che si in-
terrompe l'azione alle 3 ¹/₂ p. m. del 24 giugno!

V'è ancora qualche cosa da dire sugli ordini di marcia
adottati dagli Italiani.

Ho già notato come la cavalleria non fosse spinta innanzi, ma che solo alcuni piccoli riparti di quell'arma formassero la « punta » delle avanguardie.

Osservo ancora come l'artiglieria, tanto nella 1ª, quanto nella 5ª Divis., sia stata frazionata senza necessità.

Così vediamo p. e. all'avanguardia della 1ª Divis. due sezioni della 10ª batteria (Piolatti), mentre la terza sezione è nel grosso, incastrata (insieme con mezza compagnia del genio) fra i batt. del 30°.

Vediamo 3 plotoni del 4° sq. guide (Crotti) fra il 30° e il 43° regg. nel grosso, e il 4° plotone alla retroguardia.

Nella stessa retroguardia, poi, vediamo l'altra mezza compagnia del genio della Divis., non saprei davvero per quale ragione.

Nell'avanguardia della 5ª Divis. vediamo un plotone di cavalleria in testa e l'altro in coda: gli altri 6 plotoni in testa al grosso. E, coll'avanguardia, una sezione della batteria Parravicino, le altre due sezioni col grosso in testa alla Brig. Brescia e l'altra batteria in coda alla Brig. stessa.

Da tali disposizioni doveva risultare, come risultò, che quei preziosi riparti di armi ausiliarie, che tanto più bisognava tener riuniti perchè scarsi, allorchè furono impiegati non hanno potuto esplicare che un'azione poco efficace.

Tenere poi un batt. intero in retroguardia, come hanno fatto, non solo i Com. della 1ª e 5ª Divis., ma anche i Com. delle Divis. del III Corpo, era eccessivo.

Per quanto riguarda l'impiego dell'artiglieria, gli Imperiali disponevano di 68 cannoni (compresi i 4 della colonna Ballàcs).

Gli Italiani disponevano di 60 cannoni (compresi i 12 della Divis. Pianell).

La formazione della grande batteria al M. Vento e la condotta del fuoco di essa fanno onore agli Italiani. D'altra parte però, la nostra artiglieria divisionale fu generalmente male impiegata. In parte ciò dipese dal fatto, come ho or ora notato, che le Divis. le quali pur avevano poca artiglieria (12 pezzi) la impiegarono, per conseguenza degli ordini di marcia adottati, alla spicciolata, ed in parte per la ragione che le artiglierie, tanto della 1ª quanto della 5ª Divis., meno la batteria posta sul ciglione di Santa Lucia, furono messe in azione in fretta e in furia e quindi in posizioni infelici.

Nel complesso le artiglierie austriache, che erano in parte già in posizione quando comparvero gli Italiani, furono meglio postate, meglio impiegate e le batterie non furono frazionate.

Ma davanti alla nostra grande batteria di M. Vento, sarebbe stato naturale che gli Imperiali ne avessero formato un'altra, oppure che avessero agito con un concentramento di fuochi.

Ciò non avvenne che quando il G. Piret, nel vedere tre pezzi della sua batteria smontati, chiese rinforzi d'artiglieria al G. Rodich.

In quanto all'effetto della nostra grande batteria, non vi può esser dubbio che esso, almeno moralmente, sia stato grande, se il G. Piret che poteva attaccare il M. Vento verso le 10, lo prese effettivamente dopo le 3.

In quanto all'effetto materiale del tiro da parte austriaca, esso non pare che sia stato molto grande, come risulta dalla visita fatta sul luogo sùbito dopo il combattimento da un ufficiale superiore austriaco (SCUDIER, op. cit., nota a piè di pag. 223).

Stando ai fatti, l'impiego della riserva del I Corpo fu provvidenziale per noi, e se ne potrebbe facilmente dedurre che l'averla formata sia stato gran merito.

Tutto considerato però, sarebbe stato meglio, secondo il mio giudizio, che alle Divis. si fossero lasciate le loro tre batterie, e che vi fosse stato presso al I Corpo, come presso agli altri, l'artiglieria di Corpo, invece di quella riserva generale d'artiglieria che non servì a nulla.

Gli Austriaci appunto avevano l'artiglieria di Corpo (24 cannoni) la quale rese grandi servigi, soprattutto perchè non fu considerata come « artiglieria di riserva », ma fu messa in azione fin da principio.

·In quanto alla cavalleria, ho già fatto notare che in sostanza, tanto da parte austriaca, quanto da parte italiana, essa fu impiegata solo nel campo tàttico.

Per un concorso straordinario di circostanze favorevoli, la cavalleria austriaca, arditissimamente guidata dai capitani Bechtolshein e Binder, ebbe successi incredibili.

Eguale arditezza, ma con successi assai minori, fu spiegata dai nostri cavalieri.

Essenzialmente però, alla nostra ala sinistra, la cavalleria italiana, tanto superiore in numero, avrebbe dovuto esser impiegata molto di più per l'esplorazione e non lo fu per nulla.

II. IL COMBATTIMENTO
SULLE ALTURE DI CUSTOZA.

DIVIS. BRIGNONE, CUGIA E GOVONE CONTRO IL 9°, IL 7°
E PARTE DEL 5° CORPO AUSTRIACI.

Occupazione del M. Torre e del M. Croce.

Abbiamo lasciato la 3ª Divis. che si dispone ad occupare, per ordine del G. La Marmora, le alture di M. Torre e M. Croce.

Vi sono diverse narrazioni, più o meno concordi, del modo con cui procedè l'occupazione di quelle posizioni allorchè il G. La Marmora ne dette l'ordine. Io non mi sento di riportarne nessuna con sicurezza, perchè nessuna mi sembra esatta. E, data la concitazione degli animi in quel momento, e gli ordini e i contr'ordini che furono dati, non v'è da stupire se, dopo, non si siano potute precisare le disposizioni per rispetto ai luoghi e alle ore.

Il certo è che M. Torre e M. Croce furono dapprima occupati quasi fronte ad E., cioè press'a poco fronte a Villafranca, d'onde veniva il fragore del combattimento principale (1).

Ed è dolorosamente certo che, a causa di quell'occupazione affrettata, offrimmo un ottimo bersaglio alle artiglierie nemiche e soffrimmo sensibili perdite.

Primi a salire furono i gran. di Sardegna pei versanti S. del M. Torre. La batteria Pelloux saliva più tardi dal Gorgo per una strada riconosciuta dal tenente di s. m. Perrucchetti.

Non si sapeva, nè si sospettava che potessero essere occupate le alture a N. di Staffalo.

Erano stati sparati intanto tre colpi di cannone e, tanto il G. La Marmora quanto il G. Brignone e lo stato maggiore, non sapevano rendersi conto d'onde essi venissero e contro chi fossero diretti.

Senonchè il capitano Pelloux, giunto in posizione, scrutando col cannocchiale, annunziava che vedeva due batterie austriache. Un tale annunzio sollevò dei dubbi, i quali si dissiparono allorchè il capitano annunziò che ne vedeva distintamente una terza, collocarsi in una posizione intermedia alle due prime ed allorchè il tenente Perrucchetti ritornò da una rapida ricognizione, dopo aver veduto coi propri occhi un ufficiale e soldati austriaci che dal piano di Staffalo salivano verso la Berettara. Eguale annunzio era dato dal capitano Croce, del 2° gran.

_____

(1) " Quando i gran. salirono lassù, non si aveva altro indizio " del nemico tranne un denso polverio, in direzione di Villafranca " e verso le Ganfardine, che si elevava sulla fitta alberatura di " gelsi e di viti, la quale non permetteva di scorgere ciò che av- " venisse ". (Da una relazione del capitano, ora G. Peregrini).

Il G. Brignone ordinò allora al capitano Pelloux di incominciare il fuoco, al quale fu risposto con una tempesta
di cannonate.

La batteria perdette nella prima mezz'ora quasi metà
dei serventi, ma continuò intrepidamente a tirare, col soccorso di alcuni gran. del 2° regg.

Continuava intanto il fuoco di fucileria verso Villafranca,
ove l'attenzione era principalmente rivolta, e pare che
solo più tardi, allorchè fu segnalato che truppe nemiche
scendevano nel vallone di Staffalo, il G. Brignone abbia
ordinato a tutti di cambiare la fronte verso N. E., cioè
verso le alture di Sommacampagna (1).

Le disposizioni date per tale cambiamento di fronte
non poterono avere piena esecuzione.

Secondo l'idea del G. Brignone, i bers. avrebbero dovuto schierarsi sulla testa del M. Croce di contro al Boscone: e ciò avvenne di fatto.

I gran. di Sardegna si dovevano schierare metà al
M. Croce (2° gran.) e metà al M. Torre (1° gran.) e così
accennarono a disporsi; però non si trattò di un vero
schieramento, perchè — almeno così credo — non fu possibile rimediare in tempo, cioè prima dell'assalto eseguito

---

(1) Mi risulta che, almeno alcuni riparti del 1° gran. fra quelli
che coronarono per ultimi il M. Torre, furono schierati fronte a
N. O., cioè alla linea di alture M. Arabica-M. Molimenti, e ciò in
relazione alla fronte assunta « per la 2ª riga » dal 2° gran. che era
avanti. Ma, sia che si facesse fronte ad E., cioè a Villafranca, sia
che si facesse fronte a M. Arabica, la conseguenza fu sempre la
stessa: le truppe furono, come si è veduto, prese d'infilata dalle
artiglierie del 9° Corpo.

Le perdite nostre avrebbero potuto essere ancora più rilevanti se
gli Austriaci, ad onta della spoletta a tempo, che già usavano, non
avessero regolato il tiro in modo piuttosto mediocre che buono.
I tiri erano molto lunghi (Da relazione dei capitani, ora generali,
Pelloux (Luigi) e Peregrini).

dalle Brig. austriache, al difetto delle prime disposizioni, difetto, come ho già avvertito, pienamente giustificabile.

I gran. di Lombardia erano rimasti nel fondo della valle, colla testa all'altezza del Gorgo. Insieme con essi era la batteria Fineschi. Essi, ingolfati in una vera conca, non avevano nessuna idea che si trattasse in quel giorno di combattere (1) e quella fermata fu considerata non come un'occasione per procedere all'ammassamento, ma quasi come un « grand'alt » in marcia (2).

Gli Austriaci, come abbiam veduto, avevano incominciato un vivo fuoco di artiglieria. Erano le due batterie delle Brig. Weckbecker e Böck, appostate rispettivamente a Pelizzara e Pezzerana (o Pezzarani), a 2000 e 1500^m dal M. della Croce.

Più tardi venne avviata l'artiglieria di Corpo a Boscone, ma solo una batteria da 4 (quella appunto che fu segnalata dal capitano Pelloux) potè da quest'ultima posizione aprire il fuoco prima dell'attacco della propria fanteria che ora descriverò.

Quelle due Brig. appartenevano al 9° Corpo e si avanzavano verso il vallone di Staffalo. Visto l'ingrossare del nemico, il G. Brignone ordinò che si schierassero anche i gran. di Lombardia. Mandò quindi ordine che essi si dis-

---

(1) Un ufficiale spedito dal Principe Amedeo al G. Brignone per prenderè ordini, aveva riferito che i gran. di Sardegna erano stati posti sulle alture per precauzione, ma che i gran. di Lombardia avrebbero dovuto continuare a marciare avanti per la strada di Sommacampagna. (CHIALA, *Cenni storici, ecc.* Nota a pie' di pagina 166).

(2) I soldati, stanchi ed assetati, a causa della giornata caldissima, si affollavano ai pozzi delle masserie. In quella, un gastaldo si avvicinava ad un volontario della batteria Fineschi, il conte Bevilacqua-Lazise, proprietario del M. Croce, e gli raccontava che gli Austriaci avevano passato l'Adige in grandissimo numero, e che si trovavano allora sulle colline di Sommacampagna. (Da una relazione del capitano, ora G. Fineschi).

ponessero colla destra alle falde settentrionali del M. Torre,
la sinistra sulle alture a N. di Custoza. Fece indicare il
poggio di Custoza come base della difesa di tutta l'ala
sinistra, destinandolo anche a posizione di eventuale raccolta della Brig. Inviava il capitano Peregrini del suo s. m.
a riconoscerla.

In quel trambusto, i gran. di Lombardia si disposero
però in modo diverso da quello ideato dal generale. Essi
si disposero, cioè, troppo in basso e troppo innanzi, quantunque il G. Brignone avesse mandato i suoi ordini per
mezzo del suo capo di s. m. maggiore Mazza e del tenente Perrucchetti. Tutto un regg. (il 4°) si spiegò a destra
(E) della strada Coronini-Staffalo appoggiato al M. Croce,
e portandosi fino ai Vegruzzi. Parte dell'altro regg. (3°)
si dispose a sinistra della strada occupando con poche
forze della sinistra le alture di M. Arabica e M. Molimenti.

Intanto il maggiore Abate, Com. dell'artiglieria divisionale, visto che la batteria Pelloux non poteva sostenersi
contro la schiacciante superiorità dell'artiglieria nemica,
fece chiamare la batteria Fineschi.

Il tenente Perrucchetti, a cui non era sfuggita la grande
importanza delle alture Belvedere-M. Molimenti, chiese ed
ottenne dal maggiore Mazza di poter condurre almeno una
sezione di quella batteria al M. Molimenti.

Quelle alture, però, non poterono essere occupate con
forze adeguate alla loro importanza.

*Le Brig. Weckbecker e Böck attaccano le alture
e sono respinte dopo sanguinoso combattimento.*

Verso le ore 8 ¼ il T. M. Hartung, Com. del 9° Corpo,
aveva ricevuto l'ordine inviatogli da Sona alle 7 ½
(V. pag. 165) che prescriveva di portare due Brig. fino
al ciglio del vallone di Staffalo, lasciando l'altra a Sommacampagna.

Il G. Weckbecker, che precedeva la sua Brig., la quale, insieme colla Brig. Böck doveva portarsi fino al vallone di Staffalo, visto coronare il M. della Croce con truppe nemiche, propose al suo Com. di Corpo d'Armata di occupare subito quell'altura prima che il nemico vi si rafforzasse.

Il tenente maresciallo riconobbe anch'esso sùbito che, per la sicurezza di Sommacampagna, era meglio occupare le alture al di là che quelle al di qua del vallone, e decise senz'altro di attaccarle colle sue due Brig. Furono sùbito date le disposizioni.

L'attacco doveva esser preparato, come ho già indicato, dalle due batterie di Brig. e dall'artiglieria di Corpo.

Dovevano concorrervi, con tutte le loro forze, le due Brig. ora nominate, meno un batt. per ciascuna destinato a proteggere un'eventuale raccolta.

La Brig. Weckbecker doveva riunirsi al Boscone e di là marciare direttamente su M. della Croce per Staffalo.

La Brig. Böck, procedendo per Balconi rossi e Mascarpine, doveva avanzarsi anch'essa, sostenendo l'altra Brig. a destra.

La Brig. Weckbecker si mosse verso le 8 $^3/_4$.

Il terreno era coperto, rotto, piuttosto difficile. I versanti da superare brevi, ma piuttosto ripidi. Il vallone assai largo.

Un'azione simultanea era quindi piuttosto difficile: però non difficilissima, contrariamente a quanto si è detto e ripetuto.

L'attacco ebbe una figura diversa da quella che era stata ordinata.

E, precisamente, il regg. di 1ª linea della Brig. Böck (regg. Gran Duca di Toscana, n° 66) si sviò a destra. Il brigadiere (Böck) mantenne però il regg. di 2ª linea (dei Paesi Bassi, n° 63) nella direzione di M. Croce.

Venivano dunque ad urtare contro i gran. di Sardegna i regg. Don Miguel e Re di Baviera della Brig. Weckbecker e un regg. della Brig. Böck.

Erano 9 batt., meno 2 compagnie, contro 9 batt. molto inferiori in forza: (6500 fucili contro 4400). I gran. però avevano il vantaggio della posizione.

L'attacco fu effettuato a scaglioni dalla sinistra (destra italiana). I due primi scaglioni (regg. Baviera e 4° batt. cacciatori della Brig. Weckbecker) furono respinti col fuoco e con contr'attacco frontale dai bers., dall'artiglieria e dai gran. L'attacco successivo (Don Miguel, anche della Brig. Weckbecker), fatto con due batt. in prima schiera ed uno in seconda, fu anche respinto dopo breve ma accanita e sanguinosa mischia, grazie all'energia del G. Brignone e al soccorso portato in prima schiera dal T. C. Boni con due batt. del 1° gran. da M. Torre.

Gli arditi batt. Don Miguel, che erano saliti fino al comignolo di M. Croce pei Vegruzzi, furono anch'essi ricacciati a rifascio nel fondo del vallone.

Il regg. Paesi Bassi della Brig. Böck, anch'esso arditamente asceso sul monte, fu pure travolto dalla ritirata generale. Questa fu protetta dall'artiglieria portata più innanzi per aver miglior tiro.

Le perdite di questo combattimento furono assai forti. Secondo lo Scudier (pag. 191), gli Austriaci avrebbero perduto, fra morti e feriti, 81 ufficiali, 877 uomini di truppa; e gli Italiani 30 ufficiali e 473 uomini di truppa (1).

Intanto il regg. Paesi Bassi della Brig. Böck giungeva a piede dell'altura a O. della Cavalchina, ove fu accolto dal fuoco dei gran. di Lombardia. Il C. Syrbu, che lo comandava, attaccò allora con metà della sua forza di fronte e metà sul fianco sinistro. Impegnatosi un più vivo combattimento, venne ferito precisamente presso alla Cavalchina, dove ora sorge un bel monumentino, il Com. della Brig. Principe Amedeo, che combatteva da prode in prima linea, come un vero Principe di Savoia.

---

(1) Queste cifre, come tutte le consimili, debbono essere accolte con riserva.

Una parte dei gran. retrocedè allora in direzione di Palazzo Baffi, di Custoza e di C. Coronini. Palazzo Baffi fu subito attaccato dal C. Syrbu, che era stato intanto rinforzato da altre quattro compagnie del suo regg., le quali si erano portate in prima linea, ma invano.

Gli Austriaci si avanzano anche su Gorgo. Respinto l'attacco diretto sulla sua destra, il G. Brignone, vedendo piegare i gran. di Lombardia sulla sinistra, lancia il prode T. C. Boni con due batt. (1° e 2° del 1° gran.) sul fianco sinistro degli attaccanti in direzione del Gorgo.

Questo nuovo contr'attacco, eseguito con impeto e condotto a fondo con pertinacia, riesce, e gli Austriaci sono ricacciati fino al vallone di Staffalo, ma non inseguiti. Essi però rimangono padroni della Cavalchina dopo nuovo accanito combattimento, nel quale si distinse da parte nostra il capitano Cragnotti.

Ma sopraggiungeva la Brig. Scudier a rialzare le sorti degli Imperiali.

Attacco vittorioso della Brig. Scudier — *I gran. italiani si ritirano.*

Giunto in Casazze, il G. Scudier aveva ricevuto alle 8 $^1/_2$ l'ordine inviato da Sona alle 7 $^1/_2$, a termini del quale doveva avanzare per Zerbare a (gegen) M. Godi (V. pag. 166).

Pochi minuti dopo ricevè l'ordine del suo Com. di Corpo d'Armata di avanzarsi per Zerbare e per M. Godi (über).

Il G. Scudier si trovò quindi (egli racconta) in un crudele imbarazzo, non sapendo se dovesse avanzarsi su M. Godi o se dovesse spingersi oltre M. Godi. La lontananza a cui si trovava il Com. del Corpo ed invece la vicinanza dell'obbiettivo più distante (da Casazze a M. Godi poco più di 3 km.), faceva sì che sarebbe mancato il tempo per domandare e ricevere schiarimenti.

Ad ogni modo il G. Scudier si avanzò schierato per ala: il regg. Arciduca Ernesto a destra verso M. Godi e il regg. Arciduca Rodolfo a sinistra un po' indietro per Nadalini e Pelizzara su Mazzole, con ordine di collegarsi col 9° Corpo. Due batt. per ogni regg. in 1ª schiera e uno in 2ª.

La batteria potè essere collocata a Bosco Fitti e la Brig. occupò M. Godi e Mazzole senza colpo ferire.

L'obbiettivo: M. Godi era quindi raggiunto (ore 9). Si trattava ora il decidere da farsi. Ma, visto l'avanzare del 9° Corpo e l'accanito combattimento da esso impegnato, visto che le sue posizioni erano dominate dalle opposte alture di M. Molimenti, M. Arabica, ecc., ed essendo il secondo ordine ricevuto posteriore al primo, il G. Scudier decise di sostenere il 9° Corpo e di occupare le alture che gli si presentavano di fronte. Dette quindi al regg. Arciduca Ernesto la direzione di Bagolina e al regg. Arciduca Rodolfo quella del Gorgo.

Accompagnava la Brig. S. A. I. l'Arciduca Ranieri.

Dopo breve lotta riesce al primo regg. di impadronirsi di Bagolina e di M. Molimenti. I gran. italiani (3° regg.) combattono da principio valorosamente guidati dai loro ufficiali, ma poi piegano, parte verso Custoza e parte in basso verso C. Coronini.

Gli Imperiali si avanzano su Belvedere, Palazzo Maffei, Palazzo Baffi, il Gorgo.

Il Belvedere è difeso da nuclei della 3ª e 4ª compagnia del 3° gran., comandati dal capitano Magnone, ma neppure essi vi resistono a lungo.

I gran. di Lombardia, anche perchè attaccati da forze superiori e perchè il comando di Brig. non fu assunto da chi doveva assumerlo, dopo la ferita toccata al Principe, si rompono e molti si ritirano dal combattimento.

Resistenze vivacissime, ma pur troppo brevi, sono opposte qua e là da riparti formati alla rinfusa coi più valorosi e con moltissimi ufficiali che dettero, come sempre, l'esempio del valore, ma, verso le 10, anche *Custoza è in potere degli Austriaci.*

Grossi nuclei dei nostri rimangono però ancora nei boschi del versante S. E. dell'altura di Custoza e sul versante S. del M. Torre.

Intanto l'altro regg. della Brig. Scudier (Arciduca Rodolfo) si era sviato verso sinistra. Accolto verso i Vegruzzi dal fuoco degli italiani postati a M. Croce, piegò ancora verso S. e pur vedendo che erano state respinte le truppe del 9° Corpo, si slanciò alla sua volta all'assalto di M. Croce.

Erano 10 compagnie rinforzate da alcuni riparti della Brig. Böck. I gran. e bers. tentano un contr'assalto; però spossati dagli sforzi già fatti, piegano verso C. di M. Torre. Gli Imperiali procedono oltre e riescono così ad impadronirsi di quasi tutto il gruppo di alture di Custoza.

Intanto sul M. Croce, la batteria Pelloux, dopo aver valorosamente combattuto, ed aver sofferto gravi perdite, si era ritirata per espresso ordine del G. Brignone. Subentrava la batteria Fineschi, accolta da una pioggia di proiettili, che portarono via un braccio al Com. della brigata, maggiore Abate e ferirono molti cavalli.

Il capitano Fineschi, rinunziando al còmpito assai difficile di controbattere le batterie nemiche, diresse tiri efficacissimi contro le colonne di fanteria, tiri che dovette sospendere allorchè i gran. e la scorta del G. Brignone eseguirono il contr'assalto.

Compariva intanto sul M. Croce il maggiore Bava Beccaris, Com. dell'artiglieria della Divis. Cugia, e di quanto egli vide e fece dirò appresso.

Era il momento più critico. I gran. già si ritiravano e la valorosa batteria, in quella posizione così avanzata, non poteva più sostenersi.

Fu fatta ritirare anch'essa dal G. Brignone, dopo che ebbe eseguite alcune scariche a metraglia.

L'azione della fanteria sulle falde del M. Croce e nel fondo del vallone, si svolge ora così confusamente, che non credo possibile di farne un racconto esatto.

A causa dell'imperfetto schieramento, tanto imperfetto, che alcuni riparti dei gran. di Sardegna erano stati lanciati al contr'assalto col comando di « fianco destr » e poi con quello di « alla baionetta! » le compagnie, già dopo il primo contr'assalto, si trovarono affatto disordinate e frammischiate.

Fin dal primo contr'assalto, come narra un testimone oculare (1) « i più volonterosi correvano all'impazzata « sul nemico, dimenticando il proprio riparto, onde il 1° « gran. fu subito una massa informe: qua un drappello « di ufficiali senza soldati, là un grosso nucleo di militari « di truppa senza ufficiali ».

Anche il contr'assalto di fianco eseguito dal T. C. Boni verso il Gorgo era stato una vera lotta corpo a corpo, lunga, accanita, durante la quale si erano rotte le ordinanze in modo irrimediabile, quantunque essa sia stata forse l'atto più bello compiuto quel giorno dai gran. di Sardegna.

D'altra parte i gran. di Lombardia, anch'essi sorpresi e disorientati (2) avevano scambiati per austriaci i batt. di Boni che vedevano scendere verso il loro fianco destro, e ciò contribuì a farli piegare, essendo stati essi attaccati contemporaneamente di fronte e nel fianco sinistro.

Non compariva nessun soccorso e il grosso della Divis. stanco e sfiduciato, non avendo nemmeno l'idea dei vantaggi ottenuti, difettando di munizioni perchè, deponendo

---

(1) Il tenente, ora G. Vacquer Paderi, che valorosamente combattendo fu ferito due volte in quella giornata.

(2) Pel modo con cui la Divis. si era impegnata in combattimento, parecchi ufficiali erano tanto disorientati che da principio si credette che le truppe della Brig. Weckbecker fossero invece truppe della Divis. Sirtori.

in fretta gli zaini, non si era pensato ad estrarne i pacchi
di cartucce, incominciò a vacillare e poi a sbandarsi.

Il G. Brignone non aveva approvato che il maggiore
Abate avesse chiamata la batteria Fineschi a prender posizione accanto alla batteria Pelloux; sia perchè la posizione era troppo esposta, sia perchè questa era anche
ristrettissima.

Accettando però, e non poteva far diversamente, il
fatto compiuto, aveva rimandato indietro, come vedemmo, il capitano Pelloux, dicendogli di seguire la via
già percorsa.

Il capitano si ritirò come potè, però si mise in batteria
nella buona posizione del ciglione di Torre Gherla, dove
fu avvicinato da S. M. il Re, che fece anch'egli quanto
potè per raggruppare intorno alla batteria i gran. che
si ritiravano.

La cosa disgraziatamente non riuscì ed il capitano
Pelloux ebbe ordine da S. M. di tornare a Valeggio.

Il G. Brignone, benissimo secondato dagli ufficiali del
suo s. m., fece ogni sforzo per riunire i suoi soldati e lanciarli nuovamente al contr'attacco, e rimase ancora sulle
alture « pagando — come sempre — di persona » e
facendo più volte caricare la sua scorta col capitano Ot-
tolenghi.

Egli vi rimase fino all'arrivo del 64° regg., ma poi visto
che quasi tutte le sue truppe, dopo quei violenti combattimenti, erano spossate e si ritiravano verso Coronini e
sulla strada Villafranca-Valeggio, finì col seguirle, cercando
dapprima di riordinarle verso C. Coronini e poi verso
Torre Gherla, ove fu anche fatta suonare la musica di
un regg., ma invano. Gli avanzi della Divis. si diressero
su Valeggio. Però forti nuclei di gran. rimasero ancora
sulle alture e vi rimase buona parte del 37° batt. bers.
I gran. appartenevano a diversi regg.: una gran parte

però era del 1° regg., sotto il comando del tenente colonnello Boni (1).

Ma intanto nuove truppe italiane giungevano sulle alture per ristabilire ancora una volta le sorti in nostro favore. Erano truppe della Divis. Cugia.

Considerazioni.

Quegli accaniti combattimenti, nei quali fu versato tanto sangue, durarono meno di due ore. Essi costituiscono una delle fasi più interessanti della battaglia.

La Divis. Brignone, partita verso le 4 da Pozzolo, aveva 9 km. da percorrere per giungere a Torre Gherla. Vi poteva dunque giungere colla testa, fra le 6 e le 6 1/2. Pare invece che vi sia giunta verso le 7.

Sentito il cannone, prima d'avventurarsi nella valle del Gorgo, il G. Brignone si fermò per aspettare il risultato dell'esplorazione da lui ordinata, fino a che, in sèguito all'ordine del G. La Marmora, egli non si mosse per occupare le alture.

È difficile dedurre, dal calcolo delle ore e delle distanze, il tempo perduto dal G. Brignone per aspettare colle truppe ferme il risultato della ricognizione, ma, ad ogni modo, il tempo non dev'essere stato brevissimo.

Io mi fermo su questa circostanza solo per far notare che, se fosse stato spinta innanzi una esplorazione cogli sq. di Lucca, che invece *marciavano in coda al grosso* (meno un plotone che era alla testa dell'avanguardia), il

---

(1) Sembra che la ritirata dei gran. sia riuscita ancora più confusa, pel fatto che, rotti i legami organici, e non essendo facile certamente di dare ordini, essi abbiano ricalcata la via già percorsa. Per non breve tratto perciò, i gran., specialmente quelli che scesero dal M. Croce, sfilarono parallelamente alla cresta delle alture e furono inseguiti col fuoco dagli austriaci che le avevano conquistate.

G. Brignone sarebbe stato avvertito della presenza del nemico molto tempo prima, e non sarebbe stato costretto a fermarsi. Avrebbe potuto, anzi, segnalato il nemico, affrettare la marcia e tagliar diritto almeno colle fanterie da Torre Gherla a C. Coronini, risparmiando un gran giro.

Certamente egli si sarebbe trovato in grado di occupare il M. Torre e il M. Croce, prima e meglio di quello che siasi poi potuto fare.

In ogni caso poi, se la configurazione del terreno era tale che l'azione tàttica della 3ª Divis. veniva ad essere compresa nella sfera d'azione del III Corpo, tanto più era necessario uno stretto collegamento colla Divis. di sinistra di questo Corpo, cioè colla Divis. Cugia. Ed il collegamento, anche per altre circostanze, mancò, e fu un gran male.

Ma di ciò non è responsabile, certo, il G. Brignone, il quale non sapeva quale fosse la linea di marcia della Divis. Cugia.

Allorchè il G. La Marmora constatò la presenza del nemico verso Villafranca, e sentì il cannone da Oliosi, egli fece benissimo ad ordinare al G. Brignone di occupare subito il M. Torre e il M. Croce, affinchè gli Austriaci non si intromettessero come un cuneo in mezzo alle nostre due ali. Egli dimostrò un buon « colpo d'occhio » tàttico. ed era assolutamente giusto il concetto di rinforzare la Divis. Brignone.

Solo sarebbe stato desiderabile che, invece di andare egli stesso a cercare le truppe, cosa che cagionò un grande ritardo, avendo egli voluto prima recarsi di sua persona a Villafranca, le avesse mandate a chiamare.

Certo egli, come ho cercato di dimostrare, non doveva credere che la cosa fosse urgente, ma ancorchè non persuaso che le alture a S. O. di Sommacampagna fossero fortemente e minacciosamente occupate, egli non poteva escluderne la probabilità.

E poi, subito dopo aver ordinato al G. Brignone di occupare le alture, egli doveva pensare ad un'altra cosa indispensabile, cioè di mandare a chiamare il suo stato maggiore rimasto a Cerlungo, e di improvvisarne intanto un altro, prendendo ufficiali montati da tutte le parti. Doveva poi stabilire il Q. G. in un punto centrale del campo ove — non eravi certo più dubbio — si stava per combattere una grande battaglia, e mettersi così in condizioni e in posizione tale da poterla dirigere.

Gli errori d'apprezzamento anche per parte dei grandi capitani sono assai frequenti in guerra; e non può essere altrimenti.

Un Com. d'Esercito però — si marci o si combatta — deve sempre essere in grado di poter esercitare il comando. Ed era assolutamente impossibile al G. La Marmora esercitarlo in quell'immenso campo di battaglia, con un solo aiutante di campo e due cavalleggeri!

Certamente era difficilissimo dirigere bene una grossa battaglia dopo la scossa morale che il G. La Marmora deve aver subìta, vedendosi così crudelmente colpito dalla sua imprevidenza e vedendo ad un tratto crollare tutto il suo piano di tranquillamente stabilirsi fra Verona, Peschiera e Mantova! L'angoscia che deve aver provato nei suoi sentimenti di soldato e di patriotto, la ferita al suo orgoglio di generale, devono essere state tali che per reggervi non bastavano il suo gran cuore e il suo valore di soldato!

L'occupazione sbagliata delle alture di Custoza ebbe certamente funeste conseguenze.

Non parlo della prima occupazione sbagliata di fronte a Villafranca, che credo ordinata dallo stesso G. La Marmora. Nella concitazione in quel grave momento, essa era, d'altra parte, *naturale*.

Io parlo del guaio maggiore: cioè il modo con cui furono disposti i gran. di Lombardia. Secondo il mio avviso, la posizione complessiva di Custoza, fronte verso Somma-campagna, non poteva essere occupata altrimenti che sulle alture, tanto di destra, quanto di sinistra, cercando per quanto era possibile, e finchè era possibile, di tenere le fanterie al coperto dal fuoco dell'artiglieria nemica. Cosa che non era facile, ma che neppure mi sembra che potesse essere tanto difficile.

Ed invece i gran. di Lombardia furono tenuti in basso e la Brig. Scudier, sopravvenuta a sostegno delle Brig. Weckbecker e Böck, potè con relativa facilità procedere per Bagolina, M. Molimenti, M. Arabica, Belvedere, fino a Custoza.

Se i gran. di Lombardia fossero stati invece collocati in alto, credo fermamente che la Brig. Scudier non sarebbe giunta fino a Custoza!

Ma il guaio derivò dalla sorpresa!

Poichè si ritenne di dover combattere fronte a Villafranca, era naturale che i gran. di Lombardia fossero da principio lasciati in colonna nella valle. Con un movimento di « fronte a destra » ed avanzando poi alquanto, essi sarebbero venuti a costituire la seconda linea!

Ragionando su questa base « fronte a Villafranca », si spiegano tutti gli errori commessi dalla 3ª Divis. dopo che fu segnalato il nemico da quella parte.

Ed invece non si spiega affatto l'ordine dato alla 3ª Divis. di occupare solo M. Torre e M. Croce.

Il nostro capo di stato maggiore avrebbe dovuto, credo, preoccuparsi anche di quest'altra assoluta necessità: *il collegamento fra la 3ª e la 5ª Divis.*

Egli aveva ordinato che i gran. di Sardegna occupassero M. Torre e M. Croce per impedire che il nemico ci prevenisse lassù e si cacciasse fra le nostre due ali? A *maggior ragione* doveva ordinare che i gran. di Lombardia occupassero le alture, tatticamente più importanti di Belvedere-M. Molimenti, per impedire che il nemico si cacciasse fra la nostra ala sinistra ed il nostro centro!

Era troppo, certamente, per la 3ª Divis., che contava solo 7600 fucili (dedotte le due compagnie rimaste a guardia dei ponti) e 12 pezzi, di occupare una posizione così estesa, ma grossi rinforzi *dovevano* subito giungere e, ad ogni modo e ad ogni costo, si *doveva* occupare sul momento dalla 3ª Divis. tutta la posizione.

In ogni caso poi, che si dovesse far fronte a Villafranca, o alla Berettara, o a M. Molimenti, una cosa era di assoluta necessità e di assoluta urgenza: l'occupazione del poggio di Custoza.

L'aver portato invece in mostra sulla vetta delle alture i gran. e anche i due sq. cavalleggeri — questi ultimi specialmente — senza alcuna necessità, fu anche errore tàttico che la fretta può giustificare fino ad un certo punto.

In quanto all'artiglieria, a parte il solito errore di destinare la meschina, inutile sezione all'avanguardia, non mi pare che il Com. dell'artiglieria divisionale dovesse impiegare le batterie una dopo l'altra. Se il fuoco d'artiglieria austriaca si dimostrava già soverchiante, bisognava tener le due batterie riunite e più indietro, o stabilirle a M. Torre — oppure, meglio ancora, mettere almeno la batteria Fineschi sulle alture occidentali verso il M. Molimenti o il M. Arabica, come proponeva il tenente Perrucchetti.

Come ho già avvertito, le alture a N. di Custoza offrono assai migliori posizioni di quelle ad E, che hanno cresta tanto sottile. E di lassù si sarebbe avuto un'azione splendida di fiancheggiamento su M. Croce contro le colonne di attacco delle Brig. Weckbecher e Böck!

Ma, per disporre bene l'artiglieria ci vuol tempo ed il tempo mancò perchè le nostre truppe — è utile ripeterlo ancora una volta — non furono precedute da ricognizione di cavalleria.

D'altra parte però conviene avvertire che, come è spiegabile che si siano dapprima schierati i gran. fronte a

Villafranca, così è anche spiegabile che si sia portata
l'artiglieria a M. Croce. Da M. Croce, infatti, si ha una
buonissima posizione verso Villafranca e verso Ganfardine (1).

Impegnatosi il fuoco, era difficile, su quella cresta sottile,
di cambiare posizione! Se il tiro delle batterie austriache
fosse stato preciso, non sarebbe stato forse possibile materialmente al capitano Pelloux di ritirarsi.

Dopo aver fatto queste osservazioni, dopo aver chiarito
come meglio ho potuto questo fatto: che le prime disposizioni della 3ª Divis. si debbono considerare logiche col-
l'idea che essa dovesse far fronte a Villafranca, io mi
sento in dovere di aggiungere che, prescindendo dalla
mancata esplorazione e dalla conseguente sorpresa, l'azione
spiegata sul M. Torre e sul M. Croce dal G. Brignone
è l'azione di un vero « generale di battaglia ». E credo
con questo di aver detto molto.

Fu una vera fatalità che l'azione si sia impegnata così
male e così affrettatamente, ma un generale sorpreso (e
non era intieramente sua colpa) che ordina, che agisce,
che combatte, come ha fatto il G. Brignone, è degno di
ammirazione.

È veramente un duce ed è un guerriero!

Peccato che non sia stato lassù solo a comandare!

E peccato che non sia stato sostenuto in tempo!

Se vi fossero state truppe di 2ª linea, si sarebbero po-

---

(1) Risulta da una relazione del tenente, ora G. Perrucchetti,
che, quando la batteria Pelloux, guidata dallo stesso tenente, si
recava in posizione a M. Croce, essa passò davanti al G. La Marmora che era a M. Torre. Sembrando che il generale non appro-
vasse l'occupazione di quella posizione, il tenente Perrucchetti gli
domandò se avesse altri ordini da dare. Il G. La Marmora rispose
di no. Implicitamente, perciò, il G. La Marmora approvò che l'artiglieria si disponesse a M. Croce.

tuti anche riordinare i gran. disordinati fin da principio,
ed ai quali non era perciò possibile di dare ordini.

Io sono fermamente persuaso che lo stesso G. La Marmora avrebbe vista e sentita la necessità di occupare
fortemente le alture a N. di Custoza e quella di sostenere
senza indugio la 3ᵃ Divis., se fosse rimasto sulle alture,
al suo posto di battaglia, ed avesse inviato ufficiali a rin-
tracciare ed avviare in direzione di Custoza almeno la
9ᵃ Divis., che non poteva essere lontana.

Egli stesso avrebbe potuto vedere che i gran. di Lombardia non erano stati avviati là dove potevano meglio
opporre quella prima resistenza, che doveva coprire e proteggere lo schieramento delle Divis. Cugia e Govone.

Lo stesso ordine da lui dato al G. Brignone nella fretta
del momento « di occupare le alture di M. Torre e di
M. della Croce » (Rel. uff. pag. 209), era tale che non
lasciava intravedere la sua idea, ammettendo che l'abbia
avuta, di occupare anche quelle *ancora più importanti* di
Belvedere-M. Arabica-Bagolina.

Il T. M. v. Hartung prese un'iniziativa arditissima.

La storia militare non ci offre molti esempi di un Com.
in sott'ordine che, nella prima fase della battaglia, al
primo tuonare del cannone, lancia tutta la forza che ha
sottomano all'attacco di una formidabile posizione, occupata da forze che potevano anch'essere superiori in numero, e che ordina tale attacco uscendo risolutamente
dalla linea che gli è stata tracciata mezz'ora prima dal
comandante supremo.

Nella storia militare austriaca, poi, di tali esempi ne
vediamo assai pochi.

Questa dell'iniziativa — applicata su così grande scala
— è questione delicatissima e si può dire un'arma a
doppio taglio, tanto che, generalmente la si giudica dai
risultati. E tanto più è pericoloso addossarsela, in quanto
che il risultato *immediato*, anche se l'iniziativa è giusta,

può essere sfavorevole o disastroso. Ed occorre spesso un giudizio assai sereno ed obbiettivo da parte di chi ha il diritto di giudicarla, perchè essa non sia punita.

Se l'esito della battaglia di Custoza fosse stato sfavorevole agli Imperiali, non è troppo arrischiato il credere che il T. M. v. Hartung sarebbe stato severamente punito. Ed invece la battaglia fu vinta e quel generale fu nominato cavaliere dell'ordine di Maria Teresa (1). Ma conviene aggiungere che se la battaglia fu vinta, lo si dovette *in gran parte* a quell'ardito generale, quantunque le sue truppe siano state battute.

Ed infatti, se si dava tempo al G. Brignone di completare e sistemare l'occupazione delle alture, probabilmente sarebbe andato fallito anche l'attacco di Scudier e, se si dava poi il tempo alle Divis. Cugia e Govone di mettervi piede, la battaglia, è evidente, avrebbe avuto tutt'altro andamento.

Quest'iniziativa presa dal T. M. v. Hartung è, a mio modo di vedere, la decisione più degna di ammirazione ch'io trovo nei generali dei due Eserciti combattenti a Custoza. Davanti ad essa, anche l'iniziativa presa dal G. Pianell — a parte le condizioni psicologiche, che pure hanno grandissimo valore alla guerra — impallidisce. Ho detto « più degna di ammirazione » però non direi « più degna di imitazione ».

La guerra è un giuoco, ma un giuoco terribile; ed

_____

(1) Nel corso della mia opera ho più volte fatto cenno di quest'ordine militare. Si potrebbe forse credere che la citazione che ne fo sia meno opportuna. Bisogna però sapere che l'ottenere tale decorazione — rarissima — dà il diritto a titoli e dotazioni e che l'ufficiale che ne è insignito, gode nella monarchia austro-ungarica di una posizione altissima e privilegiata.

Il primo che ebbe tale ordine fu il feldmaresciallo conte Daun per la vittoria di Kolin (18 giugno 1757). Ebbe la gran croce dell'ordine anche l'arciduca Alberto per la battaglia di Custoza.

arrischiare non una somma su una carta, ma migliaia di vite umane in un caso dubbio, può produrre un gran bene, ma può anche esser causa di una rovina!

Tanto parve giusto al tenente maresciallo di muovere subito all'attacco, che non aspettò nemmeno di averlo preparato convenientemente col fuoco d'artiglieria. Questo, è vero, aveva già prodotto danni nelle nostre file, ma i danni poi non erano gravissimi e difficilmente il T. M. v. Hartung ha potuto apprezzarli.

L'esecuzione dell'attacco non corrispose intieramente all'idea del tenente maresciallo, ma la responsabilità del fatto non è sua, bensì dei Com. di Brig. L'attacco, cioè, riuscì alquanto slegato. Non dico che sia riuscito disordinato, perchè è impossibile immaginarsi l'*ordine*, nel senso assoluto della parola, in una simile operazione di guerra. L'attacco poteva essere meglio diretto, cioè poteva riuscire più simultaneo, ma, certo, sarebbe assurdo parlare di matematiche formazioni tàttiche.

In quel terreno, e sotto il fuoco nemico, le truppe imperiali non potevano mettere piede sulle alture di M. Croce e M. Torre che a frotte, però a frotte più compatte.

Ed abbiamo veduto, invece, che il regg. Gran Duca di Toscana (n. 66) della Brig. Böck deviò completamente a destra (1).

_____

(1) Il G. Seudier nella sua tante volte da me citata e pregevolissima opera, dice (nota a piè di pag. 189) per spiegare questa mancanza di simultaneità, che i brigadieri non avevano abbastanza uomini montati per la trasmissione degli ordini. Ma questo non doveva essere nuovo per loro, che dovevano prima, con qualunque mezzo, mettersi in grado di dirigere sul terreno quelle grosse Brig. (42 compagnie), il cui maneggio, essi, meglio che ogni altro, dovevano sapere quanto fosse difficile. Si può invece dedurre, da questo episodio e da altri, che tanto le Brig. quanto i batt. austriaci erano troppo forti pei terreni d'Italia.

Può invece sorgere il dubbio se non sarebbe stato possibile al T. M. Hartung di procedere all'attacco di pieno accordo colla Brig. Scudier. È certo che se le tre Brig. Weckbecker, Böck e Scudier avessero contemporaneamente attaccato, esse, con una forza più che doppia della Divis. Brignone (1), avrebbero, forse, ottenuto un risultato migliore e, forse, le due prime Brig. non sarebbero state rotte. Sarebbe difficile rispondere a tale obbiezione: noto però che nell'ordine dato al 9° Corpo da Sona dal comando supremo, non è fatta menzione della Brig. Scudier, che era del 7° Corpo (V. pag. 165) e, forse, il T. M. Hartung non sapeva di potervi fare assegnamento.

E ciò mi conferma nel giudizio che gli ordini del comando supremo austriaco furono, forse, un po' troppo laconici.

Il valore spiegato dalle truppe imperiali nell'attacco e dai gran. di Sardegna, dal 37° bers. e dalla nostra artiglieria nella difesa, è degno di ammirazione (2).

---

(1) Divis. Brignone . . . . 7600 fucili, 12 pezzi
Brig. Weckbecker, Brig. Böck, Brig. Scudier
e artiglieria di Corpo . . . . 17000 fucili, 48 pezzi
(dedotte le truppe rimaste sulle alture al di là di Staffalo).

(2) Ecco in quale ridicolo modo il signor De Bernhardi racconta questa fase della battaglia nel suo *Diario*, pag. 102.

« Unterdessen hatte die Division Brignone den M. Croce erstiegen-
« erhielt da plötzlich unerwartet das Feuer der starken Batterien,
« welche die Oesterreicher auf den dominirenden Höhen von La
« Berettara und Casa del Sole aufgefahren hatten, und rollte
« erschrekt in Unordnung rückwärts den Abhang herunter ».

Cioè:

« Frattanto la Divis. Brignone era salita sul M. Croce dove
« fu accolta improvvisamente dal fuoco di forti batterie, che gli
« Austriaci avevano postate sulle dominanti alture di la Beret-
« tara e Casa del Sole. La Divis. spaventata ed in disordine ro-
« tolò giù per la china del monte ».

Ecco come si scrive la storia... dal signor De Bernhardi. Egli

Oltre al G. Brignone (1), molti fra i Com. in sott'ordine, specialmente il T. C. Boni, si coprirono di gloria e spiegarono, in quel giorno, preziose doti di comando e di valore personale.

Disgraziatamente i gran. di Lombardia, insaccati nel vallone, privi di direzione dopo la ferita toccata al valoroso Principe Amedeo, non poterono combattere come avrebbero potuto.

L'epica lotta si può dire che sia stata sostenuta per la maggior parte dai gran. di Sardegna.

Gloria ad essi, e gloria soprattutto a quelli che, non scoraggiati, nè sfiduciati, rimasero, coll'intrepido Boni alla testa, su quelle alture per mantenere le quali si era sparso tanto generoso sangue.

Se il combattimento non fosse stato disordinato fin da principio, sarebbe forse stato possibile — e di quanto giovamento — raccogliere i gran. sul ciglione di Torre di Gherla o, meglio ancora, sulle falde orientali del M. Mamaor.

È da notare che neppure il comando della 3ª Divis. mandò alcun avviso al comando del Corpo d'Armata (almeno non ne giunse nessuno), nè questo mandò alcun ordine al comando della 3ª Divis. Si è veduto (V. pag. 205) che

---

però, modestamente, non essendo sicuro che si trattasse proprio della Divis. Brignone, mette accanto a questo nome, fra parentesi e chiusa (o Sirtori).

Si vede che, si trattasse di una Divis. oppure di un'altra, la cosa per lui non aveva importanza.

E si vede che il sig. De Bernhardi aveva tanta coscienza di essere un « plenipotenziario » da *poter* anche rappresentare i fatti a suo piacimento!

(1) G. Brignone... der mit rühmlicher Unerschrockenheit und in erster Linie den Kampf leitete... (*Oetr. Kf.*, vol. II, pag. 87). Cioè: il G. Brignone... il quale dirigeva il combattimento sulla linea di fuoco con gloriosa intrepidezza...

il G. Durando seppe solo verso l'1 ¼, p. m. che anche la 3ª Divis. aveva seriamente combattuto.

La 3ª Divis. non aveva che 2 sq. Lucca, ma di essi si sarebbe forse potuto fare un migliore impiego, invece di farli salire sulla cima del M. Torre e di tenerli poi inoperosi nel piano.

Prima di tutto essi, come ho già avvertito, dovevano servire a tenere il collegamento coll'8ª Divis., e poi, se avessero girato attorno alle falde orientali del M. Torre e M. Croce, se avessero cioè seguito cogli occhi il combattimento, oppure se fossero stati impegnati per l'inseguimento nel fondo della valle di Custoza, essi da soli, o in unione della cavalleria della Divis. Cugia, avrebbero potuto vedere l'*orribile confusione* che avveniva nel vallone di Staffalo quando i batt. di Weckbecker e di Böck vi si rovesciavano ricacciati dai nostri gran. E si sarebbe così potuto forse sfruttare il successo da questi ottenuto, perchè per quei fanti, salire, dopo il rovescio subito sulle falde del Boscone e di Bosco dei Fitti, era impresa assai difficile.

Mancò l'ispirazione! In casi consimili la cavalleria non deve *aspettare ordini!*

L'imbarazzo nel quale il G. Scudier fu messo per due diversi ordini ricevuti, non mi sembra che dovesse essere tanto penoso quanto il generale stesso ci fa notare. Il secondo era posteriore al primo: si doveva quindi, in massima, attenersi al secondo. Inoltre la Brig. Scudier aveva naturalmente il còmpito di collegare il 9° Corpo col 5° Corpo. Era un collegamento tutt'altro che stretto, perchè fra M. Godi e S. Rocco di Palazzòlo, cioè fra l'ala destra della Brig. e la sinistra del 5° Corpo, v'era un buon km., spazio nel quale non si trovava che uno sq. ungherese.

Allorchè egli, visto che il 9° Corpo attaccava, decise

di avanzarsi anch'esso, a me pare che abbia operato non
solo con sentimento di cameratismo, cioè con quell'elevato
sentimento militare che fa accorrere al cannone ed alla
mischia e che, in mancanza e in difetto di ordini, di disposizioni o di inspirazioni, fa così spesso traboccare la
bilancia a favore di chi va arditamente a fondo a sostegno
del compagno, ma anche con giustissimo giudizio di situazione e di terreno ed in relazione al còmpito di collegamento a lui affidato.

Se il G. Scudier ci dava tempo di occupare e di raf-
forzarci su quel contrafforte del Belvedere, lo scacciarci di
là sarebbe riuscito difficilissimo, anche prima che fossero
giunti i rinforzi.

L'esecuzione rapida e vigorosa dell'attacco del G. Scudier
fa indubbiamente onore a lui ed alla sua Brig.

Poco dopo le 10 avevamo dunque perduto quasi tutto
il gruppo collinoso di Custoza, e, meno alcune centinaia
di gran. e bers., tutta una Divis. (la 3ª) si ritirava dal
combattimento (1).

Forse i gran. non si sarebbero ritirati se avessero avuto
un'idea adeguata dei vantaggi ottenuti; e sarebbero certamente rimasti se fossero stati soccorsi in tempo. Essi si
diressero su Valeggio e la Brig. Weckbecker e gran parte
della Brig. Böck andarono a radunarsi invece vicino alla
stazione di Sommacampagna, cioè a 7 km. indietro. (Autori
austriaci dicono che ciò sia accaduto per un equivoco:
comunque sia, così accadde).

A cifre tonde, considerando le perdite in morti e feriti,
gli Imperiali, per effetto di quella grandiosa azione tàttica,
perderono forse *il doppio* di combattenti degli Italiani.

_____

(1) Da notizie gentilmente fornitemi dal generale, allora capitano Croce, risulta che del 1° regg. rimasero col T. C. Boni circa
500 gran. con molti ufficiali e la bandiera. Del 2° regg. rimasero
col capitano Croce circa 250 gran. con dieci ufficiali e la bandiera.

Aveva più crudelmente sofferto la Brig. Weckbecker (1186 fra morti, feriti e mancanti). Fu quella la Brig. austriaca che ebbe maggiori perdite nella battaglia.

Da parte nostra, la 3ª Divis. fu quella che ebbe, fra tutte le Divis. impegnate il 24 giugno, maggiori perdite = 810 uomini, non calcolando naturalmente i prigionieri, parecchi dei quali però erano feriti, nè calcolando i mancanti.

Maggiori perdite ebbe la Brig. gran. di Sardegna: 440 uomini fra morti, feriti e mancanti. Il solo 2° gran. ne ebbe 280 (1).

Il G. La Marmora e il G. Della Rocca a Villafranca.

Abbiamo veduto che il G. La Marmora era disceso dalle alture, probabilmente per sapere che cosa era avvenuto presso a Villafranca.

Aveva però già mandato ordine al G. Cugia per mezzo del capitano Stecchini di schierarsi fra la Divis. Bixio e le alture (V. pag. 168).

Nel piano, il G. La Marmora non trovò nessuno e decise allora di entrare in Villafranca.

La Rel. uff. dice che il G. La Marmora ha temuto «... un « istante, che Villafranca potesse essere occupata dal ne- « mico ». Se voleva assicurarsene, non era meglio, anzichè recarvisi di persona, mandare un plotone o uno sq. dei cavalleggeri di Lucca della Divis. Brignone, invece di farli salire in cima al monte?

« Impensierito pel silenzio che regnava tutto attorno « per quella scura campagna » (CHIALA, Cenni storici, volume II, pag. 158) il generale mandò in ricognizione uno dei suoi due cavalleggeri. In quella fu raggiunto dal capi-

---

(1) Un modesto monumentino eretto sul M. Croce consacra all'ammirazione dei posteri i valorosi granatieri caduti combattendo.

tano Della Rovere, che S. M. il Re, inquieto per non aver
veduto tornare il capitano Sforza-Cesarini che aveva spiccato
a Villafranca per prender contezza di quanto vi era accaduto, aveva mandato innanzi, deciso a recarvisi egli stesso.

Sforza-Cesarini aveva già conferito col G. Della Rocca,
ma aveva preso la strada di Pozzo Moretta e quindi non
aveva subito raggiunto S. M.

Il G. La Marmora incaricò il capitano Della Rovere di
pregare il Re di recarsi a Valeggio, ove si sarebbe trovato
egli stesso più tardi per dirigere di là la battaglia.

Tornato intanto il cavalleggero a riferire che a Villafranca c'erano truppe italiane, il G. La Marmora si
avanzò.

Colà giunto mise, come vedemmo (pag. 169) la Divis. di
cavalleria di linea agli ordini del G. Della Rocca, e raccomandò a questo di « tener fermo » a Villafranca.

Con tutto il rispetto dovuto al G. Della Rocca, con cui
il G. La Marmora andava a conferire, e che ha parlato a
lungo della battaglia di Custoza nell'«Autobiografia di un
Veterano», non è possibile ritenere che, nel narrare i fatti
di quel giorno, egli sia stato servito dalla sua memoria in
modo esattissimo.

Ed infatti, non solo l'ordine cronologico dei fatti lascia
alquanto a desiderare, ma nella narrazione v'è una certa
confusione e una certa nebulosità, per modo che è pressochè impossibile di scoprire le relazioni fra gli avvenimenti svoltisi e le idee concepite dal generale durante la
giornata.

Basti il citare — per dimostrare la verità di quanto
mi sono permesso di dire — le seguenti righe.

« ... Quindi (dopo gli attacchi della cavalleria Pulz) in-
« camminatomi verso il posto dove trovavasi il G. Bixio,
« lo feci pregare di venirmi incontro; gli narrai allora come
« avessi fatto invano ricerca del comando supremo, e come
« convenisse aspettare nuovi ordini prima d'inoltrarsi verso

« Sommacampagna. Gli dissi pure che la lotta ferveva a
« M. Torre contro la sinistra del I Corpo, e con lui com-
« binai una diversione da farsi in mancanza di nuovi or-
« dini, per tentare di prendere di fianco e alle spalle le
« truppe nemiche e di liberare il Brignone. Rimase inteso
« però che egli dovesse aspettare un ordine positivo dal
« G. La Marmora o da me, ed intanto conservare le sue
« posizioni, le quali formavano l'estrema destra della
« lunga linea di schieramento da Peschiera a Villafranca
« dei due Corpi I e III.

« In quel tempo mandai a collegarsi con la 7ª Divis.
« (Bixio) due sq. di Saluzzo e due di Foggia, ai quali non
« doveva tardare ad aggiungersi, stendendosi verso Pozzo
« Moretta, la Divis. Cugia. — Era questa un poco in
« ritardo...

« Appena seppi il Govone arrivato a Quaderni, gli spedii
« l'ordine di camminare con la Brig. Alpi verso il piede
« delle colline, per collegarsi con la Divis. Cugia, e spe-
« dire in riserva a Villafranca la Brig. Pistoia.

« Terminavo di dare queste disposizioni quando arrivò
« fra le ore 8 e le 9 da M. Torre il G. La Marmora... ».

Su questa esposizione vi sono molte cose da osservare.

In primo luogo, non era la sinistra del I Corpo che combatteva a M. Torre, ma la destra. Questo può essere errore di stampa o di scrittura.

In secondo luogo, non era la Divis. Bixio che formava
l'estrema destra della lunga linea di schieramento, ma la
Divis. Principe Umberto. Ciò, per altro, può essere anche
errore materiale.

Il collegamento colla 7ª Divis. da farsi con 4 sq., (2 di
Saluzzo e 2 di Foggia) è poco chiaramente indicato, ma
l'essenziale non è questo.

È, invece, che a sinistra della 7ª Divis. doveva schierarsi
l'8ª Divis. Siccome la diversione per liberare Brignone
doveva farsi naturalmente, *verso sinistra*, così non si comprende come potesse tentarla la Divis. Bixio, la quale si

sarebbe trovata con un' altra Divis. fra essa e la 3ᵃ. Ed anzi, se anche la Brig. Alpi della Divis. Govone compiva il movimento, camminando verso il piede delle colline, essa doveva necessariamente venirsi a collegare colla Divis. Cugia; e la Divis. Bixio, quantunque non costituisse l'estrema destra, pure si sarebbe trovata separata dalla Divis. Brignone da una Divis. e mezza.

Se si trattava di sostenere Brignone, il còmpito toccava alle altre Divis. perchè più vicine. E se tanto Cugia quanto Govone erano in ritardo ed il G. Della Rocca era informato così bene dell'andamento della battaglia, com'egli dice, e se a lui la posizione di Brignone, prima dell'arrivo del G. La Marmora, cioè prima delle 9, sembrava tanto compromessa (e ciò non era esatto), invece di *parlare* semplicemente di diversione col G. Bixio, sarebbe stato molto meglio che l'avesse *ordinata* di fatto. Conveniva quindi: o avviare a sostegno di Brignone le Divis. Cugia e Govone, oppure, semplicissimamente, e per far questo non occorreva approvazione superiore, nè mandare ufficiali fino a Goito, lasciare che le Divis. Cugia e Bixio, dopo respinta la cavalleria imperiale, *continuassero il loro movimento*, già ordinato fin dalla sera innanzi, verso Sommacampagna e Ganfardine.

Quella marcia eseguita appunto quando la cavalleria imperiale si ritirava, avrebbe potuto esercitare sull'andamento della battaglia un'influenza che è difficile naturalmente di apprezzare, ma che poteva essere *enorme*.

Ben lo intuiva il G. Bixio, quando mandò a chiedere al Com. del Corpo d'Armata se poteva continuare ad avanzarsi su Ganfardine. Ma ne ebbe, è noto, una negativa (V. p. 165).

Comunque sia, invece di mandare soccorso al G. Brignone o di ordinare la diversione, il G. Della Rocca ordinò al G. Govone di mandargli ancora una Brig. (Pistoia) a Villafranca, dove c'erano già due Divis. di fanteria, una Divis. di cavalleria di linea e molti altri sq.

Ho voluto premettere questo, per far notare una volta di

più come i racconti delle battaglie, anche quelli fatti da eminenti personaggi che vi hanno preso parte e che, pel loro grado e la loro carica, dovrebbero essere meglio in grado di conoscere come si siano svolti gli avvenimenti, pur essendo fatti colla massima buona fede (non è ammissibile che il Com. del III Corpo non parli in buona fede) sono spesso errati, confusi e contraddittori (1).

Noi non possiamo quindi essere sicurissimi che il racconto del colloquio che ha ora luogo a Villafranca fra i generali La Marmora e Della Rocca, colloquio che pure ebbe un'influenza immensa sull'andamento della battaglia, sia esatto in tutti i suoi particolari.

Secondo il G. Della Rocca, il capo di stato maggiore era *tormentato per l'imminenza del pericolo*, espressione non molto felice se vogliamo, perchè non era certamente il pericolo che doveva tormentare l'uno o l'altro dei due prodi soldati, ma la responsabilità. E poi altro che pericolo *imminente!* La battaglia era già impegnata da due o tre ore!

Il G. La Marmora gli raccomandò di *tener fermo* in Villafranca, posizione *sulla quale egli giudicava allora che*

---

(1) Si legge fra l'altro, nell'autobiografia, pag. 231, che il G. Della Rocca, visto che uno dei suoi ufficiali (tenente Bixio) non aveva potuto trovare il G. La Marmora nè a Valeggio, nè a Cerlungo, nè a Goito, ne spiccò altri alla stessa ricerca. Si deve supporre che essi siano stati naturalmente mandati dopo il ritorno di Bixio e prima dell'arrivo del La Marmora stesso, che si trovò in Villafranca fra le 8 e le 9.

Non si sa a che ora sia stato spiccato il Bixio, ma, certamente, non prima della fine almeno del primo attacco di cavalleria. Val quanto dire non prima delle 7 $\frac{1}{2}$ o 7 $\frac{3}{4}$.

Ora se si pensa che quell'ufficiale dovette portarsi a Valeggio e poi a Cerlungo e poi a Goito e poi tornare a Villafranca, cioè percorrere circa 40 km., non in corsa, ma ricercando, domandando ed assumendo informazioni, non si comprende come egli abbia potuto ritornare a Villafranca prima dell'arrivo del G. La Marmora.

più tardi si potesse sciogliere il nodo della giornata, ma
nello stesso tempo « mi diede ordine — scrive il G. Della
« Rocca —per mandare più soccorsi ch'io potessi a M. Torre.
« Combinammo allora di spedire subito l'intera Divis. Cu-
« gia e dopo la Brig. Alpi, non appena fosse arrivato il
« G. Govone. Nel lasciarmi il La Marmora mi raccomandò
« nuovamente di non abbandonare Villafranca, fino a tanto
« che la pianura da quella parte non fosse sgombra dai
« carriaggi, e concluse: — Mi reco subito a dare ordini af-
« finchè ciò si faccia al più presto ».

« Il La Marmora s'era appena allontanato, allorchè venne
« il Re: era anch'egli impensierito, avendo visto a M. Torre
« le truppe del Brignone sparpagliate, quasi in fuga ».

Ritornerò su questo colloquio.

Mi fermo ora sulle ultime parole.

Non è *prima* d'andare a Villafranca, ma al *ritorno* da
Villafranca che il Re dovette vedere le truppe di Brignone
« sparpagliate e quasi in fuga ».

Quelle truppe, lo si sa, sostenevano un terribile combattimento, specialmente i gran. di Sardegna (comandati
non dal Principe Amedeo, come scrive il G. Della Rocca,
ma dal G. Gozani di Treville che fu anche ferito) e re-
spingevano forze austriache più numerose.

Si ritirarono stremati in forze e sparpagliati, però *dopo*
che Vittorio Emanuele era sceso da M. Torre per andare
a Villafranca. Non si comprenderebbe altrimenti come il
Re potesse recarsi tranquillamente da Coronini a Villafranca, lasciandosi truppe sparpagliate e *quasi fuggenti
alle spalle*.

E se realmente era così, cioè se realmente il G. Della
Rocca, quando il Re gli parlò, ritenne che le truppe di
Brignone erano state ricacciate in fuga dalle alture di
Custoza, il nemico, è evidente, stava per frapporsi o si
era già frapposto fra le sue truppe e quelle del I Corpo.
E doveva egli in quel caso starsene impassibile in Villa-
franca? Meno che mai!

Piuttosto che « tener fermo allora a Villafranca », se il G. Della Rocca non si sentiva di attaccare a sua volta (e ciò era di gran lunga la miglior soluzione) doveva piuttosto ritirarsi. Non muovere era la soluzione peggiore!

Ad ogni modo, non si saprà mai esattamente quanto sia stato detto fra il Re ed il generale, come non si saprà mai con precisione l'esatta successione di quegli incontri fra Sovrano, capo di stato maggiore, ufficiali di stato maggiore ed aiutanti di campo, avvenuti fra Villafranca e le alture e l'esatta versione dei rapporti e degli ordini dati.

Alcune recenti pubblicazioni hanno gettato un po' di luce su quegli incontri e quegli ordini. Ma la luce servirebbe più che altro a precisare le responsabilità.

Ora io non mi permetto di distribuire il biasimo o la lode; fo invece uno studio obbiettivo per quanto posso di storia militare, e mi attengo ai fatti, indagando le ragioni che possono averli prodotti, senza parlar troppo delle persone.

Non risulta in modo chiaro dall' « Autobiografia » quando e come il G. La Marmora abbia messo sotto gli ordini del G. Della Rocca la Divis. cavalleria di linea.

Questo generale assicura che, naturalmente dopo il riferito colloquio, un cavalleggero venne a portargli un foglio del G. La Marmora, nel quale il capo di stato maggiore lo ragguagliava dell'accaduto a M. Torre, lo informava di aver disposto delle Divis. Cugia e Govone, gli raccomandava nuovamente di mantenere nelle loro posizioni a Villafranca le due Divis., e gli chiedeva di *mandare ancòra altri soccorsi per il Govone a Custoza*.

« A voce poi mi faceva dire — aggiunge il generale — « che metteva a mia disposizione i due regg. di cavalleria « di linea, di cui già si erano giovati nelle ore del mattino « i Com. della 7ª e della 16ª Divis. ».

Non è credibile che quest'ultimo ordine sia stato portato a voce da un cavalleggero. Ed allora chi lo portò?

La Rel. uff. (pag. 257) dice che il G. La Marmora mise tutta la Divis. di cavalleria sotto gli ordini del G. Della Rocca prima di lasciar Villafranca. Così anche risulta, secondo il CHIALA (*Cenni storici*, vol. II, pag. 159). Ed infine, allorchè il G. La Marmora mandò l'ultimo ordine da Goito al G. Della Rocca per mezzo del C. Avogadro, gli faceva ricordare che la Divis. predetta era sotto il comando del Com. del III Corpo. (CHIALA, *Cenni storici*, pag. 267).

La questione del resto mi pare quasi oziosa. Era tanto naturale che, specialmente dopo gli ordini ricevuti da S. M. e dal G. La Marmora, il G. Della Rocca avesse il comando anche sulla Divis. di cavalleria, che avrebbe *dovuto prenderlo* anche se non gli fosse stato dato. È anche possibile che vi sia stato un equivoco, ma se due regg dovevano esser messi sotto gli ordini del G. Della Rocca, che cosa dovevano fare gli altri due?

Che il Com. del III Corpo potesse non avere alcuno scrupolo nel valersene, lo dimostra per analogia il fatto che egli, come vedremo più tardi, mandò al G. Longoni (che comandava una Divis. del II Corpo) l'ordine di appoggiarlo, facendosi precedere dall'artiglieria.

In ultima analisi, che la Divis. di cavalleria di linea fosse posta sotto gli ordini del Com. del III Corpo, o che non lo fosse, il fatto si è che essa, disgraziatamente, non rese durante la battaglia quasi alcun servigio.

È doloroso per noi il doverlo riconoscere, ma se si confronta la condotta del T. M. Hartung, Com. del 9° Corpo austriaco e quella del Com. la cavalleria di riserva austriaca, C. Pulz, colla condotta del nostro Com. del III Corpo e del nostro Com. della Div. di cavalleria, la differenza è assai grande!

La Divis. Cugia entra in combattimento e il C. Ferrari con due batt. del 64ª riprende il M. Torre e il M. Croce.

Nell'uscire da Villafranca, il G. La Marmora aveva incontrato il Re e lo aveva pregato di recarsi a Valeggio, ove lo avrebbe raggiunto ed ove si sarebbe stabilito il Q. G. P.

Il generale, dopo, si mise alla ricerca dei generali Cugia e Govone (ricerca che avrebbe, per vero dire, esser fatta per cura dello s. m. del III Corpo) e non trovò il G. Govone, ma trovò il G. Cugia.

Come abbiamo veduto, la Divis. Cugia, verso le 7, era in marcia per la strada Remelli-Quaderni-Rosegaferro-Dossi, per portarsi a Sommacampagna.

Il cammino percorso in 5 ore da Pozzòlo, ove si trovavano gli accampamenti, non era molto lungo: 7 km. Bisogna però tener conto dei carriaggi. Senza di essi, alle 7 la Divis., se non incontrava il nemico, poteva già trovarsi presso a Sommacampagna.

Poco dopo le 7, trovandosi la Divis. a riposare, si incominciò a sentire il combattimento di Villafranca a destra.

Saputo di che si trattava, il generale decise di schierarsi sulla sinistra del Tione e lo passò di fatto, disponendosi in due linee, poco oltre il Tione (case Colombaretto e Colombara) colla Brig. Piemonte in 1ª linea e la Brig., Cagliari in 2ª linea. Questa seconda Brig. aveva a sinistra il 64° regg.

In quel mentre la 3ª Divis. coronava le alture di M. Torre e M. Croce e il G. Cugia riceveva dal G. La Marmora, per mezzo del capitano Stecchini, l'ordine di schierarsi, collegandosi colla 3ª e colla 7ª Divis.

La Divis. Cugia continuò allora ad avanzarsi verso Pozzo Moretta (poco più di 1 km. a N. di Colombaretto).

Intanto si svolgeva il sanguinoso combattimento su M. Torre e M. Croce. Urgeva soccorrere il G. Brignone!

Il G. Cugia fece disporre le sue batterie per controbattere le batterie austriache, ma il campo di tiro era assai impedito attorno a Pozzo Moretta, per la fitta coltivazione, e non sembrava nemmeno sicuro che le batterie appostate presso a Pezzarani fossero batterie nemiche. Il maggiore Bava Beccaris, Com. dell'artiglieria divisionale, vedendo anche truppe sul M. Torre e M. Croce e sentendo il fragore del combattimento, si offrì per andar a prender vista del terreno e della situazione Passando per C. Coronini, salì al galoppo sul M. Torre e cercato e trovato il G. Brignone, questo « calmo nella tempesta » gli descrisse rapidamente la situazione e gli disse che, per lui, senza pronti soccorsi, la posizione non era più tenibile (1).

Impressionato dalla terribile gravità dei fatti, il maggiore Bava Beccaris scese a precipizio, cercò del G. Cugia, che non trovò. Ma visto in colloquio il Com. della Brig. Cagliari (Gabet) e il C. Ferrari, Com. del 64° Fant., li ragguagliò di quanto aveva sentito e veduto e disse che urgeva assolutamente di soccorere i gran. Il brigadiere Gabet espresse subito l'opinione che bisognava accorrere, prendendo però gli ordini dal Com. della Divis. Ma il C. Ferrari, il quale probabilmente era stato preavvertito dal G. La Marmora che avrebbe dovuto portarsi sulle alture (il 64° aveva due batt. all'estrema sinistra della 1ª linea della Divis.) disse che sarebbe andato subito ed invitò il maggiore Bava ad accompagnarlo.

Ed il maggiore, molto opportunamente, lasciate sul piano due delle sue batterie, salì per la via più diretta su M. Torre

_____

(1) Veduto il capitano Pelloux (Luigi) il maggiore Bava Beccaris gli domandò come accadesse che giungevano fino presso a Pozzo Moretta proiettili d'artiglieria. (Si credeva che potessero essere proiettili italiani). Ed il capitano Pelloux spiegò che erano « tiri lunghi » delle batterie austriache contro la sua batteria e le altre truppe italiane disposte sul M. Croce.

colla 9ª batteria (cinque pezzi, perchè ad uno si ruppe il timone) accompagnando i due batt. del 64°. Si ritrova il prode G. Brignone, il quale accenna alla direzione da tenersi pel contr'attacco.

La batteria (Fontana) guidata dallo stesso maggiore Bava, si mette in posizione sulle alture ove la 3ª Divis. aveva lasciati tanti cadaveri e tanti feriti (nel frattempo si erano ritirate successivamente le batterie Pelloux e Fineschi) ed apre il fuoco, salutata però dal fuoco preponderante dell'artiglieria austriaca.

Uno dei primi colpi, anzi, fece saltare un avantreno sfracellando la testa ad un ufficiale ed uccidendo cavalli e cannonieri.

Ma la batteria, ad onta di ciò, apre un vivissimo fuoco, sostenendo l'attacco del C. Ferrari e concorrendo così alla riuscita di quell'energica azione tàttica, che ebbe, secondo il mio giudizio, un'*importansa capitale* per l'andamento del combattimento di Custoza. Ed infatti il 1° e il 3° batt. del 64° vigorosamente condotti, si slanciano al contr'attacco, ricacciano il nemico giù pei valloni, riconquistano tre pezzi perduti, respingono un contro assalto di due batt. del regg. Arciduca Rodolfo (19°) e *riprendono* il M. Torre ed il M. Croce.

Gli Imperiali che avevano quasi perduto la lena dopo la conquista allora allora compiuta delle alture, alquanto disordinati, privi dei loro due Com. di batt. caduti gravemente feriti, si ritirano per la Cavalchina, ripassano il vallone di Staffalo e si raccolgono alla meglio presso Mazzole (1).

Il G. Cugia, dopo il successo ottenuto, compie il suo schieramento fra M. Torre e Capella.

––––––––––

(1) Per la ripresa del M. Torre e M. Croce, la bandiera del 64° regg. ebbe la medaglia d'argento, il C. Ferrari (Antonio) la medaglia d'oro al valor militare. Il maggiore Bava Beccaris ebbe la croce di cavaliere dell'ordine militare di Savoia.

Egli si venne a trovare così: a sinistra, sulle alture 6 batt. (64°, 63°, e 4° bers.) con una batteria sotto il comando del G. Novaro.

Sulle falde del monte e verso il piano, 5 batt. (del 63° e del 4°) con 2 batterie, occupavano una fronte piuttosto estesa per non lasciare troppo intervallo fra l'8ª e la 7ª Divis. — Quell'ala fu messa sotto il comando del colonnello brigadiere Gabet.

Il 3° fanteria rimase in riserva.

L'ala destra fu impegnata in scontri di poca importanza contro gli avanzi della Brig. Weckbecker.

La Divis. Govone entra anch'essa in azione.

Ma nuove truppe giungevano per occupare le tanto contrastate alture.

Erano della Divis. Govone (9ª).

Abbiam veduto (pag. 154) che verso le 7 la Divis. si trovava in marcia sulla strada di Massimbona. l'avanguardia all'altezza di Remelli.

Essa, partita verso il mezzodì (del 23) dalla Motta, era giunta verso le 7 p. m. a Corte Bertone e Casanova e potè mettersi a riposare solo verso le 10 di sera.

Alle 9 (o forse anche più tardi) era giunto l'ordine di ripartire all'1 $\frac{1}{2}$ a. m. del 24.

Furono perciò caricati sui carri i viveri per l'indomani.

I soldati si erano messi in marcia senza aver mangiato ed avevano riposato pochissimo (Rapporto del G. Govone al Com. del III Corpo. del 28 giugno).

La 9ª Divis. era preceduta sulla strada di Villa Buona da tutto il grosso traino dell'8ª Divis. E, sulla strada di Massimbona, era preceduta da tutta la 7ª Divis. con tutto il traino, più il parco d'artiglieria e quello del genio del Corpo d'Armata!

Alle 8 a. m. la Divis. si trovava ancòra colla testa di colonna a Quaderni (aveva però percorso 15 km.), dove gli ingombri si moltiplicarono essendovi ancora il campo della Brig. Soman (Divis. di cavalleria).

Sentito il cannone, l'avveduto generale fece quanto gli era possibile per portarsi innanzi a Pozzo Moretta, dove era diretto; e non essendogli riuscito di procedere oltre sulla buona strada a causa di quegli ingombri, piegando a sinistra per viottole a traverso i campi, riconosciute dal luogotenente Sanguinetti, riuscì con grande stento e fatica ad avanzare. Giunto ai prati di Prabiano, fu raggiunto dal capitano di s. m. Biraghi, che gli recava l'ordine del G. Della Rocca di portarsi anch'esso con tutta la sua Divis. a Villafranca! (1).

Ad ogni modo, il generale ordinò che la Brig. Pistoia, di coda, si portasse subito a Villafranca, se era possibile, per Rosegaferro. E la Brig. Alpi voleva dirigerla alla stessa volta, passando a N. dei Dossi.

Non risulta poi bene se in sèguito ad ordine di S. M. il Re, o del G. La Marmora (non dato direttamente perchè questo ed il G. Govone si cercarono senza trovarsi) o a contr'ordine del G. Della Rocca, prima la Brig. Alpi e poi la Brig. Pistoia, richiamata da Villafranca, si portarono sulle alture.

Sembra però, almeno per quanto riguarda la Brig. Alpi, che il G. Govone si sia deciso a marciare senz'altro verso Custoza, interpretando il *volere personale* del Re e dopo un rapido e giusto apprezzamento della situazione.

_____

(1) — Nell' « Autobiografia » il G. Della Rocca (pag. 232) scrive di aver mandato l'ordine per avere solo la Brig. Pistoia in riserva a Villafranca. — La Rel. uff. (pag. 242) dice tutta la Divis. Così anche si rileva dall'articolo già citato. « Il generale Govone a Custoza » del G. Luchino dal Verme (pag. 282). Così anche dice il sopracitato rapporto dello stesso G. Govone. Anzi il capitano Biraghi avrebbe portato quest'ordine: « ..... venirsi a mettere in linea, a N. di Villafranca *sulla destra* della 7ª Divis. ». Ordine poco comprensibile, poichè sulla destra della 7ª c'era la 16ª Divis. (Principe Umberto).

Pel momento (pare fossero le 10 ¹/₄ secondo la nostra Rel. uff. o le 10, secondo il rapporto del G. Govone) il generale non aveva disponibile che la Brig. Alpi (51° e 52° regg.) il 34° batt. bers. e 2 batterie.

Fermate le fanterie dietro al ciglio del M. Torre che egli ascendeva da S, il generale, dopo una rapida ricognizione, fece sùbito mettere in azione le sue due batterie (l'altra era colla Brig. Pistoia) d'accordo con quella dell'8ᵃ Divis. per combattere l'artiglieria austriaca.

Verso le 11 ¹/₂ (le 11 secondo il G. Govone) giungeva la Brig. Pistoia (G. Bottacco) che aveva percorso la strada Villafranca-Valeggio, dopo aver posato gli zaini in Villafranca. Mancavano due compagnie del 35° (o una?) rimaste al Q. G. del III Corpo (sarebbe difficile dire perchè) ed una di retroguardia.

Mancava un batt. del 36° rimasto a guardia del carreggio.

Il G. Govone mandò la batteria ad unirsi alle altre, e schierò la Brig. Pistoia in seconda linea.

Il G. La Marmora si reca a Valeggio e poi a Goito.

Intanto il G. La Marmora, poichè ebbe ordinato che l'8ᵃ e la 9ᵃ Divis. entrassero in azione, era tornato alla Divis. Brignone e, non avendo egli stesso un'idea dei risultati ottenuti dai prodi gran., non vide che il rovescio della medaglia, cioè lo scompiglio in cui erano ridotti specialmente i gran. di Lombardia. — Spiegò quanto poteva di energia personale per riordinarli ed incoraggiarli, secondato da molti ufficiali di ogni grado ed arma. Però, come si è veduto, la cosa non fu possibile.

Sceso dalle alture, il G. La Marmora aveva mandato al G. Della Rocca l'altro ordine a cui ho poc'anzi accennato (pag. 290) e il cui testo completo è rimasto oscuro, tanto che non se ne parla nemmeno nelle nostre Rel. uff., e non

Come prima operazione, bisognava naturalmente riprendere Custoza.

Il generale fece perciò convergere tutti i tiri delle sue tre batterie contro Custoza, dove erano assai visibili le divise austriache. E lanciò poi all'assalto il 34° batt. bers. (Pescetto) seguito dappresso da un batt. del 51°. Il fuoco d'artiglieria aveva già prodotto il suo effetto sulle poche truppe ancòra affaticate (4 compagnie) che occupavano Custoza.

I bers. lanciatisi con mirabile slancio, ed accolti entusiasticamente dagli avanzi dei gran., mossero insieme con questi e col T. C. Boni alla testa contro agli Imperiali e li ricacciarono a precipizio.

In quel momento giungeva da C. Coronini per la strada che immette nel villaggio da S. E. la batteria a cavallo inviata in rinforzo della Divis. Brignone dal G. Della Rocca insieme coi 4 sq. di Foggia.

Il capitano Rugiu, che guidava la colonna, l'aveva prima diretta su M. Torre, dove supponeva di trovare il G. Brignone (1). Ma nell'avvicinarsi, si era accorto che il villaggio di Custoza era occupato dal nemico, vedendo che l'artiglieria nostra da M. Torre tirava in quella direzione. Giudicò per altro, con rapida e felice intuizione, che, non avendo egli con una colonna tanto lunga su una strada completamente infilata, ricevuto nemmeno un colpo di cannone, l'occupazione doveva esser debole. Dippiù vide i nostri bers. scendere per le falde occidentali del M. Torre e andare all'attacco.

---

(1) Ho già avvertito che il rinforzo fu spedito in seguito all'ordine del G. La Marmora, dopo che questo ebbe veduta la Divis. Brignone disordinata. Non credo perciò esatto quanto è riferito nell'Autobiografia che i rinforzi per Custoza dovevano giungere al G. Govone (che era ancora in cammino) e che aveva, anzi, mandata alla sua volta una Brig. a Villafranca.

Fece allora eseguire « dietro front » e salì arditamente su Custoza pel viale dei pioppi.

La batteria, alla cui testa marciava lo stesso Com. della brig. maggiore Ponzio-Vaglia, si trovò tutto ad un tratto di faccia ad un plotone del 6° sq., 3° usseri (addetto al 7° Corpo, Brig. Welsersheimb) che saliva anch'esso sulle alture per prender vista del nuovo combattimento.

Ne avvenne una zuffa, in cui il maggiore Ponzio-Vaglia caricò vigorosamente coi serventi dei primi pezzi, e poi, sopraggiunto ancora uno degli sq. di Foggia, gli usseri furono ricacciati.

La batteria, dopo che fu cercata e non trovata una migliore posizione più ad O. sulle falde orientali del M. Mamaor, meno un pezzo che ribaltò e fu a stento riportato sul piano, si mise in posizione sul lembo N. e N. E. dell'altura ov'è il villaggio di Custoza.

Ed il capitano Rugiu fece anche occupare il margine verso Valle Busa da riparti di gran. di Lombardia, i quali erano disgraziatamente rimasti senza cartucce.

Non essendo possibile di impiegare la cavalleria in quel terreno, specialmente per la ricognizione offensiva che il capitano Rugiu voleva spingere su Belvedere, rimase colla batteria a cavallo (Perrone) un solo sq. Gli altri ridiscesero al piano nei prati della Gherla. V'erano ancora là presso i due sq. Lucca della Divis. Brignone.

Il capitano Rugiu, spintosi innanzi per eseguire la progettata ricognizione, fu gravemente ferito e portato in Villafranca.

Non è facile precisare a qual'ora sia stata ripresa Custoza, atto che per quella nuova fase della battaglia fu decisivo, perchè ne venne, come di conseguenza, la presa di tutte le posizioni del contrafforte Belvedere-M. Molimenti.

Ma certamente, il fatto avvenne fra le 11 e le 11 $\frac{1}{2}$.

Alle 11 $\frac{1}{2}$, il G. Govone mandava al suo Com. di Corpo d'Armata. il seguente avviso:

« La Divis. Brignone era fortemente impegnata a
« M. Torre e Custoza, di. cui il nemico si era impadronito.

« In seguito all'ordine ricevuto da S. M. di appoggiare
« potentemente detta Divis., e stante l'urgenza, feci de-
« porre gli zaini alla Brig. Alpi e al 34° bers., e con tali
« truppe occupai M. Torre.

« Occupato il M. Torre, ripresi al nemico Custoza coi
« miei bers. (1). In questo momento, forti colonne austriache
« attaccano di nuovo la posizione al N. della strada che
« da Custoza conduce a Sommacampagna, e quantunque
« tutta la mia Divis. sia in linea, pure sarebbero neces-
« sarie altre truppe e specialmente artiglieria per contro-
« battere quella molto numerosa del nemico.

« Del resto V. E. può esser certa che si resisterà con
« energia e con buona speranza di successo. Ma il com-
« battimento è seriamente impegnato ».

Combattimento della Divis. Cugia verso la gola di Staffalo.
Mossa in avanti della cavalleria imperiale.

L'ala destra della Divis. Cugia sosteneva intanto un
combattimento verso la gola di Staffalo col 15° batt. cacciatori (Brig. Böck) posto a difesa delle batterie collocate
presso C. del Sole. Ciò indusse il C. Pulz a muoversi
colla sua cavalleria verso le Cerchie, ma poi, visto che
gli Italiani non incalzavano, e accolto dal fuoco del
30° batt. bers., e probabilmente anche di una parte del-
l'artiglieria rimasta nel piano, egli tornò verso la Casetta
d'onde era partito.

Il maggiore Bava Beccaris ridisceso nel piano, avrebbe
voluto far prendere posizione sulle alture a tutta l'artiglieria dell'8ª Divis. Però il G. Cugia vi si oppose, preoccupato com'era, del vuoto che esisteva già nella linea di
battaglia fra la sua e la 7ª Divis.

---

(1) Avevano però molto efficacemente concorso anche i gran.

La Divis. Govone ricaccia la Brig. Scudier dal Belvedere
e dalle altre posizioni a N. di Custoza.

Il G. Govone, dopo la presa di Custoza, fece rivolgere
il fuoco dei suoi pezzi, ai quali si erano intanto uniti i
5 pezzi della batteria a cavallo, successivamente sugli
altri obbiettivi: l'altura sovrastante al cimitero ed alla
chiesa, il Belvedere, il Palazzo Maffei, il Palazzo Baffi.

Era impossibile al G. Scudier colle poche truppe che
aveva, col rumore del combattimento verso la gola di
Staffalo, cioè alle spalle, e colla minaccia di cavalleria
alla sua destra (lancieri di Foggia) di potersi reggere in
una posizione così avanzata e così isolata.

E dopo che vide respinti alcuni contr'attacchi tentati
dalle sue truppe, dette l'ordine di ritirarsi sotto la protezione di un batt. del regg. Arciduca Ernesto. La Brig. si
raccolse al di là della gola di Staffalo, parte vicino a Zerbare, e parte presso a C. Zina (Sommacampagna).

Gli Italiani non inseguirono che fin verso il M. Arabica.

Il Com. del 7° Corpo austriaco, T. M. Maroicic, visto
che le truppe della Brig. Scudier si ritiravano da M. Croce
e M. Torre, aveva dato ordine alla Brig. Welsersheimb
di avanzarsi a sostegno di Scudier (ore 11). Ed egli, pre-
cedendo la Brig. con una delle batterie pesanti dell'artiglieria di Corpo, ordinò a Scudier di raccogliersi presso
a Zerbare e di lasciare a sua disposizione la batteria della
Brig. ed il batt. di retroguardia.

La batteria di Corpo fu messa in azione vicino a quella
di Scudier e la Brig. Welsersheimb si schierò fra Nadalini
e Berettara.

Erano molto probabilmente queste le truppe delle quali

il G. Govone faceva cenno nel suo rapporto al Com. del III Corpo (1).

Al capitano Racagni, mandato dal Com. del III Corpo, il G. Govone aveva confermato ciò che aveva scritto ed aveva dato incarico di dire al generale che avrebbe tenuto fermo, ma che era necessario un rinforzo, perchè da quanto poteva congetturarne, *a Custosa era l'attacco principale* (2).

Dopo la presa delle alture, le truppe della 9ª Divis. cercarono di sistemare l'occupazione e di completare il loro schieramento.

La Brig. Pistoia si era schierata col 36° Regg. a destra dietro al 52° fanteria, e press'a poco 200 m. avanti alla Ca Nuova e col 35° a sinistra.

Questo, però, trovandosi troppo esposto ai tiri nella bassura dove era venuto a postarsi, fu poi portato ancora più a sinistra sul rovescio del poggio di Custoza. Un batt. del 35° fu portato dal G. Danzini su a Custoza.

Il 51°, un batt. del 35°, gli avanzi della Brig. gran. di Sardegna, 3-400 gran. di Lombardia coi maggiori Magnone, Tortori e Fezzi ed altri ufficiali e il 34° batt. bers. occuparono adunque Custoza; il 27° batt. bers. fu portato su a M. Torre a scorta dell'artiglieria.

---

(1) Non mi pare verosimile la notizia data dal CHIALA (*Cenni storici* pag. 279) che, invece, le forti colonne a cui accennava il G. Govone, fossero quelle poche compagnie della Brig. Scudier che tentavano di riprendere Custoza, tanto più che alle 11 ¹/₂, quando fu scritto il biglietto, anche quel contr'attacco doveva già essere stato respinto.

(2) S. E. il G. Racagni, allora capitano di s. m., mi ha gentilmente confermato di essersi espresso in quei termini col Com. del III Corpo. Disgraziatamente non fu ascoltato! Senza dubbio il G. Della Rocca ha operato saggiamente a mandare ufficiali in giro a prender notizie: non risulta però che egli abbia tenuto nel debito conto i rapporti che essi gli presentarono.

Oltre ai distaccamenti già accennati, la 9ª Divis. era anche diminuita di una sezione d'artiglieria (quella d'avanguardia) e del 2° batt. del 51° fanteria rimasto nella pianura a guardia del fianco sinistro della Divis. e che rimase inoperoso tutto il giorno.

Mentre si sistemava, o almeno incominciava a sistemarsi l'occupazione degli Italiani, da parte austriaca si mettevano in azione tutte le batterie disponibili pel momento.

Erano 5 batterie del 9° Corpo e 2 del 7°, cioè quelle della Brig. Scudier e quella dell'artiglieria di Corpo, guidata come s'è veduto dallo stesso T. M. Maroicic.

In tutto erano 56 pezzi.

La batteria austriaca di estrema sinistra fu fatta scendere fin presso La Fredda per meglio battere le batterie della Divis. Cugia.

A questi 56 pezzi rispondevano i 18 della Divis. Cugia, e i 21 della Divis. Govone, ossia, in tutto, 39 pezzi.

Questa lotta col cannone continuò vivacemente fino verso le 12 ¼.

L'Arciduca fa schierare la sua riserva avanti a Zerbare.

Press'a poco alla stessa ora devono essere giunti al Com. supremo austriaco l'annunzio della ritirata della Brig. Scudier, ed al G. Della Rocca l'avviso del G. Govone e le domande di rinforzo portate verbalmente dal capitano Racagni.

Si combatte da più di 5 ore, e siamo al punto in cui l'avanzata di truppe fresche verso i punti decisivi deve accennare a decidere la battaglia.

Gli Austriaci hanno ancora intatte, cominciando dalla estrema sinistra, la Brig. Kirchsberg del 9° Corpo, al centro le Brig. Töply e Welsersheimb del 7° ed hanno quasi intatta la Brig. Möring del 5° Corpo dall'ala destra.

Però questa è ancora impegnata in combattimento e non può certamente essere distolta.

Poco prima del mezzogiorno, l'Arciduca che si è recato intanto a S. Giorgio in Salici, manda al T. M. Maroicic il seguente ordine:

« Le due Brig. situate presso a Casazze prendano posizione avanti a Zerbare. Le artiglierie entrino in azione « nel modo più opportuno ».

Poichè il tenente maresciallo aveva già fatto schierare a Brig. Welsersheimb, così fece schierare anche la Brig. Töply a destra di quella, colla destra a Cavena. A destra ancora, nella depressione di Guastalla, vien disposto un batt. del regg. Alemann con una batteria ed uno sq.

Le altre due batterie, cioè altri 16 pezzi sono messi in posizione presso alla C. Pelizzara.

Salgono quindi a 72 i pezzi in azione da parte degli Imperiali.

Il T. M. Hartung lancia il regg. conte Thun all'attacco del Belvedere. La Divis. Govone lo respinge dopo fiero combattimento.

Mentre il comando del III Corpo italiano rimaneva passivo, il Com. del 9° Corpo austriaco, lo stesso T. M. Hartung, che aveva mandato poche ore prima le Brig. Weckbecker e Böck all'attacco, prendeva un'altra risoluzione, di un'arditezza impressionante.

Nell'idea che la ripresa delle alture a N. di Custoza e i grandi rinforzi italiani entrati in combattimento indicassero una prossima offensiva da parte nostra in quella direzione, il tenente maresciallo, che aveva intanto fatto avanzare uno dei regg. della Brig. Kirchsberg: il regg. Thun (29°), gli dette l'ordine di avanzarsi verso il Belvedere per M. Molimenti.

L'attacco ha luogo in due colonne.

La colonna di destra (1 batt. e mezzo), protetta dal

fuoco d'artiglieria, viene a impadronirsi del Belvedere. La
colonna di sinistra riesce bensì a impadronirsi di Palazzo
Maffei, ma soverchiata dal fuoco d'artiglieria, e poi energicamente contr'attaccata dal 34° batt. bers., è costretta a
retrocedere con gravi perdite.

Visto l'insuccesso della sua colonna di sinistra, il colonnello Gjurits ordina la ritirata anche alla colonna di
destra.

Solo due compagnie ed alcuni avanzi delle altre, sotto
il comando dell'eroico capitano Helmburg, restano sul
Belvedere e vi fanno un'ostinata difesa, alla quale sono
incoraggiati dal capo di s. m. del 9° Corpo, T. C. Pielsticker, che, anzi, ritorna indietro in cerca di rinforzi
ed avvia egli stesso al Belvedere (ore 2 $\frac{1}{2}$) un batt.
rimasto intatto della Brig. Weckbecker (Re di Baviera,
n. 5) e qualche altro riparto (forse della Brig. Böck) di
forza imprecisata (forse due compagnie).

Ma intanto i gran. e quattro batt. italiani (del 35°, del
51°, 34° batt. bers.) sono lanciati sul Belvedere e il capitano Helmburg è costretto a cedere. È bensì raggiunto
dal batt. che lo stesso T. C. Pielsticker conduceva di
corsa (1), ma gli Imperiali, attaccati di fronte e minacciati
di fianco, retrocedono tutti.

Gli Italiani, affranti anch'essi, si fermano a M. Molimenti (2).

------

(1) Il T. C. Pielsticker, tuttora vivente, ricevette anch'esso
per questo fatto e per tutta la sua condotta nelle giornate di
Custoza, l'ordine di Maria Teresa.

(2) È bene ricordare che tanto i soldati della Divis. Govone,
quanto i soldati della Divis. Cugia non avevano mangiato e che
su quelle alture era difficile anche di trovare acqua da bere.

La Divis. Govone aveva potuto caricare i viveri sui carri. La
Divis. Cugia nemmeno questo. I suoi carri viveri fino alla sera
del 23 non erano giunti, nè fu possibile ritrovarli.

L'Arciduca fa avanzare la riserva
ed ordina al 9° Corpo un nuovo attacco.

L'Arciduca Alberto aveva intanto portato il Q. G. da
S. Giorgio in Salici, che era assolutamente troppo lontano.
a S. Rocco di Palazzòlo ed emanava nuovi ordini per portare innanzi le sue truppe di ala sinistra contro il centro
nemico, visto che le nostre truppe di ala destra continua-
vano nell'inazione.

Gli ordini furono questi:

Al 7° Corpo   *Da San Rocco di Palazzòlo*
                  ore 1 pom.

« Spingere una Brig. della riserva su M. Godi e col-
« legarsi col 5° Corpo in S. Rocco e Rosolotti per Gua-
« stalla vecchia ».

JOHN G. M.

« *PS.* In ogni caso il 7° Corpo deve tener fermo ».

Al 9° Corpo   id.   id.   id.

« Se la situazione permette, bisogna eseguire un nuovo
« e più grosso attacco verso Staffalo. Le batterie dell'ar-
« tiglieria di Corpo sono in azione? »

JOHN, G. M.

Tali ordini giunsero ai due Com. di Corpo d'Armata
verso la 1 $^3/_4$.

Il T. M. Maroicic che, come si è veduto, aveva fatto
già schierare le due Brig. di riserva: Töply a destra e
Welsersheimb a sinistra, spinse avanti la Brig. Töply fino
a M. Godi (o Godio). Questa località fu occupata verso le
3 senza difficoltà.

Nello stesso tempo, il G. Scudier fu incaricato di occupare Zerbare e di mettere quella località in stato di difesa, per servirsene come posizione di eventuale raccolta.

L'ordine dato al 9° Corpo non fu potuto eseguire perchè,

come si è veduto, il T. M. Hartung aveva già di propria
iniziativa ordinato l'attacco — fallito — che però non
era stato eseguito da una Brig., come pareva possibile al-
l'Arciduca, ma da un solo regg. e poi da un batt. e mezzo
circa. In quanto all'artiglieria di Corpo, essa era già in azione!

*Nuovo appello inascoltato del G. Govone al suo Com. di
Corpo d'Armata. Pausa nella battaglia.*

Gli Italiani non sfruttarono il successo, cioè non inseguirono.

Essi pensarono a sistemarsi come meglio potevano sulle
alture, ma il G. Govone mandò ancora una volta dal suo
Com. di Corpo d'Armata, dettando verso le 3 $\frac{1}{2}$ al tenente Sanguinetti, del suo s. m., il seguente rapporto:

« Le mie truppe hanno respinto tre volte gli attacchi
« del nemico. Da ieri non mangiano; sono spossate dalla
« fatica e dal lungo combattimento. Non potrebbero resi-
« stere contro un nuovo attacco. Ma se V. E. mi manda
« un rinforzo di truppa fresca, m'impegno a dormire sulla
« posizione ». (*Nuova Antologia*, fascicolo citato, pag. 290;
dal taccuino del tenente, ora G. Sanguinetti).

Questo rapporto fu portato da un tenente di cavalleria,
ma il G. Della Rocca non credette di aderire alla richiesta
fattagli.

Prima che giungesse quel biglietto, un'altra domanda
di rinforzi era pervenuta al Com. del III Corpo dal G.
Cugia, portata da un ufficiale dei cavalleggeri di Saluzzo.
Erano le 2 $\frac{1}{2}$. (CHIALA, vol. II, pag. 296).

Ed il G. Della Rocca risolvé di far appello al G. Longoni, a cui mandò il seguente ordine:

« Il nemico ingrossa. È necessario pronto rinforzo sulla
« sinistra *tra Villafranca e le colline*. La invito a venire
« il più presto possibile, facendosi precedere dall'artiglieria
« di cui si ha bisogno molto.

« Ne prevengo io stesso in questo momento il comando
« supremo dell'armata ».

Dopo le 3, un altro ufficiale (capitano Farini) era giunto
a Villafranca a far presente la necessità di rinforzare il
G. Govone. Il G. Govone si rivolgeva per mezzo di esso
al suo Com. anche per rappresentargli che difettava di
munizioni (1).

Il G. Della Rocca si limitò ad ordinare che la Divis.
Cugia le dividesse colla Divis. Govone. (Autobiografia.
vol. II, pag. 239).

Intanto i generali Govone e Cugia occuparono le alture
nel seguente modo:

9ª Divis. — Sulla cresta Belvedere-Bagolina, 13 compagnie di fanteria, 2 batt. bers. circa e gli avanzi dei
gran.; truppe disposte tutte sotto il comando del T. C. Boni.

Il G. Danzini occupava l'altura di Custoza con 11 compagnie, di cui una di bers., con altri gruppi di gran. e
con una batteria a cavallo.

Le tre batterie della Divis. si trovavano sul M. Torre
e, dietro ad esse, otto batt. in riserva, cioè tutto il 52°,
3 batt. del 36° e il 27° batt. bers.

Comandava la riserva il G. Bottacco. Un batt. del 51°
occupava le case Coronini. Quattro sq. di Foggia e due
di Lucca (gli sq. della Divis. Brignone) si trovavano nel
piano presso allo sbocco del Tione.

Finalmente un batt. si trovava a Quaderni presso al
carreggio.

8ª Divis. — 6 batt. sul M. Croce. Presso e indietro
della C. di M. Torre altri 6 batt. con una batteria (2).

---

(1) L'8ª batteria (8ª Divis.) ed altri pezzi erano ridiscesi nella
pianura per mancanza di munizioni.

(2) Questa batteria non rimase però fino all'ultima fase della
battaglia, come ho avvertito nella nota precedente.

Nella pianura presso Capella e Pozzo Moretta: 5 batt. con due batterie (1).

Un batt. si trovava presso il carreggio.

Due sq. di cavalleria (uno di Alessandria e uno di Saluzzo) si trovavano a S. di Pozzo Moretta.

Le truppe, specialmente quelle che erano sulle alture, avevano fin'ora (le 3 $\frac{1}{2}$ circa) sofferto alquanto pel fuoco dell'artiglieria imperiale, la quale, più numerosa e messa in posizioni molto più favorevoli delle nostre sulle alture a N. di Staffalo, aveva anche una decisa superiorità di efficacia. Inoltre, come ho già detto, le nostre batterie incominciavano a scarseggiare di munizioni, tanto più che alcuni cassoni, invece di avvicinarsi alle batterie, se ne erano allontanati portandosi verso Villafranca.

Dopo le 3, il fuoco dell'artiglieria aveva incominciato a languire dalle due parti. Ed il G. Govone, per risparmiare le munizioni, lo fece cessare verso le 3 $\frac{1}{2}$.

Tacquero anche le batterie austriache.

Sopravvenne perciò una pausa nella battaglia, tanto che il G. Govone credè che essa dovesse, per quel giorno, rimanere indecisa. Dette quindi ordine di far avanzare i carri viveri, affinchè i soldati potessero cuocere e mangiare il rancio, e i carri munizioni per rifornire i cassoni e le giberne.

Era — pur troppo — un'illusione!

II. MOMENTO DECISIVO DELLA BATTAGLIA.

L'Arciduca ordina l'attacco risolutivo di Custoza.

Padroni del M. Vento e di Santa Lucia, non restava agli Imperiali, per completare la vittoria, che di impadronirsi di Custoza. Verso le 3 $\frac{1}{2}$, l'Arciduca fece dare i seguenti ordini:

_____

(1) Due sezioni di una di tali batterie (7ª) furono avviate successivamente sulle alture.

Al 5°, 7° e 9° Corpo.

« Un batt. e la compagnia del genio del 9° Corpo re-
« stino in Sommacampagna. Se Sommacampagna *non è se-*
« *riamente minacciata*, tre batt. del 9° Corpo, che si tro-
« vino in buone condizioni, si portino all'ala destra.

« Alle 5, il 7° Corpo farà l'ultimo tentativo su Custoza.

« Alla stessa ora, una Brig. del 5° Corpo muoverà an-
« ch'essa su Custoza, con un movimento verso sinistra.

« Per l'assalto si deporranno gli zaini.

« *Alla cavalleria Pulz e Bajanovics.*

« Se i cavalli sono ancora in forze, avanzarsi su Custoza
« per appoggiare l'attacco che ha luogo alle 5 ».

Prima ancora d'aver ricevuto quest'ordine, il T. M. Maroicic, il quale aveva già una Brig. (Töply) a M. Godi,
portò l'altra (Welsersheimb) da Nadalini fino al cighione
di Staffalo. Zerbare, occupata da avanzi della Brig. Scudier.
doveva servire di posizione di rannodamento.

Il T. M. Hartung portò innanzi, dal canto suo, il solo
regg. intatto che aveva a disposizione. cioè il regg. Maroicic (n. 7) da Sommacampagna al Boscone, a sinistra
della Brig. Welsersheimb.

Berettara e Sommacampagna, dove furono portati gli
avanzi delle Brig. Böck e Weckbecker, dovevano servire
come posizione di eventuale raccolta.

Erano da 15 a 16.000 uomini, su una fronte di 1800-
2000 ᵐ, che si disponevano all'attacco supremo, protetti
dall'artiglieria, mentre altri 8-9000 uomini della Brig.
Möring che si avanzava con due batt. del regg. Nagy
(Brig. Bauer) si preparavano a concorrere all'attacco della
nostra sinistra, egualmente protetti dall'artiglieria.

Verso le 4 pom. il fuoco dell'artiglieria imperiale, che aveva
taciuto per circa mezz'ora, divenne più vivo che mai, ed una
vera tempesta di cannonate si rovesciò sulle alture di Custoza.

Dippiù, i movimenti delle colonne di fanteria non lasciarono più alcun dubbio agli Italiani che il momento
della crisi si avvicinava.

Le truppe disposte attorno a Villafranca continuano nella inazione, ad onta delle richieste dei Com. di Divis.

A quel terribile rumore, i due generali di Divis. di Villafranca, Principe Umberto e Bixio, nuovamente si rivolgevano al G. Della Rocca, divorati dall'impazienza di entrare anch'essi in combattimento e chiaramente vedendo che l'occupazione di Villafranca con tante truppe era inutile.

Contemporaneamente, nuove angosciose domande di soccorso venivan dal G. Govone. Il G. Della Rocca, però, fu irremovibile, tanto più che gli erano pervenute tristissime notizie del I Corpo. Egli spedì bensì nuovamente ufficiali presso il G. La Marmora (che nessuno sospettava nemmeno dove potesse essere) per rappresentare la situazione e prender nuovi ordini, ma, intanto, non credè di poter distogliere un uomo o un cavallo da Villafranca.

...... E così quest'altra stupenda occasione che si presentava per poter entrare vantaggiosamente in combattimento, andò perduta!

E la fortuna delle armi italiane, le sorti della battaglia e della campagna, si avviarono ad un completo naufragio!

Energico attacco delle due Brig. Töply e Welsersheimb. Valorosa resistenza della Divis. Govone e degli avanzi della 3ª Divis. col T. C. Boni.

Con sicuro giudizio, il T. M. Maroicic riconobbe che il primo obbiettivo da raggiungere per vincere la resistenza degli Italiani, era rappresentato dalle alture di Belvedere.

Vi diresse perciò tutte le sue forze, prima ancora che fossero le 5, impaziente anch'esso di decidere l'esito della giornata.

La Brig. Welsersheimb fu diretta in modo da aggirare da S., cioè avanzando l'ala sinistra, tutte le nostre posizioni sulle alture. La Brig. Töply, lasciando a M. Godi una riserva di 2 batt., si avanzò lungo la cresta e le falde settentrionali delle alture.

Entrambe le Brig. erano protette dal fuoco di 4 batterie.

La Bagolina, debolmente difesa, fu con relativa facilità riconquistata dalla Brig. Töply, ed egualmente Welsersheimb si impadronisce di M. Molimenti.

Una resistenza più viva, favorita dal terreno, fu opposta al M. Arabica, ma anche là gli Italiani, tanto inferiori in forze, non possono sostenersi.

Il T. C. Boni aveva già mandato a chiedere rinforzi, specialmente d'artiglieria. Ma l'artiglieria ha bisogno di tempo per muoversi, per mettersi in posizione e per incominciare ad agire. Ed il tempo mancava!

Il G. Govone manda il 27° batt. bers. contro la sinistra nemica e poi il 36° fanteria col G. Bottacco.

Intanto si combatte al Belvedere, dove il valoroso T. C. Boni oppone, con quelle poche truppe che gli rimangono, ostinata difesa.

Giungono due pezzi della batteria a cavallo, ma sono travolti (1).

I bers. valorosamente combattendo, ottengono alcuni successi, ma devono anch'essi cedere davanti alla superiorità numerica del nemico, e gli Italiani sono ricacciati nella valletta, fra il Belvedere e Custoza.

Il 35° fanteria si dispone a difesa di Custoza sulle falde orientali del poggio su cui sorge il villaggio, frammischiato colle truppe del G. Danzini e colle truppe retrocedenti dal Belvedere.

La fanteria di Maroicic fa intanto sosta e riposa, mentre il tenente maresciallo fa avanzare le sue batterie su M. Molimenti e Belvedere. Il T. M. Maroicic, ricorrendo oppor-

---

(1) Il capitano Perrone di S. Martino, Com. della batteria a cavallo, rimasto quasi solo, continuò a combattere a piedi, con un fucile e col revolver, meritandosi la medaglia d'oro al valor militare.

tunamente all'impiego dei mezzi morali, percorreva intanto
la fronte delle truppe, ringraziandole — in nome dell'Imperatore — del valore spiegato e dei conseguiti successi.

Attacco della Brig. Möring contro Custoza e del regg.
Maroicic contro M. Croce.

Si avvicinavano (verso le 4 $\frac{1}{2}$) altri due attacchi: quello
della Brig. Möring alla nostra sinistra e quello del 7° regg.
alla nostra destra. La batteria della Brig. Möring incominciava a tirare da Santa Lucia prima contro i nostri
sq. che erano nel piano, e poi contro Custoza. E le fanterie
si avanzano su Belvedere e su Custoza.

Il 7° regg. austriaco marcia all'attacco di M. Croce,
potentemente aiutato dal fuoco d'artiglieria.

Difendono la posizione sei batt. (6° bers., 63°, 64°,
3° fanteria) e una batteria. La soverchianza dell'artiglieria
nemica, la stanchezza delle truppe, la minaccia quasi alle
spalle verso Custoza, impediscono una difesa ostinata e
gagliarda.

Sanguinoso combattimento in Custoza.
Ritirata della Divis. Govone e della Divis. Cugia.

Si svolge ora su Custoza e sui poggi circostanti una
confusa e disordinata lotta, di cui è difficile seguire esattamente le fasi.

D'altra parte, era una lotta senza probabilità di riuscita,
perchè eravamo molto inferiori in numero, perchè avevamo
truppe stanchissime contro truppe fresche, perchè la nostra
artiglieria, specialmente, era troppo inferiore all'artiglieria
avversaria per quantità, per le posizioni occupate e per
copia di munizioni.

La posizione di Govone a contatto col nemico, davanti
(Töply), a destra (Welsersheimb) e a sinistra (Möring) era
molto critica.

Molti del suo s. m. cadono; il valoroso generale è anche esso ferito.

Era impossibile sostenersi!

Sono le truppe del G. Möring, e precisamente sette compagnie del regg. Arciduca Leopoldo, che prime entrano in Custoza.

Una fiera lotta s'impegna nell'interno del villaggio, che i difensori contrastano casa per casa.

È un terribile spettacolo d'incendio, di morte e di rovina!

Poco dopo irrompono in Custoza anche le truppe di Welsersheimb e si accresce il furore della mischia...

Ma davanti a forze tanto soverchianti, gli Italiani non possono più reggere e *Custoza è presa.*

Erano le 5 $\frac{1}{2}$ come risulterebbe dalla Rel. uff. austriaca (pag. 125). A quell'ora l'Arciduca Alberto, visto che la sorte era oramai decisa su tutti i punti, mosse da S. Rocco su Zerbare per mettervi il Q. G.

L'ordine di ritirata però risulta dato dal G. Govone alle 5 $\frac{3}{4}$, secondo gli appunti presi durante il combattimento dal luogotenente Sanguinetti.

La ritirata, ad onta del terreno rotto, degli effetti del fuoco d'artiglieria nemica e del contatto immediato col nemico, protetta dal 52° fanteria, che eseguì un vigoroso contr'attacco, e poi da due sq. di Lucca (C. Cravetta) e specialmente da tre sq. dei lancieri di Foggia (C. Salasco) che accennarono più volte a caricare, è effettuata con un certo ordine.

Anche la Divis. Cugia, la cui posizione, dopo la perdita di M. Croce e quella gravissima minaccia sul fianco sinistro e quasi alle spalle non era più tenibile, si ritira.

Tanto l'una che l'altra Divis. si dirigono perpendicolarmente alla strada Villafranca-Valeggio.

Ma sulle falde del poggio di Custoza e di M. Torre e poi nel piano, la valorosa Divis. Govone continuò a combattere (1), a stormi, a gruppi ed anche a grossi riparti, tanto che solo fra le 6 ¼ e le 7 il grosso giunse presso a Villafranca (2).

Come si sia svolta questa difficile operazione della ritirata in tutti i suoi particolari è difficile, anzi ritengo impossibile il saperlo, anche dopo aver letto le relazioni ufficiali.

In momenti di una così grave crisi come quella, non si può fare assegnamento sulla memoria dei Com. delle truppe disordinate e frammischiate che vi hanno partecipato!

III. RITIRATA DEGLI ITALIANI.

Intanto il G. Della Rocca, informato degli attacchi diretti contro la Divis. Cugia e dell'attacco formidabile diretto contro Belvedere, aveva mandato ai Com. dell'8ª e della 9ª Divis. l'ordine di ritirata.

Non si sa a che ora sia giunto l'ordine al G. Govone (3).

_____

(1) Ricordo con compiacenza un modesto soldato siciliano, Fuggetta del 51°, che aiutando a spingere un pezzo per salvarlo, fu ferito a un braccio. Aiutò coll'altro braccio. Colpito nuovamente, cadde, chiamando però i suoi ed incitandoli a salvare il cannone. Fu decorato della medaglia d'oro.

(2) Risulta dal rapporto del maggiore Bava Beccaris (Com. dell'artiglieria dell'8ª Divis.) che in Villafranca furono consegnati anche due pezzi senza avantreni, trasportati _a braccia_ da M. Torre da soldati del 52°.

(3) Dall'« Autobiografia », pag. 239, risulterebbe questo: « quando « l'ordine arrivò, la 9ª Divis. aveva già ripiegato su Valeggio: la « 8ª scese a Villafranca lasciandosi dietro il 52° regg., che ancora « accanitamente difese il terreno, e che, diretto poi a Valeggio, vi « si fermò fino alla mattina del 25 ».

Ora è da notare che il 52° apparteneva non all'8ª, ma alla 9ª Divis.

Ed è anche da notare — e questo è più importante — che la 9ª Divis. giunse a Valeggio a _mezzanotte_. E non è presumibile che un ordine inviato al più tardi verso le 5, sia giunto verso la mezzanotte!

La cavalleria imperiale si avanza per inseguire.
Ritirata della 16ª Divis.

Il C. Pulz, che aveva ricevuto l'ordine di concorrere
colla sua azione all'attacco finale e decisivo. visto che
Villafranca era troppo fortemente occupata perchè vi
si potesse dirigere un attacco di cavalleria, si prefisse.
dopo aver consultato i Com. in sott'ordine, di avanzarsi
fra Villafranca e le alture, in direzione di Valeggio.

E la cavalleria si avanzò in due colonne: a destra Pulz
stesso con 5 sq. e mezzo per Cerchie, ed a sinistra Bujanovics con 4 sq. per Ganfardine.

Uno sq. rimane in riserva presso alla batteria ed un
altro fiancheggia a sinistra.

In totale 11 sq. e mezzo, dei quali solo nove e mezzo
possono avanzare!

La colonna di destra trova in Cerchie truppe dell'8ª
Divis. che, cannoneggiate e poi caricate, in parte si ar-
rendono e in parte si ritirano.

Ed incominciò così l'inseguimento il quale, specialmente
da principio, per la poca forza della cavalleria nemica.
per la relativa difficoltà che ad essa opponeva il terreno
e perchè le nostre truppe erano tutt'altro che demoralizzate, non ebbe grandi risultati.

Il G. Della Rocca intanto, visto che l'8ª e la 9ª Divis.
non potevano più sostenersi sulle alture, oltre all'ordine
dato ai Com. di esse di ritirarsi, dava le disposizioni per
la ritirata anche delle Divis. rimaste tutto il giorno presso
a Villafranca.

In quel momento appunto, il C. Avogadro di Quaregna
veniva, da parte del G. La Marmora, ad ordinare al G.
Della Rocca di tenere Villafranca quanto più lungo tempo
era possibile e. se la situazione non lo permetteva, di ritirarsi su Goito dove il II Corpo era pronto a riceverlo (?).

« Il primo suo concetto (del G. Della Rocca) fu: assi-
« curarsi il possesso dell'importante punto di Valeggio,
« legarsi al I Corpo e coprire la strada di Goito, senza
« allontanarsi troppo dal nemico: e perciò portare la
« maggior parte delle sue truppe sulla linea Rosegaferro-
« Valeggio. Le Divis. Govone e Cugia dovevano ripiegarsi
« su Valeggio, la Divis. Principe Umberto verso Goito; la
« Divis. Bixio e la cavalleria di riserva dovevano coprire la
« ritirata e retrocedere poi, la prima su Rosegaferro e
« Quaderni, la seconda su Quaderni e Mozzecane. Sape-
« vasi che la Divis. Longoni doveva essere tra Mozzecane
« e Roverbella. Le due Brig. di cavalleria dovevano ri-
« manere a disposizione del G. Bixio ». (Rel. uff. ital.,
pag. 313).

Dall' « autobiografia » tale concetto (alquanto complicato
per giunta) non risulta. Nel fatto, esso non fu attuato.
Data la mossa ai traini che ingombravano ancora le strade
(Rel. uff. pag. 313) la ritirata della 16ª Divis. incominciò
verso le 5 $\frac{1}{2}$ (secondo l'autobiografia sarebbe stata incominciata soltanto verso l'imbrunire!)

E la ritirata fu eseguita a scaglioni di Brig., senza in-
cidenti degni di nota.

Poco prima che la ritirata fosse iniziata dalla Divis.
Principe Umberto, cioè prima delle 5 $\frac{1}{2}$, giungeva a Villafranca il capitano marchese Corsini di Lajatico, ufficiale
d'ordinanza di S. M. il Re.

Questo ufficiale era partito da Cerlungo insieme col
maggiore duca Bonelli, che portava ordini del Re a Valeggio, ordini dei quali parlerò in sèguito.

Il capitano Corsini doveva, lasciato Valeggio, recarsi a
Villafranca e dire al G. Della Rocca che « Valeggio sa-
« rebbe stato difeso a qualunque costo; che si regolasse
« in conseguenza, e che se credeva non potersi mantenere
« in Villafranca, si ritirasse su Goito ».

Il G. Della Rocca rispose « che non credeva conve-

« niente di rimanere a Villafranca e che si ritirava su
« Goito, avendo la ritirata ben protetta dalle Divis. Prin-
« cipe Umberto e Bixio » (1).

La Divis. Bixio e la cavalleria di linea sono destinate a
proteggere la ritirata. Combattimenti colla cavalleria im-
periale che è respinta col fuoco. Fine della battaglia.

« Sul terreno lasciato dalla Divis. Principe Umberto »
si schierò la Brig. cavalleria Cusani su tre linee.

Il G. Bixio si riprometteva di poter tener fermo fino
all'indomani e di ricominciare la battaglia. E faceva schierare davanti alla sua fronte la Brig. di cavalleria Soman,
che doveva collegarsi colla Brig. Cusani.

I due regg. ebbero ordine di continuare a battere la
campagna a sq. interi, senza avanzarsi troppo.

Poco dopo — scrive la Rel. uff. (ma quando?) — la
Divis. Bixio ebbe ordine di ritirarsi anch'essa su Rosegaferro e Quaderni.

Allora il G. Bixio si ritirò a scaglioni.

Verso le 6 — dice la Rel. uff. — la Divis. venne a
trovarsi in modo da coprire Villafranca a N. e a N. O.

Cominciavano intanto ad affluire le truppe in ritirata
dell'8ª e della 9ª Divis., che furono avviate rispettivamente
su Goito e su Valeggio.

Due batt. di un regg. di fanteria della Divis. Cugia (il 4°)
inseguiti da tre sq. usseri comandati dal T. C. Rigytsky trovarono protezione nelle truppe della 7ª Divis.,
davanti alle quali l'ardito ussero si venne inopinatamente
a trovare.

Per uscire da una situazione così compromettente,

_____

(1) Da una relazione del capitano marchese Corsini, attualmente
grande scudiere di S. M.

Rigytsky ardì di mandare ad intimare la resa al G. Bixio (1). Proposta ridicola, ma alla quale, ciò non pertanto, si *perdette il tempo* a rispondere!

Intanto uno sq. di Genova tornava « a spron battuto » ad annunziare che si avanzava molta cavalleria nemica. Era la cavalleria di Bujanovics che, accolta dal fuoco, dovè retrocedere e fu poi mandata per ordine di Pulz a Ganfardine.

Ed il T. C. Rigytsky, ignorando (?) come risulta da fonte austriaca, che l'obbiettivo da raggiungere fosse Valeggio, si ritirò anch'esso a Pozzo Moretta.

Non appena le truppe della 7ª Divis. si preparavano a lasciar Villafranca, fu segnalato un nuovo attacco della cavalleria imperiale. Da Ganfardine infatti, era stato facile vedere che le colline erano interamente in mano degli Imperiali, e, d'altra parte, il T. C. Rigytsky riferiva che nelle truppe italiane si notava molta demoralizzazione (2).

Il C. Pulz si era perciò deciso ad un ultimo attacco, rinunciando all'inseguimento in direzione di Valeggio. I cavalli erano così stanchi che non fu possibile di spingere esploratori più innanzi di 2 o 300 passi (SCUDIER, op. cit., nota a pie' di pag. 283).

Dippiù per risparmiare fino al momento decisivo le forze dei cavalli, l'avanzata ebbe luogo al passo (Ostr. Kf., pagina 122).

La cavalleria imperiale si avanzava, senza sapere contro quale nemico sarebbe andata a dar di cozzo. Erano soli 8 sq. (e forse meno) con una batteria, che si avanzavano lungo la fossa Berrettara e la strada di Sommacampagna.

Due sq. di Genova accennarono alla carica, ma furono inseguiti.

---

(1) Secondo il FZM. v. Scudier, sarebbe stato il capitano Bacacic (4° sq. del 1° usseri), che avrebbe inviato il parlamentario: tenente Gemingen. Tal cosa mi sembra inverosimile.

(2) Il tenente colonnello alludeva probabilmente alle truppe dell'8ª Divis. che si erano ritirate da M. Croce.

I cavalieri austriaci vennero a trovarsi così, quasi al-
l'impensata, davanti alle catene ed ai quadrati delle nostre
truppe; e accolti col fuoco di fucileria e colla metraglia
furono respinti con gravi perdite. Lo stesso ardito C. Bujanovics, che si era ostinato con una trentina di usseri
contro una batteria, cadde gravemente ferito.

Si riavanzavano intanto anche gli sq. di Rigytsky
(3°), che il C. Pulz aveva diretti contro il lato occidentale di Villafranca, ma anch'essi furono respinti dal
fuoco della fanteria e dell'artiglieria.

Era intanto sopraggiunta l'oscurità della notte. La nostra
cavalleria non potè o, per parlar più chiaramente, non seppe
inseguire la cavalleria nemica, la quale si era venuta a trovare in una così critica situazione. La nostra artigliera
continuò il fuoco per qualche tempo.

Soltanto gli sq. di Genova eseguirono alcune ardite cariche, dirette dal valoroso Colonnello conte Barattieri di
S. Pietro, ma, come ho già detto, le cariche furono eseguite
a squadroni, cioè alla spicciolata. Il regg. combattè valorosamente, ebbe perdite alquanto sensibili (1), ma essendo
riuscita slegata la sua azione, esso non ottenne grandi
risultati.

Alle 9 ¹/₂, la Divis. Bixio lasciò completamente Villafranca, e si ritirò in modo da coprire la strada di Massimbona e quella di Roverbella.

E così finì la battaglia!

Considerazioni.

Ed ora alcune considerazioni.

Fra le 8 ³/₄ e le 10, durante cioè il tempo in cui si
svolse il terribile combattimento sulle alture, la Divis.

---

(1) 33 fra ufficiali e militari di truppa. Gli altri regg. della
Divis. di cavalleria ebbero perdite pressochè nulle.

Cugia era a facile portata tàttica di M. Torre e M. Croce e non intervenne.

Alle 7 la testa di tale Divis. si trovava ai Dossi, cioè a 3 km. da M. Torre.

Ed è innegabile che se fin dalle 9 l'ala sinistra, almeno, fosse stata portata a M. Torre, forse la 3ª Divis. non si sarebbe ritirata e forse anche l'attacco di Scudier sarebbe andato fallito. Non è certo troppo arrischiato di fare tale supposizione, poichè nel fatto, ad onta della ritirata della Divis. Gran., due batt. del 64° sostenuti a distanza da altri due, furono sufficienti a rompere l'equilibrio in favor nostro ed a ricacciare da M. Torre e M. Croce i batt. di Scudier!

Sarebbe però vera ingiustizia fare di ciò carico al G. Cugia.

Egli, diretto a Sommacampagna, aveva alle 8 $\frac{1}{2}$ ricevuto l'ordine tassativo di schierarsi, in modo da collegarsi a sinistra colla 3ª Divis. ed a destra colla Divis. Bixio (7ª).

Se il G. Cugia si fosse mosso per portarsi sulle altur di propria iniziativa, poichè la Divis. Bixio era raccolta attorno a Villafranca, egli avrebbe lasciato un vuoto nella linea di battaglia all'incirca di 2 km. Dippiù, mentre egli si schierava, non era ancora finito il combattimento verso Villafranca, cioè *sulla sua destra*, e nulla gli poteva far supporre che egli non avrebbe dovuto invece appoggiare *a destra* per sostenere le Divis. 7ª e 16ª.

Senza dubbio, se il G. La Marmora fosse rimasto, come *doveva*, in posizione centrale per dirigere il combattimento, e se avesse fatto a meno di recarsi a Villafranca, ed avesse mandato l'ordine esplicito alla Divis. Cugia di sostenere la Divis. Brignone, quella sarebbe giunta prima, almeno con una parte delle forze, la 3ª Divis. non sarebbe stata ridotta agli estremi ed il G. Scudier, molto probabilmente, non avrebbe potuto con relativa facilità conquistare le alture.

Questo ritardo nel trasmettere l'ordine alla Divis. Cugia

fece sì che essa, avanzandosi appoggiata colla sinistra alle falde del M. Torre, finì col rivolgere completamente il fianco destro alla cavalleria imperiale, raccoltasi, come si è veduto, presso alla Casetta e distante perciò appena 2 km.

Certamente un attacco della cavalleria contro quel fianco, data la completa inazione della nostra cavalleria di linea, che a quell'ora (fra le 9 e le 10), trovavasi ancora raccolta colla massima parte delle forze *dietro a Villafranca*, sotto il comando del G. De Sonnaz « che aspettava ordini », avrebbe potuto aver serie conseguenze — come fa anche osservare il G. Scudier — ed avrebbe forse distolta l'8ª Divis. dalle alture. Però, non bisogna dimenticare che la cavalleria imperiale non aveva disponibile in quell'ora che la Brig. Bujanovics, l'altra avendo subito gravissime perdite. Dippiù il terreno era forse meno ancora di quello attorno a Villafranca, favorevole alla cavalleria, e la sorpresa era impossibile.

Infine non si può ammettere che, avendo veduto in quali condizioni era ridotta la sua Brig. dopo la carica eseguita, il C. Pulz che non poteva avere un'idea adeguata dell'effetto già prodotto — ed ancor meno dell'effetto non ancora prodotto — lanciasse anche la Brig. Bujanovics, alle 9 ½ del mattino, ad un eguale sbaraglio.

Non deve far meraviglia che la Brig. Scudier, poco dopo aver spiegato tanto valore nel primo attacco, sia stata più facilmente soverchiata. Anche le migliori truppe, appunto dopo esser riuscite in un attacco, sono in un momento di crisi cagionata dalla stanchezza fisica che, passata l'ebbrezza del trionfo, diventa prostrazione.

È appunto in quell'ora che l'impiego di truppe fresche, anche in numero inferiore, può produrre grandi successi.

Come si è veduto, allorchè il G. Cugia completò lo schieramento della sua Divis., sulle alture di M. Croce e

M. Torre si trovarono a contatto batt. di tre regg. diversi (oltre i bers). E così anche a destra, fra il monte e il piano.

Questo fatto derivò dal modo di schieramento adottato dal G. Cugia, che fu per linea: Brig. Cagliari in 1ª linea e Brig. Piemonte in 2ª.

Certamente sarebbe stato preferibile che lo spiegamento fosse stato fatto « per ala », e che quindi sulle alture si fosse trovata tutta una Brig. col proprio brigadiere.

Ho già fatto quest'osservazione (V., pag. 247), riferendomi alle truppe della Divis. di riserva austriaca, ma lo schieramento per linea fu eseguito di preferenza in quel giorno anche da parecchie Divis. italiane (1ª, 5ª, 8ª).

Lo fece anche la 9ª Divis. (Govone), ma quella vi fu obbligata, perchè le sue Brig. giunsero l'una dopo l'altra, a molto intervallo.

Dopo l'arrivo sul campo di battaglia del G. Govone, dopo che le sue truppe furono messe in azione, la battaglia entrava in un'altra fase, e precisamente nella fase in cui incominciava ad esser possibile, da parte nostra, di dirigerla e farle mutare aspetto.

Ed infatti a quell'ora — cioè verso le 10 $\frac{1}{2}$ — incominciando dall'estrema sinistra:

La Divis. Pianell si preparava ad intervenire nella lotta, passando dalla destra alla sinistra del Mincio;

La riserva del I Corpo, entrata in azione, fermava di botto l'avanzata della destra austriaca;

La Brig. Valtellina, della Divis. Sirtori, teneva ancora il ciglione di Santa Lucia;

Le Divis. Govone e Cugia con riparti di gran., si preparavano, con forze preponderanti, dopo aver rioccupato il M. Torre ed il M. Croce, a riconquistare le alture di Custoza, contro una parte della Brig. Scudier ed una parte della Brig. Böck;

Le Divis. intatte, a destra, Bixio e Principe Umberto,

dopo aver respinti gli attacchi della cavalleria imperiale. erano schierate a N. e a N. E., cioè avanti a Villafranca. pronte a marciare o verso Sommacampagna, o verso la gola di Staffalo, o verso le alture di Custoza;

La Divis. di cavalleria di linea, con una Brig. di cavalleria leggera, erano vicine a Villafranca, pronte ad obbedire a quell'impulso che le lanciasse a qualunque atto più audace e risolutivo (impulso che non venne mai).

All'estrema destra, un'altra Divis. intatta (Longoni), doveva essere in marcia in direzione di Villafranca, ma poteva essere diretta anche o a Valeggio, o al M. Vento. o a M. Mamaor;

La Divis. Angioletti non poteva giungere: potevano però giungere, almeno a Valeggio, i suoi 18 cannoni.

Verso sera potevano giungere, anche in Valeggio, alcune batterie almeno della riserva generale.

Potevano giungere nel pomeriggio almeno le batterie della Divis. Cosenz, affatto inutili davanti a Mantova.

Il nemico si era fermato davanti alla nostra sinistra. accennava di avere molte forze davanti al centro (Custoza). e davanti alla nostra destra non aveva mostrato che cavalleria.

Le sue riserve (7° Corpo) postate dietro alla sua ala sinistra, non risulta se fossero state viste, o non. dai nostri.

Potevano essere le 11 quando il G. La Marmora giunse a Valeggio. Ed è incredibile ch'egli non abbia pensato a prendere notizie fondate del I Corpo e del G. Durando. che a quell'ora era ancora a M. Vento, a poco più di 3 km. a N. Ho già detto come fosse anche incredibile che il G. Durando quelle notizie non le avesse mandate.

Dopo, lo si è veduto, il capo di stato maggiore *se ne andò a Goito*.

Tutti gli errori, le omissioni, le illusioni del G. La Marmora, si possono spiegare e scusare. Ma che egli, quale comandante effettivo di un Esercito, lo abbandoni appunto nel momento in cui è più necessaria che mai, ed è possibile, una direzione; nel momento in cui le cose erano *pressochè ristabilite* su tutta la fronte, è cosa inesplicabile. Che poi lasci l'Esercito senza rimettere a nessuno il comando, anzi senza lasciar disposizioni di sorta, è assolutamente incomprensibile. E, nella sua condotta in quel giorno, è la sola cosa incomprensibile perchè — lo ripeto fino a sazietà — soltanto chi non ha mai comandato truppe, può supporre che esse si muovano come macchine, che tutto il complicatissimo ingranaggio militare funzioni senza ostacoli ed attriti, che sia facile sapere le forze e le intenzioni del nemico, che sia facile veder chiaro nel terribile disordine di una battaglia.

Il quadro che ho riportato poco fa (V. pag. 298) tracciato così bene dal duca Sforza Cesarini, doveva, certo, essere impressionante; però un uomo di guerra di fortissima tempra, come era indubbiamente il G. La Marmora, doveva sapere che in tutte le battaglie, anche negli Eserciti vincitori vi sono fuggiaschi. Bisogna immaginarsi *anche quello che succede nel campo nemico.* Ed il G. La Marmora doveva sapere o doveva vedere, che i gran. di Brignone avevano respinto e messo in fuga quasi due intiere Brig. austriache.

V'erano a Valeggio fuggiaschi e sbandati; ma chi gli diceva che non ve ne fossero anche nel campo austriaco, anche davanti alla nostra ala sinistra?

Aveva egli avuto notizie attendibili del G. Durando, del G. Sirtori, del G. Pianell? No! Erano forse gli Austriaci giunti a Valeggio, o erano prossimi a giungervi? No! No! Che mai poteva immaginare il G. La Marmora che i generali nostri avrebbero fatto in quella lunghissima linea di battaglia senza ordini, senza disposizioni, senza direttive, *l'uno non sapendo dell'altro?*

C'era di sicuro una ragione psicologica in questa strana risoluzione del G. La Marmora. Ed era certamente che, dopo l'illusione fattasi il mattino, trovatosi solo o quasi,

non soltanto a comandare, ma a disporre, a dar ordini, a
raccogliere informazioni, non avendo saputo nè far venire
a tempo il Q. G., nè crearsene un altro lì per lì, egli
per reazione sia passato dall'illusione di stabilirsi senza
colpo ferire nel Quadrilatero alla prostrazione, vedendo
che non una delle sue previsioni si era verificata, che le
truppe occupavano una fronte troppo vasta, che l'Esercito
era stato condotto incontro al nemico senza alcuna preparazione.

Anche data la prostrazione dell'animo, si ha un bel-
l'aggirarsi nel campo delle ipotesi e delle supposizioni, però
il motivo pel quale il generale abbia lasciato il campo di
battaglia — specialmente a quell'ora e in quelle circostanze — non lo si comprende.

Io non comprendo nemmeno il motivo della sua andata
a Valeggio!

Il senatore Chiala, sempre con quel sentimento di devozione, che fa tanto onore a lui ed al generale stesso,
scrive (*Cenni storici*, pag. 485), che questo voleva dirigere la battaglia da Valeggio, quale punto centrale, se
anche l'ala sinistra si era « imbattuta nel nemico ».

Questo non mi sembra giusto, perchè vi sono 9 km. da
Valeggio a Villafranca, e più di 7 km. da Valeggio a M.
Croce! Il punto era forse centrale, ma era certo lontano!

In caso contrario, cioè se l'ala sinistra non combatteva,
il G. La Marmora — soggiunge l'egregio scrittore — si
proponeva di ordinare alla 5ª Divis. di « convergere sulla
strada S. Rocco di Palazzòlo-Santa Giustina verso Sommacampagna sul fianco destro degli Austriaci ».

Ora il generale aveva visto coi suoi occhi sfilare la
5ª Divis., da Valeggio verso S. Rocco, *da più di 4 ore.*
Come mai poteva credere che gli convenisse andare a
Valeggio per dare un ordine alla 5ª Divis.? E si noti
che da M. Torre, egli, che non aveva pensato prima a
stabilirsi sul Belvedere o su Custoza, poteva almeno recarsi sul vicino M. Mamaor, dal quale avrebbe veduto in

azione la maggior parte delle truppe e avrebbe potuto dirigere la battaglia.

E poi, sul M. Torre non si sentiva forse il cannone da S. Rocco di Palazzòlo, da Oliosi, dalla Pernisa, ecc.? Come poteva, adunque, la 5ª Divis. non curarsi di quanto colà succedeva e convergere verso Sommacampagna? Che proprio in quel giorno fatale dell'Italia, non si dovesse vedere e sentire nulla?

Il motivo addotto da lui stesso nel suo rapporto ufficiale del 30 giugno al ministro della guerra per spiegare la sua risoluzione d'andare a Goito, ad onta del rispetto che ogni militare, che ogni italiano deve alla memoria di quel prode e nobile generale, non può che fare penosa impressione.

Egli scrive: «... per assicurare quel passaggio (Goito) « e per disporre delle truppe del II Corpo a protezione « delle truppe che si ritiravano ».

Ed il senatore Chiala nel suo libro *(Cenni storici)* a pag. 487 del vol. II dice: « In tale condizione di cose « (quella notata in Valeggio), doveva naturalmente affac- « ciarsi a lui il pericolo che da un momento all'altro, il « nemico inseguendo quella turba disordinata apparisse « in Valeggio e ne irrompesse per prendere a rovescio « le truppe dell'ala destra fra Custoza e Villafranca e « compromettesse la loro linea di ritirata. Quindi la sua « decisione (di La Marmora) di portarsi a Goito per or- « dinare alla 10ª Divis. che là si trovava, di dirigersi « verso Massimbona ».

Ci sarebbe tanto da ribattere a questa spiegazione! Io mi contenterò di dire che per ordinare alla 10ª Divis. di dirigersi verso Massimbona, bastava mandare un paio d'ordinanze con un ordine scritto, che la 10ª Divis. poteva anche non trovarsi a Goito, che da Massimbona a Valeggio vi sono circa 8 km. e da Massimbona a Villafranca 11 km., e quindi la protezione della 10ª Divis. era troppo lontana, che per proteggere efficacemente e *subito* la ritirata su Valeggio, vi era la 2ª Divis. (Pianell) a 4 km. tutt'al più da Valeggio; che, infine, le due Divis. di fant. e la Divis. di cavalleria dell'ala destra — truppe intatte — con 36 batt., una trentina di sq. e 8 batterie, potevano anche ridersene di una minaccia sulle loro linee di ritirata!

Comunque sia, da quel momento in cui il G. La Marmora prese la fatale decisione, la battaglia *diretta dal caso*, come dice giustamente la Rel. uff. austriaca, non poteva che svolgersi *a caso*, cioè alla peggio!

Non si comprende che il G. Della Rocca abbia chiamato in linea a Villafranca anche la Divis. Govone, ma, dopo che questa e parte della Divis. Cugia furono mandate sulle alture, io credo che non gli si possa fare un serio appunto di non aver distolto, *fino verso il mezzogiorno*, altre forze di fanteria da Villafranca.

Dopo le notizie avute del I Corpo, specialmente della Divis. Brignone, sarebbe stato contrario agli ordini ricevuti, e forse anche alla prudenza, di impegnare anche una sola delle due Divis. rimaste intatte all'ala destra.

Non era da escludere, credo, che il nemico potesse, dalle colline di Sommacampagna, dirigersi su Villafranca, oppure fra Villafranca e le alture.

Poche ore prima, cioè dopo aver respinto la cavalleria nemica e dopo che si vedevano i gran. costretti a ritirarsi dal combattimento, egli doveva — l'ho già avvertito — anche senza ordini, mandar truppe sulle alture. Ed anche prima, cioè quando il G. Bixio gli mandò a chiedere se poteva continuare il suo movimento su Ganfardine, egli doveva, secondo il mio avviso, fare avanzare la 7ª Divis.

Ma, dopo l'invio sulle alture dell'ala sinistra della Divis. Cugia e di tutta la Divis. Govone, io comprendo che egli ritenendo quelle forze sufficienti a scacciare di lassù gli Imperiali, non abbia creduto di impegnare altre truppe, prima che la situazione fosse meglio chiarita.

Ma era appunto *a lui* che toccava, secondo il mio avviso, di chiarire la situazione!

E se non gli parevano sufficienti le ricognizioni fatte
dai capitani Rugiu, Taverna e Cecconi, ora che poteva
disporre di tanti sq., *era lui* che doveva lanciarli avanti
per liberarsi definitivamente dalla cavalleria imperiale e
poi agire e riconoscere verso Sommacampagna, Sona, ed
agire ancora — e vigorosamente — fra le alture e Verona, sulle comunicazioni del nemico!

Egli aveva la fortuna di trovarsi ad un'ala, infuori del-
l'ala nemica, in condizioni favorevoli per avvolgerla; ed è
raro riscontrare nella storia militare una situazione più
favorevole per agire con una massa di cavalleria.

Io ritengo, perciò, che se si può comprendere che il
G. Della Rocca abbia tenuto fermo colle due Divis. di
fanteria in Villafranca fino verso il mezzogiorno, non si
comprende assolutamente che egli non abbia — subito —
vigorosamente adoperata la numerosissima cavalleria che
aveva a sua disposizione (1).

Da parte austriaca, fu appunto verso il mezzogiorno
che l'Arciduca, lasciando la sola Brig. Kirchsberg a Sommacampagna, a guardia della sua sinistra, ordina un
primo schieramento della sua riserva (7° Corpo) avanti a
Zerbare per tenerla pronta ad agire nel momento decisivo,
sul punto decisivo.

Questo schieramento, almeno in parte, come abbiam
veduto, non era sfuggito al G. Govone.

Non un uomo di fanteria austriaca combatte nella pianura, o è diretto a combattere nella pianura!!

_____

(1) Agli sq. della Divis. di cavalleria de Sonnaz e della Brig.
di Pralormo, è da aggiungere, come si vedrà in seguito, il regg.
usseri di Piacenza del II Corpo.

Il Com. del III Corpo italiano, ammesso anche (e non lo si può ammettere), che non abbia sentita la necessità di far avanzare tutta la cavalleria nella pianura, dopo aver ricevuto il biglietto speditogli alle 11 1/2 dal G. Govone, doveva, secondo il mio avviso, recarsi subito *egli stesso* sulle alture dove pure combattevano due delle sue Divis. e verso le quali, non da qualche capo pattuglia, da qualche fuggiasco o da abitanti del paese, ma da un generale, e da un generale come il Govone, era segnalato l'avanzarsi di importanti forze nemiche e gli si faceva notare che il combattimento era fortemente impegnato.

L'ordine ricevuto di « tener fermo » a Villafranca, posizione nella quale il G. La Marmora giudicava allora (fra le 8 e le 9), che più tardi si potesse sciogliere il nodo della giornata e la raccomandazione fattagli dallo stesso G. La Marmora di non abbandonare Villafranca, fino a tanto che la pianura da quella parte non fosse sgombra dai carriaggi (Autobiografia, pag. 233), assolutamente non gli dovevano impedire di andare *personalmente* a vedere come si svolgesse il combattimento, nel quale erano impegnate le sole due Divis. del suo Corpo che combattevano.

(Delle scaramucce sostenute dalle altre due e degli atti contr'offensivi fatti dalla cavalleria del G. de Sonnaz è inutile parlare).

In 15 o 20 minuti il G. Della Rocca avrebbe potuto recarsi a cavallo da Villafranca alle alture! Ma intanto egli non faceva nulla!

Non mandò più nè un uomo, nè un cavallo, nè una cartuccia. Anzi, più tardi, quando il G. Govone chiedeva ancora — e con angoscia — rinforzi e munizioni, ordinava, come vedemmo, al G. Cugia, la cui Divis. era anche in combattimento, di dividere le sue munizioni colla Divis. Govone. E sì che si era creduto necessario di portarsi dietro i parchi!

Più tardi, il generale ha l'idea di salire sul campanile per riconoscere qualche cosa e ci va difatto col suo capo

di s. m., il quale, avendo perduto un braccio gloriosa-
mente a Novara, non poteva seguirlo che con difficoltà. E
non vedendo nulla dal campanile, va anche sui tetti della
chiesa. Impiega certo in questi sforzi un tempo maggiore
di quello che gli sarebbe occorso per andare semplicemente
a cavallo sulle alture, e non vede nulla.

Dippiù, si può osservare semplicemente come fosse per
lo meno strano che, trovandosi il Q. G. del III Corpo da
cinque o sei ore a Villafranca, non si fosse pensato prima
a far salire qualche ufficiale sul campanile e sulla chiesa
per scoprire terreno, precauzione in uso, come ci narrano
le storie, fin dal tempo degli Egizi!

Nelle lettere e pubblicazioni venute alla luce dopo quella
fatale giornata, il generale Com. del III Corpo continua
a dimostrare la convenienza di tener le tre Divis. a Villafranca, basandosi sempre sulla necessità di dover proteggere la ritirata.

È doloroso che egli non abbia pensato che le sue truppe
potevano esser destinate anche a conseguire la vittoria!

Se poi il G. Della Rocca ha pensato anche ai carriaggi
e che dovesse perciò, letteralmente, tener fermo a Villafranca, finchè essi non avessero sgombrato, davvero che
ne valeva la pena! Per salvare i carriaggi bisognava ricacciare gli Austriaci, e perciò bisognava agire!

In ultima analisi, quei carri se ingombravano le strade
per noi, avrebbero pur sempre servito a impedirle anche
al nemico!

Verso il mezzogiorno, doveva essere evidente pel G. Della
Rocca, che la 7ª e la 16ª Divis. invece di formare la destra
della linea di battaglia, fronte a N. e a N.E., dovevano
essere considerate come una grande *riserva d'ala*, fronte
a N. O. Verso N. E. non v'era nemmeno più cavalleria!

Verso il mezzogiorno, ciò che v'era di meglio da fare,
secondo il mio modesto parere, per pienamente ristabilire
la battaglia, èra di puntellare, per così dire, la nostra

sinistra, chiamando verso il M. Vento tutta la 2ª Divis., meno qualche riparto d'osservazione da lasciare sulla destra del Mincio. La 3ª Divis., se era possibile riordinarla almeno in parte, poteva essere chiamata di nuovo al combattimento, almeno come riserva, presso a Valeggio o a M. Mamaor.

Contemporaneamente, si poteva dirigere la Divis. Longoni su Valeggio o su M. Mamaor come riserva centrale. si doveva lanciare finalmente innanzi la cavalleria, e si dovevano portare sulle alture le due Divis. intatte del III Corpo.

Si potevano in tal modo, interamente cambiare le sorti della battaglia! Ma, siamo sempre allo stesso punto: occorreva una direzione a questa battaglia, e la direzione mancò completamente.

D'altra parte le disposizioni per chiamare il Q. G., per far cambiar direzione alla Divis. Longoni, per chiamare il G. Pianell sulla sinistra del Mincio, per far avanzare la riserva d'artiglieria, per richiamare la Divis. Angioletti e anche la Divis. Cosenz, verso Valeggio, M. Vento e M. Mamaor, bisognava che il G. La Marmora le avesse date non appena impegnata la battaglia, e per telegrafo alle Divis. più lontane (1).

Osservo che le artiglierie di Longoni, Angioletti e Cosenz

---

(1) Il mattino del 14 giugno 1800, Bonaparte, vista impegnata, contrariamente a quanto credeva, una grossa battaglia, oltre a mandare ordini di raggiungerlo al G. Desaix inviato verso Novi, mandò anche al G. Lapoype (già avviato sulla sinistra del Po), l'ordine di appoggiarlo.

L'ordine raggiunse questo generale presso al ponte di Bastida sul Po, cioè a circa 50 km. dal campo di battaglia.

Lapoype non potè naturalmente prender parte alla battaglia di Marengo, ma la sera tardi è già a Castelnuovo di Scrivia, in modo cioè da poter intervenire in un'altra battaglia l'indomani.

— 54 cannoni — potevano benissimo giungere sul campo nelle prime ore del pomeriggio. Le più lontane: quelle della Divis. Cosenz, erano a 28 o 29 km. da Valeggio il mattino del 24, cioè a 4 o 5 ore di distanza.

Abbiam veduto che le truppe delle due Divis. 8ª e 9ª combatterono prima con una idea di contr'offensiva e poi con un'idea solamente difensiva. Non erano certamente i generali Govone e Cugia che, col loro Com. di Corpo d'Armata a pochi km. di distanza, e con forze scarse e tutt'altro che concentrate, sùbito dopo aver respinto un vigoroso attacco, potevano decidersi ad un'audace offensiva, ignorando anche — e nel modo più assoluto — quale fosse il còmpito e la situazione delle forze del I Corpo, impegnate alla loro sinistra.

La riconquista del M. Torre per parte dei due batt. del 64° e della 9ª batteria del 6° artiglieria è, per me, uno degli *atti più decisivi* della giornata, e che fa il più grande onore al C. Ferrari, al maggiore Bava Beccaris e ai militari tutti di quei riparti.

Io non intendo di entrare nella polemica sulla priorità di uno o di un altro comandante nel dar l'ordine. Osservo soltanto che, se il C. Ferrari avesse, prima dell'arrivo e del colloquio col maggiore Bava, ricevuto l'ordine *positivo* di portarsi sul M. Torre, lo avrebbe certamente eseguito, prima che il Com. dell'artiglieria divisionale venisse a rappresentare con vivi colori la terribile situazione nella quale si trovava il G. Brignone e la necessità di sostenerlo immediatamente!

Il certo è che se si indugiava anche di poco, se si dava tempo alle truppe di Scudier di riprender lena, di sistemarsi sulle alture, di addensare le truppe su Custoza, M. Torre e M. Croce — in modo, cioè, da poter combattere « dall'alto » invece che « sull'alto », non è prevedibile che cosa sarebbe accaduto.

Ma alle truppe dell'8ª e a quelle della 9ª Divis., tenendo poi calcolo dei rinforzi che potevano giungere al G. Scudier, sia da quanto rimaneva del 9° Corpo, sia dal 7° Corpo, sarebbe stato molto difficile di impadronirsi nuovamente delle alture lasciate sgombre — o quasi — dai granatieri! Ed il G. Govone, la cui Divis. agì con tanta efficacia, non avrebbe potuto certamente metter saldo piede, come mise, sul M. Torre, per poi di là ricacciare le truppe della Brig. Scudier da Custoza, Belvedere, ecc... Tutto ben considerato, io ritengo che l'audace contr'offensiva del C. Ferrari e del maggiore Bava sia stata la *principale ragione* per la quale, poco dopo le 10, la battaglia al nostro centro prese un altro andamento e un altro aspetto. Fu uno di quei colpi di scena, dai quali vien fuori una situazione nuova. Fu la prima azione veramente contr'offensiva che additò e spianò la strada alla valorosa Divis. Govone, e che avrebbe dovuto esser seguita da tutte le nostre Divis. di destra!

Onore al 64°, al C. Ferrari ed al Com. dell'artiglieria della Divis. Cugia, maggiore Bava Beccaris, che tanto contribuì a chiarire la situazione ed a determinare quel risveglio in un animo italiano del sentimento di cameratismo militare e dello spirito audacemente offensivo, senza di cui si dà o si accetta battaglia colla sicurezza di perderla o, tutt'al più, con quella, di ben « proteggere la ritirata » !

La condotta del G. Govone prima, durante e dopo la battaglia, è degna d'ammirazione.

Essa fu, al più alto grado, intelligente, risoluta ed efficace. In quell'oscura situazione, in quella confusione di idee e di principii, in quell'avvicendarsi di sorprese di ogni specie, egli fu fra i pochissimi generali che videro chiaro. Egli attirò su di sè l'azione principale della giornata, non tanto pel terreno su cui combattè, quanto *pel modo* con cui combattè.

L'azione dell'artiglieria a massa, l'impiego delle truppe di fanteria, il giudizio sulla situazione, così chiaro e così giusto, e persino la ritirata (quella davvero necessaria) rivelano il talento e il carattere di un vero generale.

La 9ª Divis. aveva, dopo la riconquista del M. Torre e M. Croce, ristabilito l'equilibrio della battaglia! Non poteva il G. Govone solo far traboccare la bilancia a nostro vantaggio.

Questo còmpito era del comando del Corpo d'Armata e specialmente del comando supremo.

L'attacco del regg. Thun non riuscì e quelle truppe ebbero a subire gravi perdite.

Ma l'averlo ordinato, è un titolo di gloria pel T. M. v. Hartung. Tanto più se si pensa che le due Brig. del suo Corpo d'Armata Böck e Weckbecker, avevano, poche ore prima, subìto un grave rovescio sul M. Croce e nel fondo della valle, non si può che ammirare la tempra di quel generale che ordina un secondo attacco, colla quasi certezza che neppure esso sarebbe riuscito, ma colla chiara visione della situazione e della necessità di quel momento: impedire che gli Italiani si stabiliscano fortemente sul dosso Belvedere-M. Arabica-M. Molimenti.

Erano quelle le posizioni più importanti del campo di battaglia e in quel momento della battaglia. *Erano quelli* i punti decisivi tanto per noi, quanto per gli Austriaci, ma specialmente lo erano per noi, perchè il possesso di quelle alture ci avrebbe permesso di poter procedere ad una grandiosa contr'offensiva nella più giusta direzione, cioè per M. Godi, Bosco dei Fitti, Pelizzara, Nadalina, Casazze, S. Martino e poi su Santa Giustina, per tagliare in due la fronte austriaca, mal collegata.

Pur troppo questo concetto contr'offensivo non l'avemmo nè prima, nè dopo; ma anche l'averci impedito di sistemarci a difesa su quelle alture, fu pel T. M. v. Hartung tale un contributo per la vittoria, che le perdite subìte si possono dire ampiamente giustificate e compensate.

L'attacco del regg. Thun, è forse, nella battaglia, l'episodio che fa maggiormente onore all'Esercito austriaco ed allo spirito offensivo di .cui esso era indubbiamente dotato.

L'attacco del batt. regg. Re di Baviera e riparti minori, diretto dal T. C. Pielsticker, mi sembra invece un'inutile temerità.

Esso avrebbe avuto ragione di essere nel solo caso in cui lo si fosse potuto sùbito sostenere dalle Brig. del 7° Corpo. ciò che non era possibile. Fu sangue inutilmente versato !

È giusto d'altra parte riconoscere — e quest'osservazione riguarda il comando supremo austriaco — che forse anche l'attacco del regg. Thun doveva essere sostenuto, almeno dalla Brig. Welsersheimb, perchè avesse probabilità di riuscita. Ma per coordinare tale azione d'attacco, il Com. supremo austriaco avrebbe avuto bisogno di trovarsi più vicino alla sua riserva.

Osservo poi anche che se il batt. del regg. Re di Baviera era disponibile, non si comprende come non sia stato lanciato sùbito *insieme* col regg. conte Thun. Un forte batt. di più (erano anzi, forse, otto compagnie) poteva avere sulle sorti del combattimento su quelle alture una grande influenza.

La disposizione delle truppe dell'8ª e 9ª Divis. italiane non era — è d'uopo riconoscerlo — la più appropriata, anche pel solo scopo di difendere le alture. Esse erano troppo indietro.

Il grosso della 9ª Divis. doveva essere portato, molto più innanzi, sul Belvedere, M. Arabica, M. Molimenti e la Bagolina. Quelle alture, a differenza delle altre di M. Torre e M. Croce, permettevano un grande sviluppo di fuochi ed una manovra più facile per la contr'offensiva.

Secondo il mio giudizio, la riserva della 9ª Divis. non avrebbe dovuto esser tenuta sul M. Torre, cioè tanto lontano da non poter in tempo sostenere le truppe di prima e di seconda schiera, ma fra l'altura di Custoza e il Belvedere, cioè presso a Vale Busa. E tutte le truppe che, sotto il comando del G. Danzini occupavano Custoza, dovevano essere spinte innanzi insieme con quelle del T. C. Boni. Soprattutto, tanto sul M. Arabica quanto sul Belvedere, occorreva artiglieria, come giustissimamente richiedeva il T. C. Boni (1).

Secondo me, tutta l'artiglieria del G. Cugia doveva essere portata sul M. Torre e Custoza, e tutta l'artiglieria del G. Govone doveva essere portata, dopo la ripresa di Custoza e del Belvedere, sulle alture a N. di Custoza.

Però tutte queste osservazioni, fatte press'a poco anche dal FZM. v. Scudier, possono essere giustissime solo *in teoria* o, per meglio dire, giustissime sempre quando si faccia — e questo non è possibile — astrazione dalla situazione.

È impossibile ritenere che sia sfuggita al G. Govone la necessità di portare il grosso delle sue forze sul contrafforte del Belvedere, ma, in pratica, cioè nella situazione in cui si trovava il G. Govone, così lontano da Villafranca e senza alcun collegamento col I Corpo (da Belvedere a Santa Lucia vi sono circa 2 km.), portarsi più innanzi col grosso *era troppo arrischiato.*

Almeno, a protezione della sua sinistra, avrebbe dovuto essere occupato, come ho già avvertito, il M. Mamaor.

Può destare sorpresa che il G. Govone abbia creduto, verso le 3 ¹⁄₂, che la battaglia avrebbe potuto rimanere sospesa fino all'indomani.

---

(1) Per la sua splendida condotta in tutta la giornata, il T. C. Boni fu decorato della medaglia d'oro al valor militare, degno premio a tanta intrepidezza e a tanta pertinacia.

Si deve però notare che da M. Torre, ove si teneva di persona il G. Govone, non si poteva vedere il terreno ad O. e doveva perciò sfuggire al generale che Santa Lucia e M. Vento erano caduti in potere degli Imperiali.

È verissimo — conviene anche notarlo — che il servizio d'esplorazione della nostra cavalleria, al centro, fu nullo. Ma il G. Govone non aveva nemmeno uno squadrone!

Le sue truppe, d'altra parte, stanchissime per giunta, erano digiune dal mattino del 23. Il generale doveva quindi, anche correndo gravi rischi, cercare di vettovagliarle!

Le alture di Custoza essendo ancora in nostra mano e, d'altra parte, non essendovi che solo poca cavalleria al centro ed alla destra austriaca, sarebbe stata opportunissima fra il mezzogiorno e le 3 un'azione della nostra cavalleria nella depressione di Guastalla, partendo dallo sbocco in piano del Tione.

Scopo di tale azione doveva essere quello di ritardare l'avanzata della destra austriaca, minacciandola anzi a tergo, minacciare a destra le riserve per ritardare almeno la loro avanzata su Belvedere e Custoza, produrre una sosta nella battaglia a tutto nostro vantaggio, minacciare le retrovie degli Imperiali.

Difficilmente in avvenire si ripresenterà per noi una migliore occasione d'impiego tàttico di cavalleria che in quella giornata appunto in cui, per una vera fatalità, essa mancò di buoni capi! Il terreno non era facile, ma non era difficilissimo; ed oggi la nostra cavalleria — quanto diversa da quella di Custoza! — manovra in ben altri terreni!

Il Tione era un ostacolo pressochè insignificante, anche per la cavalleria. Il terreno era coperto, ma molto meno di quanto sia ora.

Le forze di cavalleria che avremmo avute disponibili per quella impresa, anche senza contare la Divis. di cavalleria

di linea ipnotizzata davanti a Villafranca e la cavalleria
della nostra ala sinistra, erano considerevoli, poichè si
trovavano disponibili i 4 sq. dei lancieri di Foggia (si
poteva benissimo far scendere in basso anche lo sq.
lasciato a scorta della batteria a cavallo presso a Custoza),
i 2 sq. Lucca della Divis. Brignone, gli altri 2 della
Divis. Sirtori, i 2 sq. Saluzzo dell'8ª Divis. In tutto:
10 sq., e mettiamo pure soltanto otto che potevano essere arditamente lanciati e che avrebbero potuto ottenere
risultati che è difficile apprezzare.

Bisognava però che tale azione fosse stata ordinata da
chi poteva farlo. E la direzione mancava. I nostri sq.
disposti a gruppi, qua e là, intervennero — in parte —
solo più tardi e per proteggere la ritirata.

Questo sminuzzamento della cavalleria fu anche un grosso
errore commesso nella giornata. Parve che non vi fosse
altro modo d'impiegarla, che quello di dividerla e suddi-
viderla!

Mancati i rinforzi chiesti con tanto calore, con tanta
insistenza e con tanta convinzione, la posizione del G. Govone, qualunque fossero state le disposizioni per l'occupazione delle alture, non era tenibile dopo che l'Arciduca
ebbe deciso di far marciare concentricamente su Custoza
tutte le sue forze disponibili. Certamente la difesa della
linea d'alture Belvedere-M. Arabica-M. Molimenti sarebbe
riuscita assai meglio, se le riserve non fossero state tenute
tanto indietro, ma la sproporzione di forze era tale, che
l'esito dell'attacco non poteva esser dubbio.

La 9ª Divis., al completo, non aveva che 8670 fucili e
le Brig. Töply e Welsersheimb, e Möring coi due batt. del
regg. Nagg, anche al completo, 22.000 fucili.

Dippiù conviene notare che, se l'occupazione avrebbe
potuto essere spinta più innanzi quando M. Vento e Santa
Lucia erano ancora in nostra mano, la cosa sarebbe stata

sommamente imprudente allorchè quelle posizioni furono sgombrate dai nostri, e che il fianco sinistro del G. Govone si trovò *completamente scoperto.*

Colla mossa in avanti della Brig. Möring si sarebbe potuto, allora, tagliargli facilmente la ritirata.

Ho già parlato delle condizioni fisiche in cui si trovavano le nostre truppe, tanto inferiori a quelle delle truppe dell'attacco.

Si consideri ancora che l'infelicità difensiva delle alture di Custoza è tale, che il G. Govone poco o nessun aiuto poteva avere dalla Divis. Cugia.

Io sono, insomma, fermamente persuaso che, ostinandosi nella difesa, o spingendola molto oltre Custoza, il G. Govone avrebbe bensì inflitte più gravi perdite all'avversario, ma, forse, tutta la sua Divis. sarebbe allora incorsa in un completo disastro.

L'aver potuto svincolarsi dal combattimento senza subire gravissime perdite (1) e l'aver saputo tener riunite le sue truppe ed offrirle l'indomani ancora in stato di combattere e col morale per nulla depresso, dimostrano che quel giovane generale, oltre ad un'intelligenza superiore, e ad un valore personale di cui già aveva dato tante prove, possedeva una elevatezza di concetti e una chiarezza d'idee, che lo mettono, secondo me, forse in prima linea fra tutti i generali italiani che comandarono in quel giorno (2).

Tuttavia, sarebbe forse stato desiderabile che il comando della 9ª Divis. si fosse tenuto più avanti — credo vicino o sopra al Belvedere — invece che a M. Torre, per meglio dominare colla vista il campo di battaglia.

---

(1) La 9ª Divis. non perdette, nella ritirata, nessun pezzo.
(2) Il G. Govone fu nominato Grand'Ufficiale dell'Ordine militare di Savoia per la sua bella condotta a Custoza.
Egli aveva allora 40 anni. Fu generale a 35 anni.

In quanto alla Divis. Cugia, è d'uopo riconoscere che essa non difese, come avrebbe potuto, le alture di M. Croce, e che, complessivamente, dopo la ripresa del M. Torre e del M. Croce, la sua azione avrebbe potuto essere più energica. Ma è anche necessario osservare come la strana configurazione di quel terreno sia tale, che non è possibile difendere a lungo M. Croce se è minacciata — e come lo era — Custoza!

Di un altro fatto bisogna poi tener conto per spiegare quella resistenza poco tenace. Ed è che deve aver certamente influito sul « morale » della Divis., l'inazione nella quale essa vedeva persistere le numerose truppe rimaste vicino a Villafranca.

Scrive il maggiore Bava Beccaris nel suo rapporto sull'azione avuta nella giornata dalla sua brigata:

« ......qui devo dire (erano circa le 3 pom.), che cominciò « in me a venir meno la fiducia nell'esito della giornata, « vedendo l'inazione completa delle Divis. che stavano a « destra nostra nella pianura!... ».

Si pensi in quanti altri animi meno forti deve essere venuta meno quella fiducia!

Colla sinistra minacciata e colla destra « in aria », l'8ª Divis. veniva a trovarsi in una posizione di secondaria importanza rispetto alla 9ª Divis., e pur facendo fronte, come doveva, a N. O. e a N. E., essa non poteva resistere a lungo.

La posizione delle due Divis. sulle alture, dati il terreno e la situazione, non poteva essere che temporanea e di preparazione per l'offensiva – questa però poteva essere ordinata ed eseguita soltanto dal Com. del Corpo d'Armata e da *tutte le truppe del III Corpo*, le quali, chiarita la situazione, dovevano esser lanciate per decidere la battaglia!

Non un soldato di fanteria austriaca ha combattuto in pianura, e anche tutti i nostri soldati avrebbero dovuto essere diretti verso le alture.

Dopo tante critiche fatte al Com. del III Corpo, critiche giuste, per quanto eccessivamente aspre e personali, mi pare quasi superfluo notare che la persistenza a tener Villafranca con due Divis., che rimasero presso a quella città: circa 12 ore la Divis. Principe Umberto e più di 14 ore la Divis. Bixio, solo per respingere attacchi di cavalleria, fu uno dei più gravi errori commessi nella giornata.

Colla vista che si ha da quelle alture di Custoza, non era difficile di venire in breve ora in chiaro della situazione. D'altra parte, il risultato della ricognizione fatta dal capitano Rugiu era tale che. fin dal mattino (10 ¹/₂) il G. Della Rocca avrebbe potuto domandarsi se era proprio *giusta* la previsione che la giornata dovesse decidersi attorno a Villafranca!

È una vera fatalità che il generale non abbia pensato ad avviarsi egli stesso su quelle alture, invece di rimanere nella più inesplicabile inazione!

Certamente egli credeva di far bene, e fa anche pena di leggere le accuse a cui il G. Della Rocca è stato fatto segno.

Si è voluto rappresentarlo quasi come uno scettico, che dimentica il suo altissimo dovere e che compromette le sorti di una battaglia, soltanto perchè essa è diretta da un uomo di cui egli non solo non è amico, ma quasi avversario.

Ogni militare di cuore non deve accogliere nemmeno il sospetto che un vecchio soldato, come il G. Della Rocca, la cui vita fu tutta dedicata al suo Re ed alla Patria, non abbia fatto quello che egli riteneva fosse suo dovere di fare.

Ma in certi gravi momenti, il difficile non è di fare il proprio dovere, ma è di sapere quale sia il proprio dovere!

Evidentemente — almeno per me — il G. Della Rocca ha creduto che il suo dovere fosse di attenersi strettamente ai primi ordini ricevuti, confermatigli poscia durante la giornata e persino all'ultima ora dal C. Avogadro, quando la ritirata era già decisa.

A me pare che questa debba essere la base di ogni discussione, e specialmente di discussione istruttiva, trattandosi di giudicare della condotta di quel generale!

D'altra parte sembra a me chiarissimo, ed è inutile ripeterne le ragioni, che le Divis. Bixio e Principe Umberto avrebbero dovuto essere impegnate in combattimento e che, cambiata la situazione, scomparso il comando supremo, il G. Della Rocca aveva e doveva avere abbastanza autorità per agire di propria iniziativa.

Ma il fatto è — stando a quanto egli stesso scrive nella sua autobiografia — che il generale non deve mai aver creduto a quella necessità: anzi, egli deve aver creduto che il muoversi da Villafranca, in qualunque momento della giornata, sarebbe stato non solo una disobbedienza, *ma un errore*.

La narrazione che il generale fa della battaglia, specialmente dell'azione del I Corpo, è confusa ed inesatta; ma per la parte che lo riguarda si rileva subito chiaramente (pag. 230), che avendo egli saputo « come tutte le « colline fossero più o meno occupate, sarebbe stato per « lui imprudente abbandonare il piano di Villafranca e « proseguire verso Sommacampagna ».

Poco dopo (pag. 232), è ricordato l'ordine spedito al G. Govone, di mandare ancora una Brig. in riserva *a Villafranca*.

A pag. 233 scrive che « il G. La Marmora gli ha ordi- « nato di non abbandonare Villafranca fino a che la pia- « nura da quella parte non fosse sgombra dai carriaggi ».

Risultava almeno da questo (sia detto per incidenza), che, prima cura del G. Della Rocca dovesse esser quella — coi tanti mezzi che aveva a disposizione — di rimandare indietro i traini e di farli parcare lontano dal campo di battaglia, sotto la protezione delle rispettive scorte.

rore fatale per l'Italia, non accorrendo al cannone, esso fu un errore d'apprezzamento; che gravissima responsabilità gli spetta per tale errore, ma che responsabilità forse ancora più grande spetta al comando supremo, il quale doveva coordinare l'azione dei vari Corpi: far serrare a destra, cioè, le Divis. del I Corpo ed a sinistra quelle de' III e del II.

Il G. La Marmora, secondo il senatore Chiala (*Cenni storici*, vol. II, pag. 490) « si moltiplicò per così dire di « persona in ogni dove ». A me pare, invece, che, con quella sua inconcepibile ritirata su Goito, egli si sia in quel giorno diminuito. Ben altro l'Italia e l'Esercito aspettavano da un generale del suo merito!

Ho già accennato a diverse disposizioni date dal comando del III Corpo, prima e durante la battaglia, che mi sembrano erronee. Ne aggiungo ora un'altra, la quale a me sembra confermi che l'idea del Com. fosse assolutamente quella di dover tenere il più gran nucleo possibile di truppe attorno a Villafranca e non sulle alture. Ed è l'appello fatto alla Divis. Longoni del II Corpo. Dirò di qua a poco di questa Divis. Accenno per ora al fatto che il G. Della Rocca spedì a quel generale ordine di avanzarsi, scrivendo testualmente: « È necessario pronto rin- « forzo sulla sinistra *tra Villafranca e le alture* ».

E contro di noi, fra Villafranca e le alture, non avevamo che poca cavalleria!

Neppure le disposizioni date per la ritirata dal comando del III Corpo mi pare che rispondessero alla situazione.

Ed infatti esso doveva — secondo il mio avviso — preoccuparsi essenzialmente della cavalleria nemica. È a tutti noto che l'arma meglio adatta per l'inseguimento è la cavalleria!

Ora, per impedire l'inseguimento, bisognava paralizzare la cavalleria nemica e non v'era che un mezzo solo per farlo: *lanciarle addosso la nostra cavalleria*, tanto più numerosa e relativamente fresca, poichè, specialmente gli sq. della Divis. di linea, poco o nulla avevano fatto nella lunghissima giornata.

Ed invece noi vediamo che i nostri sq. sono divisi e disposti in posizione direi quasi difensiva.

La Brig. Cusani, p. es., si schiera *sul terreno* lasciato dalla 16ª Divis., e *si collega* a sinistra colla Brig. Soman.

Pare che si tratti di due Brig. indipendenti *di fanteria* e non di una Divis. *di cavalleria* formata su due Brig.!

Ed invece di coprire meccanicamente, tutta quella cavalleria e tutti gli altri sq., parecchi dei quali avevano valorosamente combattuto ma in scontri parziali, dovevano una buona volta, e dopo tante esitazioni, essere raccolti sotto il comando del G. de Sonnaz e lanciati ad una tremenda carica contro gli sq. imperiali, fatti sempre più audaci, aggressivi e provocanti dal contegno passivo dei nostri!

Ed invece noi vediamo che il comando della Divis. di cavalleria è sciolto, e che il Com. della Divis. nel momento in cui, finalmente, la Divis. doveva essere impegnata con *un'azione simultanea*, si ritira per conto suo alla testa della 16ª Divis.

Verso sera il C. Pulz, nell'ultimo attacco, non aveva che 10 o 11 sq. tutt'al più, e si è veduto in quale stato si trovassero i cavalli! Noi avevamo ancora più di 30 sq. disponibili, senza contare gli usseri di Piacenza!

Fu anche difettosa disposizione quella data alla cavalleria di « stormeggiare a squadroni ». Abbiam veduto che tornò indietro tutto uno sq. di Genova, per dare un annunzio che poteva esser portato da una pattuglia o da qualche cavaliere isolato.

Ed invece bisognava tenersi raccolti ed agire in massa, e ciò non alla sera, ma, come ho avvertito, fin dal mattino!

Fin dal mattino il G. de Sonnaz doveva esser padrone

incontestato della pianura (C. CÒRSI, *Sommario di Storia militare*, vol. III, pag. 397).

Osservo poi che le disposizioni per la ritirata date alle Divis. del III Corpo erano, secondo il mio avviso, assolutamente erronee.

Maturato il còmpito di proteggere la ritirata, che da tante ore il G. Della Rocca si prefiggeva, bisognava appunto « proteggere la ritirata » con tutte e due le Divis. 7ª e 16ª.

Bisognava, cioè, raccogliere con quelle le Div. 8ª e 9ª (Cugia e Govone) e ritirarsi *dopo*. Bisognava soprattutto — secondo il mio modesto parere — fermare le truppe imperiali che si aspettava scendessero dall'alto, *avanzando* colle Divis. Bixio e Principe Umberto.

Vi erano circa 4 km. fra le Divis. che combattevano e le due Divis. che dovevano proteggerle. È chiaro come la luce del sole, che questa distanza *era troppa* e che per proteggere davvero la ritirata, bisognava essere più a portata delle truppe retrocedenti per poterle raccogliere.

Tanto più mi pare che il G. Della Rocca dovesse operare in tal modo, in quanto che S. M. il Re gli aveva fatto sapere dal capitano Corsini, che Valeggio sarebbe stato tenuto ad ogni costo.

Le preoccupazioni per tanto del Com. del III Corpo di « assicurarsi di Valeggio » erano, forse, esagerate.

Bisognava almeno che entrambe le Divis. che avevano combattuto, si ritirassero per una strada interna rispetto alla 7ª Divis., che effettivamente fu la sola destinata a protezione della ritirata. Ed invece noi non solo vediamo che la Divis. Principe Umberto riceve l'ordine di lasciare il campo prima della raccolta delle Divis. Cugia e Govone, ma che questa si ritira *su Valeggio*.

Sappiamo che la ritirata della Divis. Govone dalle alture di Custoza è ordinata alle 5 $\frac{3}{4}$, e vediamo che la ritirata della Divis. Principe Umberto su Goito fu fatta incominciare alle 5 $\frac{1}{2}$ (Rel. uff., pag. 313).

Vediamo che anche la Divis. cavalleria di linea è destinata a ritirarsi per Mozzecane su Goito.

Sappiamo che anche al G. Bixio fu dato ordine di ritirarsi su Rosegaferro e Quaderni, mentre che nel « concetto » del Com. del III Corpo anche la Divis. Cugia deve ritirarsi su Valeggio.

Dopo, la Divis. Cugia è avviata a Goito, ma la Divis. Govone riceve l'ordine di avviarsi sùbito a Valeggio.

In sostanza, la Divis. Govone si ritirò di fatto felicemente, protetta però da sè stessa e dalla fortuna.

Fu gran ventura, cioè, che agli Imperiali sia mancato lo slancio e siano mancate truppe fresche da lanciare contro quella Divis., che fu costretta a sfilare a pochi km. e parallelamente alle alture che erano state conquistate dal nemico.

Queste disposizioni per la ritirata, non sono soltanto erronee, ma, secondo il mio avviso, costituiscono un errore — pel comando del III Corpo — forse ancora più grave di quello commesso non intervenendo nella battaglia. Questo fu un errore di apprezzamento, che ebbe conseguenze incalcolabili, ma sempre errore di apprezzamento.

Quello è per me una violazione della regola dell'arte militare che per proteggere la ritirata di un Corpo, bisogna frapporre la propria azione fra il nemico e il Corpo che si ritira.

Tale violazione non ebbe fortunatamente per noi conseguenze immediate, grazie alla direzione meno giusta nella quale fu lanciata la cavalleria imperiale, al poco slancio da cui furono animate le truppe imperiali dopo la vittoria, ed alla fermezza del G. Bixio.

Si pensi poi come si sarebbe altrimenti presentata la situazione del 25 se il III Corpo, pur ritirandosi, ma ritirandosi unito e facendo massa verso Goito colle sue quattro Divis. e colle 19ª e 10ª Divis. del II Corpo, avesse ancora presentato al nemico, l'indomani, sei Divis. sulla sinistra del Mincio, tenendo in prima linea quattro Divis. intatte (7ª, 16ª, 10ª, 19ª) ed in seconda linea le altre due (8ª e 9ª) che avevano combattuto il 24!

Tanto meno io comprendo che la 9ª Divis. sia stata avviata a quel modo su Valeggio, quando penso che una delle ragioni per le quali il G. Della Rocca scrive che non ha creduto di muovere le sue truppe da Villafranca, fu perchè riteneva che il I Corpo fosse passato sulla destra del Mincio « il che più che mai mi confermava nella riso- « luzione di non muovermi dalle mie posizioni, a meno di « riceverne ordine formale » (*Autobiografia*, pag. 239) (1).

Il G. Bixio, è noto, non voleva saperne di ritirata e si riprometteva di mantenere le sue posizioni fino all'indomani. Ma i suoi generosi propositi dovettero cedere alle esigenze della disciplina.

La sua Divis. respinse con fermezza gli attacchi della cavalleria, ma, davvero, quel generale così prode ed intelligente e quelle truppe, meritavano di essere destinati ad impresa più ardua che non fosse quella di respingere con 10.000 uomini, con tanta cavalleria e con tanti cannoni, dieci o undici squadroni nemici (2).

Secondo il mio avviso, se l'intervento in combattimento delle Divis. 7ª e 16ª era necessario ed opportuno fin da

---

(1) La Rel. uff. (pag. 320) dice che ufficiali mandati prima colà (Valeggio) dal G. Della Rocca, avevano assicurato che la strada (Rosegaferro-Quaderni-Valeggio) era libera ed il villaggio tenuto ed apparecchiato a difesa da truppe del I Corpo. Ma libera quando? Parecchie ore prima! Ma quando vi passò la Divis. Govone poteva non esserlo più! E poi, nel fatto, Valeggio era pressochè abbandonata! (C'era, come vedremo, un solo batt.).

(2) Anche il G. Bixio fu insignito della croce di Grand'Ufficiale dell'ordine militare di Savoia per la calma e l'energia spiegate durante questa giornata.

momento in cui furono riprese le alture di M. Torre, di
M. Croce e di Custoza dall'8ª e 9ª Divis., il modo di
condurle doveva esser diverso a seconda del momento.scelto
per impegnarle.

L'azione più efficace alla quale esse potevano concorrere, e da cui si potevano sperare i più grandi successi,
era quella di andare a rinforzare la Divis. Govone: e mentre
la Divis. Cugia difendeva il M. Torre e M. Croce e la Divis.
Sirtori le alture di Santa Lucia, avanzarsi nella direzione,
già da me accennata, di Bosco dei Fitti e Casazze con
una parte delle truppe, e coll'altra lungo la depressione
di Guastalla, per tentare di tagliare in due la linea nemica, *che non aveva centro.*

Ciò era solo possibile, finchè la nostra sinistra mante-
nesse, non solo Santa Lucia, ma anche M. Vento. E la
nostra sinistra mantenne le sue posizioni, è noto, fino
verso le 3.

Per portarsi nella direzione di Custoza, bisognava eseguire quasi una marcia di fianco, ma solo innanzi *alla
cavalleria nemica,* e tale marcia poteva e doveva essere
protetta, appunto dalla nostra cavalleria prima, e poi dalla
Divis. Cugia.

Ho già avvertito come, dal momento che gli Imperiali
ci attaccavano sulla fronte M. Vento-Santa Lucia-Belve-
dere-M. Croce, le due Divis. di Villafranca dovevano esser
considerate come una riserva d'ala, precisamente come la
riserva austriaca, e l'aver cavalleria sul fianco non doveva
assolutamente impedire ad una così grossa riserva di portarsi là dove la sua azione era necessaria!

Avviando p. es. la Divis. Bixio per Acquaroli, Cà nuova
(S.O. di Custoza) come direttrice principale, allo sbocco del
Tione e poi facendola piegare a destra per i Molini su
M. Godi; la Divis. Principe Umberto per Colombara, Co-
lombaretto, Coronini, il Gorgo; e procedendo poi colle tre
Divis. (16ª, 9ª e 7ª) riunite nell'accennata direzione, è
incalcolabile l'effetto che si sarebbe potuto ottenere, tanto

più che le alture del Belvedere, M. Molimenti, Bagolina, si prestano assai al collocamento delle batterie, che dovevano proteggere la marcia d'attacco.

Erano più di 50 batt. che potevano avanzarsi: una massa davanti alla quale gli Imperiali non avrebbero potuto schierare che le due Brig. di riserva e una Brig. del 9° Corpo (Kirchsberg).

Prendendo le cifre date dagli ordini di battaglia, erano, pur tenendo conto delle perdite già subìte dalla Divis. Govone, almeno 29.000 Italiani contro 22.000 Austriaci (1).

È vero che noi non potevamo lasciare sguernita completamente Villafranca, ma, d'altra parte, nemmeno g Austriaci potevano lasciar sguernita Sommacampagna tanto più se la nostra cavalleria, come doveva, aves avuto il sopravvento sulla cavalleria imperiale.

È vero anche che una parte del 5° Corpo avrebbe potuto esser distolta contro il fianco sinistro delle nostre truppe d'attacco, ma è vero anche che, una volta impegnata l'azione a fondo, esse avrebbero potuto avere il rincalzo di tutta la Divis. Cugia. E ciò avrebbe permesso a noi di portare una buona parte delle nostre forze contro l'importante posizione di San Rocco di Palazzòlo, per la protezione della sinistra della nostra massa d'attacco e per neutralizzare i successi ottenuti dalla destra austriaca.

_____

(1) Dal citato articolo del G. Dal Verme (pag. 292) risulta che quando il capitano Rugiu giunse ferito in Villafranca, questo prode ufficiale descrivendo la situazione, indicò appunto quella direzione al G. Della Rocca come la più opportuna e decisiva per l'invio delle due Divis. 7ª e 16ª. Il capitano, che veniva dalle alture. aveva potuto apprezzare assai bene la situazione, e, tenendo conto di quanto aveva veduto nella sua ricognizione di poche ore prima. cioè che davanti alla nostra destra non c'era che cavalleria (Vedi pag. 176) vedeva assai chiaramente quale sarebbe stato il migliore impiego delle forze della nostra ala destra.

Nell'esprimere la mia opinione, io sono assai lieto di potermi appoggiare all'autorità del capitano, poi G. Rugiu. E tanto più mi sono sentito sicuro nell'esporla!

Cadute le posizioni del M. Vento e di Santa Lucia, la situazione divenne tanto difficile che io comprendo benissimo come il G. Della Rocca, in vista della ripresa dell'azione nemica contro le alture di Custoza, non si sia risoluto ad impegnare le due Divis. che gli rimanevano in quella direzione. Esse, probabilmente, sarebbero giunte troppo tardi.

Ma esse potevano ancora giungere in tempo su Custoza e M. Torre, il cui accesso da S. e S. E. è facile, e potevano opporre una barriera forse insuperabile all'avanzarsi delle riserve imperiali, già disordinate alquanto dal combattimento e che avevano già subìto perdite non lievi. Basti infatti il ricordare che le due Brig. del 7° Corpo (Töply e Welsersheimb) avevano perduto complessivamente 1000 uomini circa.

Naturalmente il movimento avrebbe dovuto esser protetto a tergo e a destra dalla cavalleria. Ed a sinistra esso poteva e doveva esser protetto dalle truppe di riserva della stessa Divis. Govone collocandole sul vicinissimo M. Mamaor, posizione eccellente, il cui valore tàttico non fu abbastanza apprezzato in quel giorno nè da noi, nè — fortunatamente — dagli Austriaci (salvo che dal Com. del 21° batt. cacciatori. V. pag. 211).

Quel movimento su M. Mamaor avrebbe forse neutralizzata l'azione concentrica su Custoza della Brig. Möring, la quale, come si è veduto, non fu tutta diretta giustamente.

Infine le due Divis. avrebbero potuto essere dirette, protette a destra dalla cavalleria, verso Staffalo, e le alture di Sommacampagna, alla destra della Divis. Cugia che occupava il M. Croce e parte della pianura. L'entrata in azione di una forza così imponente, anche all'ultimo momento, era un gran peso che si poteva gittare nella bilancia.

Guardando la carta al 25.000, pare che quelle alture a N. di Staffalo siano impervie, difficilissime, ma in realtà l'accesso ne è facile per truppe fresche.

Probabilmente, le Brig. di riserva austriache, a quella mossa, non si sarebbero più avanzate su Custoza per Belvedere e si sarebbero portate verso sinistra. E se, allora, tanto la 9ª quanto l'8ª Divis., avessero preso l'offensiva, insieme colla 7ª e 16ª Divis., nessuno può dire quale sarebbe stato l'esito della battaglia, visto che alla nostra sinistra (destra austriaca), avevamo bensì perduto, ma le truppe imperiali stremate di forze, non sfruttavano nè sfruttarono il successo (1).

Valeggio non era neppure minacciata da vicino ed alle truppe del III Corpo rimaneva pur sempre, occorrendo. una ritirata obliqua, ma possibile, su Goito.

_____

(1) Per giudicare dell'effetto che può produrre l'energica entrata in azione di una riserva, valga il memorabile esempio della battaglia di Marengo. Si legga questo brano di rapporto, il quale è uno dei più interessanti, forse, che offra la storia militare:

« Je me portai donc en avant et jusque sous le front de l'ennemi « à portée de sa mousqueterie.

« La brigade Musnier exécuta plusieurs mouvements à la vue d « l'ennemi, et ses manœuvres se firent avec une fermeté et une s « renité assez grandes pour qu'il soit permis de leur attribuer ce « *confiance qui parût renaître parmi les troupes éparses qui fuyaien*

« La contenance vigoureuse qui tient la brigade sous le feu de « l'artillerie et de la mousqueterie, donne le temps à ma deuxième « brigade de s'établir sur la droite et aux autres corps de l'armée « qui avaient combattu le matin et opéré leur retraite, de venir « prendre position derrière elle. (De Cubiac — L'armée de réserve « en 1800 — Rapporto della Divis. Boudet, condotta sul campo dal G. Desaix) ».

È bensì vero che a Custoza, gli Austriaci, i quali combattevano in grandissima parte dall'alto, avrebbero avuto un vantaggio di terreno che non avevano a Marengo.

Però la Divis. Boudet, il 14 giugno 1800, portò in campo da 5 a 6000 uomini, con 8 cannoni; e il G. Della Rocca, calcolando le due Divis. Principe Umberto e Bixio e la parte della Divis. Cugia la quale, schierata fra il piano e le alture non aveva nemico di fronte, poteva guidare all'ultimo attacco 24.000 uomini con 50 cannoni: ed anzi con 62, calcolando anche i 12 cannoni mandati avanti dalla Divis. Longoni!!

Era tanto verosimile la minaccia verso Staffalo, cioè verso le alture a S. O. di Sommacampagna che, lo abbiam veduto, nell'ordine dato dall'Arciduca al 9° Corpo, di spostare verso destra tre batt., era aggiunto: *se Sommacampagna non è seriamente minacciata* (V. pag. 312).

Non mi permetto d'aggiungere che non vi fossero altre soluzioni possibili per l'impiego delle due Divis. del III Corpo, ma si deve ancora dire: che se v'è sempre qualche cosa che può giustificare qualsiasi risoluzione, l'inazione nel combattimento è, sempre, assolutamente ingiustificabile.

Io certamente non son d'avviso che si dovesse completamente abbandonare Villafranca, anche facendo il più largo assegnamento sull'impiego della cavalleria. Ma credo che, in ogni caso, per proteggere quell'importante nodo di comunicazioni sarebbero stati sufficienti 2-3 batt. di fanteria, colle 5 compagnie zappatori del genio del Corpo d'Armata.

Da parte austriaca, conviene notare che la riserva fu impiegata dal T. M. Maroicic, prima dell'ora stabilita dall'Arciduca. Ed infatti l'ordine prescriveva di fare l'ultimo tentativo su Custoza alle 5, e la mossa fu incominciata verso le 4.

Io credo, come ho già fatto notare, che l'Arciduca avrebbe forse dovuto tenersi più vicino alle sue riserve e quindi anche più vicino alle alture di Custoza.

Ma, sempre secondo il mio avviso, questo non giustifica intieramente l'intervento nella lotta della riserva dell'Esercito prima dell'ordine del Com. supremo il quale, salvo casi imprevedibili e straordinari (ed appunto pel G. Della Rocca il caso era imprevedibile e straordinario) deve essere il solo a disporne.

Secondo il mio avviso, le Brig. del 7° Corpo furono ma-
gistralmente condotte (1).

La disposizione data alla Brig. Welsersheimb di avanzarsi lungo il fianco S. delle alture fu assai opportuna,
perchè in tal modo essa veniva successivamente ad avvolgere tutte le nostre posizioni.

Non molto bene fu diretta la Brig. Möring del 5° Corpo.
Non si comprende anzi, come questa Brig., che era stata
anche rinforzata da due batt. quasi intatti della Brig. Bauer,
e che doveva contare perciò più di 8000 combattenti, non
abbia potuto esercitare un'azione più efficace. Una parte di
essa (2 batt.) che doveva intercettar la ritirata alla Divis.
Govone, portandosi allo sbocco del Tione, si trovò invece,
avendo perduto l'orientamento, sul Belvedere.

Nel campo tàttico, a sera, come al mattino, la cavalleria
imperiale fu ammirabile. Essa caricò, finchè potè, a fondo
ed a corsa sfrenata — così dicono le nostre relazioni —
con quel cavalleresco sprezzo d'ogni pericolo, quel furioso
accorrere alla gloria e alla morte, che in pochi minuti
d'azione rendono èpica la figura del cavaliere. Erano pochi
squadroni, ma squadroni di ferro, pieni di risoluzione e di
audacia!

La direzione però nella quale essi furono impegnati: su
Villafranca, non rispondeva per nulla alla situazione e se
il sacrificio fatto al mattino dalla Brig. Pulz fu fecondis-
simo di risultati, quello fatto alla sera dalla Brig. Bujanovics fu quasi sterile.

Forse gli Austriaci supposero nelle nostre truppe una
demoralizzazione che non esisteva. Probabilmente essi at-
tribuirono l'inazione delle due Divis. del III Corpo al ter-
rore inspirato dalla loro cavalleria (così dice la leggenda

---

(1) Il T. M. Maroicic fu insiguito, per la battaglia di Custoza,
della croce di commendatore dell'ordine di Maria Teresa.

militare austriaca), mentre che essa dipese, invece, da altre circostanze fatali!

Fu poi una fortuna per noi, ma fu assolutamente ingiustificabile, che le truppe fresche del 7° e del 9° Corpo si siano appagate del possesso delle conquistate alture e non abbiano sfruttato il successo. Mancò lo slancio!

IL II CORPO

Risulta dal diario storico del II Corpo, che il Q. G. partì il 24 giugno, alle 6, da Castellucchio alla volta di Goito, per la strada di Sarginesco e Rodigo, e così ho riportato a pag. 144.

Non risulta a che ora il G. Cucchiari sia giunto a Goito.

Nel rapporto sulla battaglia del G. La Marmora, datato 30 giugno da S. Lorenzo dei Picenardi, non trovo neppure nominato il Com. del II Corpo; ed inoltre mi risulta che nel pomeriggio, dopo che il G. La Marmora giunse in Goito, egli mandò un ufficiale di s. m. del Q. G. P. (il capitano Mocenni) dal G. Angioletti, per ordinargli di tornare a Goito (come si vedrà, il G. Angioletti era stato inviato sulla strada di Massimbona) e di provvedere alla difesa di Goito finchè non *fosse giunto il G. Cucchiari od un generale più anziano di lui, Angioletti.*

È quindi da supporre che il G. Cucchiari sia giunto a Goito soltanto verso sera.

A dir vero, non pare che il Q. G. dovesse, per recarsi a Goito da Castellucchio, percorrere una strada diversa da quella assegnata alle Divis. 9ª e 10ª. Il giro per Sarginesco e Rodigo era assai lungo (circa 17 km.).

E nel tempo che si doveva impiegare per farlo, il Q. G. si sarebbe trovato ad una tale lontananza dalle sue Divis., da non poter esercitare il comando. (Da Rodigo a Rivalta, p. es., vi sono circa 6 km.).

È tanto naturale che il Q. G. percorra invece la direttrice principale assegnata alle Divis., che può venire il
dubbio che si tratti di un errore di compilazione.

E forse non è il solo. Anche il diario della 10ª Divis.
contiene — come si vedrà — una notizia che non mi
sembra esattissima. Ed è che, nel pomeriggio, sia stato
confermato alla Divis. (naturalmente dal Com. del II Corpo)
l'ordine di mandare una Brig. a Marmirolo.

Io non credo che un generale come Cucchiari, se fosse
stato presente in Goito ed avesse saputo quello che tutti
sapevano, cioè che si combatteva una battaglia a N. verso
Custoza, avrebbe mandato una Brig. a Marmirolo, cioè a
8 km. a S. E. di Goito. Egli avrebbe invece, credo, affrettata la marcia delle truppe verso il cannone.

Mi affretto però a soggiungere che se il G. Cucchiari è
andato tardi a Goito, la cosa mi pare perfettamente spiegabile e naturale, come spiegabile e naturale mi è parso
lo schieramento dei gran. di Sardegna fronte a Villafranca

Il G. Cucchiari, come ho già detto (v. pag. 117) non
sapendo — nè potendo sapere — che il 24 si dovesse combattere una battaglia fra Verona e Valeggio, deve av
creduto che còmpito essenziale del suo Corpo d'Armata, fosse
l'operazione contro Mantova, e, avuto riguardo alla dislocazione prescritta pel 24 alle truppe del suo Corpo, a me
parrebbe naturale che egli si fosse mosso da Castellucchio, soltanto dopo aver ricevuto la notizia che tutto taceva
dinanzi a Mantova e che, invece, si dava battaglia verso Custoza. E la notizia della battaglia e l'avviso di muovere di persona verso Goito, dovevano essergli mandati o dal Q. G. P.
o — la notizia — dal Com. della 19ª Divis. avviata verso
Roverbella.

Mancata la direzione per parte del comando del Corpo
d'Armata, conviene vedere come abbiano separatamente
operato le Divis. 19ª e 10ª.

A — *LA DIVISIONE LONGONI.*

Partita di buon mattino, la Divis. Longoni (19ª) passò poco prima delle 8 il Mincio a Goito, diretta a Roverbella (1).

Da Goito a Roverbella vi sono poco meno di 8 km. La Divis. poteva quindi giungervi, almeno colla testa, verso le 10.

L'avanguardia era composta dal 40° batt. bers. e da un batt. del 59° fanteria, comandato dal maggiore Ghersi.

La Divis. non aveva che tre regg. di fanteria, essendo il 68° fanteria rimasto a Cremona, fino appunto al 24, giorno in cui si trasferì da Cremona a Piadena. Era preceduta dagli usseri di Piacenza, i quali dovevano collegare il II col III Corpo per Roverbella a Villafranca.

Verso le 8 ¹/₂ la Divis. fece un alt, trovandosi l'avanguardia presso a Marengo (2).

Il tuonare del cannone da N. avvertiva però che si era impegnato un combattimento.

Ed in quella si vede accorrere al galoppo un gruppo di cavalieri che si dirigeva verso Goito. Erano alcuni conducenti borghesi, che montavano i cavalli a cui avevano tagliato le tirelle, due cappellani militari e qualche attendente.

---

(1) Il G. Cucchiari, Com. del II Corpo, aveva date per la campagna speciali ed opportunissime disposizioni per la cottura del rancio. Le Divis. 19ª e 10ª avevano perciò mangiato al mattino e i soldati portavano la carne nel pane.

(2) Durante la fermata, il G. Longoni dava ordini al Com. del 1° batt. del 59° fanteria, per una ricognizione da eseguire verso Mantova, ciò che mi conferma nell'idea già espressa che i capi del II Corpo credevano di essere destinati ad operare, anche il 24, verso Mantova, piuttosto che verso Villafranca.

Passando, essi gettarono la notizia, che gli Italiani battuti si ritiravano!

Accorrevano altri fuggiaschi e si vedevano da lungi anche carri che fuggivano verso Goito.

Quella fuga precipitosa e quelle notizie impressionarono oltremodo il Com. della Divis. Egli mandò avanti l'ufficiale Com. della sua scorta per raccogliere notizie e poi, fatalmente, si decise a tornare sulla destra del Mincio, per prendere posizione presso a Goito e proteggere la ritirata delle altre truppe. Ma percorse poche centinaia di passi — dice la nostra Rel. uff. — « non vedendo segno alcuno « di ritirata delle truppe, e non udendo rumore di batta- « glia che lontano verso Custoza, fece fronte indietro e « riprese la marcia su Roverbella ».

L'ufficiale mandato a scoprire, tornava a dire che non era accaduto nulla « al di qua di Mozzecane ».

Quanto tempo si perdette in questo fermarsi, in questo andare e tornare? Credo *due ore*, perchè solo alle 12 ', la testa della Divis., stanchissima naturalmente, giungeva a Roverbella. E si dispose, com'era stato prima ordinato dietro al fosso Molinella, fronte alla ferrovia Mantova-Verona, cioè a E. e S. E. Giungeva poco dopo l'ordine di G. Della Rocca (V. pag. 309-310).

Il G. Longoni mandò avanti effettivamente la sua artiglieria. Questa però (due batterie) giunse a Villafranca verso le 5 ¹/₂ e fu rimandata indietro dal G. de Sonnaz, essendo oramai *troppo tardi!* (Rel. uff. pag. 299).

Le fanterie si erano avanzate anch'esse, ma fra il tempo necessario per ripigliare l'ordine di marcia sulla strada di Villafranca, e i continui incagli che ritrovarono ancora su quella, non poterono giungere a Mozzecane prima delle ore 7. Da Roverbella a Mozzecane vi sono 5700 metri (centro a centro).

E la Divis. Longoni, condotta in tal modo, non servì quel giorno assolutamente a nulla!

Ho già avvertito prima di tutto che, col concetto del comando supremo italiano di prender piede fortemente sul terreno collinoso fra Mincio ed Adige, tutte le truppe, e quindi anche la Divis. Longoni, avrebbero dovuto « serrare a sinistra ».

Quell'esile cordone che si volle formare fra Villafranca e Marmirolo, su una fronte di 16 km., era cosa non solo inutile, ma dannosa. Comunque sia, impegnata la battaglia, primo e precipuo pensiero del G. La Marmora, dopo che si formò un concetto qualsiasi del modo di combatterla, doveva esser quello di dirigere le sparse Divis., in modo da concentrarle sul campo di battaglia. Nessuna frazione doveva esser dimenticata: tanto meno una Divis. Ora non risulta che egli abbia pensato alla Divis. Longoni. È certo che questo generale, lasciato in balìa di sè stesso, retrocedè e poi, non soccorso da spirito di iniziativa si limitò, lo vedemmo, a schierare le sue truppe presso a Roverbella, secondo l'ordine ricevuto la vigilia, fronte ad un *nemico immaginario!* E ciò mentre il *nemico reale* si trovava — lo diceva il rumore del combattimento — in direzione perfettamente opposta!

Impegnata la battaglia sulle alture fra Oliosi e M. Croce, io credo fermamente che, fra le prime disposizioni, il G. La Marmora, considerando che la Divis. Longoni doveva presumibilmente aver passato il Mincio nell'ora appunto in cui egli riconobbe che s'impegnava la battaglia, cioè verso le 8, avrebbe dovuto avviarla non più a Roverbella, non a Villafranca dov'era superflua, ma a Valeggio, per la strada di Marengo-Orlandin-Foroni. Erano soli 11 km. da percorrere! Per quella strada, la Divis. non avrebbe trovato tutti quei carriaggi, che la ritardarono e pel mezzogiorno o l'*una al più tardi*, invece di trovarsi a Roverbella, essa poteva trovarsi a Valeggio. E di là, dopo un conveniente riposo, avrebbe potuto essere impiegata o a guernire quella importantissima posizione, o a rinforzare l'occupazione di M. Vento, o quella di Santa Lucia, oppure a guernire l'importante posizione del M. Mamaor.

In ogni caso quello che conveniva, era di avviare la Divis. in modo che essa, col minor cammino possibile, si avvicinasse alle alture.

È certo che per rialzare il morale di truppe depresse e scoraggiate dalle perdite subìte, le esortazioni, le minacce, la violenza anche, non valgono molto. Ed invece non v'è nulla che abbia un effetto così grande in truppe demoralizzate, come l'arrivo ordinato di truppe intatte. Valga per dimostrarlo l'arrivo della Divis. Boudet sul campo di battaglia di Marengo (v. nota a pag. 356).

Io credo fermamente che quella turba disordinata, che faceva ressa in Valeggio, avrebbe ricevuta un'impressione favorevolissima dall'arrivo ordinato della testa di colonna della Divis. Longoni!

Anche prescindendo dalle perdite di tempo a cui la 19ª Divis. andò incontro, conviene pur riflettere che la Divis. per portarsi da Goito per Mozzecane e Villafranca là dove la chiamava il G. Della Rocca, cioè fra *Villafranca e le alture*, doveva percorrere, da Goito. 22 km. Ed era uno sforzo assai grande!

Per quel che riguarda poi la marcia della Divis., pur troppo, le osservazioni si affollano. Prima di tutto, con tanta cavalleria (6 sq. e mezzo) che si aveva a disposizione, ed in un terreno piano come un bigliardo e tanto facile, è strano che non si sia spinto almeno uno sq. a 15 o 20 km. avanti per cercare sùbito il collegamento col III Corpo, e che ciò non si sia fatto nemmeno al tuonare del cannone.

Ed avendo tanta propria e bella cavalleria per esplorare ed informarsi, il Com. della Divis. crede invece a notizie portate da *cavalieri fuggiaschi!*

Pietosamente, la Rel. uff. scrive che fatte poche centi-

naia di passi indietro e « non vedendo segno alcuno di
ritirata di truppe... » il generale si fermò.

Com'era possibile vedere segni di ritirata, ritirandosi
iñ direzione opposta alla battaglia? L'ufficiale mandato
avanti ad informarsi, torna per assicurare che al *di qua*
di Mozzecane non era accaduto nulla. E al *di là?* Non
doveva l'ufficiale avanzarsi fino a che non vedesse il combattimento? Ed in un terreno come quello, non era possibile marciare per le strade di campagna e a traverso i
campi, come aveva fatto il G. Govone?

Per la fanteria era certamente assai pesante e faticoso
eseguire una marcia così lunga. Ma è difficile comprendere
come non sia stato possibile alla cavalleria di giungere
prima a Villafranca.

E, ad ogni modo, pur tenendo conto di tutte le difficoltà, della stanchezza, della fame, trattandosi di un giorno
di battaglia, in cui si può e si deve esigere il massimo
sforzo, io credo che, senza quella marcia indietro, e quel-
l'inutile schieramento, la Divis. Longoni avrebbe potuto
giungere in tempo sul campo di battaglia.

Non si comprende assolutamente che cosa abbiano fatto
gli usseri di Piacenza, i quali, come si è veduto, prece-
devano la Divis. nella marcia verso Roverbella.

Risulta soltanto che il regg., a 2 km. da Villafranca,
trovato il contatto col III Corpo, mandò due sq. a destra
per eseguire l'ordine di « guardare il terreno verso Mantova ».

L'ordine è incomprensibile, poichè per guardare il terreno « verso Mantova » dalle vicinanze di Villafranca, il
regg doveva voltarsi esattamente dalla parte da cui era
venuto!

E poi, per guardarsi da Mantova o, per meglio dire, da
Trevenzuolo e Nogarole, bastavano alcune pattuglie; e
tutto il regg. avrebbe potuto anch'esso passare a disposizione del Com. del III Corpo il quale, sapendo benis-

simo, come risulta dal suo ordine del 23, che la cavalleria del II Corpo doveva collegare la Divis. Principe Umberto col II Corpo, doveva pure aver l'idea di disporre utilmente di quella cavalleria !

Più tardi anzi si trovavano a Mozzecane anche alcuni sq. dei lancieri di Novara.

Prescindendo da questi ultimi, si può ad ogni modo ritenere che nelle vicinanze di Villafranca, oltre alla Divis. di cavalleria di linea e alla Brig. di Pralormo, si trovassero nel corso del giorno anche altri cinque sq. degli usseri di Piacenza. I quali, dal momento che la Divis. Longoni si trovava sulla strada Goito-Villafranca, non avevano *nulla* da temere da Mantova.

Ed è doloroso pensare che neanche quel regg. venne adoperato in altro modo che, più tardi, a « sostenere la ritirata » della Divis. Longoni, ritirata che, trovandosi ancora la Divis. Bixio fra quella Divis. ed il nemico, *nessuno* minacciava !

Non risulta però che il Com. di quel regg. abbia informato il G. Longoni di quanto avvenne il mattino del 24 e non risulta che si sia messo egli stesso a disposizione del G. Della Rocca, come avrebbe dovuto fare, allorchè nella sua evidenza più brutale si manifestò questo fatto semplicissimo : una grossa battaglia in direzione opposta a quella di Mantova !

Mancherei di sincerità se non scrivessi chiaramente che il Com. della 19ª Divis. il quale invece di accorrere al cannone, se ne allontanò, operò a rovescio di quanto prescrive la legge militare suprema di aiutarsi a vicenda nella battaglia.

Anch'egli pensò subito a « proteggere la ritirata ». Di chi ? Forse dei fuggiaschi ?

Non si comprende poi assolutamente che il Com. della Divis. di cavalleria di linea si sia assunta la grave responsabilità di rimandare indietro l'artiglieria della Divis. Longoni, che accorreva a Villafranca per ordine superiore.

Era troppo tardi? Ma si trattava forse di una manovra che finisce ad un segnale?

Era *troppo tardi?* Ma, secondo la stessa Rel. uff. erano le 5 ¹/₂, e a quell'ora, e anche più tardi, si *combatteva ancora sulle alture*; e poteva il G. de Sonnaz sapere quanto altro tempo sarebbe durata la battaglia?

E poi, se anche il Com. della Divis. di cavalleria pensava che si dovesse « proteggere la ritirata », non è appunto con l'artiglieria che si protegge la ritirata più efficacemente?

B — *LA DIVISIONE ANGIOLETTI.*

Come si è veduto (pag. 77), la Divis. Angioletti si trovava la sera del 23 attorno a Gabbiana.

Una specie di avanguardia, però, composta di due batt. bers., una batteria e il 57° faut. si trovava, sotto gli ordini del G. Peyron, a San Lorenzo, a cavallo della strada Campitello-Mantova.

Queste truppe venivano a trovarsi, in tal modo, fra la Divis. Cosenz (che era verso Curtatone e Montanara) ed il grosso della 10ª Divis. Da quella parte, perciò, le truppe del II Corpo erano disposte, fronte a Mantova, *su tre linee*, non so con quale opportunità.

Sarebbe stato più opportuno, credo, di tenere almeno la 10ª Divis. riunita, e di tenerla più vicina al Mincio. Essa sarebbe stata così meglio in grado: da una parte, di sostenere occorrendo la Divis Cosenz, e, d'altra parte di avvicinarsi a Goito, dovendo essa insieme con la 19ª Divis. « tenersi pronta a portarsi verso Goito e Villafranca, tosto che ne ricevesse l'ordine » (V. pag. 62).

Come da ordine ricevuto, la 10ª Divis. mosse fra le 5 e le 6 del 24 per le due strade che, dalle rispettive posizioni di 1ª e di 2ª linea, mettevano a Castellucchio, ove giunte si costituì una sola colonna, di cui le truppe comandate dal G. Peyron formarono l'avanguardia.

Disgraziatamente però, il carreggio del II Corpo d'Armata impedisce la strada di Goito, e le truppe sono obbligate ripetutamente a sostare.

Giunte a Rivalta fanno un « grand'alt ».

A Rivalta perviene l'ordine al G. Angioletti di collocare una Brig. a Marmirolo e l'altra a Goito. (Vedi pag. 89).

Fu disposto che la Brig. Umbria, destinata a Marmirolo, precedesse; e si riprese la marcia. (Erano forse le 10 ¹/₂).

Si giunge a Goito verso l'1 ¹/₂ pom. Le truppe, naturalmente, sono stanchissime.

Al Com. della Divis. viene confermato l'ordine di recarsi a *Marmirolo* « ove si potrebbe incontrare il nemico » (1)

Ma il G. La Marmora che sopraggiungeva a Goito — fra l'1 ¹/₂ e le 2 pom. — ordina direttamente al G. Angioletti di andare a prendere posizione oltre Massimbona, appoggiando la sinistra al Mincio e protendendo la destra verso Roverbella, ove doveva trovarsi la Divis. Longoni.

Scopo di tale occupazione era di « impedire agli Austriaci di marciare da Valeggio e Quaderni sopra Goito « e molestare, se non impedire, la ritirata delle truppe « che avevano combattuto con esito sfavorevole fra Custoza « e Villafranca ».

Il G. Angioletti dispose per l'esecuzione di tali ordini, ed alle ore 6 pom. la Divis. si mise in marcia per Massimbona, oltrepassò la C. Bertoi e si ammassò, protetta innanzi dai due batt. bers. (2).

---

(1) Così risulta dal diario storico della 10ª Divis. Ho già avvertito che tale conferma d'ordine mi sembra dubbia (V. pag. 362).

(2) A me risulterebbe che il 58· fanteria sia stato avviato verso Roverbella, dove forse si riteneva che dovesse appoggiare la destra della 10ª Divis., qualora avesse dovuto schierarsi per opporsi al nemico che, dalla fronte Valeggio-Quaderni, tendesse a Goito.

Verso sera (1) il capitano di s. m. Mocenni porta alla Divis. l'ordine del G. La Marmora di ritirarsi tutta su Goito. Ciò che fu eseguito.

E così anche la Divis. Angioletti non servì a nulla in quella giornata!

Data la situazione alla sera del 23, era quasi impossibile fare assegnamento sulla 10ª Divis. per un'azione verso Villafranca, dovendo essa percorrere 38 km. di sola strada da Gabbiana o San Lorenzo a Villafranca.

Si sarebbe potuto però avviarla altrove, cioè, come ho già fatto notare, *verso Valeggio.*

Ad ogni modo non si comprende assolutamente come, sapendo che la Divis. doveva recarsi a Goito e Marmirolo « dove si sarebbe potuto incontrare il nemico », il Q. G. del II Corpo non abbia provveduto a questa cosa semplicissima: far sgombrare la strada dai carri del Corpo d'Armata. Eppure si doveva sentire il cannone da parecchie ore, e, meglio che i carri, conveniva mandare innanzi le truppe per combattere.

Ripresa la marcia da Rivalta, si fa passare in testa la Brig. Umbria, che era in coda, essendo essa stata destinata a Marmirolo. Qui vediamo un passaggio di linea come quello eseguito dalla Divis. di riserva austriaca al mattino. Non poteva la Brig. di testa (Abruzzi) recarsi essa nella posizione più lontana?

Verso le 2 p. m., il capo di stato maggiore ordina al G. Angioletti di portarsi oltre Massimbona, per proteggere la ritirata delle altre truppe che avevano combattuto con esito sfavorevole fra Custoza e Villafranca.

_____

(1) Dal diario risulta alle 10 pom.

Non si può tacere che il G. La Marmora, dando un tale ordine (se questo è esattamente riportato nel diario storico) si è assunta una gravissima responsabilità, in conseguenza dell'abbandono in cui lasciò le truppe combattenti.

A quell'ora la situazione era invece favorevole a noi.

E quand'anche le truppe imperiali avessero vinto fra Custoza e Villafranca, non si sa immaginare — lo ripeto — come esse potessero giungere a Goito! Avrebbero dovuto percorrere 20 km. in marcia d'inseguimento!

Nessuna notizia era giunta al G. La Marmora che le Divis. 9ª, 7ª, 16ª, 19ª, si fossero anch'esse impegnate. Come poteva egli credere che anche quelle truppe fossero state senz'altro sconfitte, e che la Divis. Angioletti dovesse proteggerne la ritirata?

Immaginava il G. La Marmora che l'Arciduca — novello Cadmo — seminasse sui colli di Custoza e nella pianura di Villafranca i denti del drago di Ares?

Le truppe nemiche vittoriose, più vicine ai nostri passaggi sul Mincio, erano quelle che avevano combattuto contro il I Corpo e che potevano minacciare Valeggio molto più seriamente di Goito. Dunque, secondo almeno il mio modesto parere, conveniva far partire al più presto la Divis. Angioletti per Valeggio per la via più breve, cioè *per la destra* del Mincio. E se la strada che va a Valeggio per Ca nuova e M. della Volta, non era praticabile per l'artiglieria, conveniva pur sempre avviare su Valeggio le tre batterie della Divis. o per Volta, o sia pure per la sinistra del Mincio: ma avviarle sùbito! Ed esse potevano giungere a Valeggio verso le 4 pom., bene inteso scortate dalla cavalleria (poco importava far crepare dei cavalli).

Il grosso della Divis. poteva anch'esso giungervi prima di sera.

Era la nostra ala sinistra la più minacciata e non la destra. Era dunque all'ala sinistra che bisognava pensare prima se, smessa qualsiasi idea di contro offensiva, si voleva solo impedire che la nostra ritirata, sia pur parzialmente, si trasformasse in disastro.

E per proteggere Valeggio, il G. La Marmora poteva prima di tutto valersi della Divis. Pianell, che era — e di tanto — la più vicina.

Non si comprende poi come all'1,20 pom., il Q. G. del II Corpo annunciasse al Com. della 10ª Divis. che a Marmirolo, cioè a metà distanza fra Goito e Mantova, si poteva incontrare il nemico. A rigore, *si poteva*. Ma dopo la terribile tempesta che infuriava dal mattino verso N., la necessità di inviare una Brig. a Marmirolo, cioè verso S. E., non doveva essere molto sentita! E la cosa mi pare tanto incomprensibile, che io credo si tratti di un errore o di un equivoco!

Non si può a meno di notare che. ad onta di tutti gli inciampi, dei contr'ordini, del caldo opprimente e di altri gravi inconvenienti, le truppe delle Divis. Longoni ed Angioletti hanno marciato benissimo, rimanendo in piedi per 24 ore, quasi senza interruzione.

Peccato che quelle valorose truppe, per una serie di errori e di equivoci, non abbiano potuto far sentire menomamente la loro azione nella battaglia in cui si decidevano i destini di quella sfortunata guerra!

S. M. IL RE ORDINA DI TENER VALEGGIO
AD OGNI COSTO

In tutto quel trambusto però, vi fu chi pensò alla necessità assoluta di tenere Valeggio ad ogni costo e che, fra tante incertezze ed esitazioni, ebbe l'idea chiara di ciò che bisognava fare. E fu S. M. il Re Vittorio Emanuele, quel glorioso soldato che portò così degnamente la corona di primo Re d'Italia!

Non il pedestre ossequio, nè la cieca devozione, ma l'esame approfondito dei fatti mi persuade che anche il 24 giugno, il Re Vittorio Emanuele dimostrò di possedere quella virtù che è chiamata volgarmente buon senso, ma che è qualche cosa di molto più alto, cioè quell'equilibrio completo fra i sentimenti e le facoltà, quel giusto apprezzamento delle situazioni, delle cose e delle persone, che gli dettero tanta forza da potere in momenti difficilissimi aver ragione in politica contro un uomo come il conte di Cavour e che, sul campo, gli additarono più volte la retta via, la quale, pur troppo come nella campagna del 1866, gli fu impedita dall'ostinazione e dagli errori di altri.

Gli Italiani non dimenticheranno mai che anche a Custoza, il Re Vittorio si trovava, come era suo solito, in prima linea, e che vi si trovavano anche, affrontando gli stessi pericoli dei soldati, i due suoi figliuoli. Io non so davvero se in qualsiasi altra famiglia sovrana del mondo siasi mai ammirato un tale splendido esempio di patriottismo e di valore... per meglio dire, lo si era già veduto. ma nelle guerre del 1848 e del 1849, allorchè il **Re Carlo Alberto** e i suoi due figli: il **Duca di Savoia** e il **Duca di Genova**, sfidavano ogni pericolo come i più arditi fra i loro soldati, con quella serena intrepidezza che è retaggio avìto di Casa Savoia.

Nel recarsi a Valeggio, ove, come abbiam veduto, il G. La Marmora gli aveva dato convegno, il Re vide gli avanzi della 3ª Divis. (Brignone), e seppe della rotta della 1ª Divis. e di parte della 5ª Divis.

In Valeggio si manifestava un'orribile confusione. E ia cosa era troppo naturale. Riferitegli male le cose, e sentito che tutto pel momento era, se non perduto, almeno compromesso, vedendo coi suoi occhi una grande disorganizzazione, il Re, dopo aver aspettato a lungo e inutilmente il G. La Marmora, ritornò a Cerlungo.

Ma ivi giunto, telegrafò al G. Cialdini. Il senso del telegramma era questo: l'Armata del Mincio era impegnata in grossa battaglia e aveva subìte gravissime perdite. I. Re, però, ordinava al G. Cialdini di *effettuare sùbito il passaggio del Po.* (CHIALA. *Ancora un po' di luce,* pag. 318).

Se, come il Re sperava, anzi riteneva, l'Armata del Mincio avesse potuto tener fermo sulla sinistra del fiume. il sopraggiungere, o anche una seria minaccia di arrivo del G. Cialdini, avrebbe potuto mettere l'Arciduca Alberto in una terribile situazione, ed avrebbe in gran parte neutralizzati i vantaggi già ottenuti.

Come il Re sperò e disse, si poteva l'indomani riprendere la battaglia ed aver la rivincita!

Una cosa però era indispensabile affinchè noi potessimo l'indomani ottenere, con forze maggiori, una rivincita dell'insuccesso del 24. *Tener Valeggio fortemente!*

Di questa necessità, il Re Vittorio Emanuele non solo ebbe visione chiarissima, ma inviò il suo aiutante di campo, maggiore duca Bonelli-Crescenzi, a portare *l'ordine* a tutti gli ufficiali superiori che avesse incontrati in Valeggio: sotto la loro stretta responsabilità tenere ad ogni costo quella posizione.

Si noti: *ad ogni costo!*

Il primo ufficiale superiore a cui l'ordine giunse, fu il maggiore dei bers. (3ª Divis.) Fabbri, il quale, benchè ferito, gridò ai suoi soldati: « Avete sentito, ragazzi? « questi sono gli ordini del Re. Noi ci faremo tutti ucci- « dere prima di abbandonare il posto ». (Lettera del Duca Bonelli-Crescenzi. CHIALA, *Cenni storici*, vol. II, pag. 384).

Ma, a smorzare quell'entusiasmo, sopraggiunse il G. Sirtori, più elevato in grado di tutti i presenti.

Questo generale, che pure aveva dato prova a Santa Lucia di valore e di abilità, non credè di poter eseguire l'ordine. Invano gli si oppose il Com. dell'artiglieria della riserva, l'intrepido C. Bonelli che, rivelando talento militare e fermezza di soldato, capì e dimostrò la necessità di tener Valeggio. La dimostrò anche il capo di s. m. del I Corpo, C. Lombardini.

Si venne ad una vivissima discussione, nella quale il prode Bonelli si dimostrò più fermo che mai; ma non gli fu possibile di ostinarsi, perchè il G. Sirtori dette ordine alle compagnie del genio di prepararsi a distruggere il ponte di Borghetto.

Il G. Sirtori, in una lettera all'*Italia militare* del 2 gennaio 1868, scrive che uno degli scopi che egli si prefiggeva ordinando a tutti di ripassare il Mincio, era quello di impedire che il nemico passasse quel fiume al sèguito delle nostre truppe, sconfitte e disordinate.

È naturale che egli dovesse prefiggersi tale scopo. Non si capirebbe che potesse esservene altro! Ma, conviene notarlo, il nemico avrebbe potuto bensì inseguire, ma non inseguiva affatto... Altro che passare al sèguito! Dippiù

la posizione di Valeggio era così bella e così forte (basta
per convincersene dare un'occhiata alla carta) che, ancor
quando il nemico avesse inseguìto, non sarebbe stato difficile trattenerlo, specialmente colle artiglierie raccolte e
in gran parte messe in posizione dal C. Bonelli.

Inoltre, il Com. della 5ª Divis. doveva pur riflettere
che c'erano o ci potevano essere altre nostre truppe sulla
sinistra del Mincio che a quell'ora combattevano, ed alla
cui ritirata, se diretta verso Valeggio, conveniva pensare.
Ed infatti vi furono diretti la Divis. Govone, l'artiglieria
della Divis. Cugia ed un regg. della Divis. Bixio.

E, comunque sia, ricevuto l'ordine sovrano, una cosa
sola doveva fare il Com. della 5ª Divis.... *obbedire!*

Mi affretto a soggiungere che un batt. del 44º fanteria.
comandato dal maggiore Bandi, lo stesso a cui ho accennato più innanzi, lo stesso che cadde alcuni anni or sono
vittima di un pugnale anarchico, fece quello che il G. Sirtori non aveva creduto di fare. Presentatosi al generale
e chiesti i suoi ordini, ebbe risposta di guardare il ponte
e farlo saltare se il nemico sopraggiungeva. Ed allora il
maggiore ripassò sulla sinistra, rioccupò la posizione di
Valeggio e la tenne fino all'arrivo della Divis. Govone.

Disgraziatamente non era quello che il Re voleva. Ma
il maggiore Bandi non poteva fare nulla di più (1).

Si è poi veduto (pag. 319) che S. M. mandò il capitano
Corsini a Villafranca con un ordine pel G. Della Rocca.

_____

(1) Prima che il batt. Bandi si disponesse sulla sinistra del
Mincio, era sopraggiunto a Valeggio il capitano Rugiu ferito. Informato da un capitano del genio, intento ai lavori di mina, dell'ordine
ricevuto di far saltare il ponte, lo scongiurò ad aspettare a far
brillare la mina e a non assumersi la responsabilità di far saltare
il ponte che, in seguito ad ordine scritto o ad ordine verbale di
un superiore *presente*. Il capitano Rugiu, nel lungo e lento tragitto,
non aveva trovato neppure un soldato nemico. Non capiva perciò
quale fretta vi fosse a distruggere il passaggio!

Ignorando quello che era accaduto a Villafranca nel pomeriggio, il Re non poteva che lasciare al giudizio del Com. che era sul posto, la decisione di mantenersi o di ritirarsi.

L'aver fatto sapere al G. Della Rocca che Valeggio sarebbe stato « tenuto ad ogni costo » era sufficiente per sciogliere quel generale dalla preoccupazione pel I Corpo. Qualunque ardita iniziativa del G. Della Rocca, anche presa all'ultimo momento, sarebbe stata giustificata dall'ordine sovrano.

Anche alle 5 $\frac{1}{2}$ quando l'ordine giunse (e forse è giunto anche prima), sarebbe stato meglio marciare avanti che ritirarsi!

Anche più tardi, visto che l'inseguimento si limitava ad un'azione di cavalleria più temeraria che efficace, sarebbe stato meglio avanzare, ed attaccare invece di retrocedere.

Il 3 novembre del 1760, il grande generale prussiano Ziethen, perduta che fu la battaglia (di Torgau), secondando le istanze dei suoi generali e non desiderando di meglio nell'interno dell'energico animo suo, ritenta nella sera l'attacco contro le posizioni degli Imperiali fallito durante il giorno e, secondato da Hülsen e da altri, riesce a mutare l'insuccesso in una vittoria e a decidere la ritirata del nemico!

È impossibile ottenere simili risultati se chi comanda, invece di impegnarsi a fondo, e di far combattere fino all'ultimo uomo, è dominato in un giorno di battaglia, da presentimenti di sconfitta o da preconcetti di ritirata!

Della necessità di tener Valeggio erano tanto convinti anche i generali Govone e Pianell che, l'indomani mattina essi dettero le disposizioni meglio adatte alla circostanza. Il G. Pianell vi fece anche disporre i 6 cannoni da 16, dei quali è cenno alle pag. 325 e 326 della Rel. uff., vol. I. L'occupazione però non potè essere spinta sulla sinistra del Mincio, e più tardi venne l'ordine della ritirata.

CONSIDERAZIONI RIASSUNTIVE
SULLA BATTAGLIA

Custoza fu per gli Austriaci una bella vittoria, tanto più bella, in quanto che l'Arciduca vinse contro ogni verosimiglianza.

Tatticamente non fu una grande vittoria, quantunque gli Imperiali ci avessero ricacciati da tutte le posizioni da noi occupate al mattino. Tatticamente per noi fu piuttosto un insuccesso che una completa sconfitta, tanto vero che le perdite austriache, come si sa, furono superiori alle nostre (1).

---

(1) È difficile precisare le perdite anche per una battaglia così recente. E lo si comprende facilmente. Le cifre seguenti perciò, scrupolosamente raccolte per altro, possono benissimo essere anche molto inesatte.

		Morti	Feriti	Prig.	Dispersi		Totali
Italiani	ufficiali .	91	204	39	—	=	334
	truppa .	626	2360	3608	454	=	7048
	cavalli . . .	356			92	=	448
Austriaci	ufficiali .	71	223	15	16	=	325
	truppa .	1099	3761	1500	1282	=	7642
	cavalli . . .	161			508	=	669

Come si vede da questo specchietto, le perdite degli Austriaci in morti e feriti, furono sensibilmente superiori alle nostre. Ciò si

Se noi avessimo ripreso il combattimento l'indomani o il 26, concordemente col IV Corpo, cioè con un'azione dal basso Po, la giornata di Custoza, se riuscivamo vincitori. e lo potevamo, sarebbe rimasta nella storia come un grande episodio e non come una giornata decisiva.

L'esserci noi ritirati — come si vedrà — dette alla giornata un carattere che, se fossimo stati più fermi e più tenaci, essa non avrebbe dovuto avere e che pure ebbe: quello di una delle battaglie *più decisive* del secolo XIX.

Per parte degli Imperiali, essa non fu una battaglia napoleonica, cioè l'esecuzione tàttica vigorosa di uno splendido concetto strategico.

Il concetto era: agire offensivamente e vigorosamente contro il fianco sinistro dell'Esercito italiano, che si supponeva in marcia dal Mincio verso il medio Adige. Poichè gli Italiani invece di marciare verso il medio Adige, cioè verso E., tendevano, in parte, a stabilirsi nel terreno collinoso fra Peschiera e Verona, marciando cioè verso N. E.. il concetto doveva mutare e si disse che era stato mutato. E fu quello di attirarci verso Sommacampagna e dirigere lo sforzo principale contro le nostre linee di comunicazione.

L'esecuzione tàttica vigorosa, napoleonica, di questo nuovo concetto, per nostra fortuna mancò, tanto che rimase dubbio anche il concetto. E mancò perchè le forze dirette contro la nostra sinistra non erano adeguate al còmpito assegnato, e perchè per una serie di errori, di incertezze, di ritardi, le truppe imperiali della Divis. di riserva e del 5° Corpo, pur combattendo valorosamente.

---

spiega — in gran parte — perchè gli Austriaci quasi sempre attaccarono e noi difendemmo posizioni.

Fra le Divis., quella che ebbe più perdite fu la Divis. Brignone. In relazione alla forza, però, i riparti che ebbero un maggior numero di morti e feriti furono l'8° e 13° batt. bers. (Riserva del I Corpo). Essi perdettero quasi un quinto della forza.

impiegate però non sempre razionalmente, logorarono tanto le loro forze, che non fu più possibile di lanciarle unite e compatte all'ultimo atto risolutivo, cioè alla presa di Valeggio, che avrebbe dato veramente il crollo all'ala sinistra italiana.

D'altra parte, le truppe italiane, slegate, mal guidate, sorprese, mostrarono pur tanto valore, e tanta fiera resistenza seppero opporre in molti punti del campo di battaglia, che l'azione delle truppe imperiali invece di procedere concorde, ne fu rotta e sconnessa.

La bella resistenza degli avanzi della 1ª Divis. ed avanguardia Villahermosa, quella della riserva del I Corpo e della Divis. Sirtori, l'opportuno intervento della Divis. Pianell, quantunque limitato e temporaneo, pur servirono a ristabilire in certo modo l'equilibrio, fino verso le 2 $\frac{1}{2}$ p. m., alla nostra sinistra.

L'opportuna occupazione delle alture di Custoza, ordinata dal G. La Marmora, ma eseguita prima di riceverne l'ordine da truppe delle Divis. Cugia e Govone, servì a decidere l'azione in nostro favore su quell'altro punto importantissimo del campo di battaglia fino verso le 3.

L'intervento delle due Divis. del III Corpo, lasciate immobili davanti a Villafranca per tutta la giornata, avrebbe potuto, molto probabilmente, far traboccare la bilancia in nostro favore, se il comando supremo non fosse sparito dal campo di battaglia e se il Com. del III Corpo italiano avesse spiegata una maggiore iniziativa ed avesse saputo apprezzare meglio la situazione.

Furono appunto la forte occupazione delle alture e la presenza in Villafranca di due Divis., che indussero probabilmente l'Arciduca a tenere verso l'ala sinistra le sue riserve, che poi, vista la persistente inazione di quelle truppe, lanciò a tempo opportuno, contro il nostro centro, ove fu decisa la battaglia.

La situazione era tale che se a lui riusciva di tagliare

la nostra ritirata sul Mincio, poteva riuscire a noi di tagliare a lui la ritirata su Verona. Sommacampagna rappresentava per lui, fino a un certo punto, press'a poco quello che per noi era Valeggio.

Ma la situazione era migliore per lui, perchè, anche aggirato a sinistra, gli rimaneva pur sempre la ritirata verso N., mentre a noi non era possibile ritirarci verso S.; ed una ritirata obliqua di tutto il nostro Esercito verso S. O., cioè verso Goito, era certo più difficile che una ritirata dell'Esercito nemico su Ponton e Pastrengo

Da parte austriaca, ad ogni modo, noi vediamo risplendere il fattore principale di ogni vittoria: una perfetta unità di comando. E vediamo poi una successione logica d'idee, un impiego opportuno dei mezzi che si hanno a disposizione, una concatenazione di ordini un po' troppo laconici, forse, ma chiari e che lasciano la dovuta iniziativa ai Com. in sott'ordine: una mano sicura insomma, che guida l'azione; ed infine un impiego risoluto e vigoroso delle riserve — per l'atto decisivo della battaglia il quale sfuggì bensì all'azione del comando, ma fu vigorosamente eseguito. Tutti combattono, meno un batt. ed una compagnia del genio che debbono rimanere a presidiare Sommacampagna ed il batt. lasciato dalla Divis. di riserva a Castelnovo.

Nella battaglia decisiva adunque, meno la Brig. Zastavnikovic assolutamente necessaria come colonna mobile, meno un batt. e 4 sq. rimasti sul basso Po, tutto l'Esercito attivo austriaco è impegnato a fondo.

E, da parte nostra, non sono impegnate a fondo che tre Divis. e mezzo del I Corpo e due Divis. del III Corpo. In tutto *cinque Divis. e mezzo*, su venti che ne avevamo disponibili.

Molti errori furono commessi da parte nostra, ma, da altra parte, si deve riconoscere, che se noi realmente, trascurando le colline avessimo avuta l'intenzione attribuitaci dall'Arciduca, di attraversare con tutte le nostre forze la pianura per dirigerci verso E. e dar la mano alla Armata del Po, ne avremmo commesso uno immensamente più grande.

Si può osservare che il G. La Marmora poteva dare maggior importanza al terreno di manovra sulle colline; però dipese principalmente dal comando del I Corpo, e non dal comando supremo, che non fu coordinata l'azione delle Divis. 2ª, 1ª e 5ª, almeno per un'efficace azione difensiva all'ala sinistra. E l'aver diretto tutte e quattro le Divis. del III Corpo nello spazio fra Sommacampagna e Villafranca, come il G. La Marmora aveva ordinato, avrebbe permesso — credo di averlo dimostrato, se pur ve n'era il bisogno — di mandare facilmente sulle alture, oltre alla 3ª Divis. che egli personalmente vi diresse, e poi una parte dell'8ª e la 9ª, anche le Divis. 7ª e 16ª. E l'errore gravissimo commesso, di tenere due di tali Divis. inoperose, non ricade interamente sul comando supremo.

Ad onta di tutti i falsi apprezzamenti, delle incertezze, della confusione, dei parziali disastri, dell'insufficienza di alcuni capi, io ritengo ancora che appunto il G. La Marmora avrebbe saputo e potuto imprimere alla battaglia altro indirizzo e conseguire forse anche la vittoria, acquistando un titolo di più — e quale titolo! — alla riconoscenza che gli Italiani pur sempre gli debbono.

L'inesplicabile abbandono in cui egli lasciò la direzione della battaglia fu, secondo il mio avviso, *la causa principale della sconfitta!*

Ho fatto molte critiche all'azione dei comandi di Corpo d'Armata; però mi preme di aggiungere, riassumendo, che a parte quella del comando della 1ª Divis., l'azione di tutti gli altri Com. di Divis. fu, complessivamente, buona, e per parecchi fu anche ottima.

E non si dimentichi che tutti i nostri generali combatterono in prima linea, come hanno sempre combattuto e combatteranno, destando ammirazione nei propri e nel nemico. Fra essi, uno morì sul campo (di Villarey) e sei furono feriti.

È giustizia notare che le tre Divis. del I Corpo 2ª, 1ª e 5ª, ad onta dei tanti errori commessi e della disfatta pressochè completa della Brig. Forlì, ottennero pure, in complesso, il solo scopo che si potevano prefiggere: quello cioè di trattenere le soverchianti forze dell'ala destra austriaca nel terreno adiacente alla sponda sinistra de. Mincio, e d'impedir loro di giungere a Valeggio e sul.a nostra linea di comunicazione: Valeggio-Villafranca.

Le migliori truppe del mondo difficilmente *avrebbero potuto far di più.*

Fra quelle Divis., a parte l'audace atto di iniziativa e di cameratismo militare del Com. della 2ª Divis., mancò però l'accordo.

Noi troviamo invece molto accordo fra i quattro Com. di Divis. del III Corpo.

Peccato che quello stretto accordo, che si manifestò fin dal principio, e durò fino al cadere del giorno, fra i Com. della 16ª e della 7ª Divis., non abbia servito a nulla, a causa dell'azione negativa del comando del III Corpo! (1).

Era accordo non solo di disposizioni, ma accordo di idee e soprattutto di sentimenti, che si era sùbito manifestato fra il generale uscito dal popolo e il figlio primogenito di Vittorio Emanuele!

---

(1) Questo accordo si era anzi manifestato anche prima della battaglia. Il 22 giugno se ne era avuta una prova, allorchè i Com. della 7ª e 16ª Divis. vennero insieme al Q. G. del III Corpo per rappresentare come fosse poco consigliabile l'ordinato passaggio di tutto il Corpo d'Armata e della Divis. di cavalleria pel solo ponte di Goito. Fu in seguito alle rimostranze dei due generali, che il G. Della Rocca si decise a far gettare un altro ponte a Ferri, sul quale passarono l'8ª Divis., i parchi, i carriaggi, ecc.

La battaglia di Custoza fu battaglia di sorpresa.

Allorchè un Esercito s'imbatte di sorpresa nell'Esercito nemico ed è, come eravamo noi, in formazione completa di marcia, una delle poche cose che possono, non solo salvare da una sconfitta, ma anche preparare un successo, è quella di occupare una fronte, difenderla strenuamente se attaccati, raccogliere, riordinare le forze e riunire quante più truppe è possibile, per poi attuare un concetto positivo di battaglia, cioè un *concetto offensivo*. Il quale può sorgere anche nettamente dall'esame del terreno e della situazione, dalla ricognizione esatta, per quanto possibile, del nemico, dalla fiducia che si ha e si inspira — ed è di possibile attuazione quando il concetto sia logico e chiaro, quando si diano ordini o direttive che siano perfettamente in relazione allo scopo che si vuol raggiungere, quando chi comanda non si lasci trascinare dai particolari e pensi, invece, all'insieme, quando si abbiano buoni Com. in sott'ordine, ciascuno dei quali non pensi solo a sè ed al proprio riparto, ma dimentichi sè stesso e pensi al suo riparto solo in quanto può concorrere alla azione comune.

Si dice che non sarà più possibile di dirigere le future grandi battaglie come pel passato, a cagione delle grandi masse, delle forze immense che potranno concorrere sullo stesso campo di battaglia.

Ciò è ancora da dimostrare, ed io non lo credo.

Dopo l'epoca di Federico, nella quale noi vediamo l'Esercito prussiano ottenere splendide vittorie muovendosi quasi a comando tutto insieme, nessuno poteva immaginare che, cresciuta la mole degli Eserciti, questi, snodati in Corpi e Divisioni, potessero egualmente manovrare non a comando, ma secondo ordini e disposizioni che partissero da una sola mente. La battaglia di Austerlitz, appunto, modello forse insuperato di battaglia meditata, ci dimostra che cosa debba o almeno dovrebbe essere una battaglia « diretta » da una sola mente e da una sola volontà, nel concepimento, nello svolgimento, nell'atto risolutivo violento. nel « colpo di clava » cioè, che deve decidere la vittoria.

Ma se le grandi battaglie dell'avvenire non potranno più essere dirette — ciò che è discutibile — come quelle dell'epoca napoleonica, per la battaglia di Custoza dove, sommando le forze da una parte e dall'altra, non si giungeva ai 150.000 combattenti, la cosa era possibile.

Ed in mancanza del genio, poteva fino ad un certo punto sopperire l'esperienza ed una concezione qualunque essa fosse, direi quasi, di un piano di battaglia « positivo ».

Ora il terreno, per una prima sosta e per una raccolta delle truppe, *lo avevamo favorevolissimo*. Ed era quella linea d'alture segnata a un dipresso dal M. Vento, da Santa Lucia e dalle alture di Custoza, specialmente da quelle a N. di Custoza, che si accentuano nel Belvedere e nel M. Molimenti. Avevamo anche una bellissima posizione retrostante e dominante: il M. Mamaor. E la pianura non era molto adatta per la manovra di grandi masse di cavalleria, ma era non di meno tale da permettere l'azione dei nostri numerosi squadroni.

Il G. La Marmora dispose, è vero, per l'occupazione delle alture di Custoza, ma incompletamente perchè non pensò, almeno pare, che a quelle di M. Torre e di M. della Croce, ma non pensò nè al M. Vento, nè a Santa Lucia alla nostra sinistra. E siccome il Com. del I Corpo non era al suo posto, cioè era troppo indietro quando si impegnò la battaglia, così queste due buonissime posizioni furono oltrepassate di tanto nello svolgimento disordinato dell'azione, che servirono soltanto quando la prima linea fu sgominata: servirono cioè da posizioni di seconda linea o di seconda ed ultima difesa e non di *preparazione all'offensiva*.

E così pure le alture di Custoza, quantunque di diversa funzione pei diversi caratteri del terreno, ad onta dei parziali successi, pure per la relativa scarsità delle forze che vi furono raccolte, non servirono che ad una sterile difesa, la quale per gli attacchi concentrici su esse diretti da forze nemiche molto superiori, finì coll'essere soverchiata.

Per contrapposto, fu appunto sulle alture di Custoza che brillò lo spirito offensivo dell'Esercito imperiale, poiché esse furono successivamente attaccate dal 9° Corpo, dalla Brig. Scudier, dal regg. Thun, da riparti del regg. Re di Baviera, e finalmente dalle due Brig. del 7° Corpo e dalla Brig. Möring. Gli Austriaci « si ostinarono » soprattutto ad attaccare le alture del Belvedere, e la vittoria fu pei battaglioni più ostinati, dimostrando così, come ho ricordato in principio di questo mio volume, che il ferrigno maresciallo Davout aveva ragione, quando lo gridava ai suoi sui campi famosi di Auerstädt!

Ma, d'altra parte, non si comprende come, dopo la battaglia, i T. M. Hartung e Maroicic, che avevano dato nella giornata prove di ardimento e di vigorosa iniziativa, non abbiano *inseguite* le Divis. Cugia e Govone.

Che la Divis. di riserva e le due Brig. del 5° Corpo, Bauer e Piret, le quali avevano marciato e combattuto tutto il giorno, non abbiano inseguito e non siano scese sulla strada Valeggio-Torre Gherla-Villafranca, lo si può — fino ad un certo punto — comprendere.

Ma che le due Brig. Töply e Welsersheimb e il 7° regg. (Maroicic), entrati in combattimento nel pomeriggio non siano — dopo che ebbero scacciati gli Italiani dalle alture — scesi sulle loro orme e non abbiano almeno minacciate le comunicazioni fra Villafranca e Valeggio, è cosa che non si comprende.

Ed è certo che la felice ritirata su Valeggio della Divis. Govone ha, direi quasi, del miracoloso!

Il giorno 24 giugno, ad onta del modo con cui fu impegnata la battaglia, modo inverosimile — mi si perdoni la parola — e ad onta dell'insuccesso, gli Italiani spiegarono pur tanto valore e tanta virtù militare, che — lo si può dire senza eccessivo amor proprio nazionale — le nostre truppe in complesso meritarono ammirazione.

Ho detto (pag. 8) che il nostro Esercito del 1866 non aveva tutta la coesione desiderabile ed ho detto (pag. 26) che la nostra istruzione tàttica era difettosa.

Il racconto dei fatti credo abbia dimostrato la verità di quanto ho asserito.

Ma esso ha provato altresì che le nostre truppe hanno dimostrato *uno slancio* maggiore di quelle nemiche, perchè diverso ne era *lo spirito*, elemento imponderabile, ma essenzialissimo. Sotto questo aspetto, solo la cavalleria imperiale era, allora, superiore alla nostra.

Dippiù, per citare quella fra le grandi unità tàttiche che ha meglio combattuto senza scindersi, la meravigliosa azione della Divis. Govone, cioè la marcia, lo schieramento. gli accaniti combattimenti, la ritirata: operazioni tutte eseguite con truppe stanchissime e digiune, ci dimostra come sia *forte* la fibra italiana. Ed il fatto che dopo fatiche deprimenti. durate circa 48 ore, col terribile « intermezzo » della battaglia, le truppe hanno ancora il *morale alto* e che il loro generale supplica perchè gli sia concesso di condurle nuovamente al fuoco, dimostra che cosa possono gli Italiani quando le loro virtù militari siano integrate, quando essi abbiano la coscienza che i loro sforzi siano intelligentemente diretti. quando vedano innanzi a loro uomini nei quali abbiano fiducia!

Fiducia! — ecco il talismano di ogni vittoria!

Noi che siamo chiamati a guidare questi nostri buoni soldati italiani, possiamo averla questa fiducia in loro e possiamo averla piena e profonda — Custoza ce lo dimostri !

Ma tale fiducia non basta alle grandi imprese !

Bisogna che i capi abbiano fiducia in loro stessi. Custoza ce lo dimostri !

Chi è sul campo deve combattere e combattere a fondo.

Finchè resta un battaglione intatto, la battaglia non è perduta! E anche chi è battuto, ritenti la prova.

Credo appunto che non si possa fare miglior elogio ad un generale di questo: Era battuto? Ricominciava *come se fosse stato vincitore!* Così Napoleone scriveva di Massena!

Ho detto che la direzione impressa all'azione del G. Garibaldi e dei suoi volontari rispondeva alle prime necessità strategiche della guerra (pag. 49). Cioè: a coprire la Lombardia ed a trattenere nel Tirolo forze importanti, che avrebbero potuto essere altrimenti dirette su Verona. Ma se avessimo potuto essere padroni del lago di Garda, e non molto bisognava fare per esserlo fin da principio, era su quel lago (come ho detto a pag. 50), e in operazioni combinate sulla terra e sull'acqua, che potevano davvero brillare il genio guerriero del nostro duce popolare, il valore e l'abilità tàttica di parecchi antichi ufficiali della grande epoca garibaldina, ed infine il coraggio impetuoso di migliaia di uomini maturi e di giovani, che bagnarono, invece, col loro sangue quell'aspro terreno sul quale poterono avanzare con tanta lentezza e tanto stento.

Il G. Garibaldi stesso pagò il suo tributo di sangue a Monte Suello. Anch'egli e i suoi due valorosi figliuoli combatterono in prima linea; e l'azione di quella eroica triade nel combattimento di Bezzecca (21 luglio) è un epico ricordo di gloria italiana che fa battere il cuore di ogni Italiano!

Peccato che tanto generoso sangue, tanto valore e tanto entusiasmo, non si siano potuti integrare in risultati pratici più importanti!

Quale altra influenza « direttissima » i garibaldini avrebbero potuto esercitare sull'andamento della battaglia di Custoza, se avessero potuto eseguire o anche semplicemente minacciare uno sbarco p. es. fra Lazise e il porto di Pacengo!

DAL 24 AL 25 GIUGNO

Fare il racconto di quanto avvenne al nostro Q. G. P. la sera e la notte del 24 è impossibile, almeno a me. La scossa morale subìta dal nostro Augusto Sovrano e dai nostri capi principali era tanto forte, che si comprende benissimo come le loro idee, le loro intenzioni, le prime loro disposizioni, siano state alquanto confuse, oppure non chiaramente esposte e ancora meno chiaramente interpretate.

Dalle narrazioni giunte fino a noi, risulterebbe che il G. La Marmora non volesse più saperne di continuare nelle sue funzioni di capo di stato maggiore.

Ciò è stato discusso ultimamente con molto calore e con molta vivacità.

Sarebbe stato certamente preferibile che S. M. avesse accettata la rinunzia del G. La Marmora, se realmente fu offerta, ed avesse preso come capo di stato maggiore il G. Pianell o il G. Govone; ma ciò non era forse possibile, date le idee del 1866, ed il fatto è che il G. La Marmora continuò nelle sue funzioni.

D'altra parte sono quelli fatti tanto personali, che io mi son dovuto limitare ad accennarli!

La situazione nella notte dal 24 al 25 era préss'a poco la seguente. Dico « press'a poco » perchè molti movimenti e spostamenti furono eseguiti in quella stessa notte.

I Corpo. — G. Pianell (in luogo del G. Durando ferito), Q. G. a Volta.

5ª Divis. (Sirtori), davanti e attorno a Volta.

1ª Divis. (Dezza), » » »

2ª Divis. (Cadolini), »

Riserva (Ghilini), » » »

3ª Divis. (Brignone), presso a Pozzòlo, sulla sinistra del Mincio.

III Corpo. — G. Della Rocca.

9ª Divis. (Govone), col 52° regg. fanteria a Valeggio, il resto della fanteria sulla destra del Mincio a Borghetto, l'artiglieria a Goito.

16ª Divis. (Principe Umberto), fra Roverbella e Marengo.

7ª Divis. (Bixio), il grosso tra Roverbella e Marengo, il 47° regg. e l'artiglieria a Pozzòlo, il 1° regg. a Borghetto.

8ª Divis. (Cugia) a Goito, meno l'artiglieria che era andata a passare il Mincio a Valeggio.

Brig. di cavalleria Pralormo, fra Goito, Pozzòlo e Valeggio.

II Corpo. — G. Cucchiari.

10ª Divis. (Angioletti) a Goito.

19ª Divis. (Longoni) a Goito.

6ª Divis. (Cosenz) fra Curtatone e Montanara.

4ª Divis. (Mignano) sulle due rive del Po, di contro a Borgoforte.

La Divis. di cavalleria di linea (de Sonnaz) e la cavalleria del II Corpo (usseri di Piacenza e 1 sq. e mezzo di Novara) erano presso a Roverbella.

In sostanza, le nostre forze erano all'incirca per metà sulla destra e per metà ancora sulla sinistra del Mincio.

I passaggi di Valeggio, Pozzòlo, Goito, erano ancora in nostro potere, nè gli Austriaci avevano nella sera e neppure nella notte accennato ad un inseguimento.

La notte, naturalmente, fu piena di angosce ed agitata. Volta specialmente, dove affluivano carri, cavalli e uomini da tutte le parti, offriva un triste spettacolo di confusione e di disordine.

Il G. Còrsi, allora maggiore, fa nel suo libro « Delle vicende del I Corpo d'Armata » una magistrale descrizione della ressa e dello scompiglio di quella brutta notte.

Però la notte dal 24 al 25 giugno è di poche ore, e in casi consimili, il migliore, l'unico mezzo da impiegare per limitare il danno, e per impedire che il morale delle truppe ne rimanga depresso, è di non far entrare le fanterie negli abitati e di tenerle invece lontane e in posizione.

D'altra parte la fermezza, l'attività, l'onniveggenza, per così dire, del G. Pianell, non tardarono a far sentire la loro influenza in quelle truppe del I Corpo, a cui era toccata la fortuna di averlo a capo.

E l'ordine fu in brevissimo tempo ristabilito.

Strategicamente la nostra situazione non era delle più felici, perche eravamo, in sostanza, non schierati ma disposti a gruppi, a piccole masse, da una parte e dall'altra del Mincio, senza collegamento tàttico, e veramente padroni del solo passaggio di Goito.

Il ponte di Monzambano era stato naturalmente distrutto dal G. Pianell, la cui Divis. si trovava in posizione troppo arrischiata perchè affatto isolata; e la stessa Divis. era stata portata presso a Volta.

Il ponte di Borghetto era ancora intatto, e a Valeggio c'era ancora il 52° fanteria, ma ciò non significava « tener Valeggio » secondo le intenzioni del Re. « Tener Valeggio » doveva significare mettere 100 o 120 pezzi d'artiglieria in batteria sulle alture di riva sinistra, tenervi almeno due Divis. di fanteria, eseguire nel pomeriggio e nella notte lavori di fortificazione speditiva e gettare almeno due o tre altri ponti sul Mincio. Nulla ci avrebbe impedito di farlo!

Allorchè nel mattino del 24 s'impegnò la battaglia, il nostro capo di stato maggiore doveva pensare — l'ho già detto, se pur ve n'era bisogno — ad avviare al combattimento tutte le nostre forze disponibili. E nulla era più indicato che chiamare col telegrafo la riserva d'artiglieria da Canneto a Valeggio.

Quella disgraziata riserva non fu impegnata il 24, perchè il 23 non si era pensato a farla avanzare, e non potè raggiungere l'Esercito la sera del 24 e neppure il 25, perchè non vi si pensò *nemmeno* il 24.

Certamente la ritirata da quelle alture di riva sinistra era difficile e c'era il Mincio alle spalle, ma prima di pensare alla ritirata, bisognava pensare, come aveva pensato il C. Bonelli, a colpire il nemico; e in ogni caso con tanti uomini disponibili, con un ingegnere militare come il G. Menabrea a capo del genio, si potevano improvvisare fortificazioni, strade e passaggi. Il Mincio non è il Danubio e nemmeno il Po!

Al nostro Q. G. P. si era preoccupati del pericolo che poteva offrire per noi un'avanzata dell'Esercito imperiale, il quale passando il Mincio presso a Monzambano, poteva venire ad attaccare la nostra ala sinistra formata dal I Corpo, cioè da truppe che, meno la 2ª Divis. intatta e in perfetto ordine, erano scosse e disordinate.

È verissimo ed è giustissimo e ne veniva quindi la necessità di tener Volta ad ogni costo, come fu opportunamente ordinato dal G. La Marmora al G. Pianell; ma due cose, secondo il mio avviso, potevano essenzialmente impedire quella pericolosa manovra: il passaggio del Po per parte del Corpo del G. Cialdini e l'occupazione fortissima di Valeggio. *Le due cose appunto ordinate dal Re Vittorio Emanuele.*

L'avanzarsi del G. Cialdini sarebbe bastato a destare nell'animo dell'Arciduca una tale preoccupazione, da indurlo a non allontanarsi da Verona.

L'occupazione forte di Valeggio, la quale avrebbe consentita un'azione in massa degli Italiani sulla sinistra del Mincio, dove essi avevano ancora tante truppe fra le quali quattro Divis. intatte (Bixio, Principe Umberto, Longoni e Angioletti) e la Divis. cavalleria di linea, avrebbe permesso a noi una contromanovra sulla sinistra dell'Arciduca, che lo avrebbe potuto mettere a mal partito.

I 9000 combattenti del G. Cosenz, a cui non si era ancora pensato, avrebbero dovuto essere diretti in ogni caso, al più tardi la sera del 24, a sostegno del I Corpo.

Infine — si doveva saperlo — l'Arciduca che aveva il 24 impegnato tutte le sue truppe, non aveva truppe fresche disponibili pel 25; e le sue Brig., per quanto vittoriose, avevano pur subìto gravi perdite!

Le nostre Divis. 1ª, 5ª e 3ª erano in cattive condizioni e disordinate. Però non erano in sfacelo, come ad alcuni piacque dire il 24 e dopo.

La 3ª Divis. (Brignone), anzi era così poco in sfacelo, che aveva pernottato sulla sinistra del Mincio e, ristorati e riposati che fossero, i nostri prodi gran. avrebbero potuto esser messi benissimo — almeno credo — a difesa del ciglione di Pozzòlo o di Valeggio.

È noto che truppe battute, ma non inseguite, possono subito rinfrancarsi!

L'8ª Divis. (Cugia) non aveva troppo sofferto, tranne il 63º fanteria, e non si trovava in condizioni veramente cattive.

La Divis. Govone aveva molto sofferto, ma aveva — lo dicono i contemporanei — la coscienza di aver fatto valorosamente il suo dovere ed era energicamente ed intelligentemente comandata. Aveva appunto sofferto molto meno il 52º regg. che si trovava già a Valeggio.

Le Divis. Pianell, Bixio, Principe Umberto, Longoni, Angioletti, Cosenz, erano intatte.

Gli sq. della Divis cavalleria de Sonnaz, della Br.
Pralormo, della cavalleria del II Corpo, della riserva d.
I Corpo, avevano avuto, meno il regg. Alessandria e a
cuni sq. guide, perdite nulle o insignificanti.

Era forse difficile nel mattino stesso del 25 di ritentar
l'attacco e di prendersi una rivincita, perchè alcune
di giorno erano almeno necessarie per riordinare le trup
rifocillarle ampiamente, distribuire munizioni, rifornire
cassoni, riparare alle perdite dei cavalli dell'artiglieria, ec.

Ma, *intanto*, bisognava guernire fortemente Vale
riavvicinare a Valeggio le truppe intatte del II e
III Corpo, mettere in azione la maggiore possibile qu.
tità di artiglierie e, nel pomeriggio del 25 o al più tar.
nel mattino del 26, andare nuovamente all'attacco.

La semplice mossa offensiva, avrebbe neutralizzato
gran parte il cattivo effetto morale dell'infelice azion
del 24.

Una nostra ritirata definitiva, invece, avrebbe da
come pur troppo dette, all'infelice azione tàttica, il
rattere che essa non aveva, cioè quello di una comple
sconfitta.

Diversi nostri batt. si erano ritirati dal combattiment
diciamo pure la verità crudamente: si erano dati alla fug
Ma non si erano veduti anche batt. austriaci ritirarsi
darsi alla fuga?

In quale battaglia vi sono truppe che non si dànno a
fuga? Quali sono i soldati che sono sempre e in ogni cir
costanza eroi? Si prende forse sul serio la storiella d
l'osservazione fatta da Pirro sul campo di battaglia d
Eraclèa: che tutti i Romani caduti erano feriti nel petto

E qui cade opportuno ricordare tre battaglie dell'epoc
napoleonica.

Marengo!... Poco dopo le 2, i Francesi si erano ritirat
su tutta la linea. La vittoria degli Imperiali era tanto s
cura e tanto evidente, che essi inseguirono colle musiche

in testa e che il prode Melas mandò all'Imperatore Francesco l'annunzio che aveva battuto il Primo Console.

Ed era verissimo!

Il vecchio generale di cavalleria Melas era riuscito a battere, finalmente, l'invincibile Bonaparte!

I Francesi sono in ritirata o in fuga, su tutta la linea.

Ma il Primo Console aspetta ancora l'arrivo della Divis. Boudet, che Desaix deve condurgli (V. nota a pag. 356).

Qualunque altro generale se ne sarebbe servito per « proteggere la ritirata ». Ma egli, invece la *lancia all'attacco!*

Gli Imperiali sorpresi da quell'atto audacissimo, mentre ritenevano di aver vinto, esitano. Altre truppe sopraggiungono ad attaccare alla loro volta. La nota vigorosa carica di Kellermann aumenta ancora il disordine negli Austriaci. Questi in breve si fermano, vacillano, indietreggiano e poi sono ricacciati a rifascio, completamente battuti: Marengo, sconfitta francese fino verso le 4, diventa, essenzialmente per la *fermezza eroica* di Bonaparte, una delle più belle e decisive vittorie francesi poche ore dopo!

Eylau!... La situazione verso il mezzogiorno è ancora più triste che a Marengo perchè l'Esercito francese, in pieno terribile inverno del Nord, è tanto lontano dalla Francia, perchè i soldati sono stremati di forze, perchè in quella funerea giornata, la tremenda strage, la bufèra di neve, la vista di migliaia di cadaveri e di feriti che la neve livellatrice si affrettava a seppellire, agghiacciavano l'animo di tutti!

Il Corpo di Soult combatte dal mattino, anzi dalla notte, il Corpo di Augerau è veramente distrutto — altro che il I Corpo a Custoza! — la grande riserva di cavalleria guidata ad un'epica carica, ha subìto anch'essa gravissime perdite: ha trattenuto il nemico, ma è dispersa.

Al grande Imperatore, fermo come rocca presso allo storico cimitero, non restano che pochi batt. della guarda imperiale a piedi. Ma egli non retrocede d'un passo.

Nessuno ci descriverà mai l'angoscia dell'animo suo :: quella terribile aspettativa, e dirà ciò che quell'uomo dal'animo ardente abbia sofferto in quell'immobilità statuaria a cui era condaunato. Aspetta Davout alla sua destra. Retrocedere d'un passo siguificherebbe dichiararsi vint. E Davout giunge in tempo sull'ala sinistra dei Russi. in tempo per salvare Napoleone e l'Esercito da una catastrofe. Egli non pensa a protegger ritirate: *attacca!*

Ligny!... Napoleone, rapido e risoluto, come sempre è riuscito a frapporsi fra gli Eserciti di Blücher e Wellington.

Trattiene Wellington colla sua sinistra, e vince Blücher a Ligny.

L'eroico maresciallo prussiano è gittato a terra dai corazzieri francesi. È contuso e ferito. Alle 10 $^{1}/_{2}$ di sera si sparava ancora. I Prussiani erano stati battuti e parte di essi si era data alla fuga.

Ma due giorni dopo, il maresciallo, ad onta dei suoi 73 anni era di nuovo in sella, gli ordini tàttici ricostituiti e i Prussiani attaccando i Francesi nel fianco destro. riuscivano a dare il « colpo di clava » che doveva definitivamente abbattere lo *Schlachtenkaiser*, il gigante della guerra! (1).

_____

(1) La battaglia di Ligny, una delle più belle vittorie di Napoleone, l'ultimo sorriso che la fortuna ha avuto pel prodigioso avventuriero, è stata trattata da molti storici quasi come un episodio, appunto perché i Prussiani ebbero sui campi di Waterloo il 18 giugno, due giorni dopo, la più splendida delle rivincite, forse. di cui ci parli la storia militare. Eppure, come si rileva dallo stesso rapporto del maresciallo Blücher al suo Re, datato 17 giugno, si calcolava che l'Esercito prussiano (80.000 combattenti), avesse fino a

Ora è chiaro come il sole, che la condizione degli Italiani, dopo Custoza, era ben diversa da quella dell'Esercito francese dopo la prima battaglia di Marengo e dopo la rotta del 7° Corpo (Augerau) ad Eylau, e ben diversa da quella dei Prussiani dopo Ligny!

Il G. La Marmora dà le dimissioni da capo di stato maggiore, ma prima viene ordinata la ritirata dell'Esercito del Mincio..

Dalla già citata recente pubblicazione del senatore Chiala, e precisamente nei documenti riportati da pag. 595 a pag. 605, l'illustre scrittore attacca vivamente il G. Della Rocca, per le rivelazioni fatte nella sua « autobiografia » sulle dimissioni dalla carica di capo di stato maggiore del G. La Marmora.

Secondo il G. Della Rocca, esse sarebbero state date la sera stessa del 24.

Secondo il Chiala, che si appella alle pubblicazioni ed alle dichiarazioni del G. La Marmora stesso, esse sarebbero invece state date il 26 giugno.

A pag. 605 è riportato questo brano di dichiarazione del G. La Marmora in data di Firenze, 10 agosto 1868.

15.000 fra morti e feriti. E noi a Custoza ne avevamo avuto poco più di 3000.

E nel rapporto del capo di stato maggiore di Blücher, cioè di Gneisenau, si leggono queste parole:

« Niente è perduto, se noi spieghiamo risolutezza e rapidità nelle « nostre operazioni. Se anche perdessimo molte altre ostinate bat- « taglie come quella di ieri (16 giugno), la superiorità numerica « degli Eserciti alleati è tale che alla fine egli (Napoleone), ver- « rebbe a trovarsi in un rapporto di inferiorità ancora più sensibile. « *Fermezza incrollabile e perseveranza* e lo scopo sarà raggiunto ». (Generale von Ollech, Geschichte des Feldzuges von 1815).

E lo scopo fu effettivamente raggiunto!

« .... L'essenziale è che il pubblico sappia che non p r
« la battaglia di Custoza io diedi le mie dimissioni. m:
« per la ritirata del IV Corpo dal Po che nessuno avera
« ordinato ».

Questo mio scritto non ha scopo polèmico e tanto men·
io tendo a combattere il G. La Marmora, per le cui pre-
clare doti di uomo e di militare ho sempre avuto la più
grande ammirazione.

Io desidero solo di far rilevare che sarebbe stato meglio
per la memoria del G. La Marmora che le dimissioni fossero state date precisamente il 24, e che la *tremenda*
responsabilità della ritirata dal Mincio, e parte di quella
del G. Cialdini dal Po, non pesassero su lui.

Quella ritirata non necessaria, lo dico con tutta chiarezza, fu un cattivo servigio reso all'Italia.

C'è da perdersi nelle congetture, leggendo tutto quello
che si è stampato intorno ai colloqui tenuti dai nostri ca;.
la sera del 24 e nel giorno seguente, ed è difficile dire con
sicurezza se il tale o tal altro generale abbia contribuito
col suo parere alla funesta risoluzione, o vi si sia opposto.

Poco monta! Lasciamo stare le altre persone, ma questo
è sicuro, ed è che se il G. La Marmora rimase al suo posto
di capo di stato maggiore e dette le disposizioni per la
ritirata dietro al Po, si fu perch'egli la volle.

E si può aggirarsi finchè si vuole nelle discussioni, nelle
supposizioni, nei « se », nei « ma », si ha un bell'ammettere o respingere ipotesi o conseguenze, ma è doloroso.
profondamente doloroso pensare che, il 25, avendo ancora
circa 60 000 uomini di truppe fresche o in perfetto stato
di combattere, con cavalleria e cannoni in abbondanza (1)

---

(1) Avevamo le seguenti truppe intatte o perfettamente disponibili:

2ª Divis. (Pianell)	9000	combattenti circa
7ª Divis. (Bixio)	8000	"
16ª Divis. (Principe Umberto) . .	7800	
10ª Divis. (Angioletti)	9200	

n'altra Armata che poteva esercitare una terribile
ccia, sia pure lontana, contro l'Esercito nemico, si
anto facilmente rinunziato all'offensiva per intrapren-
una triste, funerea ritirata, che doveva compromet-
il prestigio delle nostre armi e farci persino sospettare
lleati infedeli!

colonnello Yorck v. Wartenburg, parlando di Napo-
ie I che, minacciato sul fianco destro a Waterloo dai
ssiani di Blücher, arrischia la sua ultima riserva: gli
) batt. della vecchia guardia contro gli Inglesi, spe-
do di batterli forse un'ora prima del momento in cui
convenga di avere tutte le forze disponibili contro i
issiani, lo definisce — per quel momento storico —
« giuocatore » e non più un « capitano ». (Io credo,
. detto per incidenza, che Napoleone non potesse fare
.rimenti).

Ma, abbandonare la partita nelle condizioni in cui noi
:bbandonammo dopo Custoza, fu da troppo cattivi giuo-
.tori e non fu atto degno di guerrieri!

Il Re Vittorio Emanuele, e questo è provato, voleva la
vincita e non dubitava che dovesse prevalere l'opinione
i insistere nell'offensiva. Peccato che egli, gettando via
rispetto alla costituzione e soprattutto i riguardi perso-
ali, bagaglio ingombrante in così gravi momenti, non abbia

19ª Divis. (Longoni)	6600 (*)	combattenti circa
Divis. cavall. di linea	2400	"
Brig. Pralormo e cavall. del II Corpo	2400	
52º fanteria	2000	
Batt. che non avevano combattuto.	4000	
Sq. che non furono impegnati . .	600	
Divis. Cosenz.	9000	
Totale . .	61000	"

Ed inoltre la riserva generale d'artiglieria (54 cannoni).

(*) Più un regg. a Piadena che poteva giungere a Goito la sera del 25.

fatto sentire la sua maschia voce di Re e di soldato e
non abbia detto:

Voglio andare avanti!

Passando ultimamente, appunto per *Valeggio*, ho letto
questa inscrizione su una lapida posta nella facciata del
palazzo già dei marchesi Guarienti ed ora Capri:

Napoleone Bonaparte

il 30 maggio 1796

minacciato dagli Austriaci d'estremo pericolo

esce non visto da questo palazzo

chiama alle armi i soldati di Massena

e volti in fuga i nemici

qui nuovamente alberga securo!

Quale insegnamento!

L'Esercito imperiale dopo la battaglia.

Come ho più volte accennato, lo sforzo grandissimo fatto
dalle truppe imperiali e le perdite subìte, soprattutto la
grande stanchezza dei cavalli, impedirono, o almeno contribuirono ad indurre l'Arciduca a rinunziare ad un inseguimento, anche parziale, pel 24.

L'Arciduca anzi credeva possibile una ripresa offensiva
degli Italiani pel 25, come risulta dalle prime parole del-
l'ordine emanato la sera del 24.

« Siccome è possibile che il nemico rinnovi domani il
« suo attacco... » (Da es möglich ist, dass der Feind morgen
seinen Angriff erneuert...).

E, considerata tale possibilità, l'Arciduca ordinava che
le sue truppe si schierassero: col 5° Corpo sul gruppo di
alture del M. Vento, il 7° Corpo su quelle di Custoza, il
9° Corpo su quelle ad E. della gola di Staffalo, la Divis.
di fanteria di riserva dietro al 5° Corpo, fra M. Vento e
Salionze, osservando il passaggio di Monzambano.

La cavalleria rimaneva dietro a Sommacampagna.

Se Valeggio non risultava occupata, bisognava che il 5º Corpo vi mandasse sùbito una Brig.

Il 25, effettivamente, la Brig. Piret occupò Valeggio e fu occupata anche Villafranca.

Dedotte le perdite, l'Esercito imperiale contava in detto giorno 63.259 fucili, 2267 sciabole, 168 cannoni (SCUDIER, op. cit., pag. 307).

Dalle notizie giunte il 25 e il 26 e da quanto si vedeva, risultava che l'Esercito italiano del Mincio rinunziava a qualsiasi altro atto offensivo e ripiegava nella direzione Cremona-Piacenza.

Le operazioni che l'Arciduca poteva tentare furono poi succintamente, ma chiarissimamente accennate e discusse nel suo rapporto all'Imperatore, del 6 luglio.

1º Inseguire direttamente il nemico in direzione di Cremona;

2º Sfilare lungo la sinistra del Mincio, passando fra Mantova e Borgoforte e lanciarsi su Cremona;

3º Sboccare da Borgoforte, separare l'Esercito del Re dall'Esercito di Cialdini ed attaccare questo nel fianco sinistro;

4º Portarsi lungo l'Adige incontro a Cialdini per attaccare questo: o in flagrante passaggio, oppure nel fianco sinistro se avesse già passato l'Adige.

L'Arciduca era meno inclinato a adottare una delle tre prime risoluzioni, sia perchè operazioni troppo arrischiate, sia perchè difettava di materiali da ponte, di parco d'assedio, di materiali e personale in genere e non aveva un solo cannone da campagna di riserva.

Ma una risoluzione si imponeva, per non perdere i vantaggi conseguiti il 24, e così nella giornata stessa del 25, l'Arciduca si decise a muovere su Isola della Scala, in modo da trovarsi il 28 a Trecenta e di poter attaccare l'Esercito di Cialdini fra Po e Adige.

DISPOSIZIONI DATE

PER LA RITIRATA DELL'ARMATA DEL MINCIO.

Da parte nostra, tutte le disposizioni furono date perchè la ritirata si effettuasse il 25 stesso; e non v'è dubbio alcuno che tale fosse l'intenzione del G. La Marmora. Ed infatti, nella lettera al G. Garibaldi (richiamata dal G. Cialdini nell'opuscolo sopra citato) datata Cerlungo, 25 giugno, si annunzia essere stato « riconosciuto necessario di abban- « donare la linea del Mincio per prendere una forte posi- « zione difensiva sulla linea Cremona-Pizzighettone-Pia- « cenza. Il movimento incomincierà questa sera » (Rel. uff., vol. II, pag. 11). Ed inoltre nella stessa Relazione, a pag. 9 e 10, sono riportati gli ordini per la ritirata, ai quali fa sèguito la tabella di marcia, secondo la quale:

il Q.G.P. si sarebbe trovato il 1° luglio a Cremona,
il I Corpo . . . . a Monticelli,
le due Divis. 10ª e 19ª . . . . . . a Cremona,
il III Corpo . . . . a Piacenza,
la Divis. Cav. di linea . . . . . . a Monticelli.

La Divis. Mignano (4ª) doveva ripiegare su Reggio.

La Divis. Cosenz doveva ripiegare su Gazzòlo (o Gazzuolo).

Andrei troppo per le lunghe se volessi esaminare queste disposizioni, *assolutamente incomprensibili*, per effetto delle quali (poichè il G. La Marmora non voleva che il G. Cialdini abbandonasse la destra del Po), l'Esercito italiano sarebbe venuto ad assumere una fronte di schieramento di più che 150 km., colla massa principale lungo la linea Cremona-Monticelli-Piacenza (31 km.), fronte a N., e di nuovo colla Divis. di cavalleria dietro alle Divis. di fanteria!

Queste disposizioni però furono contromandate all'indomani e poi, com'è noto, l'infausta ritirata fu fermata sul basso Oglio.

Non si può sapere con precisione mercè quale intervento la ritirata fu rinviata al 26, rinvio provvidenziale.

Dai frammenti del Diario del G. Govone pubblicati ultimamente da suo figlio (*Il generale Giuseppe Govone. Frammenti di memorie*, pag. 262-263), risulta che devono avervi contribuito anche le istanze fatte da quel valoroso generale al G. La Marmora. Ma le istanze perchè si rinunziasse completamente alla ritirata, fatte non solo dal G. Govone, ma anche da altri (1), furono vane.

Certamente, prima di ritirarsi, bisognava sapere se gli Austriaci avevano l'intenzione di passare sulla destra del Mincio. E fu appunto il Re Vittorio Emanuele che dette incarico al G. Govone di assumere informazioni ad ogni costo « la sola cosa veramente sensata che potesse farsi in quella circostanza » (UBERTO GOVONE, op. cit., pag. 265).

Si raccoglie l'importantissima notizia che gli Austriaci fino al mattino del 26 non accennano a passare il Mincio nè a Monzambano nè a Valeggio (Rel. uff., tomo II, pag. 12, e il libro sul G. Govone, nota a pag. 266).

Ciò non ostante si cominciò ad effettuare la ritirata!

---

(1) Veggasi l'interessantissima lettera del G. Pianell (*Lettere del G. Pianell*, pag. 333 e seg., datata Medole, 27 giugno).

V. *La vita di Nino Bixio* di GIUSEPPE GUERZONI, pag. 356, ecc.

LA RITIRATA DELL'ARMATA DEL PO

L'ARCIDUCA RINUNZIA AL SUO MOVIMENTO OFFENSIVO

Devo ancora dire qualche cosa della ritirata del G. Cialdini.

Pare che egli, il 24, abbia ricevuto due telegrammi del Re. Uno annunziava che la battaglia era impegnata e di questo telegramma il G. Cialdini fa menzione nel suo opuscolo (Risposta del G. Cialdini all'opuscolo del G. La Marmora: Schiarimenti e rettifiche).

L'altro, di cui ho già fatto cenno (V. pag. 376) non doveva certo esser di « color roseo », quantunque si ordinasse il passaggio del Po.

Senonchè la nostra Rel. uff. (tomo II, pag. 7), riporta quest'altro telegramma al G. Cialdini.

Cerlungo, 25 giugno, ore 4 ¼ a. m.

« Austriaci gettatisi con tutte le loro forze contro Corpi
« Durando e la Rocca li hanno rovesciati. Non sembra
« finora che inseguano. Stia quindi all'erta. Stato Armata
« deplorabile, incapace agire per qualche tempo, cinque
« divisioni essendo disordinate ».

« A. La Marmora ».

A me sembra che il « colore » di questo telegramma sia molto nero, e che esso, compilato circa 11 ore dopo l'ultimo atto importante della battaglia, poteva e doveva essere più esatto di quello Reale spedito nelle ore p. m. del 24 (1).

Risulta è vero, che il G. Cialdini, prima di riceverlo, aveva comunicato al consiglio di guerra da lui tenuto a Bondeno e di cui parlerò in appresso, la sua intenzione di ritirarsi. Ma la sua ritirata fu appunto effettuata dopo aver ricevuto in Porporana, alle 7 p. m., l'ora citato telegramma.

Si leggono infatti a pag. 33, tomo II, della Rel., queste parole:

« E allora (dopo aver ricevuto il telegramma), egli prov-
« vide sùbito per l'eseguimento della divisata mossa retro-
« grada ».

---

(1) Dopo aver letto questo telegramma, non si riesce a comprendere queste frasi di una lettera del G. Petitti (da Livorno, 1° agosto 1868) al G. La Marmora, pubblicata nell'opera del senatore Chiala, pag. 595.

« Nel giorno 25, o in quello successivo, tu notasti una frase d'un
« telegramma del G. Cialdini, la quale ti parve *esagerata* relativa-
« mente allo *stato morale delle truppe* che avevano preso parte alla
« battaglia del 24, e gliene facesti l'osservazione. Il G. Cialdini
« rispose che aveva usato i termini del telegramma Reale, *sola*
« *comunicazione* che avesse ricevuto intorno al combattimento » (?).

Mi affretto però a soggiungere che l'ora accennata lettera del G. Petitti è un documento di grande valore, che rivela un animo nobile, uno spirito elevato e una grande finezza.

Mi piace ricordare ancora queste frasi, colle quali l'antico aiutante generale dava un vero insegnamento all'antico suo capo, che non voleva rimaner silenzioso: «..... deploro vivamente tutte le pubblicazioni fatte e da farsi ».

E poi:

« Tu farai bene, secondo me, di astenerti da ogni polèmica e
« sovrattutto dal rilevare ciò che ti par colpa in altri. Il giudizio
« dei fatti nostri spetta ai posteri. Noi siamo troppo interessati per
« *essere imparziali* ».

E coll'occasione ricordo un generale, che pur essendo stato fatto segno ad ingiuste critiche, oppose ad esse il più dignitoso silenzio: il G. Brignone, che pur aveva combattuto da « generale e da soldato! ».

Sembra perciò di poter concludere che, in sostanza, la ritirata del G. Cialdini dal Po sia stata almeno affrettata dal telegramma del G. La Marmora.

D'altra parte, poichè, come ho già ricordato, al G. Cialdini era stata concessa piena libertà d'azione e poichè anche il G. La Marmora si ritirava, con un Esercito più forte, lasciando scoperta la Lombardia, nessuno doveva stupirsi che si ritirasse anche il G. Cialdini.

Se poi il G. La Marmora credeva che la ritirata del IV Corpo fosse un evento tanto funesto, e se da quello dovevano derivare le sue dimissioni da capo di stato maggiore, quando la ritirata fu annunziata dal G. Cialdini avrebbe dovuto rispondere in ben altro modo da quello che abbia fatto.

La sua risposta era:

Cerlungo, 26 giugno ore 6 $\frac{1}{2}$ a. m.

« Re ha ricevuto vostro telegramma. Capisco che dopo « giornata del 24 rinunziate al vostro progetto su Rovigo, « ma vi prego caldamente non abbandonare Po, anzi con- « tinuare dimostrazioni per passarlo onde noi possiamo « prendere migliore posizione ».

« G. Alfonso La Marmora ».

Ai nostri tempi, il capo di stato maggiore avrebbe invece telegrafato « S. M. ordina che rimaniate sulla destra del Po ».

E noi, nel 1902, possiamo spiegarci in un modo solo perchè il capo di stato maggiore del 1866 dovesse « pregare caldamente » e non « ordinare ».

Ed è perchè si ritirava anch'esso, mentre doveva andare avanti!

È innegabile però anche che, se il G. Cialdini era veramente persuaso, come ha ripetutamente detto e scritto, di dover procedere d'accordo e di operare con un solo concetto, avrebbe fatto molto meglio, prima di decidersi alla ritirata, di non *fare uso senz'altro* della facoltà concessagli di agire indipendentemente, ma, come giustamente osserva il G. Scudier, prima di ritirarsi avrebbe *potuto* e *dovuto* intendersi meglio col comando supremo. Egli, colla sua autorità indiscutibile e indiscussa — perchè pochi generali negli ultimi tempi hanno avuto tanto merito, tanta capacità, tanto prestigio quanto ne ha avuto il G. Cialdini — avrebbe anche potuto, dico, personalmente influenzare il comando e dissuaderlo da quella fatale risoluzione di cedere il campo!

Sarà bene ora ricordare succintamente i fatti e spiegare la ritirata del nostro IV Corpo, che completò la rovina morale di quella prima fase della campagna.

Come abbiam veduto, l'Arciduca, dopo aver battuto l'Armata del Mincio, aveva deciso di piombare sull'Armata del Po. Egli avrebbe lasciato sul Mincio un solo regg. della Divis. di fanteria di riserva, il quale però sarebbe stato sostituito da uno dei regg. di guarnigione in Verona, affinchè la Divis. predetta non fosse diminuita di forze. Ma, siccome dalle notizie giunte la sera del 25 e nel mattino del 26, risultava che il G. Cialdini si ritirava dal Po, così la marcia su Trecenta non aveva più scopo; e l'Arciduca ordinò di raccogliere l'Esercito in stretti accantonamenti e di aspettare gli eventi, tenendosi pronto a nuove battaglie.

Da parte sua, il G. Cialdini, mentre tutto era pronto per iniziare il passaggio del Po nella notte dal 25 al 26, riunì a Bondeno un consiglio di guerra al quale convennero « i comandanti delle sette Divis. lì presso raccolte e « comunicò loro le gravi notizie ricevute.

« ..... Rimaner là sulla destra del Po, a disegno svelato.
« ora che il nemico avrebbe potuto contrastarne il passo
« vantaggiandosi di tutti quegli immensi aiuti topografici
« del Polesine, o forse anche manovrare sul fianco da

« Borgoforte, non pareva partito ammissibile. Invece, rac-
« cogliendosi subito indietro su Modena, e tenendo Bologna
« con una Divis., il IV Corpo si sarebbe avvicinato all'Ar-
« mata del Mincio, avrebbe fermato il nemico e coperto
« la ferrovia emiliana e Firenze. Dopo di che, riunito tutto
« l'Esercito sulla destra del Po, avrebbesi potuto prendere
« quel nuovo disegno di guerra che si fosse creduto più
« conveniente.

« Esposte brevemente tali considerazioni, il generale pro-
« pose i due seguenti partiti: o eseguire il passaggio del
« Po già preparato, gittando i ponti nella stessa notte, o
« rinunciare pel momento all'offensiva e prender posizione
« a Modena ».

La stessa Rel. uff. però, in una nota apposta a tergo
della prima pagina, riferendosi a questo « consiglio di
guerra » fa rilevare quanto segue:

« ..... Il consiglio sarebbe stato piuttosto un convegno
« (come si dice in linguaggio militare, un rapporto) in cui
« il G. Cialdini non abituato a chiedere consigli, nel comu-
« nicare le notizie avute, avrebbe voluto dai divisionari il
« loro parere sui due partiti che parevano possibili, ma in
« realtà avrebbe esposto quelle notizie in modo da lasciar
« intravedere come propendesse per la ritirata; e dopo
« breve ed affrettato colloquio, troncando piuttosto che
« avviando la discussione, si sarebbe facilmente persuaso
« che i generali fossero tutti del suo parere e li avrebbe
« congedati avvisandoli che si sarebbe appigliato al par-
« tito di muovere su Modena, se nuove notizie confermas-
« sero quella ricevuta ».

E l'avviso ufficiale fu, come vedemmo, il telegramma
del G. La Marmora del 25, ore 4 1/2, consegnato alle 7 p. m.
(Fa impressione, anzi, che esso sia pervenuto così tardi!)

Conviene avvertire che il G. Medici non intervenne al
consiglio e non sappiamo quale parere avrebbe espresso
quel prode e intelligente generale!

Io credo che se il G. Cialdini avesse effettivamente passato il Po. egli sarebbe probabilmente andato incontro ad una sconfitta, e forse anche ad un disastro (1).

Prima di tutto, conviene notare che era predisposta a costruzione di tre ponti: uno all'isola Rava, presso Felònica, e due altri presso Casette e Salvatònica, 6-7 km. a valle, poco ad E. della foce del Panaro nel Po.

Incominciando il gittamento dei ponti nella notte dal 25 al 26, ed ammettendo che tutto andasse nel miglior modo possibile, non prima del 28 poteva esser compiuto:

---

(1) Nel 1890, allorchè avevo l'altissimo onore di essere aiutante di campo del compianto Re Umberto I, ebbi la fortunata occasione di trovarmi di servizio in un giorno in cui S. M. ricevette il G. Cialdini.

Era primo aiutante di campo il G. Pallavicini di Priola, il quale nel 1866, trovandosi sotto gli ordini appunto del G. Cialdini, doveva la sera del 25 giugno prendere il comando di 10 batt. bers. destinati a passare pei primi il Po su barche, e proteggere la costruzione di due ponti presso Casette.

Dopo l'udienza avuta da S. M., il G. Cialdini dimostrando un vero piacere nel rivedere il G. Pallavicini, gli disse, me presente, e battendogli sulla spalla, colla sua bella voce sonora e profonda: « caro « generale, che peccato che io non lo abbia ascoltato la sera del 25 « giugno! » E si posero poi a conversare da soli, essendomi io naturalmente per discrezione allontanato.

Partito il G. Cialdini, il G. Pallavicini mi raccontò che la sera del 25 giugno, avendogli il G. Cialdini, dato il contr'ordine della mossa, egli si permise di dire: Oh! Generale! Andiamo avanti!

Ed io e quanti hanno avuto l'onore di conoscere l'arditissimo G. Pallavicini, siamo persuasissimi che egli, sempre pronto a qualunque sbaraglio, sarebbe andato sulla sponda sinistra del Po coi suoi bersaglieri anche contro un Esercito.

Il G. Cialdini, che aveva allora appunto accettato il comando in guerra di una delle nostre Armate offertogli dal Re, rimpiangeva di non essere andato avanti quando aveva già avuto un eguale comando in guerra. Ma la sera del 25 egli aveva risposto al Pallavicini con tono severo: « io non l'ho chiamato per aver consigli ma per darle degli ordini! »

Eppure io mi permetto di essere di avviso contrario

il passaggio delle sette Divis. raccolte (1) e il 28, colle truppe forse non ancora ben concentrate, sarebbe avvenuta la battaglia, qualora l'Arciduca avesse realmente eseguito il movimento predisposto su Trecenta.

Certamente l'azione tàttica di quelle Divis. guidate da una mano ferma e da una mente superiore, sarebbe stata meglio coordinata dell'azione tàttica di Custoza, e certamente le nostre truppe avrebbero combattuto con valore; ma per far fronte agli Austriaci esse avrebbero dovuto eseguire una conversione a sinistra, e si sarebbero trovate coi ponti, pei quali soltanto era possibile la ritirata, intieramente sul fianco sinistro. Dippiù bisognava tener calcolo di un altro ostacolo che avrebbe potuto rendere, se non il passaggio, quasi impossibile la manovra: cioè l'inondazione artificiale.

Inoltre le condizioni numeriche, come ho già accennato più innanzi, non erano favorevoli.

Ed infatti gli Imperiali (Armata di Custoza) avevano:
63259 fucili, 2267 sciabole, 168 cannoni
e le sette Divis. italiane contavano:
56203 fucili, 3485 sciabole, 162 cannoni.

Non metto naturalmente in calcolo la riserva d'artiglieria Mattei, che difficilmente avrebbe potuto concorrere ad una battaglia campale non essendo artiglieria da campagna.

Alle cifre sopraindicate bisogna aggiungere i 18 cannoni della 20ª Divis. (Franzini), che avrebbero dovuto passare colla Divis. Ricotti, e dedurre i cavalleggeri di Monferrato e 3 sq. dei lancieri di Firenze (750 sciabole, circa, in tutto), inviati verso Mantova e lungo il Po a monte.

Ci saremmo ad ogni modo trovati nella battaglia con forze di fanteria alquanto inferiori, anche perchè non era

_____

(1) Allorchè più tardi il gittamento dei ponti fu incominciato nella notte del 7 all'8 luglio, solo la sera del 9 fu compiuto il passaggio.

possibile lasciare senza guardia i ponti, i parchi, il grosso carreggio, ecc., che doveva rimanere sulla destra del Po.

Alle forze disponibili dell'Arciduca sono poi da aggiungere: i 1000 cacciatori e i 600 usseri rimasti sul basso Po sotto gli ordini del C. Szapàry. Dippiù bisogna tener conto che, secondo gli ordini dati il 22, il grosso della Brig. Zastavnikovic (circa 6000 fucili, 150 sciabole e 5 cannoni) si doveva trovare a Padova il 24. Sarebbe stato perciò facile, dopo la vittoria riportata, inviarne almeno una parte all'Esercito attivo. Gli Imperiali avrebbero perciò combattuto con un rapporto di forze molto più favorevole.

Infine l'Esercito imperiale sopraggiungeva dopo una vittoria, mentre una considerazione doveva certamente influire in modo poco favorevole *nell'animo* dei nostri ufficiali e dei nostri soldati. Ed era che, avendo una forza doppia di quella degli Austriaci, prima ne avevamo esposta una metà e poi l'altra.

Io credo adunque che una condizione era assolutamente necessaria perchè il G. Cialdini potesse, senza rischio troppo grande, passare il Po come aveva predisposto. E era — precisamente come egli voleva fin dal principio della guerra — che una buona parte delle forze austriache fosse trattenuta sul Mincio. Bisognava adunque che il nostro Esercito principale fosse rimasto sul Mincio, ed avesse almeno operato dimostrazioni, per immobilizzare lungo quel fiume una forza più importante del regg. confinari, all'uopo destinato dall'Arciduca allorchè decise di muovere verso Trecenta.

Il consiglio di guerra del 25 dimostra, secondo il mio avviso, ancora una volta l'inutilità di simili riunioni.

Allorchè un capo, così autorevole ed anzi così autoritario come il G. Cialdini, dice press'a poco che è pericolosissimo l'avanzare e vantaggioso il ritirarsi — e mette poi ai suoi dipendenti e in questa forma i due quesiti, se pure li ha messi: credete che si debba avanzare, oppure che si debba ritirarsi? — la risposta è già dettata.

Difficilmente si poteva trovare una voce discorde. E se si fosse anche trovata, come più tardi quella del G. Pallavicini, forse non sarebbe stata ascoltata. E supponendo anche che la maggioranza avesse proposta l'avanzata, contrariamente all'idea che pare sia stata già espressa dal comandante, con che animo, con che fede il G. Cialdini avrebbe diretta un'operazione delle più ardite che si possano eseguire in guerra e delle più pericolose, pur ritenendo che non *avrebbe dovuto* tentarla?

Senonchè un'osservazione sorge naturale dall'esame dei fatti. Ed è come mai non sia stato presentato un terzo quesito, cioè se invece di ritirarsi, non convenisse rimanere lungo il Po, evitando una ritirata che per lo meno doveva produrre un effetto morale deprimente, e in ogni caso far cadere qualunque piano d'operazioni offensivo, il *solo possibile* moralmente, militarmente e politicamente!

Io comprendo benissimo il grandissimo pericolo che vi era avanzandosi, ma non comprendo affatto la necessità di ritirarsi, per coprire la ferrovia e Firenze.

Coprire da che?

Dopo la battaglia, l'Arciduca, è vero, poteva passare il Po vicino a Borgoforte e attaccare il IV Corpo da Ovest. Ma un Esercito non si avvicina, non passa un gran fiume e non si schiera perpendicolarmente ad esso senza impiegare tempo considerevole e senza grandi preparativi.

Il G. Cialdini ne sarebbe stato avvertito, naturalmente, assai per tempo, ed avrebbe potuto egli stesso, a sua volta, piombare sull'Arciduca in flagrante passaggio, oppure dargli battaglia con fronte a O. o N. O. e colla ritirata perfettamente sicura.

E mentre egli eseguiva il suo schieramento, una parte almeno dell'Esercito del Mincio che retrocedeva, avrebbe potuto prendere l'Arciduca nel fianco o alle spalle.

Ancora meno verosimile era che l'Arciduca, sfilando fra

il Po e l'Adige, si disponesse a passare a sua volta i. I
per attaccarlo di fronte. Sarebbe stato, anzi, desiderab.e
che lo avesse fatto !

Questo è sicuro: che la ritirata delle due Armate, qu.:
tunque, specialmente per l'Armata del Mincio, si vol!e fs:
credere all'Esercito e al Paese che non fosse una v.:.
ritirata, ma un avviamento all'esecuzione di un altro pia:
di campagna, produsse un effetto morale *deplorevole!*

Dopo, riuniti i due Eserciti, passato il Po e l'Ad.:.
senza contrasto, ed inoltratici nelle pianure venete. ..
venimmo a trovare — è noto — in una posizione sta:a:-
gica pericolosissima, specialmente dopo che i Prussia:
con tanta disinvoltura, ci lasciarono soli contro gli A:
striaci. E fu gran ventura se la guerra così infelicemer.:-
incominciata, fu troncata e se si venne alla conclusio::
della pace. Ed il merito principale di averci ritratti :.
una situazione militarmente falsa, è dovere riconoscer .
fu del G. La Marmora, il quale ha reso all'Italia come uor:
di Stato, quei servigi che non fu in grado di rende::
come Generale (1).

---

(1) Se gli negò il destino (al G. La Marmora) di conquistar:
« coll'armi il Quadrilatero e la Venezia, gli consentiva però è
« dare l'uno e l'altra all'Italia, come felice risultato della sua pe-
« litica saggia, patriottica e previdente. Fu gloria che nessure
« può togliergli... » (G. CIALDINI — Risposta all'opuscolo del G.
La Marmora, 1868, pag. 38).

CONCLUSIONE

La giornata del 24 giugno 1866 e i fatti che da essa direttamente derivarono, furono un vero disastro! — Non solo per un Esercito, ma più ancora per una Nazione, non v'è nulla di più terribile, che una sconfitta senza rivincita.

Nella vita dei popoli v'è rimedio a tutto: ai mali politici, ai dissesti finanziari ed economici, ai disastri della Natura. La sconfitta non ha altro rimedio che la vittoria; però il momento storico in cui questa può essere conseguita non dipende dagli uomini, ma da Dio!

La sconfitta di Custoza pesa ancora come cappa di piombo da 36 anni sul nostro Esercito, che *pur meritava miglior sorte.*

La vittoria è l'ideale d'ogni militare ed i fattori di vittoria sono molti. Il principale però, a dispetto di tutte le invenzioni e i perfezionamenti degli strumenti di morte, è il soldato.

Ora — è d'uopo riconoscerlo — in quella fatale giornata, e senza eccezioni, quando i nostri soldati sono stati ben guidati e ben comandati sul campo, essi si sono mirabilmente battuti ed hanno serenamente affrontata la morte.

A parte lo scompiglio di alcuni riparti sorpresi, le nostre

truppe allorchè furono convenientemente **condotte** ۱ fuoco, o all'assalto, si dimostrarono valorose, **audaci** ۱ pei tinaci.

Gli Italiani dimostrarono in quel giorno non ingloriose preziose virtù militari!

Combattendo in numero minore essi, per **circa** dodi. ore, hanno contrastato con diverse vicende di successi e in insuccessi al valoroso nemico quelle posizioni, i cui nomi inspireranno sempre sentimenti di dolore, di **rimpianti,** ma non di scorno in ogni cuore italiano.

I ricordi che si elevano da quegli storici colli di Oliosi di Monte Croce, di Custoza, e che si affollano nella nostra mente prendendo la figura di fantasmi insanguinati e gloriosi ci dicono che i soldati d'Italia hanno saputo **morire** per Re e per la Patria; e l'esame attento, sereno, imparziale del modo con cui si svolse il combattimento su quei celebri campi di battaglia, ci dice che essi avrebbero anche saputo e potuto vincere.

Riconosciamo spassionatamente la superiorità spiegata in quel giorno dai nostri avversari e diciamoci che ora noi, chiamati dal nostro grado a comandare, possiamo fare altrettanto e meglio.

A Custoza gli ufficiali hanno dato — lo ha riconosciuto anche il nemico — l'esempio del valore e, primi sempre nell'attacco e in ogni pericolo, hanno dimostrato coi fatti quali profonde radici abbia nell'animo nostro questa cosa così semplice e così bella: il *sentimento del dovere!*

La terribile lezione ricevuta ci sia salutare e sia salutare nelle più alte nostre sfere, e persuada che quando sono in giuoco i destini della Nazione, ogni **riguardo** di persona — e sia qualunque — deve assolutamente sparire. Ognuno sia al posto che merita pel bene di tutti. Ed ogni ufficiale, nei lunghi periodi di pace, sia persuaso che egli è fatto per la guerra e che non v'è **preparazione** intellettuale, morale e fisica che possa dirsi sufficiente. quando si pensa che in *poche ore* di combattimento egli deve dare tutto quello che sa e che può e deve darlo, forse, senza possibile rimedio!

Lavoriamo modesti e raccolti, come abbiamo sempre fatto. Noi non siamo già « militaristi » come alcuni vogliono ora definirci, non so se in buona o cattiva fede. Noi siamo « militari » e ce ne onoriamo altissimamente: siamo gente che cammina diritto per la sua strada, pronti sempre ai più grandi sacrifici, pronti a dar serenamente la nostra vita pel nostro Re e per quest'Italia che vogliamo, come il grande Vittorio Emanuele, *rispettata e temuta*.

Venga il giorno della prova suprema, quando e come deve venire, e confidiamo che un grido rievochi allora le memorie del passato, ma ne cancelli la tristezza: il grido di vittoria!

1902.

FINE.

ORDINE DI BATTAGLIA DELL'ESERCITO ITALIANO

ARMATA DEL MINCIO.

Comandante supremo: S. M. il Re.
Capo di stato maggiore: generale d'Armata La Marmora.
Aiutante generale: tenente generale Petitti.
Comandante d'artiglieria: tenente generale Valfré.
Comandante del genio: tenente generale Menabrea.
Intendente generale: maggior generale Bertolè-Viale.

I CORPO.

Generale d'Armata: Giovanni Durando.
Capo di stato maggiore: colonnello Lombardini.

	Battagl.	Sq.	Batterie	Baionette (1)	Sciab. (1)	Cannoni
Quartier generale		2			198	
1ª Divis.: T. G. Cerale (Brig. Pisa e Forli)	17	2	2	7714	212	12
2ª Divis.: T. G. Pianell (Brig. Aosta e Siena) . . .	17	2	2	9009	210	12
3ª Divis.: T. G. Brignone (Brig. gran. di Sardegna e gran. di Lombardia).	17	2	2	7844	247	12
5ª Divis.: T. G. Sirtori (Brig. Brescia e Valtellina) .	17	2	2	8316	208	12
Riserva: M. G. Aribaldi-Ghilini	4	6	4	1991	717	24
Totale del I Corpo . .	72	16	12	34874	1792	72

II CORPO.

Tenente generale: Cucchiari.
Capo di stato maggiore: colonnello Escoffier.

	Battagl.	Sq.	Batterie	Baionette	Sciab.	Cannoni
4ª Divis.: T. G. Mignano (Brig. Regina e Ravenna) . .	18	—	3	8791	—	18

(1) Queste cifre e le altre consimili che seguono, indicano il numero dei combattenti.

	Battagl.	Sq.	Batterie	Baionette	Sciab.	Cann.
Riporto . .	18	—	3	8791	—	··
6ª Divis.: T. G. Cosenz						
(Brig. Acqui e Livorno). . .	18	—	3	8900	—	··
10ª Divis.: T. G. Angioletti						
(Brig. Umbria ed Abruzzi). .	18	—	3	9160	—	··
19ª Divis.: T. G. Longoni						
(Brig. Calabria e Palermo) .	18	—	3	6616	—	··
Lancieri di Novara ed usseri						
di Piacenza	—	10	—	—	1089	—
Totale	72	10	12	33467	1089	··

III Corpo.

Generale d'Armata: Morozzo della Rocca.
Capo di stato maggiore: colonnello Di Robilant.

	Battagl.	Sq.	Batterie	Baionette	Sciab.	Cann.
7ª Divis.: T. G. Bixio						
(Brig. Re e Ferrara)	18	1	3	9119	122	··
8ª Divis.: T. G. Cugia						
(Brig. Piemonte e Cagliari) .	18	1	3	8699	109	1·
9ª Divis.: T. G. Govone						
(Brig. Pistoia e Alpi). . . .	18	—	3	8670	—	1·
16ª Divis.: T. G. - S. A. R. il						
Principe Umberto						
(Brig. Parma e Brig. mista) .	18	1	3	7831	114	1·
(Brig. Cavalleria Pralormo) .	—	12	—	—	1435	—
Totale	72	15	12	33319	1780	72

Truppe a disposizione del Comando generale dell'Esercito.

	Sq.	Batterie	Sciab.	Cannou
Divis. di cavalleria di linea: T. G. de Sonnaz				
Brig. Soman (Savoia e Genova)	10	—	1283	—
Brig. Cusani (Nizza e Piemonte Reale). .	10	—	1210	—
Brigata batterie a cavallo	—	2	—	12
Totale . . .	20	2	2493	12
Artiglieria di riserva: colonnello Balegno .	—	9	—	54

Totale dell'Armata del Mincio : **216 battagl., 62 squadr., 47 batterie.
101660 baionette, 7074 sciabole, 282 cannoni.**

ARMATA DEL PO.

IV Corpo.

Comandante: generale d'Armata Cialdini.
Capo di stato maggiore: maggior generale Piola-Caselli.
8 Divis., 2 Brig. di cavalleria, artiglieria di riserva.

Totale dell'Armata del Po: 144 battagl., 30 squadr., 37 batterie, 68795 baionette, 3503 sciabole, 354 cannoni.

Totale generale dell'Esercito italiano:

360 battaglioni, 92 squadroni, 84 batterie, 165455 baionette, 10577 sciabole, 636 cannoni.

ARMATA IMPERIALE DEL SUD, AL 24 GIUGNO 1866.

Comandante supremo: **Arciduca Alberto.**
Capo di stato maggiore: generale maggiore John.

5° CORPO.

Generale maggiore Rodich.
Capo di stato maggiore: colonnello Gallina.

	Battagl.	Sq.	Batterie	Baionette	Scisb.	Canuni
Brig. Bauer, Möring, Piret . .	21	—	3			
Artiglieria di Corpo	—	—	3			
Cavalleria	—	2	—			
Totale	21	2	6	20835	313	48

7° CORPO.

Tenente maresciallo Maroicic.
Capo di stato maggiore: colonnello Littrow.

	Battagl.	Sq.	Batterie	Baionette	Scisb.	Canuni
Brig. Töply, Scudier, Welsersheimb	20	—	3			
Artiglieria di Corpo	—	—	3			
Cavalleria	—	1	—			
Totale	20	1	6	19172	142	48

9° CORPO.

Tenente maresciallo Hartung.
Capo di stato maggiore: colonnello Pielsticker.

	Battagl.	Sq.	Batterie	Baionette	Scisb.	Canuni
Brig. Kirchsberg, Weckbecker, Böck	21	—	3			
Artiglieria di Corpo	—	—	3			
Cavalleria	—	1	—			
Totale	21	1	6	19541	132	48

DIVIS. DI FANTERIA DI RISERVA.

Generale maggiore Rupprecht.

	Battagl.	Sq.	Batterie	Baionette	Scisb.	Canuni
Brig. Princ. di Weimar e Benko	13	—	2	11312	—	16

RISERVA DI CAVALLERIA.

Colonnello Pulz.

	Battagl.	Sq.	Batterie	Baionette	Sciab.	Cannoni
Brig. Pulz e Bujanovics. . .	—	16	1	—	2337	8
Totale dell'Armata d'operazioni	75	20	21	70860	2924	168
Comprendendo le truppe di osservazione, i presidii, la Brig. mobile Zastavnikovic, l'Armata imperiale del Sud contava	—	—	—	108107	4115	192

Note sull'organizzazione e funzionamento del servizio d'informazioni per la campagna del 1866 (V. pag. 53).

NB. — Queste notizie sono attinte a fonte autorevolissima.

L'ufficio d'informazioni fu organizzato nel 1863 dal colonnello di stato maggiore Edoardo Driquet, già capo di stato maggiore del G. Govone, comandante delle truppe d'operazioni nell'isola di Sicilia.

L'ufficio è quello stesso che funzionò nella campagna del 1866

Gli agenti principali del colonnello Driquet erano il capitano Ceresa di Bonvillaret a Brescia, il capitano Carenzi a Ferrara ed il benemerito patriotto Alberto Cavalletto, capo dell'emigrazione veneta a Torino.

In poco tempo si ebbe la soddisfazione di raccogliere i dati sulla composizione e forza dell'Esercito austriaco dislocato nel Veneto, in Tirolo, Trieste, Istria e Dalmazia non solo, ma anche i tracciati e profili di tutte le opere di fortificazione esistenti in quelle provincie ed il loro armamento. Quei dati, che prima dell'aprirsi della campagna vennero comunicati a chi potevano interessare, furono poi, a guerra finita, trovati di un'esattezza, se non matematica, certo molto soddisfacente.

L'11 marzo 1866 il colonnello Driquet ebbe ordine diretto ed improvviso dal Ministro della guerra di partire sùbito col G. Govone per Berlino, mantenendo il segreto sulla sua nuova missione. Il colonnello partì nelle 24 ore, senza poter dare a chicchessia la consegna dell'ufficio e non rientrò in Italia che ai primi di giugno, quando il Q. G. P. era già costituito a Piacenza.

Durante l'assenza del colonnello Driquet, la direzione dell'ufficio informazioni era stata assunta dal colonnello Avet.

Il colonnello Driquet si giovò dei pochi giorni che rimanevano prima dell'inizio della guerra per imprimere maggiore attività ai nostri agenti e per moltiplicarne il numero, in modo da costituire una fitta rete sopra anche alle principali vie di comunicazione nell'interno dell'Impero austriaco: nessun fatto di qualche importanza militare poteva verificarsi nel campo avversario, senza che se ne avesse pronta informazione.

In quei giorni, a Piacenza, si presentò al colonnello Driquet un birbante il quale, con cinismo ributtante, si dichiarò spia austriaca, mostrando anche un lascia-passare del Q. G. austriaco di cui era munito. Egli, opportunamente interrogato, si mostrò perfettamente informato della composizione, forza e dislocazione degli Austriaci e soggiunse che questi erano pienamente a cognizione delle cose nostre traendo le notizie *dai nostri giornali;* ed ora premeva loro di sapere quale destinazione sarebbe stata data al III Corpo d'Armata, che tutt'ora trovavasi a Piacenza: se sarebbe stato, cioè, avviato sul Mincio oppure sul Po a rinforzo del IV Corpo.

Quella canaglia si offerse di ritornare nel campo austriaco per portarvi una qualunque falsa notizia sulla destinazione futura del nostro III Corpo, che a noi fosse piaciuto d'indicargli, e di ritornare poi da noi con quella maggior quantità di notizie che poteva raccogliere. Egli ritornò infatti a Cerlungo, ma solo il giorno dopo della battaglia, affermando di non aver potuto tornare prima, perchè dal 20 al 24 ogni transito attraverso agli avamposti austriaci era assolutamente impedito.

Sul basso Po il servizio d'informazioni procedeva egregiamente. I nostri informatori eran tutti gente per bene, abitanti sui luoghi, intelligenti ed animati di amor patrio, e che, non senza rischio e pericolo, ci tenevano a giorno di quanto avveniva.

Non era così sulla linea del Mincio, perchè gli abitanti del contado veronese, dimoranti, per così dire, sotto il cannone delle fortezze, erano intimiditi ed alieni dal correre rischi, sia pure per la bella causa italiana. Nelle città, come Verona e Mantova, si erano bensì stabilite relazioni con persone fidate. Ma appena si avvicinò la guerra, esse non si fecero più vive. Il servizio quindi da quella parte si dovette fare per mezzo di emissari, mandati sui luoghi da Brescia. Essi erano generalmente venali e poco intelligenti, e, dichiarate le ostilità, non vollero più saperne di arrischiarsi al di là del Mincio.

Nei principali nodi di comunicazioni dell'Impero, il servizio era disimpegnato da agenti commerciali, i quali mediante telegrammi compilati in stile commerciale, diretti a case bancarie in paese neutro, segnalavano gli avvenimenti.

Il 17 giugno 1866 il Q. G. P. si trasferì da Piacenza a Cremona, e nel pomeriggio del 18 esso fu raggiunto dal G. La Marmora, dopo il noto convegno da lui avuto col G. Cialdini.

La mattina del 20 fu rimessa la dichiarazione di guerra, ed in detto giorno i nostri informatori veneti riferirono: che l'Esercito mobile austriaco *si era concentrato fra Verona, S. Bonifacio, Lonigo e Montagnana; lasciando una sola brigata nel Polesine.*

Siffatta dislocazione offriva agli Austriaci il vantaggio di potersi gettare, in tempo utile, su quella delle due Armate nemiche che si presentasse più vulnerabile; poichè conviene aver presente che a Verona esistevano sull'Adige 6 o 7 ponti stabili e che era da presumersi che se ne sarebbero gettati altri in quei giorni, per facilitare le manovre dall'una all'altra riva del fiume.

Il 21 arrivò a Cremona il Re Vittorio Emanuele e fu deciso che il Q. G. P. si sarebbe trasferito l'indomani 22 a Piadena.

In quei giorni era caduto ammalato il Com. del Q. G. P. colonnello Ricasoli: occorreva surrogarlo; e *vi fu destinato il capo dell'ufficio informazioni colonnello Driquet!*

A sua volta il colonnello Driquet si fece sostituire dall'ingegnere Cavalletto, grazie alla cui solerzia il servizio non ebbe a soffrire.

L'aver dato, qualche giorno prima dell'inizio delle ostilità, un altro incarico al capo dell'ufficio informazioni, dimostrava però che al Q. G. P. non si dava la voluta importanza a detto servizio, probabilmente a causa del fatale preconcetto in cui si era: che gli Austriaci avrebbero fatto guerra esclusivamente difensiva. Solo il cannone di S. Rocco di Palazzòlo e di Villafranca doveva, la mattina del 24, dissipare la nebbia di quella illusione e richiamare alla realtà.

L'incarico del Com. del Q. G. P. era tutt'altro che una sinecura, essendo il personale numerosissimo e dovendosi pensare anche alla numerosa casa militare di S M il Re.

Il colonnello Driquet partì dunque il 21 per Piadena allo scopo di *preparare gli alloggi;* ma poco dopo il suo arrivo, in seguito ad ordine telegrafico, egli proseguì per Canneto ove si doveva stabilire il Q. G.

Nel pomeriggio del 22 il colonnello Driquet si recò a Cerlongo, egualmente per preparare gli alloggi, dovendovisi trasferire il 23 S. M. il Re e tutto il Q. G. P.

Col giorno 23, passata la frontiera, ed incominciate le ostilità, spettava piuttosto ai Corpi che si trovavano in prima linea di fornire notizie al Q. G. P., che non al Q. G. P. di darle alle truppe.

Il mattino del 25, cioè il giorno dopo della battaglia, pervenne all'ufficio informazioni una lettera del prefetto di Brescia con data del 24, che annunziava essere gli Austriaci passati in forze dalla sinistra alla destra dell'Adige.

Quell'eccellente persona non credeva la notizia di importanza tale da doverla telegrafare.

È vero che anche il telegramma sarebbe giunto tardi; ma il prefetto non poteva saperlo.

Il fatto che il nostro Q. G. P. non fu avvertito che gli Austriaci si erano concentrati presso a Verona il 22 ed avevano passato l'Adige il 23, si deve in sostanza attribuire alle tre cause seguenti:

1° Alle severissime disposizioni date dall'Arciduca, per le quali le sue colonne di marcia non poterono essere oltrepassate da chicchessia;

2° All'insufficientissima ricognizione fatta dalla Divis. di cavalleria di riserva il 23 giugno;

3° Al profondo convincimento che regnava nel Q. G. P.: che gli Austriaci si sarebbero limitati in Italia ad una pura difensiva.

Si riteneva, e ciò era verosimile, che per l'Austria fosse di capitale importanza il riportare una vittoria sulla Prussia.

La perdita della Venezia doveva essere per lei questione secondaria: ed infatti fino dal 5 maggio, l'Imperatore d'Austria ne aveva proposta la cessione all'Imperatore Napoleone, come prezzo della nostra neutralità.

Simile idea prevaleva anche nelle sfere militari prussiane. Ma così non la pensò l'Arciduca Alberto.

ERRATA	CORRIGE
Pag. 17 lin. 28 — fu benissimo eseguito	furono benissimo eseguite
» 19 » 3 — v. Benedeck che	v. Benedek, che
» 37 » 13 — all'Esercito e al Paese	al Paese
» 59 » 4 — Robecco	Rebecco
» 61 » 10 — Osterreichs	Oesterreichs
» 67 » 29 — 20136	19172
» 67 » 32 — 71824	70860
» 75 » 14 — tutti i carri	I carri delle Divis.
» 75 » 33 — Robecco	Rebecco
» 99 » 32 — di riva destra	di riva sinistra
» 134 » 5 (nota) — un	und
» 171 » 29 e 31 — 7 km.	8 km.
» 176 » 21 — strenuo	grande
» 177 » 8 — occidindentale	occidentale
» 201 » 9 — 3°	4°
» 211 » 17 — non indifferenti	gravi
» 233 » 17 — padrone	padroni
» 240 » 32 — condotto	diretta
» 252 » 20 — verso le 3	fra le 3 e le 3 ½
» 280 » 11 (nota) — erschrekt	erschreckt.

INDICE

AVVERTENZA

Sono unite al presente volume tre carte:

1ª Carta del teatro delle operazioni alla scala 1 a 500.000.

Si deve avvertire che tale carta è recente. Vi si trovano perciò strade ordinarie e ferrovie che non esistevano nel 1866. Si noti specialmente che, nel giugno del 1866, le sole ferrovie che attraversavano il territorio austriaco erano:

I° La linea Peschiera-Verona Padova-Mestre-Treviso-Udine-Gorizia-Nabresina, fino a Vienna ininterrottamente.

Tre tronchi si innestavano a questa linea principale: *a*) Verona-Mantova; *b*) Padova-Rovigo; *c*) Mestre-Venezia.

II° La linea Verona-Bozen-Innsbruck-Kufstein fino a Vienna. Il tronco Bozen-Innsbruck non era però ultimato.

2ª Carta del territorio adiacente al Mincio, alla scala di 1 a 86.400.

Tale carta è necessaria per l'intelligenza delle operazioni eseguite dal 23 al 26 giugno e, pel giorno stesso della battaglia, dalle truppe del II Corpo italiano e della 2ª Divis. del I Corpo.

3ª Carta del campo di battaglia di Custoza alla scala di 1 a 25.000 per seguire in modo più particolareggiato i fatti della battaglia del 24 giugno.

Lightning Source UK Ltd.
Milton Keynes UK
UKOW01f2043130717
305296UK00011B/499/P